PLACES OF MIND

A LIFE OF EDWARD SAID

萨 义 德 传

[美] 蒂莫西·布伦南 —— 著

伽禾 —— 译

人民文学出版社
PEOPLE'S LITERATURE PUBLISHING HOUSE

著作权合同登记号　图字 01-2023-2366

PLACES OF MIND: A LIFE OF EDWARD SAID
Copyright © 2021 by Timothy Brennan
All rights reserved.

图书在版编目(CIP)数据

萨义德传 /(美)蒂莫西·布伦南著；伽禾译. —
北京：人民文学出版社，2023
ISBN 978-7-02-018122-3

Ⅰ. ①萨… Ⅱ. ①蒂… ②伽… Ⅲ. ①萨义德(Said, Edward Wadie 1935-2003)-传记　Ⅳ. ①K837.125.1

中国国家版本馆 CIP 数据核字(2023)第 140766 号

| 责任编辑 | 胡司棋　何炜宏 |
| 封面设计 | 好谢翔 |

出版发行　人民文学出版社
社　　址　北京市朝内大街 166 号
邮　　编　100705

印　　刷　上海盛通时代印刷有限公司
经　　销　全国新华书店等

字　　数　329 千字
开　　本　889 毫米×1194 毫米　1/32
印　　张　14.125
版　　次　2023 年 8 月北京第 1 版
印　　次　2023 年 8 月第 1 次印刷

书　　号　978-7-02-018122-3
定　　价　89.00 元

如有印装质量问题，请与本社图书销售中心调换。电话：010-65233595

献给巴勒斯坦人民

不是和谐与解决,而是不妥协、困难和悬而未决的矛盾。

——爱德华·W. 萨义德《论晚期风格》

目　录

序　言　i

第一章　茧　1

第二章　动　荡　30

第三章　求学常青藤　51

第四章　密　探　80

第五章　奥斯陆之前　120

第六章　外邦人知识分子　151

第七章　从西贡到巴勒斯坦　177

第八章　拆解伪神　214

第九章　几个朴素的观念　246

第十章　第三世界发声　278

第十一章　一片土地，两个民族　318

第十二章　与时间赛跑　346

注　释　372

参考文献精选　425

致　谢　432

序　言

自爱德华·W.萨义德2003年去世后多年，他仍然在参与许许多多想象中的对话。与他相识的人怀念那些谈话，几乎如同想念他本人——目光炯炯的黑眼睛，富有同情心但脾气暴躁，一个思维广博而又机警的人，有些令人畏惧，常常妙语连珠。

2003年12月，我去了印度南部的马德拉斯大学。距离白血病夺走他的生命仅过去数月，纪念活动逐渐多了起来。我受邀前往与他在纽约的家相隔如此遥远的地方，做一场关于其著作的演讲。本以为演讲场地只是可供小型研讨班使用的房间；相反，我被领进校长办公室一起喝茶，校长身旁还有位美国领事，二人居然都非常熟悉萨义德的著作。稍后我来到演讲的地方，有高中体育馆那般大小。放眼望去，皆是色彩鲜艳的学校制服，四周响着兴奋、嘈杂的议论声。

座位都坐满了，很多人沿着墙或在窗边站立——学生、团体成员和一些外籍访问学者。他们仿佛想接近任何与萨义德本人接触过的东西。埃及小说家艾赫达芙·苏维夫（Ahdaf Soueif）记得萨义德讲座结束后，年轻人走上前去，只是为了触摸一下他。[1]

i

就在我走上演讲台前，后面的两排学生突然站了起来（显然是计划好的），开始齐声背诵弗朗兹·法农（Frantz Fanon）《大地上受苦的人》中的句子，流露出仿佛在参加一场政治集会的热情。

这种毫无保留的热情，多少与萨义德生前遭受的更复杂的评价相抵牾，所涉及的第三世界反抗与他更迭的立场和分化的同情之间，距离有点遥远。事实上，在最后十年间，萨义德觉得他有被"捧杀"的危险（如马丁·艾米斯这样形容萨尔曼·鲁西迪），他已成为一个偶像，而非务实、极不自信的寻觅者（他始终这样想象自己）。

另一方面，对一个将街头战斗转化成在异国演讲厅里进行复杂论辩的人而言，上述热情似乎又再匹配不过。巴勒斯坦人有了他们温文尔雅的发言人，从内部刺中殖民地宗主国的种种疯狂之举；同情以色列的人发觉自己支持的是居心叵测的冒牌专家和恐怖分子；研究东方的学者从后视镜里瞥见装备精良的敌人；大学里非欧洲血统的流散者感谢萨义德为他们多文化的呈现开辟了道路；在高校里的文化左派感到费解，不明白持如此观点的人如何能深受当权者的嘉赏。换句话说，把萨义德变成一系列全无深度或细微差别的标语牌再容易不过。

他留下了难以忽略的影响。作为巴勒斯坦裔美国批评家、知识分子和社会活动家，爱德华·萨义德如今被视为二十世纪后半叶最具突破性的思想家之一。他写诗，也做理论思考，善于劝导和运用策略，既在学术刊物上发表论文，也为流行杂志和发行量广大的报纸写文章。他的著作和文章被翻译成三十多种文字，仍然启发着世界各地的读者。他的影响远远超越了学术界：在魏玛组建交响乐团，在面向全美播出的电视节目上陈述观点，在开罗英文报刊上以本地线人身份发表文章，在美国国务院为巴勒斯坦人的权利进行交涉，甚至偶尔在电影里客串，扮演他自己。他的一生犹如一部小说，凶险的血液病持续了最后一个十年，与他就健康衰退和文明衰落写的文章形成映衬。

萨义德 1935 年出生于耶路撒冷，是商人之子。1948 年，英国开始托管巴勒斯坦，随后的军事行动让他和家人失去了老宅和故土。他天资聪颖，并非循规蹈矩，很早便显露出钢琴演奏的天赋，少年时期大半在开罗度过，1951 年才去美国。高中毕业后，他入读普林斯顿大学，又在哈佛大学获得博士学位；1963 年，受聘于哥伦比亚大学英语系，那也是他在教职生涯中待得最久的地方。到 1975 年时，他已取得不俗的学术成就。无怪冠名讲座的邀请和荣誉学位蜂拥而至，他开拓了新研究领域，改变了大学的生态样貌。

他的政治实践不止是书写。写作或可谓政治实践的前驱，而萨义德也富有创造性地运用策略，所主张的政治立场起初不易被人理解，之后却被实际开展的运动采纳。他可以结成出人意料的联盟，开辟新的公共机构空间，质询外交官，向国会议员提出建议——对美国新闻界持严厉的批评态度，同时，他本人也擅长利用大众媒体发声。在不好过的里根和布什当政时期，他一次又一次在晚间新闻节目上驳倒智库的专家，这让大学在许多人眼里显得更加激动人心，身处其中的教授可以参与关键对话。他将人文学科从大学里搬到了政治地图的中心位置，再没有第二位学者比他出力更多。

不仅如此，他与诺姆·乔姆斯基等学者一道撕掉了官方叙述的"机密"标签，鲜明体现出急躁、敏感的个性，愤慨与浪漫的情绪相交织，使艰深的讨论变得引人入胜。他站上众人瞩目的舞台，持仅仅几年前还被看作冒犯性的立场，为他人打开一扇门。

"勇猛的斗士，引领我们与疯狂的敌手辩论的萨拉丁，绝望时的理智之源"，伊朗学者哈米德·达巴什（Hamid Dabashi）这样评价道。[2] 当他刚刚开始教职生涯时，以色列的支持者可以完全不考虑巴勒斯坦人的诉求；十年过去，他发明了一套新词汇，举出一长串新的英雄。几乎凭借一人之力，他让犹太复国主义立场不再是神圣不可侵犯的，在某些圈子里，持批判态度变得受人尊敬，甚至受欢迎。

尽管他改变了大学，却始终不曾适应大学生活的常规。他追慕早期的学者——阅读广泛，对不知道的东西都感兴趣——从未被赛博朋克、影响理论或后人文主义等学术时尚话题所吸引。他更像通译向导，积累老式的、普遍的和"善的"学养，这些正是他用来表达观念的语汇。

虽然一次次书写流亡，萨义德却是一个有根的人，在想象中扎根巴勒斯坦，在现实生活中住在纽约，始终赞赏它"忙碌、动荡……活力四射、躁动、反抗和包容力强"的节奏。[3] 纽约是他生活最久的地方，其间本来有很多机会落脚别处。久居一地，而神游四海，他时刻感受到这种冲击。他与诺姆·乔姆斯基、汉娜·阿伦特和苏珊·桑塔格是二战后最为知名的美国公共知识分子，唯独他是靠教授文学为生。

他陶醉于这一事实。在他看来，文学不仅是一种爱好，而是他政治理念的基石，是他具有公众吸引力的秘密。利用种种意想不到的素材：从乐谱到中世纪阿拉伯语手抄本，并从诸如英国媒体分析师和巴基斯坦社会主义诗人那里寻找灵感，将人文学科引入公共生活的中心，有意借战争和反殖民革命的激情去复兴"伟大的书"。萨义德认为这是自己的主要贡献，是为巴勒斯坦事业出力最多的地方。无论如何，在二十世纪，没有其他人这样据理力争，即和神圣典籍一样，世俗文本的含义也需要仔细解读，对解读权的争夺关乎权利和土地的命运。

那些只读过他的书的人并没有看到他的全部。当然，朋友们怀念他的孩子气，以及他对朋友的强烈忠诚，而朋友们反过来又原谅了相当多的糟糕举止——虚荣心、偶尔的任性、渴望得到不断的爱和肯定。即使像历史学家托尼·朱特（Tony Judt）这样的崇拜者，也认为他本质上是一个愤怒的人，但是那无法涵盖我们许多人所眼见的：他与出租车司机聊天或坐下来凝神观看电视剧《法律与秩序》中工人阶级硬汉警察时流露的温柔。在他生命晚期，一位儿时的朋友来家里做客时说，要是他的敌人能看到他为妻子准备茶点的热情与优雅就好了，他就不会被斥为好辩或固执的人。[4]

1980年，我入读哥伦比亚大学研究生院，对萨义德的名声只是略有耳闻。我出现在他的办公室门口，希望能参加关于战后英国马克思主义的研讨班，他并没有因为厚脸皮而责备我。他似乎很乐意和一个没有学会通常礼数的人打交道。后来，我提交了一份关于文化革命的论文提纲，想申请校内的研究基金。"我亲爱的孩子，"他这样说道，"这是里根的时代，你不能这样摆题目。"在纽约的黑人和拉丁裔社区进行了三年的政治组织后，我来到研究生院学习，他不时地催我讲讲"街头"生活的故事，我感到很有趣，也有点惊讶。奇怪的是，尽管他来自一个预科学校的世界，离我十分遥远，他却成为我精神上的避难所，在哥大东海岸式的势利面前有喘息的机会。几年后，我适应了研究节奏，有一次在大学路上与他迎面遇上。当时我刚在学生报纸上就罗纳德·里根发表了题为《一个罪犯的诞生》的专栏评论，目光交会，他心照不宣地笑了，没有说一个字，从我身旁经过，扬起攥紧的拳头。

1983年《世界，文本，批评家》出版后不久，一天，我们在校园里漫步走向巴特勒图书馆。这本书大胆揭露大学政治，同时修辞的运用炉火纯青，我表达了钦佩之意，他的回应是那不值一提，因为他认为，我们的工作首先是有话要说，还要注意别像当时许多话语理论家那样，陷入批评家想当艺术家的错位审美渴望，雕出精辟的话语，仿佛那是来自高处的寓言。"我不是艺术家。"他强调。言下之意是，写作是找到词语，并被理解，这已足够艺术。但是他的确是一位艺术家、一位音乐表演者、一位小说家、一个锤炼散文的文字匠人，尽管他处处与艺术冲动作斗争。

有时，萨义德显得过分敏感。有一次，我和他、小说家埃利亚斯·扈利（Elias Khoury）一起吃午餐（这两位阿拉伯基督徒喜欢戏称自己是"荣誉穆斯林"），他讲起苏珊·桑塔格获得以色列的一个重大文学奖后，拒绝继续进行与他在法国合作的项目（他和纳丁·戈迪默分别恳求她拒领以色列那个奖，都没有成功）。[5] 他看起来似乎在思考该怎么办，我贸然提议他可以公开和她绝交。他笑了笑，直视着我说："你不明白吗？她在羞辱我。"

他是一个无法预测的混合体。密友不时地开玩笑，称他"爱德华多"（意大利文艺复兴时期风度翩翩的学者）和"阿布-瓦迪"（巴勒斯坦革命者常用的化名）的杂交。[6] 令人难以置信的是，美国联邦调查局档案实际上将他登记为"爱德华多·萨义德，又名埃德·萨义德"——时值1979年，尼加拉瓜反政府游击战打响前夕，联邦调查局似乎认为顶着拉丁裔名字更像个恐怖分子。[7]

在持续的监视下，指控不了了之。事实上，相关档案显示，联邦调查局爬梳了他的著作和为《纽约时报》撰写的文章，诸名线人向华盛顿办公室的上级汇报了忠实的内容摘要。最终得出调查报告，这些报告反映出他们觉得他的书相当有趣（一位"熟练的作家"，有着"迷人的微笑和柔和的声音"，其作品"已被翻译成八种文字"），他们像胆小的学生一样撤掉了指控。[8]

面对批评，他按耐不住会迅速回击，但这并不意味着他听不得玩笑。1999年4月，巴基斯坦活动家和学者艾克巴尔·艾哈迈德（Eqbal Ahmad）在去世前一个月写信给萨义德，来戳戳他的浪漫光环。艾哈迈德感谢他为巴基斯坦报纸《黎明报》写了一篇关于科索沃战争的文章，以一番献词结束这封信："巴勒斯坦之子，耶路撒冷上空的月亮，闪米特人的光，世界的避难所，真主在世上的影子……从您名贵的衣着和荣耀的双足下扬起的卑微尘埃问候您，欢迎您回到炸弹和导弹、冷牛奶和罐装蜂蜜的土地。"[9] 只有挚友才敢这样说，这番话感染了他，正如另一位朋友、记者兼政治评论员亚历山大·科克伯恩（Alexander Cockburn）所言，帮助他"爬下受难者的基座，可以自我解嘲"。[10]

艾哈迈德的揶揄让人想起萨义德多年来受到的各式崇敬，虽然夸张，却是真实发生的。埃及总统纳赛尔的得力助手、后来成为著名记者的穆罕默德·哈桑宁·海卡尔（Mohamed Hassanein Heikal）曾经看着一张如今广泛流传的照片，惊呼道："他看起来在承受高贵的痛苦，类似呈现耶稣受难的杰出画作。"[11] 同样夸张的还有，苏丹著名小说家塔耶布·萨利赫（Tayeb Salih）赞同朋友的话，"爱德华是一部伟大而优美的小说"，并且回答道："它会历久弥坚，愈发优美。"[12]

然而一片光环能持续多久呢？对一个用钢笔写作的作者来说，数字时代出奇地优待他。互联网上随处可见介绍这位纽约文学圈的现代使者的网站、博客和短视频，曲高和寡的资历没有阻碍他在死后吸引年轻人的注意力。旧的能满足新的需要，这甚至体现在他的服装品位上，他的博柏利西装和劳力士手表，从来不会是米兰的最新式样，更像是英国绅士的着装，来自伦敦萨维尔街而非纽约巴尼斯百货。每个朋友都至少能讲出一个关于衣服的故事（"你能想象一个男人忙得没时间去找他的裁缝吗？"），或者是他在伦敦顽皮地缠着朋友们，劝他们赶紧和他一起冲到杰明街买鞋，否则"我没法站在你旁边"。[13] 有些人觉得持左翼立场和穿定制西服是矛盾的，他们没有抓住重点，正是这些身穿粗花呢等高级衣料的萨义德照片，经常从互联网上被下载，印到起义军的T恤上，或被制成示威海报，从伦敦一路走到拉各斯。

即使是像约书亚·穆拉夫切克（Joshua Muravchik）这样的对手，也承认萨义德在思想世界有着持续的影响力，经受住代际变迁的考验。在《将大卫变成歌利亚：世界如何转而反对以色列》（2014）中，穆拉夫切克提到市面上以萨义德为题的专著已超过四十部，世界各地的大学纷纷开设课程，专门探讨他的著作。然而，上述努力都没有描绘出他的阿拉伯自我和美国自我组成的全貌，也没有阐释他关于巴勒斯坦、音乐、公共知识分子、文学和媒体的著作是如何构成一个整体。我视此为书写一部关于思想演变的传记的特殊挑战。所有的部分都很重要，尤其在组合起来时，尽管许多读者只知道其中的一部分，忽略了其他部分。

在不同的维度上，萨义德不仅更加彰显人文学科的作用，而且极大扰乱了美国、欧洲和中东的舆论制造者。诚然，他揭露欧美帝国的暴行，有些人认为这是他唯一的主旨。他恢复了一种古老的阅读伦理，这种伦理基于要与书籍在诞生的地点和时间中所言说的相符，他毕生都认为过去发生的事情并非无可救药的模棱两可，而是可以通过诠释工作来恢复。一直以来，在思想和行动上，他创造了一个有吸引力的另类形象，而那些媒体权威和御用文人，他们（与他不同）是"强者的拥护者"，正如他喜欢形容的那样。

虽然是一位受欢迎的作家（他说过从写书和讲座中赚的钱比教课的薪水多），萨义德经常用三种语言讨论语言学、哲学和社会理论的专业问题。我们都知道一提到"学术"这个词，人们就会嗤笑，作为电视节目名人和畅销书作家的萨义德却为自己是一名学者而感到自豪，并且坚信大学是野蛮政治的避难所，也是塑造大学筋骨的自由思想的训练场。同样，如果对那些把硅谷辍学者当作天才来报道、一心以为佛蒙特桂冠诗人是智者的记者来说，"学术"一词意味着无关紧要或难以理解，那么这种态度与萨义德试图创造的世界相去甚远。语言、文化和形象的理论不仅对他有意义，而且本身是美的，他一直力图呈现它们具有深远而实在的影响。

萨义德凭借自己的人格力量，使文学和社会批评成为下一代每个有进取心的学生都想践行和拥有的东西。我们甚至可以将今天的"后批评"时代（包括在学术界）视为现存秩序对他和他所竭力实现的世界的报复。但是有理由怀疑那是否会大获全胜。回头看看在不轻言妥协的三十多年间，萨义德在如此艰难的困境中保持了批判精神，并赋予它至为温暖、善良、愤怒和诚实的形状。

第一章

茧

亲爱的父亲和母亲,
兄弟姊妹远远地属着基督
他是我的安宁、我的离别、刀剑与冲突。
——杰拉德·曼利·霍普金斯
《看来异乡人是我的命运和生活》

1935年11月1日,耶路撒冷一个温暖的午后,爱德华·威廉·萨义德在犹太产婆贝尔夫人平静的歌声中出生。贝尔夫人是在父亲瓦迪的姐姐纳比哈的建议下,前来帮助接生在这座宅邸里出生的第一个孩子。这是萨义德成长的地方,房子位于彼时人口尚不密集的西耶路撒冷(被称为"塔尔比亚"),建筑风格恢宏壮观,被花园包围,再外面是开阔地。

伴随他的出生,产婆时而用希伯来语、时而用阿拉伯语反复吟诵:"哦,我们的先祖挪亚,拯救一个灵魂免受另一个灵魂的伤害吧。"——或许是出于谨慎,眼前这个婴孩格外瘦小,必须接受儿童专科医生、德国犹太人格林费尔德博士的照料。为什么叫"爱德华"?母亲希尔妲·穆萨·萨义德后来在日记里写道:

"别问我为什么。我们都喜欢这个名字。当时到处在谈论爱德华,也就是威尔士亲王,我们便选了这个名字,虽然爱德华长大成人之后讨厌它,宁愿起个阿拉伯语名字。"[1]

亲戚都聚在门外等候,为了接生这个孩子,所做的每一方面的安排都是为了驱除仅仅一年半前希尔妲在产科病房的痛苦经历。她当时十九岁,要在开罗希腊人开的新式医院里分娩。一位著名的奥地利医生,据说喝得醉醺醺,在她分娩过程中开了过量的止痛药,导致婴儿——也是个男孩——出生时已死亡。爱子意外夭折引起的悲伤在随后的数年间都压在萨义德夫妇心头,这或许也是希尔妲格外疼爱小爱德华的部分原因。母亲一看到他就那样开心,他后来回忆,与她"失去了一个孩子"有关,父亲则"始终希望能再有一个儿子"。[2] 是瓦迪坚持要用最先进的医学技术和手段、最现代的医院、受过最好的西式教育的医生帮助分娩第一个孩子。结果却是这样,他们决定下一次要倚仗传统方法,回到让人心安的家乡,选择耶路撒冷而非国际大都市开罗——爱德华的妹妹琼出生时也遵照此法。萨义德夫妇去耶路撒冷朝圣,以确保新生儿会在巴勒斯坦的首府出生。

在拍摄于四十年代的家庭录像里,可以看到这个生活在耶路撒冷的男孩,十岁上下的年纪,显得难于管束,有点儿胖,肩膀向前耸着,和后来一样,对镜头非常敏感。事实上,这些录像就是为了拍他跳跃、攀爬,毫无疑问,是成年萨义德的微缩版。整个童年时期都是如此,他显得比实际年龄成熟,同时又是天真的。换作现在,会觉得这样的孩子"异常活跃"。数年后,出现在与中学同学合照中的萨义德显得比其他人都魁梧,就像一个成年人站在男孩身旁(在高中时更明显)。在方方面面,他都要大一截。随着他的性格愈发有深度,言语愈发尖锐,都让他给人以压迫感。他声称家族里的人都说他是"不良少年",是"说谎精",却没有哪一位能证实有过这样严苛的评价。在家族成员的讲述里,找不到那个"严肃、压抑的年轻人",如电影《自我与他者》进行的采访里,萨义德望着自己十三岁的照片所评价的那样。虽然经常显得处于沉思中,但是对周围人来说,无论是年少时还是长大成人后,他都是"激烈的、有力的,坦率直言,毫不妥协,到了近乎粗鲁无礼的地步,不间断地忙个不停,充满戏剧感并且总是非常好笑"。[3]

就他的同龄人而言,甚至可以说他所处的社会阶层而言,男孩可以做任何事,犯了什么错都会被原谅。因此从来没有人批评那些恶作剧。白天,他喜欢爬到父母卧室的老式衣橱上玩,还会从柜橱上向站在走廊上的妹妹及其朋友扔胡桃,她们躲闪着他的袭击,开心地尖叫。[4]当然,那沉重的家具禁不起攀爬和跳跃,翻倒过。镶在前面的镜子撞碎了,碎片划破了小妹格雷丝的上眼皮。爱德华因此挨了打,但是访客喜欢听这样无法无天的故事,他也成了谈论的焦点。

萨义德一家住在开罗扎马莱克岛阿齐兹-奥斯曼大街1号,那幢楼有漂亮的艺术装饰风格的电梯,那一带都是这样鲜明的建筑风格。与其他繁华街区不同——不像英国大使馆规划的城市绿洲花园城,也不像较南端的马阿迪郊区——扎马莱克岛既处于中心位置,又与别处隔绝。一座处于尼罗河中央、景色秀丽的岛屿,从市中心延伸出的一座座桥经此地通往吉萨金字塔和更西边的金字塔。与今日不同,四十年代的扎马莱克岛覆盖着大片未被开发的绿地、树林,还有可以骑马的小路、高尔夫球场地和养着引进鱼类的池塘。著名的吉齐拉体育俱乐部,也是开罗最豪华的体育俱乐部,与萨义德家只隔着几条街。

这体现了拥有马球场、草地保龄球球场、红土网球场的殖民梦，用萨义德后来的话说，是"与庄稼人（fellahin）相隔绝"，在当时更像自然公园，萨义德兄妹可以在那里骑马、骑自行车，如他家的"私人游乐场"，远离拥挤的人群，只会遇到鲜少来往的欧洲人。[5] 在吉齐拉俱乐部玩倦了，还可以去陶菲克俱乐部打网球，去马阿迪俱乐部看儿童电影，如汤姆·米克斯主演的《独行侠》，以及罗伊·罗杰斯的电影，尤其是《人猿泰山》系列电影，那是他一生都有兴趣看的电影。十九世纪六十年代，埃及赫迪夫（奥斯曼总督）伊斯迈尔按照豪斯曼规划巴黎的思路重塑开罗，计划修建一条"绿带"，隔离"破败的老城，处处是蜿蜒的小路和人满为患的贫民窟"，犹如为开罗的资产阶级设置的缓冲区。[6] 扎马莱克（源于土耳其语，意为"葡萄园"）被伊斯迈尔称为"植物园"，在萨义德家的街对面，就是石窟花园，养着罕见的非洲鱼类，具体各处花园则是出自某个英国海军上校的构想。

京迪家的姐妹胡妲和纳迪娅与萨义德一家住在同一栋公寓楼里，回忆那个花园时满怀深情。爱德华会和她们比赛，看谁先爬到人造石窟顶上。第一个爬上去的往往是他，"唱着我们在学校里学的殖民色彩浓厚的歌曲，手舞足蹈，'我是城堡的国王，你们是肮脏的无赖'"。[7] 他还带头领着小孩在楼梯上跑上跑下，喧哗打闹，惹恼各家父母。和访客讲到他的顽劣行为，母亲反而神采奕奕，"你们的哥哥"也愈发成了口头禅——告诫女儿们要向他看齐，要和他一样优异，一样俊秀。不仅是母亲，连学校的各位老师也每每以爱德华为榜样鞭策她们。而爱德华会从门后跳出来，模仿人猿泰山的扮演者约翰尼·韦斯穆勒，发出刺耳的吼叫，这是个以捉弄妹妹为乐的哥哥，会故意打嗝，惹人不快。[8] 他是恶作剧的发起人，也是执行人，其他孩子则需要待命——这显然是身为家中唯一的男孩拥有的特权——准备协助、赞赏、安慰,或者和他一起打网球,帮他翻贝多芬奏鸣曲的曲谱,拎着他刚刚杀死的野鸡,在围绕翠薇小镇(Dhour al-Schweir)的山间仅有几次打猎活动中。在开罗时,一次,他被迫和妹妹们站在一起拍家庭照,他执意与其他人不同,拒绝把左手臂搭在身旁的妹妹肩上。[9]

这并不意味着他把妹妹落在身后。无论是儿时还是成年后,她们同样优秀,尤其是罗茜和琼,琼虽然在年龄上不像罗茜那样接近哥哥,但是她也成为了学者,著有一本中东战时回忆录(《贝鲁特碎片》,1990),并且是在他自己的回忆录之前出版。琼和爱德华对音乐抱有同样的热情,二人谈论音乐的习惯保持终生。琼的年龄处于中间,没能与姐姐妹妹结成更亲密的关系,却被哥哥吸引,她"崇拜"哥哥,而哥哥也亲昵地称她"小虾"。[10] "我们是在男人主宰的文化里长大成人。"格雷丝感叹,她年纪最小,见到从国外回来过暑假的哥哥,她会叫声"爱德华叔叔"。格雷丝和乔伊丝住一个房间,琼和罗茜住一个房间,爱德华则拥有独立的房间。每当母亲明确表示自己最喜欢爱德华时,这种不公平感就会更加强烈。

在萨义德的生命中,可谓有两条平行的溪流。一条是纪律、家族规矩、学校训练,按部就班地执行,却不觉得是自己的责任;另一条是"地下的或隐秘的"爱德华,不只是渴望阅读,更想成为一本书。[11] 但凡有关审美的都属于后一个:他的阅读喜好、对音乐的热爱、他在回忆录里贬为"撒小谎"的语言创造力。儿时伙伴都认为:"萨义德从来没有真正成为我们中的一员……他过着与我们截然不同的生活,被父母和亲友纵容、溺爱和夸赞,确实是中东的风尚。"[12]

在跟父母较劲的同时,他其实兼有父母二人的特点。他的母亲希尔妲外向,善于交际,而瓦迪"性格内向,沉默寡言"。在《格格不入》(1999)中,就是这位父亲的影子笼罩着书中的每一个句子,有"孩子气的幽默感",掩盖着"病态的焦虑倾向"。[13] 当萨义德把专横的父亲描述成"一个说一不二的国王,像狄更斯笔下的父亲,发怒时是暴君,顺心时则仁慈"时,的确可以从中窥见他未来做自我批评的端倪。[14] 宽阔的胸膛、向前耸的肩膀、运动天赋、不服输的精神——均从父亲传递给了儿子,同时被希尔妲活泼的性格缓和。

而他的妹妹们读到《格格不入》里的父母形象,感觉十分惊骇。[15] 他笔下的父亲是严厉的暴君,情绪感知困难,精神经常崩溃,会"下狠手鞭打";相反,瓦迪给女儿们留下的印象是温柔、安静的,一心宠爱她们。在琼生病时,会整晚抱着她,为她唱歌,变小魔术。纳迪娅记得瓦迪是一个时而沉默的"微笑的圣诞老人的形象",会在圣诞节时扮成圣诞老人,拜访各个楼层的孩子。[16]

虽然这个格格不入的"开罗神童"——缅因州的露营伙伴这样叫他——把他想象中的私人生活描绘成一种逃离,逃离他的家庭格外严厉的要求,他的家庭实现了阶层跃升,达到了比预想的要好的地位,但是鲜有放松、重负累累的童年与其说是受到爱干预的父母的鞭策(在他们眼里,任何成就只意味着更多的不足),似乎更像是残酷的内心驱使力的作用。[17] 他睡得很少,有益于陶冶心智的孤独,都用来为必须做的事情清理出空间。

安德烈·沙隆(André Sharon)是萨义德在开罗就读维多利亚中学时的同学,二人保持了终生的友谊,他觉察到其他不寻常的地方。一个优秀的学生,有着绝佳的幽默感,从来没有放松的时候,要在一场冷漠的表演里始终咬紧牙关。[18]持续需要外在确认,反过来理解,这其实暗示着一种空虚感。纳比尔·"比尔"·马利克(Nabil "Bill" Malik)从少年时期便认识爱德华,记得自己每次提议出去玩时,爱德华都会以要练钢琴、打网球或学法语为由拒绝。在人缘颇好的乔治·卡杜切(George Kardouche)(另一个就读维多利亚中学的同学)面前,爱德华会害羞地退缩。[19]乔治和身边的崇拜者能够觉察到萨义德谨慎的举止底下藏着阴郁的抱怨,他努力逗人发笑,好像那是日程表排好的又一项任务,也有效果,因为尽管他功课不错,却没人说他是书呆子。

像萨义德家这样银行存款充裕、具有专长的外国人,在二十世纪中叶的开罗过得不错,但这并不意味着可以畅通无阻地提升社会地位。在这个有着自由开放声誉的国际大都会,萨义德家族信奉英格兰圣公会,基督教在这里已是小众宗教,信众人数约占全市人口的10%,绝大多数信奉东方正教。虽然人数有限,这仍是英国人优先认可的基督教派,信众也许会期望得到优待。事实却不是如此。在埃及和巴勒斯坦,"到了英国托管期间,阿拉伯裔圣公会教徒开始面对与英国占领军相勾结、叛国乃至与犹太复国运动有染的指控"[20]。既然萨义德的父亲是驻埃及的英国占领军所需办公用品的主要供应方,整个家族都必须反复声明他们是真正的巴勒斯坦阿拉伯人。在开罗,英国人称他们是"沙瓦姆"(Shawwam)——来自大叙利亚或称沙姆地区的侨民,所涉地区包括今天的叙利亚、约旦、黎巴嫩和巴勒斯坦,奥斯曼帝国解体后,巴勒斯坦被法国和英国划分为"受保护领地"[21]。作为一个基督徒或犹太人,仅意味着是另一族群的成员,尽管不同族群的关系相对和睦。"我们以前介绍自己时,"儿时伙伴沙隆解释,"会说'我是叙利亚基督徒'或'我是叙利亚犹太人'。"[22]

萨义德面临的同化阻碍又更深一层,与妹妹们一样,父亲美国公民的身份让他们出生就持美国护照。他身上的美国性不止体现在国籍上,更是文化意义上的——父亲延续了在美国养成的癖好,比如在感恩节时吃火鸡宴、听美国歌曲。十四岁时,身边的开罗小伙伴发现他是美国人,纷纷表示吃惊,还对他有的那些"美国玩意"赞叹不已。[23]在普林斯顿大学读书期间,每年夏天返家时,更显得自己是异类。那时,胡姐回忆道:"对我们这些留在原地、吃力地应付学业的孩子来说,他就像受倾慕的对象,他'在国外求学',也让人嫉妒,我们一提起这个就不由得压低声音,肃然起敬。"[24]

"沙瓦姆"由作家、知识分子、商人和实业家组成,形成了联系紧密的社交网络,萨义德一家深受此影响。他们也会与非叙利亚裔埃及人有来往,也认识欧洲人,但是这两种人始终处于其社交圈的边缘。[25]表面上看,萨义德一家有精英地位,事实上他们从来都不曾占据开罗社会的最高层级。

不管怎样,开罗是他童年的港湾。耶路撒冷或许可谓历史上的巴勒斯坦的中心,是他的出生地、受洗礼的地方,接受早期教育的地方,也是家族频繁朝圣的地方,他却只用死气沉沉、不友好来形容耶路撒冷,开罗则是前卫的、有活力的城市。在开罗权力堡垒后面,是一群皮条客、骗子和其他可疑人物,从欧洲等地逃到开罗来。到二十世纪二十年代,开罗总人口的五分之一是外国人——本地科普特人中混杂着塞法迪犹太人、希腊人、意大利人、法国人,以及"没有统计过的白俄侨民、帕西人、黑山人及其他外国人"，萨义德称之为"人潮涌动、复杂难解的文化迷宫"。[26] 从1930年即萨义德出生前不久，到1950年他去美国之前，开罗的人口数量翻了一倍。最终，儿时居住的扎马莱克岛近乎沦为"集市"。[27] 而耶路撒冷的塔尔比亚主要散布着造型优雅的房屋，装饰以摩尔人和阿拉伯人风格的图案，四周的树木和花园也是精心构局。

即使他们彼此摩肩擦踵，耶路撒冷的不同信众之间也甚少往来。这座城市肃穆的宗教气氛，与此相应的是常见的宗教游客，"衣着邋遢的中年男女"在"衰败、光线昏暗"的圣墓教堂里逡巡。[28] 比起父亲"死气沉沉的耶路撒冷"，萨义德喜欢母亲家族世代居住、更具人情味的城镇萨法德和拿撒勒。与耶路撒冷有关的最温暖的回忆，虽然怀着尊敬，却也是遵循礼节的要求。圣乔治学校的墙上挂着有他父亲参加的板球队的合影，多年后携家人重返耶路撒冷，他自豪地指给儿子看；回忆1947年十三岁时，他在学校和犹太裔同学度过的欢乐时光；一张家人合照，像儿童故事书里的一幕，面对大卫王旅馆，有亚述风格的大堂、赫梯风格的休息室和腓尼基风格的餐厅。耶路撒冷算是故乡，却不是家。

当时的埃及站在阿拉伯世界的最前沿，有着受人尊敬的文学传统，创办的各种报纸在整个中东都有广泛的读者。"在近东地区的所有国家中，"萨义德日后的一位导师观察到，"无论是阿拉伯国家还是非阿拉伯国家，第一个实现现代形式和结构的是埃及。穆罕默德·阿里，这位士兵出身的伟大领导人实施的西方化改革催生了一定程度的工业化和中产阶层的兴起，比阿塔图克和礼萨·巴列维的改革早了一个多世纪。"[29] 比起其他阿拉伯都会，阿拉伯世界更愿意将他们的孩子送到开罗来接受教育。在萨义德生活的时期，开罗仍然是一个迷人的、不那么拥挤、主要是世俗的国际大都市，激进的政治变革尚未到来。萨义德赶上了幸运的时机，这不会是最后一次。

萨义德愈发觉察到，少数信众的宗教群体互相融合的局面无论如何在随着明确的空间分割而消失：一面是贫困的穆斯林居民，如纳吉布·马哈福兹的小说《两宫间》和《梅达格胡同》里描述的，另一面是向上层流动的移民，住在由设计师设计的郊区住宅。先且不论马哈福兹的创作缺陷，这位杰出的埃及小说家准确地描绘了他本人的人生轨迹，在小说中（如在生活中），从老城（Gamaliyya）拥挤的穆斯林工人聚集区搬到了阿巴西亚（Abbasiyyah）那欧洲风格的近郊。

萨义德时代的开罗经历了富于戏剧性的剧烈变迁。一战期间，瓦迪为了逃避奥斯曼帝国征兵而去了美国，到1957年萨义德从大学毕业这段时间，埃及历经奥斯曼帝国的统治、受英国占领军支持的苏丹统治，再到纳赛尔的自由军官革命。萨义德的少年和步入成年之初因此经历了两个时代，黎凡特人关键历史变迁与萨义德的人生轨迹完美契合，从隶属于奥斯曼帝国末期法鲁克国王的统治，经历两次世界大战之间英国势力控制苏伊士运河达到顶点的时期，到阿拉伯民族主义的兴起。鉴于苏伊士运河是战略要地，从1882年至1954年，埃及被英军不同程度地占领，这在方方面面影响着埃及的文化——从俱乐部的组织，到教育机构。法鲁克国王统治的表象背后，外国商业精英在蓬勃发展。[30]到了世纪之交，这群"哈瓦贾"（相当于拉丁美洲称呼英美白人"外国佬"）竟已拥有全埃及96%的资本。

尽管美国传教士在开罗开办了多所学校，在开罗的美国人仍然与阿拉伯裔圣公会信徒一样边缘。哪一重身份都不能提供进入最有影响力的人际网络的途径。但是在二战刚结束的那几年，美国人的身份是引人注目的，彼时美国帝国式的扩张尚未达到英帝国的程度，也尚且不是最贪婪的占领者。瓦迪移民美国，获得美国公民的身份，属于在"纳赫达"期间，即十九世纪末二十世纪初阿拉伯"觉醒"时期阿拉伯人向西移民这一更普遍的潮流。在二十世纪初，曼哈顿已形成了"小叙利亚"社区，居民赢得了一场诉讼，他们有了在美国法律下被视同高加索人的权利。[31] 这次胜利预示着他们认同美国的一切主流观点，甚至包括美国的种族偏见，而他们坚持的爱国主义似乎天然地与一个推翻英国统治的国家相合。

住在扎马莱克岛，惹得萨义德抱怨父母让自己"隔绝于"政治之外，安宁的家庭生活恰恰为他的第一次政治觉醒做了铺垫。家族成员关系紧密，为萨义德提供了理想的视角，可以见证纳比哈姑母为帮助1948年后逃亡到埃及的巴勒斯坦难民所做的志愿者工作，其中就包括萨义德家族的一些远亲。尽管对历史了解甚少，他却能从访客那一张张沧桑的脸上感受到巴勒斯坦人遭受的苦难之深。[32] 萨义德出生的月份恰好与《贝尔福宣言》一样——1917年11月2日，英国政府发布了这一宣言，支持在巴勒斯坦地区建立犹太民族家园，后来，萨义德觉察这其中有象征意味。但是回到当年，他的命运与其说是受到父母保护的阻碍，不如说是家庭闲聊和漫画书的平庸的阻碍。[33]

年复一年，萨义德一家在贝鲁特北面、黎巴嫩山间的翠薇小镇度过漫长的消夏时光，在那里，他对无聊的现状进行了首次突围。十四五岁的爱德华与比他稍大的穆尼尔·纳萨尔（Munir

Nassar）交流的过程中，开始进行严肃的思考。穆尼尔就住在隔壁，父亲在一家总部设在伦敦的保险公司担任高管。穆尼尔的哥哥们受学术气氛浓厚的贝鲁特美国大学（AUB）的影响，这所大学就位于山脚下，他们与爱德华分享书籍，讨论康德、黑格尔和柏拉图，这些都是他第一次听说的名字。[34] 他站在旁边，听一众年轻人热烈地讨论自己从未听说过的话题：穆罕默德·阿里、波拿巴、伊斯迈尔帕夏、奥拉比起义和登沙瓦伊事件。

此外，帮他突破母亲密不透风的保护的，是他房间里的钢琴。有时，他会如"贵族般慷慨"，让妹妹们"看一眼他的房间，在极特殊的情况下，甚至可以跨过门槛，进入不可侵犯的领地，看看他的书，以及放在最醒目位置的钢琴"，他可以躲在自己的房间里，一连弹数小时的钢琴。[35] 钢琴仿佛把他与家人隔离开，其实不然，那正是产生归属感的理由。儿时的音乐课结束后，兄妹五人都要继续练习弹奏乐器很长时间。不管怎么说，音乐与阅读是爱德华进行思维训练和发散想象力的主要途径，在哲学进入其视野之前，音乐是他探索的第一种"理论"。

在持续地练习弹奏钢琴之外，他仔细研读的第一批书也有关音乐，如《科贝歌剧大全》，此书精心撰写各部歌剧的情节概要，从蒙特威尔第到亚纳切克，并附有代表性乐章的乐谱。萨义德从六岁就开始学习弹钢琴，直到十岁半才产生真正的兴趣。十一岁时，他已经可以去赫迪夫歌剧院观看歌剧，这座歌剧院是巴黎歌剧院的缩小版，也是歌剧《阿依达》的首演地，赋予了《阿依达》的经典地位，日后，萨义德就《阿依达》写的评论文章将引起广泛的争议。他尤其指出，记得四十年代末听意大利歌剧季的经历，那些记忆栩栩如生——有趣的是，到了晚年，却觉得意大利歌剧愈发可憎。一个既身处开罗、同时又超然于日常生活的观察者,他在歌剧中瞥见"一个情欲世界,其中有易懂的语言,跌宕的情节,不受节制的情感",均令人感到兴奋。[36]

在音乐灵感上,爱德华比妹妹们段位更高,可是,家里的每个人都喜欢音乐。父母约定只要孩子到了可以欣赏歌剧的年纪,便会带着一起去剧院。[37] 而且,萨义德对音乐的投入和对书籍的热爱(正如后来他对昂贵的钢笔和高级文具的迷恋)直接受他父亲的业务的影响。家里满是富有文化气息的物品,如高档书写纸、高级打字机和书写文具从瓦迪的店铺运到了家里。客厅里的钢琴——来自莱比锡的博兰斯勒小型三角钢琴,每个孩子都可以弹——琴键上罩着紫红色丝绒布,缀着"Alfredo Bertero, Le Cairo"(阿尔弗雷多·博雷罗,开罗)的名字,侧边还绣着花。这架钢琴倒不是瓦迪店里的商品,却与家里那种旧世界的奢华氛围极配。

连萨义德-穆萨大家族担负的教育任务(涉及聘请的老师和社区志愿工作者)也与家族生意相关。瓦迪的文具公司为开罗多所学校供应文具用品,其中包括巴德尔小姐(即梅里亚姨婆)开办的女子学校。书籍,还有古典乐唱片,均买回家里,构建成了"相当规模的图书馆"。[38] 购自耶路撒冷的巴勒斯坦文教公司的书籍和唱片中,有一本《家庭歌曲集锦》,在漫长的山间夏夜,萨义德会轻轻哼唱英语经典歌曲《吟游男孩》或《约翰·皮尔》,自娱自乐。

希尔妲时常与哥哥,即埃米尔舅舅合奏阿拉伯民歌,她演奏达布卡鼓(一种打击乐器),呼应他的乌德琴(一种阿拉伯琉特琴,希尔妲的父亲也会弹)。[39] 令人惊讶的是,这些似乎都没有给他留下深刻印象。到学术生涯后期,才写下受感召的文字,肯定由杰出的埃及流行歌手、电影明星乌姆·库勒苏穆

（Umm Kulthum）灌输的文化自豪感，却忽略分析其音乐的技巧，他把她的音乐比拟为哀号。他曾问过好友法瓦兹·特拉布勒西（Fawwaz Traboulsi）欣赏阿拉伯音乐的什么特点，因为他觉得这种音乐并不吸引他，与其说这是一种批评态度，不如说是无法理解。

如在其他方面一样，爱德华是家族中音乐技艺最娴熟的。在指导过他的老师里，最出名的是伊格纳茨·蒂格曼（Ignace Tiegerman），波兰犹太人，抛开与萨义德的交往不谈，他在音乐史上占有重要地位，是一位擅长浪漫主义音乐（尤其是肖邦和勃拉姆斯）的传奇演奏家。蒂格曼只收极具天赋的学生，他的"古典音乐学院"位于埃及博物馆后面，商博良大街5号。内维娜·米勒（Nevine Miller），法鲁克国王的首相之女，就是他的学生之一，而且授课语言是法语。每节课的学费是一英镑（在当时不是小数目），蒂格曼十分严格。"没有讨论的余地……他永远正确……他向你说明你准备弹的曲子听起来应该是怎么样，如果你敢争辩，他只会把作曲家的乐谱和标记指给你看，就是这样。"[40]

他的学生亨利·巴尔达（Henri Barda）回忆起"某个学生准备得不充分，惹得蒂格曼暴怒：房门一下子甩开，琴声飘出，紧接着是学生……他盯着你，目光像刀子一样"。[41]萨义德却钦佩蒂格曼，并且常常谈起他——从不说他的严苛，而是他弹奏时惊人的准确、动作的优雅而又低调，尤其是在练琴室演示各种段落的时候。他专注踏板，告诉学生在每一个新和弦开始前把声音"清理干净"。[42]蒂格曼偶尔会受邀去萨义德家吃晚饭，后来萨义德读完美国大学，放假回开罗时，会开车载着老师去兜风。

从前的学生莫里斯·艾什肯纳齐（Maurice Eskinazi）回忆起蒂格曼的授课室里赫然并排摆着两架施坦威大钢琴，他和学生便可以面朝对方同时弹。当他听到学生弹出乐谱上没有的音,会不动声色地用法语说:"您弹这首曲子的时候不需要作曲。"[43]到美国后,萨义德相继跟随六位杰出的钢琴老师学习过,包括纽约茱莉亚音乐学院以及波士顿音乐学院的老师,可是"(他们)合起来也不抵蒂格曼的小指头"。[44]

就思维训练而言,蒂格曼是第一个给予萨义德深远影响的人。亲密的师生关系最终演变成友谊,五十年代,他们见面,"一起演奏钢琴、回忆往事、沉浸在彼时更属于我们的开罗——那个大都市,自由自在,充满种种奇妙的优待"。六十年代初,萨义德特意登门拜访上了年纪的老师,蒂格曼在奥地利的基茨比厄尔为自己建了一座小屋。[45]蒂格曼也让萨义德瞥见了开罗地下肆无忌惮的法国风情,各种沙龙、戏院和工作室——可以说是无忧无虑的开罗。他是在1933年来到开罗,被这座城市的"多种可能"吸引,萨义德这样含糊地形容,顺着他的指引,萨义德遥望着一个有"未知乐趣"的世界,人与人的关系亦是复杂精妙。[46]

在整理蒂格曼的遗产方面,萨义德其实起了重要作用。[47]他在开罗发现了老师的一张被遗忘的演奏录音唱片,再次发行后获得专家的称赞。音乐史学者需要填补蒂格曼人生中的一段段空白,萨义德便是关键的信息提供人。反讽的是,蒂格曼留下的录音极少,因为埃及广播公司将他的唱片消磁了,以期重新使用,要用来复制萨义德日后的挚友丹尼尔·巴伦博伊姆的唱片。[48]

在萨义德的童年时期,对中东大部分居民来说,依然频繁的流动组成了日常生活。短短几年里,萨义德从耶路撒冷的圣乔治学校转到开罗的吉齐拉公立学校,接着又去了为美国儿童开办的开罗学校(1948—1949),最后在1949年至1951年间,就读维多利亚中学。与老师的冲突让萨义德在维多利亚中学的求学戛然而止。众学生不愿读莎士比亚,该老师勃然大怒,并且认为萨义德是带头闹事的,扭打中使他摔倒在地,其他学生一时惊呆,继而愤怒地大喊。

维多利亚中学以中东的伊顿公学自诩,而萨义德的英语发音绝非那样英式。当然,发音习惯随着时间改变,长期待在美国,亦带上了美国口音,惯说美式习语,让他的英语始终带有外国腔调。早在进入吉齐拉公立学校上学时,他就会说法语(他母亲可以流利地用法语进行日常交流),后来在维多利亚中学又进一步学习,"俱乐部"也是练习更加正式的对话的好场所。[49]父母安排兄妹几人必须学习阿拉伯语,感觉"像一种惩罚",虽然父母的本意不是这样,瓦迪的阿拉伯语说得并不好,希尔妲在家里尽管会和孩子们说阿拉伯语,而孩子们会特别以英语回应。[50]日后,只有意识到需要坚持自己四面受敌的文化,孩子们才更严格地学习阿拉伯语,在国外待了一段时间后,几个妹妹还是选择回到中东。

瓦迪在美国度过了一战那几年,二十年代初,他回到耶路撒冷,仅仅是为了遵循他母亲的遗愿。他希望儿子获得被自己放弃的自由,便没有强迫爱德华留在埃及接管家族生意。[51]回到巴勒斯坦的瓦迪把美国趣味带了回来,而萨义德声称(并无说服力)他与父亲趣味不同。除了传统早餐浓缩酸奶酪或皮塔饼配橄榄油和百里香混合香料,瓦迪也喜欢美式炒蛋(加番茄酱)和松饼(加槭糖浆)。[52]感恩节时会吃越橘酱和甜焗土豆。瓦迪对自己的白皮肤很满意,别人问起来时,他会说自己来自克利夫兰,并且常常以"威廉"自称。与通常情形截然相反,萨义德的中间名实际上就是"威廉",尽管批评家们往往试图把它阿拉伯化,说 W 代表"瓦迪"。

1948年夏,在与合伙人发生争执后,瓦迪携家人乘船去了美国,他萌生了在美国定居的念头。这次去美国主要是为了进行可能危及生命的肾脏手术,他想请美国专家操刀。在此期间,萨义德夫妇把儿子丢在缅因州的马拉纳库克营地(Camp Maranacook),想让他尽快适应美国这个新环境,毕竟有了久居的打算。他在营地度日如年,所幸瓦迪身体恢复得好,一家人返回开罗。

除了过节时走访亲戚,或趁较凉爽的夏日出游,萨义德一家在黎凡特地区的频繁旅行部分和瓦迪的生意相关。他在开罗最初的兴趣便是扩大巴勒斯坦文教公司的规模,成为"标准办公用品公司",最终在亚历山大和开罗建立分部,在苏伊士运河地区有多家子公司。这种安排本身便要求频繁地往来,常常是整个家庭要一起行动。有关地点变动的观点,在上述例子中体现得如此明显,往往催生了那禁不起推敲的论调,即认为巴勒斯坦人就是流浪者,他们无权要求拥有土地,既然他们不曾竖起界墙,不曾建立各种国家机构来贯彻他们的法律诉求。巴勒斯坦人对此前英法帝国划分的领土边界始终持无视的态度,进一步促成了那种论调。

许多年后,就在萨义德去世几年前,不怀好意的学者便抓住这种文化差异,声称萨义德从未在耶路撒冷生活过,在那里没有家族房产,一直安稳地待在布尔乔亚式的开罗。[53] 它想暗示如果为巴勒斯坦人争取权利的关键斗士都在自己的根源上撒谎,那么巴勒斯坦人的各种主张想必一样站不住脚。[54] 这其实很容易反驳，萨义德读过圣乔治学校（耶路撒冷本地人称它是"老主教学校"），而他出生的那座房子房契上写的是瓦迪姐姐的名字，按阿拉伯大家族的传统，房子属于共有财产。指控者甚至没去费心采访萨义德本人，也没有寻找他在圣乔治的同学，当时就生活在纽约。

毕竟，正是以色列使巴勒斯坦人在区域内的迁徙变成了全球大流散。和许多其他家族一样，萨义德和穆萨家族也被驱散，迁至贝鲁特、安曼，以及被占领的土地或国外。保持联系意味着有来有往。希尔姐的兄弟——穆尼尔、阿里夫、拉伊克和埃米尔住在巴勒斯坦，萨义德回忆："我们经常拜访他们，1948年之后，他们投奔开罗，又离开……我们曾经从萨法德向南到塔加，我的舅舅穆尼尔住在那里，我们会受到特别的款待，在那里消夏。"55如琼记得的那样，如果说"从1948年到六十年代初，我们一直待在开罗"，这并不意味着没有"去埃及沙漠和黎巴嫩山间的旅行，我们这些孩子都会去，一次又一次愉快的家庭野餐"，举荣圣架节时，还会点燃篝火。看到那篇指控萨义德不是真正的巴勒斯坦人的文章，朋友安德烈·沙隆感到愤慨，希望澄清对他们这一代人来说"家"究竟意味什么，这封写给《纽约时报》的信并没有被刊登出来：

在我们小时候，并不存在有意义的边界，尤其是精神上的边界……这是奥斯曼帝国留下的有益遗产。我的祖先来自叙利亚，是埃及犹太人。我的祖父乘着马拉篷车从伊拉克来到埃及……对居民而言，他们来自伊拉克或……沙特阿拉伯或阿曼并不重要，奥塞码头的法国外交部才关注那些。总之，萨义德一家从巴勒斯坦畅通无阻地搬到埃及再到黎巴嫩，对他和伴随他长大的家人来说是再平常不过的事。他是个巴勒斯坦阿拉伯人,正如我是埃及犹太人。[56]

或许萨义德真的有心做弱化处理的,却是家中每日履行的宗教仪式,每天早晨,一家人都要一起阅读《圣经》章节来开始这一天。[57]甚至在生命晚期,他还保存着自开罗儿时起就拥有的英国国教祈祷书,在1998年时仍然阅读它,"借此表示他对修订版标准祈祷书的单调乏味感到遗憾"。[58]这里并没有嘲笑圣公会的核心文本的意味,相反,他排斥修订版的新祈祷书,更喜欢十七世纪的雅致版本,包含日历、连祷文、圣灵降临节的祈祷词,以及天谴威吓吟诵、赞美诗和教理问答。这个版本还包括外典内容,恐怕对萨义德没什么用处,比如怪异的感恩祈祷仪式,那是为詹姆斯一世免受火药阴谋而进行的。可是在职业生涯后期他甚至接受邀请,成为联合国的英国国教观察员咨询委员会成员,并且自豪地把这一消息告诉每一个问起的人。[59]

种种虔诚的表现可谓是社会环境和地理位置作用下顺理成章的结果。用查尔斯·马利克(Charles Malik)——希尔妲的表姐埃娃的丈夫,与萨义德是忘年交——的话说,西方文明是"在这十座城市及其腹地中……所展现的、理解的、热爱的、经受磨难的以及发生的一切……"中酝酿而生:"雅典、伊斯坦布尔、安条克、贝鲁特、大马士革、巴格达、耶路撒冷、亚历山大、开罗和麦加"。[60]因此,宗教仪式,甚至是宗教信仰本身,令人惊讶地处于萨义德人生中的核心位置,他的故乡不仅是东方与西方在地理意义上的交汇处,更是"普天之下一神论绝对主义争夺最剧烈的地方"(萨义德1969年语)。[61]

接受早期学校教育期间,身边朋友就发现了圣公会信仰对萨

19

义德日后的思考所施加的其他影响。大学里友好的竞争对手纳齐赫·哈巴什（Nazeeh Habachy）回忆道："我们三人经常一起吃饭，很有意思，因为……经常讨论宗教问题。"[62]朋友乔治·阿比-萨布（George Abi-Saab）直言自己是无神论者，纳齐赫说自己定期去教堂，态度虔诚，萨义德则辩称自己"处于中间"。的确，在一张问卷上，面对"你是无信仰人士吗？"这一问题，他的回答是"否"。接下来的问题是"那么你是有信仰人士？"，他没有回答这个问题。[63]又如马哈茂德·沙欣（Mohammad Shaheen），他是英国维多利亚时期文学的杰出评论家，与萨义德经常通信，记得萨义德在开罗美国大学一次讲座后对听众问题的回应。"你如何看待上帝？"这个教徒故意这样问，想戳穿他没有信仰。他回答："你问我的问题不在我的专长领域之内。我研究的是比较文学和英语文学。无论如何，上帝掌控着我们居住的世界，也掌控我们所有人。"[64]

在安曼的东方正教俱乐部讲座结束后，沙欣和萨义德一起吃午饭，二人的对话让萨义德的宗教信仰显得更加扑朔迷离。在这么多俱乐部里，为什么这个俱乐部邀请你来做讲座？萨义德大笑道："也许因为他们以为我是基督徒。"[65]在生命晚期，白血病病情严重时，萨义德和从前的学生一起去黎巴嫩的一家本地餐馆吃饭，邻桌恰好坐着一位黎巴嫩神甫，认出了萨义德，特意走过来，为他赐福，一边说一边挥动他的大十字架。神甫转身回到自己的餐桌去了，爱德华看着学生，耸了耸肩，说："这没什么损害！"[66]就在去世前不久做的一次中学毕业典礼演讲上，他似乎想对此做个了结，消除矛盾之处："我绝对是个世俗主义者，但这不表示我反对宗教，在我看来，那与私人选择和私人信仰有关。"在这里，与其他问题类似，萨义德的态度并非始终如一。在写给《纽约时报》专栏版副总编塔玛尔·雅各比（Tamar Jacoby）的信上，因她询问他在巴勒斯坦全国委员会所处的角色，他附了一张手写的"又及"，脱口而出，仿佛是安抚她："我在英国圣公会领受洗礼和坚信礼，这并不是可以忽略的小事！！"意思仿佛在说这份信仰让他的巴勒斯坦主张变得并非难以理解。[67] 矛盾的是，正如沙欣指出的，在西方眼里，阿拉伯人等同于穆斯林，"在促进人们更加了解伊斯兰世界方面，爱德华比世界上所有伊斯兰教长都做得多"，如果他真的是一个穆斯林，"他恐怕会像你和我一样，无法做到为伊斯兰辩护"。[68]

不明确自己的信仰，无疑与他想在宗教问题上保持谨慎、避免语出冒犯有关。在其他问题上的立场已引起争议的情况下，这种策略性的回避显得合理，而且如果人们觉得你在攻击他们的信仰，他们就会拒绝继续听你讲下去。一次，乘出租车时，他和司机闲聊起来，对方是阿拉伯人，直接问萨义德是不是穆斯林。"赞美主"，他回答，这句常见的赞语含义也是宽泛的，留给司机去得出自己的结论。这次回避非常典型。成人后，他说自己"每隔一天"是无神论者，并且告诉孩子们，《圣经》"不过是一部有趣的文学作品"。他在纽约住了几十年，从来没有去过教堂，走在街上，遇到宗教仪式，新教徒赞美诗的吟唱声从教堂里飘出，他也从不曾表现出一点儿想驻足倾听的兴趣。[69]

也许宗教给妹妹们留下更为持久的影响，宗教物件在他的世界里也随处可见。希尔妲的父亲是传福音的牧师，母亲的手边则总放着黑色皮面的阿拉伯语《圣经》——由来已久的习惯，她是在古城叙利亚发展的新教徒团体中第一位阿拉伯裔本堂牧师的女儿。这便不奇怪，希尔妲在不需要戒备的家里会经常引用基督教箴言，如"耶稣复活"或"哦保护者，哦主"，均突出了上帝的训斥，或赋予体会到的情感一种布道般的意味。瓦迪并非总那样虔诚，却也会偶尔念诵"登山宝训"中的段落："那在后的将要在前、在前的将要在后了。"每晚睡觉前，每个孩子都要跟随母亲在床边背诵主祷文。[70]

这种基督教氛围带来的影响到了萨义德笔下，往往会轻巧地一笔带过，尽管萨义德一家和他的朋友们每周日会去开罗万圣大教堂望弥撒、参加主日学校、接受坚信礼，那里是在开罗的英国人的总部。每天早上课程开始前，要先唱一首新教徒赞美诗，他十五岁离开埃及、求学美国，就读的学校依然遵循这种惯例。黑门山寄宿中学"要求我们每周去四次教堂（包括周日）"。[71] 到了中午，在坐下吃饭之前，学生要站在椅子后面，齐声背诵"感谢我们即将领受的……"每天如此。《上主是我坚固保障》《哦主啊，我们永远的保障》《感谢我们的主》《众圣颂扬》，赞美诗锤炼着他的节奏感，反复灌输着一种特殊的英语措辞。[72] 影响不仅仅是形式上的。要公平地、仁慈地对待穷人这一信条，与家族所坚持的基本政治良知相融合，尽管这是个富有的家庭，却有充足理由关注穷人的命运。

在阿拉伯传统家庭里，男人居主导位置，这意味着萨义德会是最受重视的孩子，可是他同时又受到基督教平等信条的熏陶，从身边杰出的女性身上学习为人之道，首先便是母亲希尔妲。说到会和哪个家庭成员分享秘密，萨义德再坦白不过："在人生的前二十五年里，我母亲当然是我最亲密的朋友……（而）我和妹妹们的关系……比较淡薄，至少我觉得不是很融洽。"[73] 与母亲的亲密关系，和由此引发的兄妹间的紧张关系，持续了终生。他伤心地声称父亲从未写过"一封真正写给儿子的信",而是口授给秘书,再署名"诚挚的,W.A.萨义德"。事实上,父子间的私人通信可以在他的档案里找到,瓦迪的言辞间流露着受到伤害和不安感。瓦迪曾恳求爱德华在亲戚来访时表现得更热络,并且请他代替自己联系一桩业务,爱德华则反驳"已厌烦听见别人说自己有多糟、总是达不到……一个好兄弟、好儿子等角色的标准"。[74] 又补充:"我想也到时候了,需要教导我的妹妹们该如何更像对待一位兄长那样对待我。"

希尔妲晚年在华盛顿接受癌症治疗时,是女儿格雷丝照顾她。格雷丝目睹了爱德华和母亲之间的互动,惊讶地发现他们可以每天在电话上一连聊上数小时。与《格格不入》里的讲述并不相同,不涉及母爱所施加的甜中有苦的压力,作为"监工头"的希尔妲,或"她的军械库里藏着的武器,用来操控我们,让我们失去平衡,让我和妹妹们发生抵触,也难以适应外面的世界"。[75] 也听不到那恐怖的评价,她觉得每个孩子都"让她大失所望"。纳迪娅·金迪说希尔妲"很美……高颧骨,皮肤细腻",习惯佩戴"炫目的珠宝",她记忆中的希尔妲与萨义德对母亲的描述相反,"总是在列举他们的成就"[76]。"我的确认为我们都是从母亲那里获得了政治教育,"格雷丝说,"她是阿拉伯民族主义者……[始终都]参与社会活动。"[77] 毕竟,纳赛尔废除了凌驾于家族法之上的宗教法庭,把工程师和医生派遣到乡村,为艺术家提供政府补贴,推行土地改革,使妇女有了投票权。希尔妲不是活动家,也不属于任何党派,但她确实是纳赛尔的热情支持者,对埃及的社会不公现象持批判态度。[78]

母亲的思维方式影响了她唯一的儿子。如琼所说:"妈妈一直擅长讲故事。即使她正在讲述的是最微小的事件,她也会加上细节,讲得绘声绘色,赋予社会和历史的意义。"[79] 如拉丁美洲的魔幻现实主义小说家,她发觉现实是如此古怪,只有凭借虚构才能彰显现实。希尔妲的母亲泰塔·穆尼拉(Teta Munira)——另一位主持萨义德家计的女人——树立了一个同样有力的榜样,尽管有些不同,却无法忽视。她保留了"庞大的记录,有关在1948年战争发生过程中和结束后哪些人离开了巴勒斯坦,1948年的战争迫使她和她的子女离家。她知道她认识的每一个人以前住在哪里,之后成为难民,流落到了何地"。[80] 这是一个"有讲故事、记录信息传统的家族"。

不可思议的相似之处在代际之间形成了更紧密的纽带。希尔妲失去了长子,她的母亲也失去了一个女儿,也就是说,就像萨义德没有兄弟那般,希尔妲没有姊妹。身边净是妹妹与女性亲眷,他有机会与表兄罗伯特和阿尔伯特(纳比哈姑姑的儿子)结下友谊,他们比他年长约七岁。日后的挚友、对其影响更深的易卜拉欣·艾布-卢霍德(Ibrahim Abu-Lughod)也比他年长,"有三个优秀的女儿,也是一位杰出学者的丈夫",因此"比普通阿拉伯人更懂得倾听女性"。[81]

后来结下的姻亲也类似。第一次婚姻结束后,1967年,他与玛利安姆·科尔塔斯相识,1970年,两人结婚。玛利安姆是独生女,家境优渥,父亲经营生产罐头食品和果酱的工厂,在黎巴嫩赫赫有名。这使他有机会与类似家庭背景的人联姻,均因兴办新式实业而变得富有,也属于信奉基督教的少数族群(科尔塔斯家族是贵格派教徒),更结识了很多关心社会、善于言传身教的女性长辈。一战期间,土耳其重新调配食品供给军队的做法导致了饥荒,科尔塔斯家族便派发罐头,让罐头生意越发兴旺。黎巴嫩山省的饥荒尤其严重,科尔塔斯家族在那里建立了应急食品储备，提供分发食品的服务。在前来参观的英国贵格教徒的建议下，几名家族成员受邀去英格兰学习罐头食品技术。和瓦迪一样，玛利安姆的父亲也是白手起家，仪表堂堂，颇具体育天赋，后来甚至成为黎巴嫩的网球冠军。

在离萨义德家族位于翠薇小镇这一消夏地仅十二公里的布鲁姆马纳（Brummana），五户家族建立起一个小型贵格教徒社区，其中就包括科尔塔斯家族。贵格教徒斥责圣公会教徒是"平庸的基督教派"，他们自己其实和任一支基督教派一样世俗：推崇地方自治，摒弃传教士，只靠行善彰显自己的信仰。[82]与后来在拿撒勒改信浸礼会的希尔妲父亲十分不同，玛利安姆的母亲瓦达·马克迪西·科尔塔斯（Wadad Makdisi Cortas）自儿时起就喜爱阅读基督教经文，她的父亲禁止她去本地美国福音派开办的学校，唯恐她变得过于笃信。[83]最终，她的确成为类似传教士的人，在贝鲁特女子学院教授人文学科，为此倾注全力。对瓦达身处的社群而言，女子教育是社会改革的关键一步，她身边没有成为教师的朋友则成为作家或呼吁女性平等的倡导者。

尽管和萨义德的父母一样，瓦达平日喜欢进行小小的说教，比如不要浪费时间，不要乱扔垃圾，要帮助邻居，等等，从很多方面看她都是"一位十九世纪的社会主义者"。[84]与玛利安姆一道，瓦达把反教权思想引入萨义德的生活。有年夏天，玛利安姆回忆，母亲"决定换掉所有在学校里唱的赞美诗，因为它们要用英语唱，歌词也是关于宗教。日累经年，她对《圣经》的热爱日益淡薄，并且谴责宗教在中东地区所起的作用。她整日阅读阿拉伯语诗歌，并且挑选诗歌配上合适的旋律"。玛利安姆主持家务，萨义德因此无需为与抚养儿女有关的繁杂的经济账和日常作息活动操心，玛利安姆及其家族更向萨义德引荐了贝鲁特社交圈，以

25

及活跃在贝鲁特美国大学周围的知识分子。

组成萨义德日后人生的两极,积极捍卫巴勒斯坦人的权益和在高校教书,可谓融合了两位杰出女性的人生轨迹:梅里亚姨婆(他外婆的姐姐)和纳比哈姑姑(他父亲的姐姐)。梅里亚姨婆——被学生唤作"巴德尔小姐",未婚,个子娇小,蓝眼睛,眼神敏锐而又严厉。据哈巴什回忆,她在开罗"是声望很高的女士",公认她是一位杰出的教师,对女学生而言是严厉的导师,要按她的要求培养独立意识和得体的行为,"很有些难缠"。[85] 她在开罗美国女子学院任教,在这位坚定的女监工面前,"一代又一代的学生被她罚站,恐惧至极"。[86] 谁也不清楚萨义德是如何突破她令人生畏的举止垒成的外壳,成为她"格外偏爱的"(他这样形容)。她为萨义德家的女孩们准备的半正式的茶会并不包括他,而她们到后来和外人一样,惊讶地发现他喜爱这位姨婆。[87] 她们小时候并没有感觉到二人的关系可谓亲近。不管怎样,他向她倾吐秘密,她看得到他的特别之处,并且希望他更加努力。不禁让人联想萨义德写的《三乐章礼赞》一诗中,至少有这位姨婆的影子:

> 认识她的人爱戴她:门徒
> 在她的屡番成就上冷酷地飘过……
> 她啊,我喊道,一根动人的刺……
> 我们倾听汗水,窄阁楼和奉献的讲述
> 你坐下,创造,就这样
> 在街角杂货店买你需要的一切——光、胶水和一把尺子。[88]

梅里亚姨婆的教导不仅仅是青春指引,更是一种对自律的呼召,那关系到民族的发展。从这个角度说，恰恰是令他人生畏的严厉，是促成二人关系好的关键。

纳比哈姑姑也个子不高，身材结实，她是爱德华的教母，每周五都会来萨义德家一同吃午餐，讲起1948年以后巴勒斯坦人惨痛的遭遇，"沉郁而令人愤慨的讲述"给他留下深刻印象。[89]一面讲到营养不良、痢疾和颠沛流离，一面持续奔走于政府机构和慈善团体，说服他们为无法自卫、拥入开罗的巴勒斯坦难民提供庇护，纳比哈姑姑促使萨义德第一次认识到自己的身份。和冷冰冰的梅里亚姨婆截然不同，她耐心、富有同情心；她们是不同时代的人，也来自不同的家系，却分别体现了萨义德那宽广的情感场域的两极。

如果说女性给予了强硬的政治意识启蒙，立场激进的男性也起到了榜样作用。甚至早在少年时，萨义德便表现出对左翼的道德尊重，有时包括激进左翼，而他本人却不会真的参与。《格格不入》里写到法里德·哈达德（Farid Haddad）的一生和终局，"他是活动家，热诚的共产党人……为社会和民族事业奋斗"，抱持（萨义德）"至今四十年的人生秉承的潜在信念"，他不仅是在回顾年轻时的偏爱，更是明确宣布他后来做的一切都受到了法里德的感召，这是在其他方面都较为了解其生涯的人都忽略了的事实。[90]

在开罗时，还是小男孩的爱德华就认识了法里德，五十年代中期，每逢放暑假就要回去探亲的萨义德，会像往常一样和家人去黎巴嫩山间消夏，法里德也一同去过。他一直试图从法里德那里打听消息，对方却"极少透露自己的政治或从医的活动"。[91]1959年11月，萨义德获悉法里德的死讯，感到非常震惊。他在狱中遭殴打致死，这是"在埃及发生的对所有反对派进行残酷镇压"的一部分,包括"自由派华夫脱党、共产主义者和穆斯林兄弟会"。[92] 事实上,他们之间的差异才是最吸引萨义德的——法里德的工作没有公众的注意,没有报酬,而且并不指望升迁,甘愿自我牺牲以服从党的纪律,一心想改善穷人的生活境遇。对于他的作为,萨义德评价:"他做了那么多,是从个人角度出发,从政治活跃人士角度出发,不一定是出于巴勒斯坦人。"[93]

在描述法里德及其父亲瓦迪(萨义德家的家庭医生,亦积极参与社会活动)的志业时,萨义德用了"仁慈之举",犹如他形容纳比哈姑姑是"圣人一般",这些词语都有着浓厚的基督教意味。[94] 另一位榜样卡迈勒·纳赛尔(Kamal Nasser),巴勒斯坦基督徒、好战的复兴党成员(阿拉伯世俗社会主义者)、记者、律师、为巴解组织工作的政治学家,也担得起类似的评价。1973年4月,在被暗杀当晚,他还与萨义德一起吃晚饭,后被以色列军方派遣至黎巴嫩的暗杀小组刺杀。[95] 措辞有意十分克制,他唯用"好人"来形容他们。

有种常见的看法,认为是1967年的战争迫使萨义德积极行动起来,在那之前他是超然的、对政治不感兴趣,事实并非如此。[96] "做一个黎凡特人意味着同时生活在两个或两个以上的世界,却不属于任何一个世界……无法创造,只能模仿……在迷茫、自命不凡、玩世不恭和绝望中揭露着自身。"[97] 在撕下的半张纸上,打印着这样的字句,类似的碎片笔记在萨义德大学时写的论文中间藏着许多。无论他在形容自己的童年是优越和纵容结成的"茧"时流露出多么明显的自我责备的语气,而茧总意味着培育和包围,是幼小者积蓄力量的地方。甚至可以说,他提早步入了成年。

少年爱德华常常听表兄优素福和乔治讨论《贝尔福宣言》,

虽然当时不能理解那份宣言的重要意义，却能充分体会到他们的愤怒。他记得托管时期的耶路撒冷的重重关卡、塔尔比亚新老定居者之间隐约的摩擦，还能听到开罗的广播挑衅式地谴责犹太复国主义敌人。[98] 纳迪娅记得的是不那么懵懂、激进得多的他："从很早开始，萨义德便对英国殖民主义的粉饰太平感到愤怒，反抗帝国的每个地理中心——但是在那时，他是一个孤零零的声音，一个异类的声音。"[99] 令人惊讶的是，在五十年代和六十年代回开罗看望钢琴老师蒂格曼时，他称自己是"纳赛尔的支持者，也是坚定的反帝国主义者"。[100] 假如他不是对母亲的政治热情十分敏感、没有因亲爱的纳比哈姑姑以一己之力"为同胞开设救助中心"而深受触动，他的人生轨迹恐怕会是另一个样子。[101] 正是在将自己的信念化为计划的过程中，他也在同中东革命者令人费解的非理性和令人沮丧的派系主义作斗争。革命者的表现对于他反而是一种阻碍，令他在加入组织之前会考虑再三，尽管如此，投身政治活动的热望在青少年时期就已现出端倪。

第二章

动 荡

"令人苦恼、落下残疾、引起动荡的世俗伤口。"[1]

1951年,在父母陪同下,十五岁的萨义德前往美国,准备就读黑门山中学。该校地处新英格兰马萨诸塞州乡野,是由福音派牧师德怀特·L.慕迪(Dwight L. Moody)在1881年创办的寄宿学校。尽管父母商量过举家迁居美国的打算(在威斯康星州麦迪逊市仔细看了几处房子),最终放弃并且很快返回了开罗的住宅。瓦迪和希尔妲希望这是一个好开始,也认为儿子迫切需要加强宗教戒律管束,与维多利亚中学老师的数次冲突还历历在目。萨义德却无比厌恶这所学校,不止一次用"极度压抑"来形容,虽然缺少证据佐证这种评价。

毫无疑问,新英格兰狭隘的思维气氛与开罗活力四射的城市风貌形成的对比过于鲜明,而萨义德从不曾对彰显校方权威的仪式之举表示屈服。他排斥那种修身教育,要求学生通过削土豆皮等粗活来领会谦恭。可是他年轻时做过的体力活远不止这一件。在美国求学时,他当过救生员,在波科诺高原基督教协会做过康乐指导,还做过咖啡馆学生服务员(时薪一美元)、一家足球经纪公司的收银员以及临时保姆。[2]

强加的道德规训倒并不像周围环境暗示的那样高强度。宗教课程尽管在黑门山中学处于核心地位，却不是南方浸礼会那种严苛、强调重生的布道。新英格兰冬季酷寒，从黎凡特来的男孩会很难适应，再加上正值麦卡锡主义当道，精神气氛压抑，这都可能是他留下恶劣印象的原因，而非具体的宗教灌输或体罚使然。事实上，他在这所学校度过了富有创造力的时光，发现了一位值得信赖的导师和初次获得公共认可的契机。

爱德华从出生起就获得了美国公民的身份，可是在文化倾向上，不算是真正的美国人。黎凡特文化的灵活性启发他能迅速地摸索陌生土地的路数——我们会看到，那尤其体现在越来越喜欢看美国电影上。从踏上这片土地开始，萨义德便发现生活在美国迫使他选择激进的立场。[3]这个国家的知识分子群体显得褊狭，尤其让他愤怒的是，许多左翼人士将本国政府的帝国野心内化为自己的态度。犹太复国主义者的计划，就像唤起美国引以为豪的自画像：是殖民地开拓者建立的国家，驱逐了原住民，被看成是"在荒野中履行上帝赋予的使命"，借用1670年马萨诸塞州的一场布道里的句子。[4]

一伙为了躲避英格兰的宗教迫害的清教徒，这个意象意味着流亡一直是美国建国修辞术的一部分，这令萨义德拒绝用它来形容自己。"把我叫作难民可能有点夸张。"他坦言。[5]不管多么尴尬，他实在适合一个由移民组成的国家，与旧世界维系稳定的基础上建立的新世界。后来的研究生导师哈里·列文（Harry Levin）认为这是美国小说的经典主题，"流浪的犹太人"和"漂泊的荷兰人"——不断地朝故土方向张望的流浪者，"介于漫游癖和乡愁之间"的状态。[6]

最终，萨义德承认了自己身上的美国特征，在许多读过他的政论文章的读者看来是一反常态的爱国情绪的流露："我们绝不该忘记，我们的国家是一个移民共和国：这是它如此特别、如此开放、经历持续的变化、如此激动人心的原因……［美国］始终处于呈现自身和转变的过程中。"[7]但这并不是一种一以贯之的态度。他最先适应的是新英格兰，在那里，形成了对平庸的美国流行文化的鄙夷之感（"我的生活缺少冷饮柜台和冷饮售货员。"他自嘲道），同时，美国电影却向他传达了情欲，令他想起之前瞥见一角却终究不可接近的开罗夜生活。[8]

既成为一个美国人，又保留旧世界的印迹，也许这只能在纽约做到，他形容纽约是"变色龙城市"，一方面，标举自己是"全球化晚期资本主义经济"的中心，在他看来是令人灰心的，另一方面，汇聚了持不同立场、富有创造力的"都市侨民"。[9]早在长期求学美国前，他就游历过纽约。1948年、1950年和1951年，每次造访纽约，他都会四处探访电影院，在各大百货商店闲逛，寻找餐厅。他进出美国总要经过这个高楼林立的大都市。[10]

在第三次到达纽约，即在父母作主送他去黑门山中学之前，他已格外钟爱42街——那里主流电影院林立，变得声名狼藉还是很久以后的事情。三年前，被迫去马拉纳库克营地的路上，也经过了纽约，他在曼哈顿体验到"彩色电影的世界……他所期望的美国"。[11]从黑门山中学毕业时，他和表兄阿比一家（令他感觉乏味）在新英格兰地区做了一次并不愉快的旅行，其间唯一的亮点是在纽约停留了两周，住在时髦的斯坦霍普酒店，对面就是大都会艺术博物馆——纽约已不再是陌生的地方。

在美国这片新世界，萨义德其实绝非孤身一人，无论他内心感觉到多么强烈的隔离感。在美国阿拉伯人社区里，居住着他的亲戚,其中就有"评价两极化的、富于个人魅力的"查尔斯·马利克(日后任黎巴嫩驻美国大使),他住在华盛顿,妻子埃娃是希尔妲的表姐。又如阿比,住在皇后区的伍德赛德(Woodside)。需要资金担保或发生其他意外时,二人都充当过萨义德在美国的保护人,虽然和他们的关系后来变得紧张。[12] 阿比是他已去世的伯父阿尔(阿萨德)——他父亲的哥哥的儿子,萨义德每年只有在放寒暑假的时候才能从中学压抑的日常生活逃离,届时会去看望阿比一家。虽然他"厌恶"他们,得空便溜到曼哈顿看"一场又一场的电影"。[13]

《格格不入》里的小男孩时而让人心生怜悯,时而勇气十足,始终用嘲讽的语气讲述,却从不曾发出自己的声音。所以可以说,他的感受和想法受到一种感知力的制约,它部分是属于他的,却又不仅仅是他的,因为已经成人的自我了解小男孩的想法,反过来则行不通。与此对比的是,在这第二次流亡开始(离开耶路撒冷是第一次),从中学寄回家的信件和在此期间写的诗歌里,与回忆录勾勒出的漫无目的、不断受到攻击的主人公形象完全不同的特征第一次呈现出来。

毕竟,能够就读黑门山中学,标志着在六年间换了五所不同学校的痛苦经历告一段落。他离开维多利亚中学是因为遭受质疑,这是确定的。到底是因为傲慢还是敢于在强硬的老师面前挺身而出则很难说,但是他的确是个难缠的孩子,"不够镇定",黑门山中学的网球教练后来这样形容。最不曾明言的似乎是萨义德的周遭充斥着权威,即使不是公开的对抗。莎士比亚事件发生后不久,他就和小霸王打了一架。他毫不畏惧,朝这个高年级男生的鼻子猛击一拳,害得对方去了医务室。

萨义德形容自己被维多利亚中学"开除",这与事实有出入。

在他和那名教师争吵后，校方的回应更像是让他休学两周。教师无法忍受学生不服管教，大发脾气，接着认为萨义德是带头挑事的。瓦迪觉得儿子应该退学，他意识到在英式教育体系下，儿子愈发萎靡不振，遭体罚不说，又有道德上的侮辱，已对他的学习造成负面影响。其他因素也起作用，维多利亚中学的代理校长，令人生畏的S.霍韦尔-格里菲斯（S.Howell-Griffith）明确表示，萨义德在英式教育体系下没有前途可言，对他未来各项能力的发展不抱信心，并且警告他的推荐信不会多加美言。结果，代理校长的推荐信真的只有两行半长，后附一份报告，说他不认为萨义德日后会在学业或宗教修为上"取得卓越的成绩"。[14] 在一张准备好的表格上，他把萨义德的求知欲和礼貌程度均列为第二等，考入大学的期望仅为"一般"。

回来履职的校长J.R.G.普莱斯（J.R.G. Price）并没有那样刻薄，他向黑门山中学保证，如果爱德华继续在维多利亚中学待一年的话，"就能期待他成功"考取牛津或剑桥。[15] 不管怎样，面对好坏参半的评价，难怪瓦迪不做正面表态，而是请黑门山中学毕业的校友、家族朋友约翰·S.巴铎（John S.Badeau）写了一封推荐信，巴铎当时是开罗美国大学的校长。正是他向萨义德一家推荐了黑门山中学，他的推荐信为尚且成问题的申请提供了支撑。他向中学保证（没有理由怀疑真假）这位父亲"急切地想把萨义德安置在一所具有优秀的基督教传统的学校"。[16] 为了确保申请成功，也无疑是听从了父母的建议，萨义德在申请陈述上撒了谎，"我可以保证，我在维多利亚中学或任何学校都没有纪律问题"。[17]

执意要把儿子送到美国读书还有其他考虑。瓦迪觉察到爱德华与母亲已亲密得过分，继续发展下去恐怕会变得病态，妨碍情感的正常发展。此外还涉及保留美国国籍的问题，正如那封措辞笨拙的申请信中所写："我之前一直住在埃及，根据规定，我必须在美国待满五年，待到二十一周岁。我现在十五岁半，到今年年底时，我就要去美国，才能保住我的美国国籍。"[18] 如果说瓦迪年轻时并不情愿从美国回到开罗，只是为了满足母亲的临终遗愿；他下定决心，儿子爱德华应该有留在美国的机会。在维多利亚中学求学不顺只会坚定瓦迪的想法。

起初，申请前景并不乐观。他的申请信写得很简单，甚至有语法错误和一副夸张的贵族口吻。信里详细地列举了课外兴趣，包括网球、足球、游泳和骑马，还参加了辩论协会和科学协会。他"还没有考虑好人生目标"，虽然"有学医的打算"。他的学习轨迹和许多医学预科生类似，被微积分弄得信心全无，转投人文学科。在维多利亚中学的最后一年，他的成绩平平：英语 A-，生物 C，物理 C+，化学 C+，法语竟然只得了 C-。

无论显出多少缺点，他给校方的第一印象不错。毕竟，他是转校生，之前在维多利亚中学读了两年。虽然不满十六岁，随申请信附的照片看起来却像二十一岁，这也许解释了为什么黑门山中学在他就读期间对他要求之多。体格健壮、擅长各项运动和成熟的气质，都促使他更愿意与年长的人做朋友。起初，在黎巴嫩度假时，他就和邻居穆尼尔·纳萨尔及其兄长们要好，初恋埃娃·伊玛德（Eva Emad）比他大七岁，表兄罗伯特和阿尔伯特，在普林斯顿读本科时结交的朋友，乃至后来年纪轻轻成为哥大教授后形成的关系密切的同事圈子——他们都比他年长七岁左右。

所有提出申请的学生都要做一份多项选择的标准试卷，以便做出心理测评，他的回答暴露了面对陌生环境他是焦虑的。简单的数学题难住了他，视觉和空间认知的题目也答得一团糟。总体得分不算差，错误却反映了情感上的脆弱。在最后一部分，给出了一系列问题，需要基于样题的回答形式作答，样题是"希望的反面是什么"，回答当然是"绝望"。接着他被问到"填入哪个词语则句子最正确：父亲＿＿＿＿比儿子更智慧：1）总是2）常常3）更多4）很少5）从不"，他的回答是"总是"，回答错了。类似地，"母亲总是比女儿＿＿＿＿：1）更聪明2）更高3）更胖4）更老5）更多皱纹"，他回答"更聪明"，又被扣了分。

然而经过这样磕绊的开头，他找到了自己的节奏，积蓄的潜能迅速释放，让此前和之后的表现形成鲜明的对比。不出一年的时间，他就成了"优秀的钢琴演奏者"，娴熟地以一种近于奉迎的风格自信地表达自己。年鉴照片上的他显得英俊，异国特征并不明显——是合唱团和唱诗班里三个"非白人"学生中的一个，另外两个是非裔美国人。后来，萨义德调侃黑门山中学的生源如此单一，连一个来自檀香山的男孩都被招募进了国际俱乐部。据他当时的朋友回忆，虽然没有人粗鲁到当面直说，同学会觉得他是"阿拉伯佬"。[19] 威廉·斯帕诺斯（Wiilliam Spanos），刊物《边界2》的创办人，后来与萨义德时常通信，当时恰好在黑门山中学任教。据他回忆，那时学校里排外气氛浓厚，因为他有希腊血统，人们便在背后叫他"外国佬"。[20]

日益增强的自信心，促使他敢于初试文学。《城堡》这首诗赢得学校的休·芬德利诗歌奖时，他还是低年级学生。用来搭建诗歌舞台的是可以想见的支撑物。"耸立于陡峭的山巅……勇猛的十字军审视混杂的撒拉逊军队。""污浊的地牢"传来刺耳的叫喊，回荡在城墙之间，形成"一曲不协和的交响乐"。[21] 整首诗犹如弗兰茨·卡夫卡和阿尔弗雷德·丁尼生奇异的混杂，其中埋藏着日后会讨论的政治主题。以"傲慢的、谴责的目光"看阿拉伯人,这样的人会遭毁灭。可怕的场景有所缓和,只是因为比人类的残酷更强大的力量的出现——大自然,石墙被渐渐侵蚀,最终如"摔碎的陶偶"般倾塌。

回头看这首少作,萨义德很可能会不客气地批评,就像他评论"忸怩作态的蹩脚诗人"凯斯·布伦那样。布伦是吉齐拉公立学校的老师,因其不守纪律而鞭打过他。在《格格不入》里,形容这个体罚者的诗"故作风雅","用词花哨,故意打乱字序"("桃色绯红")。[22] 但是果真如此的话,则有失公允,与布伦的"香水暴力"不同——他是投给英国移民人群看的自诩高雅的战时文学刊物,《城堡》则是愤怒地反抗可憎的秩序。毕竟,他写这首诗时才十六岁。

围绕城堡的意象,总共铺陈了三十五行,有自己的新意,描述了城堡的两个动向,威力无穷的一面和衰败的一面。那不是偶然捕捉的印象,而是精心构思的叙述,有着道德谴责的明确目标。作者对不同的文学声音可以敏锐地区分,同时没有脱离维多利亚时期的文学惯用语,形容"权力"一定会提到"威武","常青藤"自然是像蛇一般。他深知摹仿痕迹严重,处处是借来的声音,这首诗试图把古旧的诗歌语言体现的崇高感转化为政治武器,他抨击城堡,不仅仅是因为它不公正,更因为它违反自然。全诗以描述城堡倾塌结尾,这无疑是在影射维多利亚中学。

逃离维多利亚中学的一切固然让人开心,而眼前的环境仍需要时间去适应。远离开罗这个大都会,远离舒适的家,如今他要努力适应的马萨诸塞州北原镇堪称家的对立面。电话服务不稳定,能使用的机会也稀少。邮件递送缓慢,像加尔各答银行的文书工作。他觉得自己过着"隐修般的"生活,不仅仅指每日的宗教训诫,或公共浴室(厕所隔间也没有门),黑门山中学依照常青藤大学及其附属预备学校的惯例,男女学生分开教学,只收男学生,与之相对的是北原女子中学(两校于1971年合并)。尽管如今身处舒适感极差、冰雪阻隔的荒野,他一口气加入了国际俱乐部(担任副主席)、法语俱乐部(担任副主席)、集邮俱乐部(担任主席)、辩论协会和唱诗班,以驱逐脑中那些不洁的念头。但是那并不能阻止平日他需要忍受敷衍的微笑、隐晦的羞辱,或被拒绝授予他渴望的年度优秀学生或担任图书馆管理员——通常都是为成绩优异的学生留着的。他说过,从未觉得"自己真正属于学校团体生活的一部分",听起来像坦白,同时也有理由将其视为一种夸耀。他遵守校方的规则,同时又鄙视那些规则,明明在那里同时又不在那里。

校方留下的实际记录表明,他相当热衷于参加"团体生活"。在毕业前夕校方给出的综合评定里,说他"性格友善""始终乐于协作"。时任校长霍华德·L.鲁本达尔(Howard L. Rubendall)评价他人缘好,教练们都说他是"社团里的杰出一员"。而同学则觉得他与人疏远。他思维缜密、雄心勃勃,比同班同学成熟得多。与在维多利亚中学不同,在黑门山中学,他因成绩过于突出而显得鹤立鸡群,后来,他从不同的角度审视当年的烦恼,称与周围人关系不好,是因为"我不是带头的,也不是听话的好学生,更不虔诚"。[23] 不知何故,他被取消了好几个关键荣誉,最让他无法接受的是拒绝让他承担图书馆的工作。这项殊荣通常是颁给年度优秀学生的,是他最渴望得到的奖项。

此处也有帝国文化的因素,暗含在他的观察中,"正是阿拉伯世界的政治局势愈发影响美国之时",在新学校里他切身体会到被排斥。虽然还是十几岁的少年,至少最亲近的朋友都知道,他站在巴勒斯坦人这边。即使尚且不算是真正地投身其中,却已常常说起同胞的困境，倾听的人都明白这一问题经常牵动他的忧思。听他就此论述自己观点的人里就有来自德国的同学戈特弗里德·布里格（Gottfried Brieger）。两人一认识就因为同为外国人的身份而找到了共鸣感，还去"扶轮国际"分社就各自的祖国做演讲。面对"德国人养牛吗"这一问题，布里格不禁和爱德华开玩笑说，应该互换演讲题目，他讲巴勒斯坦，爱德华讲德国，听众根本听不出差别。[24]

到了第一学年尾声，他在巅峰时期所体现的综合才能开始显现。他刻苦研读柏拉图和亚里士多德、启蒙运动思潮和克尔凯郭尔，由此也可看出黑门山中学课堂上相对而言比较开放，是詹姆斯·雷·怀特（James Rae Whyte）牧师的《圣经》课上要求学生阅读克尔凯郭尔。对古典音乐的业余爱好，发展成系统地掌握古典音乐演奏史、歌剧唱词、作曲家生平和对位法技巧流变。他研读大部头的《格罗夫音乐和音乐家词典》，把学校图书馆里所有33转/分钟的唱片都听了，并且加入了唱诗班和合唱团，再次勤奋地练习弹钢琴，比人生其他时期都持续时间更长、密度更高。到第二学年结尾，他的成绩排名提升得飞快，还获得了第二个重要奖项，这次是因小说评论文章而获奖。尽管文科成绩斐然，他仍然自认为是医学预科生，而且课程设置严格，成绩单显示他的代数、生物、数学（四）和化学的成绩。到了高年级时，他获得的弗洛伦斯·弗拉格奖就是因为"在生物学科表现突出"。[25]

然而日积月累间，他愈发倾向人文学科，虽然转变的过程并不平顺。老师们认可他能考上不错的大学，至于深造人文学科应具备的关键素质：创造力、想象力和"口头论述观点"的能力，评价却含糊起来。校方读出父母来信流露的暗示，将这些缺点归因于不稳定的情绪状态,表现就是即使经过整晚的睡眠,精神也极其委顿。校医 W.F. 杜德(W. F. Dodd)甚至在体检报告里推测这"可能是遗传",因为家族成员也有类似表现。[26] 医生觉得是生理问题,而非心理问题,并且开出做"基础检测"的单子(验血糖值),还建议他吃滋补品"振奋精神"。[27]

就在黑门山中学求学时间刚好过半时,慢性疲劳演变成了难以忍受的痛苦。1952 年暑假时,他按计划返回开罗,和家人去翠薇小镇度假,返校的日期临近,他央求父母允许他继续待在家里。即使在第一学年,父母寄给校管理者的信件已流露出警惕、召唤的口吻,既是不了解美国文化惯例、宠爱儿子的父母强烈感情的倾吐,又像盛气凌人的辩护人,要维护儿子的权利。1951 年 9 月 21 日,爱德华刚入学不久,尚未返回开罗的希尔妲从纽约写信给学校,敦促他们竭尽全力才能应对其子带来的特殊挑战。[28] 五个月后,她又致信学校,说爱德华写的家书暴露了他无比想家,超出了一般程度。[29]

而且,1952 年夏天,开罗"可怕的事态"更会让他心焦到无以复加。妹妹琼回忆:"7 月 23 日,埃及革命爆发时,我们正在翠薇小镇度假,和之前一样。"[30] 每个人都"一直在听广播",想知道事态会如何发展。这场革命已有预兆,1952 年 1 月,就在希尔妲给校长鲁本达尔写第二封信前仅一个月(她恳求关注一下她沮丧的儿子),埃及民族主义者在苏伊士运河区起义,英军出兵镇压,惹得愤怒的民众轮番示威游行,攻击旅馆、学校、商店和饭店——任何散发外国特权气息的地方,这通常被称为"黑色星期六"。被烧毁的商店中就包括瓦迪·萨义德的标准文具公司,所在地法丽达王后街(以法鲁克国王的第一任妻子命名)上的其他店铺也均被付之一炬。

1952年1月28日，在致开罗的W.H.史密斯有限公司和父亲佩勒姆·沃纳（Pelham Warner）爵士的信中，埃斯蒙德·沃纳（Esmond Warner）对当时情景做了生动描述，这是从殖民地精英视角观察到的，并且提到在外国商人圈子里弥漫的恐慌："我遗憾地告知您，1月26日，星期六，下午约五点三十分，我们位于上述地址的商店被一名暴徒点燃，已彻底焚毁……暴徒总共有数百人，四处实施破坏，无所顾忌，没有警察出来阻止他们；相反，警察像在协助他们。"[31] 1月31日，埃斯蒙德再次致信：

市中心化成了废墟。信心烟消云散。赛马俱乐部发生的事最是恐怖……我最近一次去市中心是黄昏时分，六点差一刻，那里就像但丁笔下的地狱。每条街上都停满汽车，旁边就是正在燃烧的建筑——如果吹来一阵风，整个开罗都会化为灰烬……人人自危，担心英军的占领会引发一场真正的革命……他［国王］是否有足够的魄力镇压那些塞拉格·丁（Serag el Din）和其他棘手的"民主人士"？……劫掠完全被忘在脑后，摧毁一切的狂热态度占据了上风……牧羊人大饭店，福阿德·阿瓦德街上那三家大型百货商店，格洛皮咖啡馆的四家分店，开罗的每一家电影院，巴克莱银行，每一家餐馆和酒吧，大部分珠宝店，英国协会藏书丰富的图书馆，货品齐全的标准文具公司（据我推测，损失二十万英镑），刚刚进口了最新式的办公设备，这一切均遭焚毁，市中心的每一家汽车代理行、军械行都被抢得干干净净。

沃纳进而推测这样的纵火举动具有象征意义：英国标志性建筑和场所，暗示"富人"（高级百货商店、珠宝店和汽车行）是"和平运动"（共产主义者）和艾哈迈德·胡赛因（Ahmed Hussein）

的社会党成员攻击的目标;"消遣"场所(电影院、酒吧以及跟"酒""罪恶"沾边的地方)是穆斯林兄弟会攻击的目标。他总结道:"此地,各个族群的基督徒都噤若寒蝉。"

萨义德自己日后对事态的看法严重偏离了事实:家族生意在埃及的几家分部,他日后写道,"没有国有化,而是卖给了纳赛尔政府;不是被革命暴徒烧毁,而是毁于穆斯林兄弟会之手"。[32] 无论怎样,受到威胁的不只是宗教信仰。比如格洛皮咖啡馆,对任何熟悉开罗日常生活的人而言,它都是一座文化纪念碑——装饰华丽、地中海风格的茶室、配高落地窗的曲面建筑,由来自瑞士卢加诺的移民贾科莫·格洛皮兴建。人们都愿意来这里碰头,并非只供上层阶级消遣的场所,出售的巧克力尤其知名,受到整个中东地区的王公贵胄的青睐。

暴乱发生后,希尔妲致信黑门山中学,担心儿子会深受打击,因为作为男孩,他"过于敏感"。六个月后,他写的家书更让母亲担心,说父母"根本不该为他感到骄傲,他在学校里比其他男孩差得多"。这种"严重的自卑情结",希尔妲推测,可能和给他造成严重困扰的"多重不利因素"有关,比如"转学过于频繁"。[33] 校方管理者则表示不解,他们没有察觉该学生表露出苦闷。到了1953年1月,希尔妲认可了校方的回复:先前的信里流露出的沉郁忧思消散了,他终究当上了图书馆管理员,激动得写信告诉父母。他"又成了我们的埃迪"。[34]

然而,他在黑门山中学的求学仍以不愉快作结。最让人无法容忍的羞辱恰恰在毕业前出现:校方没有让他在毕业典礼上致辞,尽管他的成绩足够优秀。事实上,1953年6月,他致信教务主任,确认自己是班里第二名(成绩最低的竟然是英语科目,最高分是《圣经》研读和音乐鉴赏)。[35] 几十年过去,当回忆录出版后，当年做毕业典礼致辞的弗雷德·费舍（Fred Fischer）给萨义德去信，坦言两人的毕业成绩是一样的，他也想不通为什么要这样羞辱他。[36] 萨义德将此视为最终证明——不知怎地，他冒犯了校方权威，无论他做什么，都改变不了局外人的身份。

在爆发革命之前，萨义德对于埃及体会到的始终是疏离感，尽管他在那里长大。在他的笔下，开罗不像乌托邦理想之城，更像占位之城，他可以经由此地去往别处。如今，他身处异国僻壤，不得不面对更加深重的羞辱——眼睁睁地看着故土的家园、宗亲经受暴乱。仅仅几年后，在普林斯顿求学时，又赶上苏伊士运河收回国有，引发以色列入侵埃及，英军炮轰开罗，"我隔着遥远的距离关注这一事件，承受着情感的重压，我的家人就在开罗"。[37] 还有第三次则是在整整三十年后，1982年，他在纽约，只能看着电视上轰炸贝鲁特的新闻报道，母亲、妹妹、妻子玛利安姆的亲人和他的挚友都居住的地方。他从多个秘密渠道打听，希望获得现场的些许真实情况，当时，贝鲁特经受海上、空中和地面的三重打击，顽强的抵抗最终失败，以军坦克开进了市中心。

听闻埃及暴乱，他并非像沃纳致公司的信函中表达的那样，蔑视愤怒的"暴徒"。毋宁说萨义德和家人都支持这场革命，它将法鲁克国王赶下台，促使苏伊士运河区国有化；他同意妹妹琼的观点，这次事件反映了"富得流油的埃及上层阶级与赤贫农民之间的距离被大大缩短"。[38] 友人哈巴什是科普特教徒（埃及最古老的基督教派），记得萨义德一家全心支持革命，连自家公司被焚毁也可以看作大快人心的信号。希尔妲也写道："整个中东还处于混乱中，而埃及似乎至少找到了解决某些问题的答案。我们的商店损毁严重，重建工作做得很好，商店甚至比之前更好了。"[39]

直到六十年代初,变化无常的局势影响到人身安全,萨义德一家才离开埃及,迁居贝鲁特,再也没有回去。搬离开罗,部分原因受叵测的政治气氛的影响,阿拉伯社会主义者颁布了一系列法律,限制重建受损商店。瓦迪的公司从未被征收(许多其他公司如此),但是到了1962年,他主动关掉了开罗的公司,在贝鲁特另开了一家公司,并且一直居住在那里,直到1971年去世。

政治剧变不仅仅正在国外发生。萨义德在冷战对峙最激烈的时候到达美国,此时形成的美国印象终生都留有痕迹。尽管颇有雄心,勇于表达,也有非政治的自述,他深度怀疑周围萦绕的冷战思维,反苏联偏执狂,无视第三世界各国国情,当然,还要求知识阶层服从。黑门山中学奉行集体为先,这让他反感——美国人"流于表面的幽默态度和每每自豪的团队精神"遮蔽了更邪恶的东西。游离于"团队"之外是不允许的。而正如日后萨义德逐层剖析埃及社会体制,反过来可以看出他是从民族、种族的角度理解冷战。在他看来,麦卡锡主义酷似笼罩阿拉伯人困境的光晕:"从我五十年代中期到美国开始,就觉得这个国家让一个阿拉伯人总感觉有某种罪恶感……为美国所不容。"[40] 阿拉伯人"并不说英语"。[41]

五十年代的美国给他留下的这种反感印象并不难理解。前面提到的几位儿时英雄都是共产主义者,其中最让他佩服的就是家庭医生之子法里德·哈达德。另外,多次在黎巴嫩停留过程中,他有机会近距离观察本地马龙派基督徒,促使他将反共产主义与盲目推崇西方的偏见、憎恶伊斯兰教对阿拉伯文化的影响联系起来。在美国读完两年中学,入读普林斯顿大学后,他发觉美国同学对冷战塑造的无知漠不关心,他被激怒了。他抱怨道,大学里

"几乎没有人读马克思,也不会指定读",并且"把麦卡锡主义视作无足轻重的小把戏"。[42]

早在民权运动、反战运动蓬勃发展前(可以让持有此类观点较安全),萨义德便敢于反驳针对红色恐惧的逻辑。1958年,申请哈佛大学研究生院的个人陈述信,竟是以他与"一个思维缜密的开罗书商"的谈话开头,这位书商"在资助将所有最为重要的社会主义思想著作翻译成阿拉伯语"。不知不觉中,他们讨论了几个小时的社会主义和"种种所谓的民主政体"。他想暗示,此类坦率的讨论只能发生在国外,而欧美有名望的作家,比如乔治·奥威尔和安德烈·纪德借屡次表示对社会主义"感到幻灭",忙于呼应共识。他同意书商的话,即他们"经受得住"幻灭,因为"与他们在埃及的兄弟"不同,他们是在为已不介意社会主义观念的读者写作。萨义德认同历史学家理查德·霍夫施塔特(Richard Hofstadter)的观点,后者指出美国教育沦为"可以得到的东西",而非"精神历练",从而解释了这种漠不关心的态度,以及在社会阶层间的最终较量。他之前嘲讽黑门山中学反复提倡道德操练,均可从此处找到源头。他认为,整个教育过程应该从"一种理论上说绝不会衰竭的狂热精神"中汲取动力。受过教育的人"应该做自己的牛虻,也要做他人的牛虻"。[43]

与《格格不入》里讲述的故事——缺乏道德诚实性或"正确的态度"的边缘人——截然不同,从黑门山中学毕业后,他仍会给老师写信,字里行间洋溢着愉快的心绪。比如写给校长鲁本达尔,他正在埃及探望家人,回忆自己在黑门山中学度过的两年,想把一个好消息分享给校长,他获得了普林斯顿大学伍德罗·威尔逊奖学金,并且还说:"太可惜了,我要是再晚一届入学,就能用上新体育馆和学校提供的其他精良设施,不过您别担心,鲁本达尔先生,黑门山中学在开罗有非常懂得宣传的招生办公室。"[44]

无论如何,他已在美国落脚,逐步构建自己的生活,而且像托克维尔、白赉士(Viscount Bryce)和西蒙娜·德·波伏瓦那样,日后会诊断、剖析美国,这是美国一直赋予外国知识分子的特殊权威,描述美国国民特征。这一关键性的胜利在很大程度上取决于他有能力让别人觉得他是美国人。很多批评者都难以设想萨义德的确是巴勒斯坦人。贬损他的人从来都不放过将他描述成一个在玩身份游戏的纽约客的机会。他对美国文化似乎无比融入,至少有一半的听众都会忽略他身为阿拉伯人的一面。八十年代初,他和大卫·耶路沙尔米(David Yerushalmi)一起散步,后者是伊朗犹太人,正在教玛利安姆希伯来语,他问道:"萨义德教授,待在美国你没有任何疏离感吗?"得到的回答是:"当然有,我只是克服了。"[45]

但是这意味着需要持续的努力。从留下的文章来看,他对美国的娱乐产业始终持批判态度,抨击美国电影、报纸和漫画所施加的同质化力量。他建造了一座情感堡垒,来抵御美国中产郊镇的荒凉,感慨着"被困在布鲁克林的美国人,他们的女儿处在十几岁的年纪,衣着张扬,嚼着口香糖,说话尖声尖气"[46]。在美国待久了,那种不拘礼节的做派也影响了他,但是每次一句俚语脱口而出时,都会伴随某种自我嘲讽的语气,以及隐约可辨的英式口音(许多年后,女儿娜杰拉给他解释"口红蕾丝边"的意思,他反过来把这个词用进所有能用的对话里去)。[47]美国式平等甚至影响到他的名字。他厌恶别人叫他"Ed"(埃德),如果听到谁这么叫他,他会不客气地立刻纠正,只有几个挚友例外,[48]或者说他能够容忍。诺姆·乔姆斯基就始终这样称呼他,萨义德从未说过别这么叫。在黑门山中学、普林斯顿大学结交的朋友也这么叫他，还有他的父亲。在美国生活的最初五年里，他在写信时最后都是署名"Ed Said"（埃德·萨义德）。

和其他时候他试图分析作为一个美国人苦乐参半的感情一样，他的表述并非前后一致。他吸收了父亲关于美国文化的乐观的态度，也的确类似父亲，在新大陆取得了成功，作为即兴表演者、勇于实践者和自我突破者。[49] 他甚至可以在麦卡锡主义笼罩下的思想图景贫瘠的十年中寻到亮点。难道艾森豪威尔总统不曾迫使以色列撤离西奈半岛，将相应领土归还埃及吗？难道老牌女记者多萝西·汤普森不曾在《妇女家庭杂志》的专栏里将犹太复国主义描述为无休止战争的幌子，同时生动地描摹阿拉伯人？在传统的遣词讲究的毕业典礼致辞以外，2002年，去世前一年，他应邀回到黑门山中学做毕业典礼致辞，那不是一场常见的遣词隆重的致辞，而是说出了心里话，"我们的共和国……如此特别，如此开放，经历持续的变化，如此激动人心"。[50] 因为美国也是异见人士的美国，正如霍华德·金《普通人的美国史》按编年记录的（萨义德指出）：民权运动，就读哈佛法学院的黎巴嫩裔学生拉尔夫·纳德（Ralph Nader）倡导的公民运动，以及"妇女解放运动，促使其挣脱遮蔽……重见天日"。

童年的迁徙经历有助于理解他变动的文化忠诚感。"流行文化对我来说毫无意义，"他说，"它只是包围着我。"同样不能否认的是，儿时的他着迷于美国电影，后来更是从中获得羞报的感官乐趣。[51] 至于体育竞技文化，他称其会"麻痹掉批判意识"，顺便回顾儿时包围他的精神世界"几乎与任何严肃的或深刻的思考不相关"，他能够成为一个知识分子，简直是奇迹。[52] 可是，在他最为多产的时期，他显然也看了相当多的电视节目（并不是

47

所有的他都会提起），同时读了一本又一本罗勃·陆德伦的谍报小说。

1993年，在一次没有发表的采访里，萨义德比以往更加坦率地谈论了在人生的头二十年，美国电影对他如何看待开罗和美国所施加的影响。能在纽约肆意观看电影之前，常去的是开罗那条并不时髦的伊马德·丁（Emad el Din）街，那里有家戴安娜电影院，他可以每周去看一次电影，也就是星期六下午，"唯一能从无休无止的各种辅导课逃离的机会"。母亲禁止他把同一部电影看第二遍，这迫使他格外仔细地看每一格画面。后来在纽约，他终于可以作主时，养成了反复看同一部电影的习惯，42街的电影院会滚动放映同一部电影。但是对他来说，连消遣也会变成一种任务。他把丽塔·海华斯主演的《莎乐美》一连看了五遍——因为"那就是我接受的训练……做任何事都是高强度的"。[53]

喜欢看美国电影，这种趣味在开罗便养成了，"对［好莱坞］电影涉及的一切都有了系统的了解"。其实，他的评估并不复杂。他进一步解释，自己喜欢的电影就是"身穿勾勒曲线的裙子、女主角长得像黛比·雷诺兹和赛德·查里斯"。十一岁时，他非常想看丽塔·海华斯主演的《吉尔达》，和母亲因此发生了严重的争执。她就是不肯让他去看，而他"被拴得很紧"。[54]

既然无法忤逆母亲，他就想办法绕过她的限制。无论他被阻止看到什么，他后来都在《影戏》（Photoplay）杂志上搜寻，用好莱坞八卦填补他在银幕上错过的东西，并通过翻阅光鲜的照片来满足他青春期的好奇心，其中就有丽塔·海华斯等人的照片。聊银幕知识是一种持续的消遣。萨义德会和黎巴嫩的一位年长朋友争论罗伯特·泰勒，他似乎总是一回家就让芭芭拉·斯坦威克拿来他的睡袍和烟斗（"他就迷恋烟斗"），萨义德并不喜欢他，认为他"有点像个混蛋"。

他还利用了他母亲的推断。父母一直引导他去看《灵犬莱西》《神犬丁丁》《赛马弗利卡》，他却想看《太阳浴血记》，里面有性感的詹妮弗·琼斯，父母倒是允许看，因为这是一部西部片。《贝尔纳黛特之歌》也似乎安全，主人公是修女，父母没有理由反对。希尔妲并没有意识到，这是在满足他的幻想。

本来是无比虔诚……《贝尔纳黛特之歌》……我觉得……它传达出的性感令我深感困惑。我迷恋贝尔纳黛特……她是成就了卢尔德小镇的女人……直到现在我仍然觉得如果我病得厉害……卢尔德会是我想去的地方……为什么迷恋贝尔纳黛特？……我想作为一个人，她的纯洁……与她的……肉感杂糅……我家充满清教徒的气息……迷恋詹妮弗·琼斯，在电影里既是修女又是圣女……令我兴奋。55

到了高中，他变得更加桀骜不驯。就在去美国求学之前，十四岁时——那一年，成绩单上不是C就是C-，他常常逃课去看"禁片"。父母向他力荐关于中东的历史浪漫电影，如《一千零一夜》和《阿里巴巴与四十大盗》，他只觉得无趣，看其他任何电影都会觉得更有趣，考虑到他那时接受的英式教育，对于"生活在其中的世界，即阿拉伯世界"的唯一一点感知就来自这些电影。

刻板的印象不仅仅关于东方。阿拉伯电影往往是由具有异国情调的明星主演，如玛丽·蒙泰兹、萨布和杜亨·贝（土耳其裔奥地利人），而电影里的洛杉矶也没真到哪里去，"米高梅电影公司制作的音乐电影……出租车司机、都身穿制服、戴小领结的电报男孩。"[56] 1968 年，三十三岁的萨义德终于亲眼见到加州，走在洛杉矶的街上，他不禁试图在真实生活中寻找当年在电影里看到的各色人等。

好莱坞无法让他看到钢琴老师蒂格曼见过的开罗的风流女子，却提供了类似有挑逗力的形象。可以说，两种女性形象在他的脑中融合为一。主流流行文化从少年起就引起他极大的兴趣，并且持续地与其所处阶层和家庭地位的高雅品位形成抗衡。在七八十年代，他是名著剧场系列剧集的忠实观众（尤其是《楼上，楼下》《故园风雨后》和戴安娜·里格主演的《探案》系列），无法理解孩子们喜欢看的节目，而艺术院线电影只会让他打哈欠。用电影来传达政治信息，他尤其回避。"我不想看那种人类学电影。"他断言。[57] 动作片才是他唯一想看的——《虎胆龙威》《宇宙威龙》《致命武器》。[58] 出于对越礼犯忌的兴趣，也是把电影当作感官放松，他写信给身处异国的同事，带着嘲讽的口吻："就在离开纽约前，又忍不住去看了个电影，['色情片式的']《深喉》……的确有某种社会价值。"[59]

1953 年 6 月 7 日，萨义德从黑门山中学取得文凭，之后很长时间里，他依然和老校长鲁本达尔保持通信。他觉得这位温和的老校长是可以交谈的人，毕竟，老校长不时要应付忧心的希尔姐寄来的信件，也如义父般帮他适应新的环境。显然，萨义德在美国度过的头几年是超负荷的，足以让鲁本达尔形成了一个坚定的印象，足以让其预言日后萨义德会成为什么样子。在毕业推荐信里，鲁本达尔写道："萨义德先生的中东文化背景令他格外能够以不寻常的方式激励他人思考。"[60] 他对自己的感知，和别人对他的感知，终于趋向一致。

第三章

求学常青藤

>诗是言语的爱子,是嘴唇与言说的爱子:它必须被说出来,唯有如此才能呈现,它无法主动呈现自己,它并非本身。
>——杰拉德·曼利·霍普金斯[1]

1953 年,萨义德入读普林斯顿大学,他相信那里亲切随意的氛围会让他淡忘黑门山中学新英格兰式的严酷。做出这个决定没有花太多时间(哈佛大学也录取了他),部分原因是两年前的夏天,他就和父母参观过普林斯顿的校园。与哈佛大学不同,普林斯顿被称为外国菁英后代的庇护所,虽然萨义德的出身不比王族,却无疑家境殷实。结果他感到失望,发觉普林斯顿不过是"地处新泽西州穷乡僻壤间"扩大版的私立学校,聚集了更多同样来自上层阶级的怪人,四周依然充斥乏味的谈话,与黑门山中学相差无几,区别只在同学的手上多了酒杯,不时就饮上一回。[2]

唯一眷恋的是普林斯顿有实验音乐系,征召到国内一些最敢于创新的作曲家,包括米尔顿·巴比特和罗杰·塞欣斯,以及爵士钢琴演奏家、作曲家约翰·伊顿和杰出的音乐史学者,如亚瑟·门德尔和奥利弗·斯托隆克。日后的读者很难想象,当初萨义德严肃地考虑过彻底投身音乐。此前，他苦练钢琴演奏（是练琴强度最高的一段时期），来到普林斯顿又接触到作曲和音乐理论方面的杰出人士。纽约近在咫尺，他的演奏优秀，获得了音乐之友奖，进而能够跟纽约的钢琴演奏大师弗兰克·谢里丹学习，后来又在茱莉亚音乐学院深造过。

与其说是文学本身，不如说是普林斯顿大学研究文学的方式把萨义德的注意力又从音乐上拉了回来。与其他常青藤盟校英语系的常规设置不同，普林斯顿设立了博雅人文课程，仅仅针对最富于才华的学生，该创新课程综合了哲学、文学、音乐和法语。这再适合不过，萨义德报了名，从此激发出他对广博的、非专长式研究的兴趣，这种兴趣保持了终生。哈佛大学有杰出诗人、担任过国会图书馆馆长的阿齐博尔德·麦克利什（Archibald MacLeish），坐镇普林斯顿的则是才华横溢却性格古怪的批评家R.P. 布莱克穆尔（R.P.Blackmur）。

正是在普林斯顿，他寻到了志同道合的友人和未来的中间联络人。其中最亲密的当属同窗亚瑟·戈尔德（Arthur Gold）和汤姆·法雷尔（Tom Farer），后来也一同就读哈佛大学，在这学术养成的关键九年里，三人形成一个牢固的小团体。和纳齐赫·哈巴什也关系不错，尽管是到了研究生时期才加入进来。还有起到间接作用的侯丁·卡特三世（Hodding Carter Ⅲ），日后便是通过他的引荐，萨义德受邀访问卡特总统的国务院；在哈佛大学认识的拉尔夫·纳德，帮助萨义德避开了征兵，还有来自英国的研究生同学埃里奇·西格尔（Erich Segal），本业是研究古典文学，后来出版了《爱情故事》，萨义德佩服西格尔的聪明劲，以一篇精彩的"自我推销"促成了一本畅销书。[3]

此时，他显得比在黑门山中学时开心得多。"人缘好……周围人当他是自己人。"副院长在推荐信里写道。[4]换句话说,他做到了被原本不是自己人的同学接受。杰拉尔德·桑德勒(Gerald Sandler)博士(1957级学生)回忆,他的同学"埃德·萨义德……身为巴勒斯坦人,也许如我们犹太人一样感觉受到孤立"。[5]大学挚友时常听他热切地讨论巴勒斯坦问题。[6]匿名人士填写了一份普林斯顿就业办公室的表格,这份观察记录旁边还有某校领导用铅笔写的批注:萨义德"深肤色、高大",是"阿拉伯裔"[7]——在大校里讨论巴勒斯坦问题有承担种族风险的意味,显然是想让其他领导读到。另一位教授,在称赞他坦率之余,却挑他的外表"不是十分文雅"。[8]

面对这些细微的偏见,不能说他畏缩,但也没有去正面对抗,至少当时没有。相反,他的策略是以世界主义的时髦态度消解他人的疑虑。他不仅在其小圈子里学业表现突出,这个圈子里的人都很优秀,却唯独他建构着"阅历丰富"的形象。[9]金钱帮了大忙。无论谁提议何种探险活动,他都不会因缺少盘缠而不能参加,他又有从政的亲属,会去华盛顿拜访身居要职的家族成员,去纽约时还可能在黎巴嫩驻纽约使馆过夜,都加深了这种印象。在普林斯顿大学,他最要好的朋友大多是都市里的犹太人,百货商店老板或专长人士的后代,他的室友却是来自美国中西部无名小镇的工人家庭。他帮助一个室友顶住"毕克"的考验(加入大学俱乐部的入会仪式),让他被合适的社交俱乐部接纳。亚历克斯·麦克莱奥德(Alex Mcleod)曾和萨义德一同去纽约听音乐会,惊讶地发现对方行为古怪:"如果对面走来一个正统犹太教徒,他会转到马路对面去,就是不想和他打照面。"麦克莱奥德视此举是一种象征性抗议,对在巴勒斯坦伤害其同胞的以色列人感到愤慨,并且同意朋友的观点,他"完全没有反犹的意思"。[10]但是这一举动流露的怒气仍然让他感到惊讶。

在大学期间,麦克莱奥德观察到,"他十分看重自己基督徒的身份"。在致招生委员会的申请信里,他甚至称自己打算学医,为了成为"行医传道士",后来自愿加入附属教堂的唱诗班,这远远超出了学生可自愿参加一种宗教活动的校方要求。[11]遵循宗教仪式并没有让周围人以为他适应得不错。刻苦练琴带来的焦虑,从事哪种职业依然未知,每每在自我挑剔中体察出父亲的冷漠和专横,这一切都是不断积累的重负。谈笑间,他风趣幽默,但是当他向好友们吐露自己在看心理医生时,谁都不觉得惊讶。那成了维持一生的习惯。

人缘好是一方面,正如研究生同学迈克尔·弗里德(Michael Fried)后来的观察,他也有"促狭的一面"。[12]普林斯顿的习俗做派他适应得很快,尤其是俱乐部那一套规矩,同时不留情面地嘲笑那些繁文缛节。每个俱乐部都有自己的特点,他加入的"大学俱乐部"(Campus Club)是以思辨见长。此外,还加入了其他活动团体,因此不得不熬夜读书,承受着不小的压力。在一系列综合考试前夕——类似法国的会考,将决定学生能否走学术之路——朋友发现深夜时分,萨义德还在灯光昏暗的起居室里,拿头撞击墙壁。[13]

尽管他融入其中,他同时也是古怪的——忧虑,友好,思考起来能够达到令人惊讶的深度。室友听到他做梦时说的是阿拉伯语;清醒时,遇到不同的访客,他会相应地变更语言。和阿拉伯裔同学说阿拉伯语,和懂法语的同学说"优美的法语",还会说两种口音的英语:美式英语和牛津英语,可以在两者之间瞬间切换，为了表述清楚或为了和谈话者的口音一致。[14]他本来阅读速度就快，又学会了快速阅读法，并且推荐给妹妹格雷丝。[15]他设法弄到了一本《日瓦戈医生》试读本，在寝室里从晚上七点读到十二点，手不停地翻着书页。"好，完成。"把室友看得目瞪口呆。[16]

是戈尔德促使他怀疑是否真的要当一个医生，不久文学和钢琴也争夺着他的注意力。[17]当时，没有人猜想他会选择前者。原因之一是文学领域没有激动人心的事情发生——最瞩目的文学学者是加拿大原型批评理论家诺思洛普·弗莱（Northrop Frye），在他的小圈子里，谁也没有注意到，除了戈尔德。此外，反面的压力也促使他做出选择。虽然普林斯顿的音乐系名声在外，演奏相对而言较弱。[18]音乐系刚刚被罗伊·狄金森·韦尔奇（Roy Dickinson Welch）革新过，招募了八九位领域里最为杰出的音乐理论学者，变得侧重音乐理论研究，比如和声、对位法和作曲。[19]

上述吸引力也可见于演奏一面，即使不那么独特。大学四年级时，他师从传奇音乐家艾里希·伊托尔·卡恩（Erich Itor Kahn），又是一位从欧洲移民来的犹太人，每周从纽约来到普林斯顿，给萨义德和其他几个学生上课。那几年里，他对另外几位钢琴老师都不大满意，其实普林斯顿有两位顶尖演奏家，爱德华·T.科恩（Edward T. Cone）和艾略特·福布斯（Elliot Forbes）。[20]后者后来去了哈佛大学，话事权在握，前者是拉尔夫·瓦尔多·爱默生的曾外孙，颇受"波士顿婆罗门"成员欢迎，其音乐生涯也因此打通。

尽管格外注重音乐理论，也见识过序列作曲家巴比特、无调性作曲家塞欣斯（以及伊顿的爵士乐），萨义德的音乐趣味却十分传统。身为合唱团的主要伴奏人，他尤其喜欢巴赫、肖邦和舒曼的独奏曲，并且坦言越是沉浸在钢琴演奏里，越能看清自己的技艺（"堪称完美"，一个朋友这样看）和音乐会演奏家之间的差距。[21] 人人都知道他考虑以音乐为职业，但是他"无法克服紧张的心理"，不时会"抢拍"。[22] 他的演奏其实已很出色，1957年5月11日，他演奏了巴赫的C大调双钢琴协奏曲，与由尼古拉·豪尔绍尼（Nicholas Harsanyi）指挥的普林斯顿大学交响乐团合作，现存的录音显示了萨义德高超的转调技术和闪电般的速度。[23] 他的身体条件适合弹钢琴：手劲大，手指较粗，"犹如拳击手"，但不得不弓身弹奏，犹如在模仿格伦·古尔德。[24]

对医学和打理父亲生意的兴趣减弱，职业音乐家这条路也恐怕走不通，戈尔德俨然成了他的"兄弟"——1988年底，戈尔德去世后，他马上给其遗孀玛丽-埃莱娜打了电话，就称其为"兄弟"。[25] 据玛丽-埃莱娜观察，二人能够结下亲密友谊，部分原因是家庭关系紧张，尤其是都要面对强势的父亲。[26] 这样的经历也磨炼出其他特征："亚瑟能够轻易地想象另一个人的观点，理性共情能力特别突出。"[27] 正是他向萨义德介绍了詹巴蒂斯塔·维柯（Giambattista Vico），十八世纪初那不勒斯的修辞学家，也是《新科学》（1744）的作者，对萨义德构建自己的思维体系产生了深远影响。[28] 虽然戈尔德与萨义德对维柯的创新解读无关，他却体现了同样的让智性思考能持续下去的即兴的博学和非实用性。此外，还有哲学教授亚瑟·扎特马利（Arthur Szathmary），也是萨义德在普林斯顿的一位导师，在启发"批判性思考的要义"方面，与维柯有着同样的影响力。[29] 不拘小节，惯于质疑，擅于倾听学生的观点，扎特马利让萨义德初次领悟到书写和言语的复杂和隐晦之处。

戈尔德和萨义德一同在大一时被博雅人文课程录取，在接下来的十年里始终关系密切,虽然冲突在所难免。比如,戈尔德是班上第一个完成全部课程的人,他还创作了一部绝妙的独幕剧,以及探讨亨利·詹姆斯和福楼拜的主旨宏大的论文,诸位教授读了,不禁拿他的名字做个双关,称赞论文"含金量高"。两人也常常为政治起争论。比如就苏伊士运河危机争执不下,在阿拉伯世界那被称为"三方入侵"(英国、法国和以色列入侵埃及),两个年轻人都觉得自己一方陷入困境,无获胜希望。

身着欧洲成衣店定制的服装,一头黑色的鬈发,萨义德会受到女性的注意,而戈尔德像典型的"书生"。一副厚镜片眼镜、宽松的灯芯绒裤子,就像萨义德描述的,"体格精瘦,紧张起来就不停地抽烟,紧皱的眉头,缓缓打着手势,他的声音试探着、摸索着,不时进出的笑声打断他自己犀利的言辞"。[30]

遗憾的是,戈尔德没能在学术路上走得更远,与萨义德形成更鲜明的对比。从他嘴里说出的话往往比其他人书里写的更一针见血,他也有无数点子想写成文章,可是想象中的巨著终究没有机会变成白纸黑字。[31] 与大部分优秀的常青藤学生不同,毕业后,戈尔德拒绝去牛津或剑桥深造,而是接受了扶轮社的资助,前往印度。印度国土面积广大,历史上就是东西交往频繁之地,可能会激发他产生质变。在艾森豪威尔时代,戈尔德是勇于挑衅的自由派。从印度归来途中,他约萨义德在开罗机场见面,坦言这次行走令他觉得没有做出多少成效。戈尔德想必欣赏萨义德"近东"身份(如萨义德当时描述的地区)的特征,具体在他发表的第一篇政论文章里有详细讨论,那是讨论苏伊士运河危机的文章,刊登在1956年的《普林斯顿人日报》上。[32]

在这篇文章里,已可以体会到日后思考成熟的著作运用的文风节奏,和缓的语调伴随娓娓铺陈的思辨,道出对国际关系的洞察。他写道，纳赛尔将苏伊士运河国有化并非一个激进分子鲁莽的越轨之举，而是"阿拉伯世界与西方一系列僵持下"符合逻辑的表现。在同意对阿斯旺大坝工程建设给予部分资助之际，世界银行设立了严格的条件，要求埃及首先要同以色列和解，每一笔开支都要经过西方国家认可，而且包含高得骇人的利息。他观察到苏联提供的反提议则友好得多，主张"能偿还时再偿还"，没有附加利息，也没有任何针对与以色列的约定条款。苏联的援助无疑可能隐含着其他目的，但是这仍不失为较公道。而且，西方国家的强硬态度损害了美国的国际威信。纳赛尔对西方国家的信心因此遭到动摇，而非像美国国务卿约翰·福斯特·杜勒斯所认为的，西方国家对纳赛尔的信心遭到动摇。美国依然是以色列的主要教唆者，中东地区的其他不平等，最终都可追溯到"巴勒斯坦问题"。似乎没有哪个西方国家能弄明白，与阿拉伯国家结成友好关系，反而符合西方的长远利益。

无论是处于策略性考虑，还是真切的矛盾态度，这篇辩驳文章没有体现出他的家人所秉持的昂扬的纳赛尔主义。同时显然没有提及1955年召开的万隆会议——二十九位来自第三世界国家的领导人齐聚印度尼西亚的万隆，纷纷表达摆脱世界上超级强国的控制，支持政治自决。万隆会议被视作关键的转折点，当时引起了广泛的讨论，如萨义德未来的岳母瓦达·科尔塔斯就称赞万隆会议取得理论上的突破，关注殖民主义的罪孽，并认为纳赛尔挑战了以色列的政权合法性，"就巴勒斯坦问题赢得一场象征意义上的胜利"。[33] 类似的观点都没有在萨义德的文章里有所呼应，这不禁令人费解，因为对异见人士的镇压——日后让他的朋友法里德·哈达德惨死于埃及狱中——此时还没有发生，因为纳赛尔发起的、对以色列的失败战争此时也还没有发生。[34] 总之，萨义德在文章里列举了一系列杰出的阿拉伯政治家,这位埃及领导人赫然缺席。

尽管在普林斯顿成绩斐然,他的生活不再像读黑门山中学那样只有苦修和思考。学校禁止学生拥有汽车(如果违反甚至会被开除),他便把阿尔法·罗密欧藏在校外的一处车库,会开车去附近的学校,结交女孩,尽管常常以失望告终。[35] 偶然间,妹妹们帮了忙。罗茜,家里的大女儿,在他读大二时就读于布林莫尔女子学院。正是通过她,萨义德认识了她的朋友南希·迪雷(Nancy Dire),他受到南希吸引,虽然后来才萌生恋情。前一年,他与家人在翠薇小镇度假时,认识了讲法语的埃娃·伊玛德,她是富有的肥皂生产主的女儿。初尝云雨,让他发现了在母亲目光炯炯的凝视之外,另一种亲密关系的乐趣。

大三时,和埃娃的感情是炽热的,远距离恋爱在当年维持了九个月,此后只能每到夏天在黎巴嫩相聚;这段关系甚至勉力维持到他读研究生时期,考虑到两人不同的生活和地点,只能称作断断续续。最终,缺少事业心又信奉东方正教的埃娃无法得到萨义德家人的认可。[36] 他的回忆录暗示,这段爱情经受着他母亲冷漠的指责,年龄、宗教信仰和讲法语都要被挑剔,更大的阻碍来自其他因素。埃娃性情真挚和善,举止得体,却只读到高中,而且来自保守的家庭。她会悉心地倾听他讲述各种观点,无法参与讨论。到五十年代末,这段感情已破败得无法修复,1961年,萨义德宣布与另一个女人订婚,与埃娃的恋情随之正式结束。

与埃娃日渐疏远,与南希·迪雷却愈发亲近了,已经到了邀请她来开罗见他的家人的程度。可是到了1959年,他写了一封分手信,信中提到二人一起听过的唱片:

原谅我写下的文字读来伤感，却是我心中虬结的忧郁在倾吐，第一次——我真切地希望也是最后一次。这些音乐道出了悲伤和狂喜的回忆中的美。一颗阿拉伯灵魂在一种持久的和谐中寻找出路时流露的无尽苦痛呈现在你面前……我们合二为一的时刻虽然短暂，却值得珍重……我责怪我自己。绝对、绝对不要为热情犯下的过错而内疚……听这首曲子，沉浸在音乐里，沉浸在不曾减损的永恒之美那难以言明的音符中——也许这便是属于我们的，只属于我们。[37]

几年后，1962年，在哈佛大学读研究生的萨义德与梅尔·亚努斯（Maire Jaanus）结婚，二人相识于三年前，又是通过妹妹认识，只不过这次是琼，当时在瓦萨学院读书，是梅尔的同学。梅尔不仅是爱人、生活伴侣，更是志同道合，在思考深度和语言才能上都不逊色。她也在写文学方面的博士论文，与萨义德一同研读欧洲大陆的新理论。起初他们一起度过了愉快的时光，同为在多语言的环境里长大，同样只身来到美国，踏入的职业彼时刚为他们这样具有特殊阅历和哲学倾向的学人敞开机会的大门。

1957年，萨义德即将从普林斯顿大学毕业前夕，阿尔及利亚正在经历最激烈的战斗，他结识了易卜拉欣·艾布-卢霍德。艾布-卢霍德是来自雅法的巴勒斯坦人，同在普林斯顿读书。萨义德当时在校园里设了摊位，为一家音乐俱乐部卖门票，二人因此结识。起初只是普通友人，后来，艾布-卢霍德把萨义德引入了美国阿拉伯裔知识分子圈，一同写作文章、书籍，拍摄电影。2001年他去世时，萨义德在悼文里称其为"导师"。二人相识时，艾布-卢霍德正要去开罗，为联合国教科文组织工作，萨义德正好也要去开罗。随着友谊深入,年长的艾布-卢霍德向通晓法语的萨义德介绍第三世界的政治反抗,尤其是当时阿尔及利亚的斗争局势。[38]

适逢萨义德勉强答应父亲的请求,会在1957—1958学年待在开罗,学习打理公司,之后再去哈佛读研究生,在这个背景下,与艾布-卢霍德的相识显得尤为关键。此举并非只是为了取悦父亲。从普林斯顿大学毕业后,尽管明显感觉卸下了学业的重负,他仍然没有改变之前的计划,即在"近东"居留,优先考虑的两种职业是教书和"(与政府某部门)做生意"。[39]

所以当他推迟接受他形容为"丰厚的奖学金",暂缓去哈佛读书,不仅是想减轻父亲的压力(身体欠佳,需要休息),也是想让自己和埃娃之间拉开距离,同时听从梅里亚姨婆的建议,郑重考虑一下经营公司这条职业道路。[40] 还有一重考虑,他挂念钢琴老师蒂格曼:"于是我回到中东待了一年,弹钢琴弹个够。"[41] 尽管在向艾布-卢霍德了解第三世界如何反抗,他的思维状态依然没有跳出常规。离开美国回埃及之际,在写给中学老校长鲁本达尔的信里,还不忘提到他要确保之后的《普林斯顿校友周报》会寄到他在开罗的邮箱。[42]

尽管经历许多兴奋事,远离美国的一年促使他否定了一系列可能的选择。他决定不去打理家族生意,也不会成为职业钢琴演奏者或医生,虽然此前四年里,化学和生物等医学预科课程一直也没有落下。因推迟入学更新研究生申请时附的那封信里,他解释"在埃及的这一年,我在父亲的公司工作,受益良多……我比以往任何时候都确定将来我想从事什么:教书……近东地区纷乱的政治也让我对职业选择的思考多了一个新维度"。[43] 其实,不再参与父亲的公司经营不完全是因为有崇高的追求,也有明显的私人理由。一切都要从头学起——在标准文具公司雇员中间，认为年轻的"萨义德先生"沉迷享乐，而尊称瓦迪为"阁下"——实在让人难以心平气和地承接父业。

而且，他已不习惯无人可以讨论的乏味环境。在公司只任闲差，无所事事，便开始读克尔凯郭尔、尼采和弗洛伊德，这是他头一次仔细研读这些著作。一边思索哲人的微言大义，一边写音乐评论和诗歌，有些发表在贝鲁特的小型刊物上。[44] 这不禁引人猜测，他从销售合同和进口货物明细表的日常逃开，是由于更高层次的召唤，还是考虑到纳赛尔当政的埃及经商环境不稳定，抑或因为他不像父亲那样擅长处理数字，对微小细节有苛刻的要求。无论怎样，他在不知不觉中第一次成为了他自己。

在开罗的这一年，萨义德始终担心一回到美国就会被征召入伍。1957年夏，他致信哈佛大学，说9月会到达剑桥，"自愿入伍"。[45] 到了1958年，他已被划为"1-A"，即符合立即入伍的条件。他设法继续推迟，可是1960年8月，征兵委员会要求他前往长岛去做体检，之后便是正式入伍。他声明父亲需要他帮助打理公司，他实在无法脱身。最终，拉尔夫·纳德提供了必需的法律建议，帮助萨义德以学业优先的理由逃脱了服兵役。

在八年多一点的时间里，萨义德的智识生活被四位令人叹服的榜样所塑造：普林斯顿大学的布莱克穆尔和扎特马利，哈佛大学的哈里·列文，以及查尔斯·马利克，贝鲁特美国大学的哲学教授，也是黎巴嫩外交官。在与良师的接触中，萨义德锤炼着自己的修辞风格，逐渐找到研究的焦点。但是，萨义德始终无法认同马利克的政治观，那种右翼基督教主义始终被他批判，甚至到了称马利克是他"一生中所经受的最负面的知识分子教训"的地步。[46] 尽管如此,萨义德的思路尤其结合了布莱克穆尔对美国颓势难挽的文化图景的评判和马利克意欲复兴阿拉伯人文主义的迫切诉求。

布莱克穆尔喜欢论述欧洲的"思想力",指能够进行复杂的概念提炼,远远胜过美国学者,毫无疑问,在六十年代和七十年代,萨义德率先介绍欧洲大陆新兴的各种哲学理论,正源于这种态度。他经常提到美国学术"思考不深入","完全缺乏"那种"经常能在法国、德国和意大利学人笔下出现的……哲学反思"。[47] 另一方面,布莱克穆尔认为美国学者胜在"有冲劲"。反讽的是,这种典型的美国式驱动力和欧洲式敏锐的思辨都在一个人身上体现得如此鲜明,以致日后《东方学》的读者误以为他是彻头彻尾地反欧洲。

严格地说,布莱克穆尔并不是萨义德的导师,虽然他是他的毕业论文《道德构想:安德烈·纪德和格雷厄姆·格林》的指定评阅人。他还给萨义德写了推荐信,助其成功申请到伍德罗·威尔逊奖学金。署有1957年12月13日的手写短笺上,布莱克穆尔解释自己"对萨义德了解不多,只有一个宽泛的印象,觉得他非常活跃,个性十足",读他的这篇论文"却感到真切的兴趣,因为行文论述流畅,视野开阔,偶尔有洞悉道德构想本质的惊人直觉"。[48]

至于扎特马利,对这个年轻人的关注近乎钟爱,他觉得萨义德的法语"无懈可击",并且勤于和其他教师交流意见,认为萨义德"严肃而不沉重,生长于都市却并不冷漠,富有教养而没有因此受累"。[49] 布莱克穆尔和扎特马利研究领域不同,话语风格也不同,却都意图反叛传统,萨义德也是如此,但是两位教授并非生来就有反叛意识，而是处于这样的机构中，保护并且鼓励他们保持易让人接受的尖锐。扎特马利的影响尽管也很关键，却较为笼统：他教萨义德领会到"批判性思考的要义所在"。[50] 在普林斯顿的四年里，更为持久的影响来自布莱克穆尔。

彼时反叛正统的诸位导师，如今看来难免显得平淡，但是在当时却使萨义德深受教诲。第二次世界大战结束后，高校里研究文学的新旧方式变得愈发针锋相对。传统语文学家罗列历史背景、埋首查阅尘封档案的做法，在新批评派的激进挑战面前显得过时。如今已被视为保守的新批评派在当时堪称开路先锋。他们坚持阅读文学是关于美学和文学形式，不该仅仅追溯词源变化或词语流变。他们强调文本独特的具体层面——多少与六十年代舶来的欧洲大陆理论，即"语言的革命"相呼应，最终成为新批评派的固守理论。

避开语文学一味爬梳知识的老路，新批评派走向另一个极端，抹去批评中一切与历史和政治有关的部分，设想理想读者应只关注眼前的诗或故事本身，不需要其他的知识储备。这就意味着作品成为自我闭合的意义机器，需要解码的都包含在自身中。不需要去发掘作者的相关细节，或梳理作品如何写、为何写的来龙去脉。萨义德从一开始便被反思新批评派做法的学者所吸引，在乐于讨论美学形式的同时，仍然关注政治、社会的规制。

作为这样逆潮流而动的学者，布莱克穆尔提出的学说日后为萨义德进一步发扬光大。尽管属于政治上的左派，他和萨义德读研究生时的导师哈里·列文对马克思的态度都比较微妙，既对其表示敬重，也多引述其观点，却又保持着距离。他们疲惫地谈论资本主义，流露蔑视，用研习语言之道来对抗急功近利的社会。[51] 在萨义德为创作一部小说而写的笔记里，有一张手写的字条，摘录了一句布莱克穆尔的话："知识本身是从混沌的天堂坠落而来。"[52] 意在暗示，求知的过程具有悲剧性，求知的冲动得到满足之际，即是把冲动之美禁锢成为不尽如人意的肯定状态。有意义的生命应当对美学之神秘抱持开放的心态。

如今，萨义德对布莱克穆尔的评价似显过誉，他认为布莱克穆尔是二十世纪上半叶最杰出的美国批评家，但是他的同时代人领教过布莱克穆尔的杰出之处。布莱克穆尔不是那种"如学一门课之后就去应用般复制、再现、重复利用"的人。[53] 在学生看来，他不仅是授课老师，更像"现代主义的布道人"，与诸位现代主义诗人来往密切（比如 W.H. 奥登、露易丝·博根和华莱士·史蒂文斯），这些诗人的作品也是他上课时着重讲解的。布莱克穆尔会一手夹着烟，一边对着学生高声朗诵诗歌，一首接一首。坐在台下聆听他的讲座，萨义德学习着抑扬顿挫的声调和个性如何影响批评，领悟在言语之外有形的说服力。日后萨义德推崇自学成才者，一定想到了布莱克穆尔，这位教授没有博士学位，甚至没有高中文凭。[54] 布莱克穆尔的过人之处就包括在"怪语连珠"中道出批评的洞见。[55]

布莱克穆尔并非对政治不感兴趣，也不仅仅关注作品的形式，但是在英文系看来，他就是新批评派。而回归作品本身，即新批评派的标志性做法，并没有阻碍他写文章去反思理性的未来，抨击理性成为数学和技术的私有物这一观点，日后也被萨义德进一步阐述。布莱克穆尔也助力开启了对新闻媒体和娱乐媒体质疑性研究的路子，促使小说、诗歌研究的着力点从个人天赋或作者声音转移到"作品无论有意还是无意间呈现的整个社会规制形成的推动力"上。[56] 他分析文学的经济因素，"利润动机"，"金融资本主义"对艺术构成的威胁，在多方面展开的抨击比萨义德日后做的都要直接得多。

萨义德往往首先被当作叙事性虚构作品（最具代表性的就是小说）的评论学者，然而处于他思维锤炼核心的是诗歌。布莱克穆尔施加了直接影响，他尤其欣赏杰拉尔德·曼利·霍普金斯，相信杰出的写作有口语的诸多特征。萨义德经常引述布莱克穆尔的那句"让文学成为演出"，让他能够化用钢琴弹奏的经验（虽然职业演奏之路已不可能），设想一个理想的批评者犹如在一位观众面前表演的乐者，也像演说家在法庭上分析案情。[57]"词语由行动组成，"布莱克穆尔在《作为手势的语言》（1952）中写道，"(作家）笔下的词语不像他从口中说出的词语那样切实可行。"[58]

布莱克穆尔不仅受霍普金斯启发，洞悉了自己和萨义德作为评论者所拥有的特殊力量，让书写展现一个健谈者消解疑虑的率直、声调抑扬变化和个性特征的能力，二人更是从霍普金斯的宗教观汲取力量，让文学批评成为世俗职业。值得注意的是，霍普金斯是热忱的圣公会信徒，后来改宗罗马天主教，成为耶稣会士。他的诗歌描写自然景物，表象之下涌动着一股超验的力量。此外，心理因素也是令萨义德尤其喜爱霍普金斯的诗歌的重要原因。读研究生时已有意就这位英国诗人写一部专论，"在霍普金斯的诗中……我们觉察到泛性恋（性转化成文本）纯粹的表现，由自然转化成文学样态，构成了诗人整个生涯和文本的基调"。[59]倘若诗人既希望将宗教做世俗化表现，同时又不失去其所拥有的超验力，那么性俨然是天然的桥梁。

同样，布莱克穆尔在其他方面也深切地影响到萨义德，无法低估这样的影响。彼时，大部分文学批评者谈到现代主义者，往往想到对无具体指涉的象征主义的偏好，或对神秘的、自我消解式的反讽的偏好，布莱克穆尔仍然认为所有堪称创造的写作终究有个告诫般的指向——一个隐含的目的和与之呼应的论述，他意图复兴的便是贺拉斯、弥尔顿和斯威夫特的道德教诲文学。这种观点对于大行其道的现代主义，显然背道而驰，萨义德注意到了。布莱克穆尔也并非持鲜明政治立场的人。他觉得最好是保持"游戏心态"，不要陷入组织或党派，对此他形容是"果酱里的争斗"。[60] 日后，萨义德嘲讽布莱克穆尔那种"教堂墓地里的布尔乔亚人文主义"，却容易让人忽略布莱克穆尔的政治自由主义本质上的愤慨、取中间道路的事实，也就是说，他既反共产主义，也反麦卡锡主义。他将"莫斯科的发明"比作"麦迪逊大道的发明"。

与日后的萨义德类似，布莱克穆尔身处文学现代主义内部，同时也从外部观察，现代主义自五十年代开始，逐渐巩固了作为人文和大都会艺术领域的核心政治观和审美观的地位。身为非正统论者，布莱克穆尔却也认同现代主义的一些核心观点。除了用来指一段艺术分期（1880年左右至1940年），"现代主义"也是不同的美学观点和艺术态度组成的松散的集合，从先锋形式的实验主义、厌恶民主到对大众文化的反叛。这种反民主倾向让人不安，布莱克穆尔（以及后来的萨义德）却仍然肯定现代主义对商业主义、爱国主义和压制性乐观主义的抵抗。他们衷心地赞赏这些有意不去迎合大众、难以读解、风格阴郁的作家所展现的不流俗的才能，用布莱克穆尔的话说，就是"自身包含着这种能力，能够化纷乱的世相以秩序"。[61]

布莱克穆尔看到了危险的征兆：在现代主义中隐含着类似物理、数学的认识虚无论，艺术和科学似乎一同宣称人无法真正地认知，"人格"也是一种假象，是反射性刺激的集合体，萨义德亦有同感。布莱克穆尔将批评视为一种前景渺茫的英雄之举，在守护神（"内驱力"将我们"推向高于我们的理想形态"）和"痴妄"——本是梵文术语，他的朋友罗伯特·奥本海默（Robert Oppenheimer）用来暗指原子弹（"人类无可救药的愚蠢"，屈服于"盲目的、必要的行动"）——之间绝望的空间里试图突围，萨义德对此并不认同[62]。不顾导师的建议，萨义德投身果酱的旋涡中去。

如果不熟悉查尔斯·马利克，贯穿萨义德早期著作里的在世性和真实性的概念论述就会遭到误读，马利克不仅仅是联姻而结识的远亲。面对马利克"严厉和令人不快"的宗教观点，"经常谴责伊斯兰教和先知穆罕默德……用词激烈"，萨义德却从马利克的思想中领会颇多。[63]

精通中东政治、国际关系、联合国历史和黎巴嫩的公共生活，马利克是二十世纪阿拉伯世界最杰出的人物之一。他是联合国宪章的原初签署者之一，见证了联合国的诞生，与埃莉诺·罗斯福同为委员会成员，是起草《人权宣言》的关键人物，他在联合国一直工作了十四年，最终出任联合国大会主席。他需要处理实际事务，做过许多艰难的决定，同时，他也惯于做形而上学的思考。1956年至1958年第一次黎巴嫩内战期间，他任外交部长，在总统卡米勒·夏蒙（Camille Chamoun）——黎巴嫩自独立后，历届总统都是基督教马龙派——许可下，邀美国军队进入黎巴嫩。他还改组了贝鲁特美国大学的哲学系，1962年至1976年作为杰出教授在该校任教，从各知名学府获得的荣誉博士学位可以列出长长的一串。

像马利克这样具有求知热情的人,萨义德再难遇到。[64]1934年、1937年,马利克在哈佛大学跟随阿尔弗雷德·诺斯·怀特海(Alfred North Whitehead)学习,1935年至1936年,在弗莱堡大学听海德格尔讲课。[65]在就读黑门山中学和普林斯顿大学时,萨义德会去华盛顿拜访马利克,那种友好的氛围让他想起父母在开罗居住的地方,师徒关系也愈发深厚。[66]与马利克本不算关系亲近,但是萨义德深得其妻子埃娃的喜欢,马利克本人又颇欣赏瓦迪,二战时,拜访过住在开罗的萨义德一家。马利克气场强大,有人会觉得那是自负,"嗓音浑厚",游刃有余地胜任教师、外交官和政治家多种角色。

面对每一个政治转折点,马利克所做的应对愈发受到萨义德的质疑。四十年代,他是巴勒斯坦人的代言人,后来转而为黎巴嫩基督教右翼出谋划策,促使其在1949年后与以色列结盟。回忆录《格格不入》里,萨义德嘲讽了马利克,算是小小的报复——犹如万事通般,大谈古代天文学家如何运用地面角度测算到星星的距离。尽管年龄、地位均有悬殊差距(马利克声名卓越时,萨义德只是大学二年级学生),政治观点也不同,这段友谊却延续下去,每年去翠薇小镇度假时,马利克一家也会在。与马利克的谈话,让那原本愈发沉闷乏味的暑假变得生动。

他们的人生路径日后还有交会。1960年,马利克任哈佛大学暑期课程的客座教授,萨义德在同所大学读研究生;后来,萨义德受聘于哥伦比亚大学,学术休假时去了贝鲁特,马利克正好在贝鲁特美国大学任教,来往自然频繁。据他自己讲述,萨义德至少直到1967年,对马利克的教导都是服膺的,佩服其通晓阿拉伯语、英语和德语的能力,而且对从费希特到普罗提诺的哲学史都如数家珍。家人的回忆亦佐证了萨义德研读马利克的著作，萨义德的研究兴趣点与马利克探讨的主题有着明显的对应关系，那正是少年爱德华去华盛顿拜访马利克时，马利克在写的文章。[67]

1952年，马利克发表在《外交事务》（华盛顿政界精英发表见解的刊物）上的一篇文章提出了对未来东方-西方关系的研究规划，对萨义德有着深远的影响。这篇文章名为《近东：对真相的追寻》，不仅概括了萨义德日后会详细阐述的主题，而且采取的是吸引人的、守护式的语体风格，也可能让萨义德深受启发。[68]为了应对日益高涨的阿拉伯民族主义，马利克恳请大家必须理解它的立场。阿拉伯民族主义运动并非把西方看作解放者，而是打算划分、统治、罔顾人民的意愿，代替其与"叙利亚土地上数不清的犹太人"讲和的阴谋家。[69]

马利克逐一评论了地区内每一个阿拉伯国家和非阿拉伯的穆斯林国家，注意到事态发展的诡谲之处，表面上，近东维持着虚幻的统一，事实上，是负面行为将其反向凝聚：西方势力创建了以色列国。他坚持这一观点：地缘政治具有文化、精神层面的维度，不能被缩减为自然资源引发的争斗。做个比喻，所涉及的当事人设想的、经历的冲突，绝不单单是为了土地，而是关于以撒后裔和以实玛利后裔的冲突："以色列与近东其他地区之间存在着深刻的知识和精神鸿沟……历史上从未有过一个国家与其周边世界永久敌对的例子。"[70]西方国家必须认识到，即使对本地基督徒来说，伊斯兰也是每个人的命运。这不仅仅是一种宗教，更是另一种世界观，令人沮丧的是，理解的推进无比缓慢，尽管有阿尔伯特·霍拉尼（Albert Hourani）、路易·马西农（Louis Massignon）、菲利浦·希提（Philip Hitti）、康斯坦丁·祖莱克（Constantine Zurayk）等学者的开创性研究。萨义德从这篇文章里第一次读到这些学者的名字,铭记在心。

在这篇文章结尾,马利克概括道,若想达成文化理解,关键知识领域还有待挖掘,他提到"过去数十年间'东方主义者'现象"。他写道:"东方主义留下了哪些好的遗产?有哪些恶劣的影响?为何相应地没有出现'西方主义'现象?"并且一针见血地提问:"是否存在绝对的开始?倘若没有,我们是从何处开始?"他接着强调了地理这一核心问题(后来萨义德也是如此),阿拉伯文化"地理决定论"。他恳请愤怒的阿拉伯人进行坦率的自我批评,不要将一切归咎于西方,同时在殖民遭遇中提出原创与模仿的问题。在他规划的行动指南里,尤其强调在美国设立伊斯兰和近东研究中心,反过来,阿拉伯世界最该关注将世界经典著作翻译成阿拉伯语,"每年都出版一百到两百部"。他并没有忽视人文学科,得出的结论是,在没有中产阶级的情况下,阿拉伯国家的宫廷诗人的重要性会上升:"要实行统治,必须聘请修辞家或诗人,或者由自己来充任。"[71]

马利克敏锐地意识到席卷非洲和亚洲的民族解放运动,他在这个不断变化的地形上提出自己的意见。这场关乎第三世界未来的斗争为阿拉伯知识分子提供了一个机会,让他们认识到它正在向世界各地的基督徒发出严峻警告,尤其是西方的基督徒。我们必须注意到"卡尔·马克思和马克思主义-列宁主义不属于枯朽的过去……而是最活生生的现实,这水深火热的现实"。[72] 凭借马克思主义,他警告道:"非西方正渐渐压倒西方!"[73]

对于马利克著作中体现的海德格尔的影响,萨义德显得更加挑剔,正如他无法容忍马利克反伊斯兰的偏见。[74] 但是仍然有一些持久的影响。比如"命运"这一术语,海德格尔的阐述就启发了萨义德,它代表天命的对立面。对海德格尔来说,人类的境遇是一种激进的自由，同时意味着责任，这种观点非常符合萨义德的世俗基督教精神。马利克对共产主义的挞伐体现了咄咄逼人的基督教原旨，这打消了萨义德对其所继承的信仰表示吸引，并加速了他世俗化的步伐。尽管马利克承认在阿拉伯身份中伊斯兰的文化核心地位，但他的教派傲慢以及对欧洲独特精神成就的无尽赞歌迫使萨义德关注非欧洲世界，并且让他终生厌恶各种形式的反共产主义。[75]

入读哈佛大学仅数月前，二十三岁的萨义德首次前往德国游览拜罗伊特音乐节时，在瑞士与摩托车迎面相撞，"鲜血淋漓"，致头部受伤，必须住院。[76]事故就发生在弗里堡城外，他驱车去看望表兄乔治（乔治改宗罗马天主教，并在当地的隐修会生活）。山路陡峭，阿尔法·罗密欧在转弯时撞上摩托车，摩托车手与萨义德年龄相仿，后来死在医院。萨义德昏迷了一天一夜，在悉心照料下才苏醒，睁眼看到母亲陪在身边。母亲一直待在弗里堡，陪萨义德养伤。他拒绝同家人讲述事故发生经过，哪怕面对施压；回忆录里，相关描述也是无比冷漠的口气，两者无疑是吻合的。显然，这是痛苦的经历，不堪回首，他无法做到心平气和。

1962年，萨义德和梅尔·亚努斯结婚，除此以外，他在哈佛的个人蜕变并不像在普林斯顿那样鲜明。两人过着相对宁静的生活，听闻中国进行了"大跃进"、古巴的巴蒂斯塔政权被推翻、南非沙佩韦尔惨案以及猪湾入侵。正如他后来在采访中所说，连弹钢琴都不得不让位于钻研书本："那五年里，除了读书，别的都顾不上。"[77]此前在开罗一年，他与艾布-卢霍德的友谊愈发深厚，一种新的政治觉醒在酝酿。距离发表那篇标志其政治生涯正式开启的《被画像的阿拉伯人》(1970)还有好几年的时间——也是在艾布-卢霍德的提议下写就,该文让萨义德的名字在阿拉伯世界传播开来。在他求学哈佛写的笔记里,已不时可见关于抗争的第三世界的论述,也是受艾布-卢霍德的启发。

在哈佛,可以经常听音乐会、吃站立午餐,继续和戈尔德和法雷尔讨论观点。1959年至1962年,他充分利用身处波士顿的便利,听了每一场格伦·古尔德在此地举行的独奏会,留下最深印象的是1961年那场,与底特律交响乐团合作,由法国人保罗·帕雷(Paul Paray)指挥。他依然定期去看妹妹们,也会结识女孩。迈克尔·罗森塔尔(Michael Rosenthal),后来和萨义德同在哥大任教,成为关系最好的朋友之一,也在一个交际圈里。迈克尔撞见萨义德和女友在寝室里,衣衫散落一地。他记得萨义德那时已引人注目起来——讲究衣着,十分自信,头脑敏捷得惊人。面对不速之客,萨义德面不改色,他刚参加完口头考试,开始盘问迈克尔关于温德姆·刘易斯的小说,仿佛什么都没发生过。[78]震惊之余,罗森塔尔深感佩服,二人的友谊保持了一生。

梅尔的出现让萨义德安顿下来。这对年轻的夫妇住在剑桥镇弗兰西斯大道旁的红砖房里,是英属殖民地时期的式样,常常在庭院里举办精心筹备的茶会,积累了好人缘。和父亲类似,他也喜爱尝试各种雪茄和烟斗,如果没有了,抽烟也可以,会毫不羞涩地向朋友讨。抽烟的习惯他保持了一生,口味比较挑剔,会写信给阿尔弗雷德·登喜路公司订购一盒盒的烟草,"34596混和款"。[79]

"未知国度"——布莱克穆尔用这个词来形容消隐于其作品中的艺术家,也适合形容萨义德在哈佛求学的心境。[80]除了结婚,日子过得波澜不惊,虽然他的思维在高速运转。他接受精神分析的慰藉，用思考来掩盖纠结的情绪。在二十五六岁的年纪，他花费大量的时间，集中研读日后会反复读的书：维柯《新科学》、格奥尔格·卢卡奇《历史与阶级意识》、让-保罗·萨特《存在与虚无》以及莫里斯·梅洛-庞蒂对知觉现象学的研究。与普林斯顿时相比，他的文章忽然间变得更加具有原创性，更有个性特征。本科时讨论亨利·詹姆斯、讨论"艺术中的崇高与完美的关系"的论文是耐读的，而硕士期间的论文有了质的飞跃。[81]

凡是对萨义德标志性思想的潜在和明显内容感兴趣的人，他们都应该能看出这些文章揭示的东西的重要性。最让人印象深刻的，也许就是他对西方哲学经典下苦功钻研。而且再次表明比起小说，他偏好诗歌，并且格外关注科学史。这些都不是他日后著述的关注焦点，却构成了他研究的基础。比如，针对卡尔·皮尔逊《科学规范》，讨论"或然性""偶然性""事实""因果性"，都有详细的笔记，并且搜集整理了有关科学哲学的详细参考书目。沃尔特·杰克森·贝特教授看了他讨论休谟《道德原则研究》一书的文章，评价是尽管文风优美，"文学性"不足，哲学意味过于浓重。[82]另有文章分析克拉肖的神秘主义诗歌，论及"坎皮恩的诗歌用韵和布局"，再到讨论霍布斯和休谟的政治哲学。他受的教育有一部分遵从了当时的惯例，在其他方面则敢于创新。在"哲学和艺术"范畴下，他研读了世纪之交的理论家（贝奈戴托·克罗齐、亨利·伯格森、约翰·杜威）、艺术家和作家（莱奥纳多·达·芬奇、皮特·蒙德里安、安德烈·马尔罗）、心理学家（卡尔·荣格、西格蒙德·弗洛伊德、奥托·兰克）和文化社会学家（格奥尔基·普列汉诺夫、阿诺德·豪泽、齐格弗里德·克拉考尔）。

在他为写《论威廉·福克纳〈熊〉》（1960）一文做的笔记

里，黄色横线纸上用红墨水写的一个词组十分醒目：形式对主题形成道德补充。这句话可谓呼应了布莱克穆尔的努力，意图调和对立面，新批评的形式分析应服务于善举。[83]从留下的手稿来看，这篇早期文章一气呵成，没有做大幅修改，遣词造句悦耳而易懂，昭示了其学术巅峰期的写作实践。在扩展阅读霍布斯《论公民》、弥尔顿的政论文章和恩斯特·卡西尔的哲学过程中，促使形成了日后的论争原则：针对世俗化重申宗教理念，关涉伦理的观念也一定是政治的。

《冥想性诗歌的静止音乐》（1959）以坦白地讲述一则趣闻开头："一个学医科的埃及学生问我，研究文学究竟是在做什么。埃及是个贫穷的国家，埃及人体格孱弱、营养不良，适合耕种的土地稀少而干旱。"萨义德面露窘色，承认诗歌无法养活穷人。但是古代哲人视诗人是实践中的哲学家，是"立法先知"，这难道没有道理吗？他感受到问题的压力，但不曾被完全说服，所以选择反驳。诗歌能引发的政治影响也许并非立竿见影，它却能催生独特的凝聚力："心灵的政治。"[84]

六十年代初，萨义德关于文学研究是否适合社会行动的内心辩论有了清楚的表述：

（因为）一切写作都是政治的……我想，一个人在下笔时就不需要害怕"政治化"的暗示——糟糕的趣味和诽谤中伤。政治研究的是人与人的关系……我完全不认为他们［柏拉图或弥尔顿］写文章只是为了消磨时间，我深信他们都觉得言说是一种责任，进而才能施加影响，引起改革……我是一个近东地区的人……所以我会注意到专著、报纸和杂志如何写埃及……每一个印在纸上的观念，无论是脱离了原来的语境，还是与其他人的想法混在一起，都可以从以下角度进行阐释（事实就是如此）：一场事关生死的政治较量，埃及对阵世界。

在他看来，在第三世界写的任何东西都会被视为粗暴和不雅的反对。在这个关键点上，他更感兴趣的是琢磨一篇文章的"初衷"与"过分的热情对它造成的影响"之间的联系点。[85]

怀着这样的心态，他准备去英语系攻读博士学位，追随的亦是能与自己产生共鸣的导师。小说家门罗·恩格尔（Monroe Engel）凭分析杰拉德·曼利·霍普金斯的文章获奖，担任过维京出版社编辑，就是导师之一，也是表露更多关爱的一位。另一位导师哈里·列文，生于明尼阿波利州，后来旅居巴黎，是托斯丹·凡勃伦的拥趸——那位来自美国中西部、叛逆的社会学家，也是经济学家，在世纪之交写出《有闲阶级论》（1899），震惊学界，在民族志的意义上剔除了美国集团战士的精神特质。

尽管起初并非常青藤精英的一员，列文很快就适应了大学的法度，履行哈佛大学学监的角色，几乎到了夸张的地步。[86]尽管如此，他仍像布莱克穆尔那样保持住了不拘一格的思考力和创造力。普林斯顿大学委实平庸的文学课程（"老一套的历史和苍白的形式主义"），在推崇清教徒德行的欧文·白璧德（Irving Babbitt）助力下，延续到了哈佛。在一战后、二战前，白璧德不仅是东海岸学界泰斗，其门生保罗·埃尔默·摩尔（Paul Elmer More）更是新保守主义的倡导人之一。[87]这种研究风气正是列文所批判的，后来，列文担任欧文·白璧德讲席教授一职，在任职演讲上，他借机批评白璧德是美国本土主义者，是"宗教主义者"。[88]在两次世界大战之间那段时期，白璧德大力倡导"新人文主义"，其内涵是以阅读古希腊典籍为手段，将清教徒美德反复灌输给学生，几可类比八十年代艾伦·布鲁姆、九十年代罗杰·金鲍尔在面对各自的文化战争中发起的运动。

萨义德有意弱化他和两位导师的关系，只说论文"在门罗·恩格尔和哈里·列文宽和的指导下完成"，仿佛私交不深，毕业后也没有往来。[89]事实上正相反。在学界资历深的列文向多个关键刊物引荐了萨义德，成为教授的萨义德仍然继续向其讨教。也许列文的思辨风格不像布莱克穆尔那样令人倾倒，在普林斯顿时，萨义德属于被友人迈克尔·弗里德称之为"布莱克穆尔门徒"的圈子，列文施加的影响反而因此显得厚重并有穿透力。[90]多年后重读列文的《比较的诸个理由》(*Grounds for Comparison*)，他不禁致信贝鲁特的一位朋友，坦言终于意识到导师对自己的思考施加的影响。[91]

在按年代划分研究领域的整饬的学术环境里，列文是少见的、成果卓著的比较文学学者之一。在院系归属上，他身处英文系，其研究对象却涉及塞万提斯、歌德、巴尔扎克、埃德加·爱伦·坡和乔治·艾略特。当其他学者在探索先锋语言晦涩的象征意义时，列文却自诩现实主义的理论研究者，将现实主义定义成致力于剖析"资产阶级的伟大和衰落"的文学运动。研究现实主义的代表作《号角之门》(1963)令萨义德十分佩服，认为列文因此可以与德国杰出的语文学家、比较文学家埃里希·奥尔巴赫和马克思主义哲学家、对现实主义有精当分析的格奥尔格·卢卡奇相比肩。[92]1965年，萨义德致信列文，坦言"我读的次数越多，越体会到这本书的深刻卓越之处，唯有后人能够充分领会"。[93]

列文惊人地预见到日后萨义德的诸多批评偏好，比如，支持兼容并蓄的批评，"万事万物存在普遍的关联"，警惕宏大的思想"体系"——那种专断会让人忽视矛盾、偶然的发现。[94]列文推荐萨义德阅读杰出的《圣经》学者、宗教历史学家欧内斯特·勒南（Ernest Renan），在《科学的未来》（1890）中，勒南将文学研究比作"古老的、业余爱好者所做的植物学记录"，这恰是《东方学》论述的关键主题。[95] 可以阅读阿拉伯语、法语、意大利语、拉丁语、德语和西班牙语文献的萨义德，方能成为列文理想中的比较文学学者，也像列文那样，致力于将英语文学研究朝世界文学的方向推进。[96]

在列文笔下，以及后来的萨义德笔下，文学流亡不再自动地与旅居巴黎的美国作家画等号，这对前一代人来说是理所当然。这个词又涵盖了因政治环境剧变产生的受害者，以及东欧和近东地区习语冲突产生的受害者。列文对像亚瑟·库斯勒这样"受聘"的冷战作家态度尤其严厉，认为类似作家几乎扼杀了写作，仅为美国公众舆论提供了它所要求的意识形态教诲，由本土线人写出来特别令人信服。他对约瑟夫·康拉德也有精辟的观察，作为落脚宗主国的移民，康拉德代表着更广层面的"我们这个时代的多语种误解"。[97] 诸位对于萨义德而言像试金石般的学者，列文早有文章论述——比如雷蒙·威廉斯、奥尔巴赫、列奥·斯皮策、斯威夫特以及吕西安·戈德曼——而且，像《作为制度的文学》这样的文章显示，列文在方法论上是最接近威廉斯的美国批评家，以同样充沛的社会学热情考查信息技术对文学研究的影响。[98] 在《关于小说社会学》（1965）一文中，列文倡导的正是萨义德后来称赞戈德曼的做法，将"存在主义者的事例与马克思主义意识形态"相结合，创造出独到的"类马克思主义"的混合物。[99]

亦是列文让萨义德注意到埃里希·奥尔巴赫作品之重要，奥尔巴赫在耶鲁大学任教到1957年。列文这位哈佛教授与奥尔巴赫、文体大师斯皮策一直有书信往来。1947年，他在一次塞万提斯研讨会上结识了奥尔巴赫。[100] 俩人一见如故，从此时常通信，不亚于和另一位"笔友"、当时在约翰斯·霍普金斯大学任教的斯皮策。列文在《美国的两位罗曼语专家》一文中细述了与他们的交往。这篇文章于1972年发表，萨义德读后称赞其"无与伦比"，"我希望你不会觉得我这样说显得逾矩：你以自己的方式延续了那两位杰出学者所秉承的传统，开掘的深度超过了在美的其他学者"。[101] 与严肃的 I.A. 瑞恰慈（I.A.Richards）不同——当时最受瞩目的学者之一（列文认为他像行为科学的平庸信使）——斯皮策坚持更灵活的"语文学家'变色龙'研究法"，也就是说，广泛涉猎的博学素养让他有机会试验研究新方法，而不会像瑞恰慈那样被刻板的形式主义束缚。[102] 列文还意识到在战后催生了一类新学者，"适应能力强的移民……在故土接受学术训练，年纪轻轻移民到美国，对美国文化（而非母国文化）形成洞察。来自意大利的斯拉夫文学学者热纳托·波吉奥利，来自捷克斯洛伐克的英语文学学者勒内·韦勒克，几乎同时分别在哈佛和耶鲁开始任教"。[103] 接下来还有萨义德，成长于耶路撒冷和开罗的巴勒斯坦人，以英美现代主义为研究对象，不久将抵达哥伦比亚大学。

第四章

密　探

> 此生，保持我所愿
> 做一个促狭的挽歌诗人，阿拉伯蒂尔。
> ——萨义德，《一个东方人文主义者之歌》[1]

1962 年，萨义德和梅尔在希腊度蜜月，他们有充分的理由憧憬美好未来。二人的学术轨迹在稳步攀升，萨义德将以研究约瑟夫·康拉德为题的博士论文获得哈佛大学的鲍登奖，历史上获此殊荣的还有爱默生、亨利·亚当斯和约翰·厄普代克等人。

热恋时，梅尔在萨义德创作的小说手稿边上写下一句话："双重与格：Est auxilio mihi——他对我帮助良多。"紧接着又写了一句："最亲爱的丈夫，世上再没有比你的真心更宝贵的。"[2] 起初，同为移民的身份激励着对方。梅尔就是他想寻找的人：一个现代女性，拥有绝对的自由，可以成为她想成为的任何人，同时意志坚定地去实现。与之前的女友埃娃不同，梅尔熟悉萨义德所阅读、所思考的，能够与她相伴，令萨义德心动不已。当然，还有来自外表的吸引。见过她的同事说她"美极了，像嘉宝和褒曼的混合"。[3]

另一方面，萨义德的家人觉得梅尔冷冰冰的，不易接近。一个相识称她"真是来自北方的冰雪女子"，琼觉得她是"严肃的知识分子，非常德国"。[4]其实，她来自爱沙尼亚，和许多东欧知识分子一样，能说流利的德语。她经历过创痛，父亲在战争中消失，此后再也没发现他的踪迹。二人在读研究生时期分别迷上了德国哲学和法国哲学，这样便形成了互补。萨义德生动的论述力与梅尔精通十八世纪文学相得益彰（基于此，他开始了斯威夫特研究）。但是因为相异的学术前景，他们变得更像是对手，风格的差异也愈发凸显。不过，二人都对以色列持批判态度，萨义德有不少犹太裔的朋友，他们对梅尔的言论感到困惑——她认为意第绪语不算是一种真正的语言，有些反犹倾向，那可能与她在东欧的儿时经历有关。[5]

没有直接证据表明，写于1962年的这首诗就是给梅尔的，但是它无疑描述了这段感情之复杂：

推搡，劝诱
她写了一曲柔歌，
田园诗的调子
于是烙下：喜爱

精心佐盐，
裹在碎叶里，
幻想中不穿鞋子的假日
留下伤疤却如此明媚。

上下翻搅，仔细混合

坠落穿过糖浆和棉花，
可口，黏稠，极其依赖
如今成为：欺诈。[6]

爱情变化无常，喜悦转眼间变成猜疑，坦诚相见之人忽然成了敌人：这是用细铅笔写在蓝色答题本上的这首诗试图传达的感悟，在后来修改时，加上了《小变化》这个题目。仅凭寥寥数语，这首诗便从渴求转到拒绝，从诗人渴望得到关注到对她的依赖感到排斥，甚至连爱这一行为的起伏跌宕都因此而互相掺杂，难以分清。

显然，自他们在翠薇小镇举行婚礼之日起，家族话题就是雷区，最好避而不谈。梅尔同母亲逃到德国，躲避残酷的战争，但是她无法理解萨义德对家族负有何种责任，他与叔伯姑姊往来密切，如同对待父母一般，在谁面前都没有秘密可言。[7]而且，梅尔是绝对的无神论者，而萨义德来自每日进行宗教仪式的家庭。[8]1965年6月2日，萨义德给父亲写了一封不同寻常的信，直截了当地声明他不想听从家人的规劝，坚持要去纽约任教、写评论文章，不能不说是受到梅尔的影响。这封信的用语流露出毫不掩饰的粗鲁，他拒绝视接待一个亲戚为"荣幸"，因为这个亲戚不懂得他和梅尔做出的"牺牲"和在美国生活需要经受的考验，"在大学任教我一周工作七天，夜里也不例外"。[9]父亲的回信竟然显得小心翼翼，而母亲的回信表示深感受伤，同时斟酌措辞，希望引得儿子心生愧疚，重回正轨，她感觉他离家人越来越远，一心要去迎接职业攀升的种种挑战。

起初，他会兴冲冲地写信给家里，介绍他在长岛度夏时结识的每一位重要人物。后来，希尔妲不得不追问："你为何不写信来？如果你忙，梅尔至少可以寄张明信片吧？"1965年夏天以及进入秋季后，往来的书信令双方都感觉受到了伤害，萨义德气愤地指责父母对他的学术之路漠不关心，父亲则对他对待妹妹们冷冰冰的态度感到失望。这听起来尤其像侮辱，因为无论在哈佛还是后来在纽约，他一直和妹妹琼往来密切，经常互相拜访。瓦迪也无法理解儿子为何直接忽视他迫切的要求，不肯与在纽约的一个生意伙伴建立联系。萨义德的回复是冷酷的。"我觉得我的过去是一团糟，"他称，"钱就是钱……是唯一作数的东西。"母亲试图更加公允，反驳道："没有标准文具公司的话，你现在会在哪里？"到了11月9日，希尔妲沮丧至极，终于一吐为快：

爱德华，一个陌生的姑娘要和我们唯一的儿子结婚，我们对此持警惕态度是再自然不过的。坦白说，我们努力去爱她。你记得在你的婚礼前发生的一切吗——你的反应？爱德华，我们当时不了解梅尔，如今我们仍然不了解她，或者说了解得更少。我们只知道，我们非常肯定的是，她对**我们六人没有用处**，无论从哪方面看。[10]

萨义德和梅尔在瓦萨学院遇到，恋爱之初，二人频繁往返于剑桥市和波基普西市，几乎每隔一晚就要通电话。异地相处模式日后成了引发问题的根源。萨义德在学业上进度稍快，为了和他在一起，梅尔搬到了剑桥并且攻读博士学位［列文是她的博士论文《托马斯·曼：生平与形式》（1968）的评阅人之一］，而当萨义德选择去哥伦比亚大学任教时，距离再次成了问题。[11] 令人疲劳的往返奔波再次开始，这次是在剑桥市和纽约之间，此外，梅尔还要承担每个写博士论文的人都会经历的自我怀疑和文思枯竭的疲惫感。

最后一根稻草是萨义德接受伊利诺伊大学香槟分校高级研究中心的邀请,担任访问学者。不是多么吸引人的项目,距离却远得多,与论文苦斗的梅尔有太多令她分心的事。他们居住在那里时,来访的友人觉察到家里的气氛阴沉,而萨义德本来就有深切的孤绝感。[12] 梅尔引用托马斯·曼的小说《托尼奥·克鲁格尔》,准确地描述了萨义德内心的纠结。在这篇小说结尾,写到主人公同时生活在两个世界,却在哪里都不自在。她观察"Saidus"(她这样开玩笑地称呼他),生活在三个世界,在哪里都不自在,他"可以成为哲学家,成为诗人,成为批评家——三重身份集于一身,让人焦虑的三位一体"。

同时,他仍然像个谜团,一个"三足鼎立的天才",单独看他的某一面向都无法真正理解他,因为他是"彼此缠绕的综合体"。"却是苦了我",她补充道,他"将哲学艺术化",并且"批评文学和美学"。[13] 恰恰像托马斯·曼那部小说描述的情景,托尼奥出身资产阶级家庭,家人期望他顺从与本阶级相应的物质观,他却被诗歌吸引过去。他没有选择违背世俗世界,而是采取折中态度,试图充满激情地过平凡的生活。

在开罗的那一年,到研究生结束这段时期,萨义德试水小说创作。最具雄心的一次尝试发生在1962年夏天的贝鲁特,他将笔下的小说起名《挽歌》——已有约七十页的定稿和十三页的笔记。[14] 他一一记下每天如何苦思,以及涌现的新想法:

3月19日:我为什么不能战胜懒惰?这本小说进展奇慢。不断自我否定,可怕……3月25日:今天几无进展可言……我写小说时是认真的吗?我在朝"写出其想法"的作家努力……我渴望获得一个机会（此前从未有过），能真实地面对自己。如果能把所思所想写成一个超短篇，或者长篇，我会特别开心。[15]

其间有一次突破，他以自嘲的语气记录下来。"终于，我构思出了整部小说"，一条笔记写道："犹如三拼画，三个故事形成一个整体……就经验而言，算不上一次失败！"从他留下的笔记可以看出，其创作小说灵感来源作家之一并非他特别喜欢的作家：安德烈·纪德。他认同纪德《窄门》里的一句话："我将所有的精力都耗在了生活上，我的德行消磨殆尽。"

如许多开启创作之路的新小说家一样，萨义德的故事带有儿时经历的影子，想努力还原四十年代的开罗。设置了庞大的人物阵容，试图涵盖开罗的不同阶级、民族和宗教，希望提供开罗社会恢宏的横截面特写。扭曲的父亲形象可以在不同的人物身上寻见——哈利姆·扈利，一个黎巴嫩基督徒，出生在贝鲁特，拥有"一家经营不善的印刷公司和一间简陋的文具店"，深陷不正当的交易。他有心出钱投资收益不明的化肥生产。他与瘫痪的妻子"挤在舒布拉一处老公寓里"，诸项投资失败后，损失了许多人的钱，他却始终为自己辩护。艾德温娜·托马斯博士，即托马斯"小姐"，是开罗美国女子学院院长，大部分情节都围绕她展开，"身材浑圆，不讲究衣着，完全不像奉行苦修原则"，尽管她试着严格管束自己，如阿拉伯女性一样早起，像纳斯尔小姐一样戴着"无框眼镜"，后者雷厉风行，是学院领导，也是校创始人之一。

托马斯小姐在俄亥俄州长大，"深受盎格鲁-萨克逊文化熏陶，认为那赋予了美国这个国家的道德准绳……一位工业化时期的简·奥斯汀"。有个小角色是胖乎乎的托提诺，被关进监狱的同性恋，"佩戴父母赠他的珠宝"，与优雅的安托瓦内特·拉辛姆结婚，她是纳斯尔小姐的学生。哈尔福什小姐靠教阿拉伯语和音乐来维持自己钢琴演奏者的身份。约德森，七英尺高的美国人，"瘦削、独身、饱含绝望"。

有两段成熟的叙述片段，其中一段讲的就是纳斯尔小姐。显然以梅里亚姨婆为原型（"纳斯尔小姐"听起来与"巴德尔小姐"呼应），萨义德描述了她与同事福布斯小姐发生的争执，后者想征召学生去演一出戏。纳斯尔小姐则认为剧院不利于女学生养成坚定品格，有悖于她的教导目标，她希望学生打破一提起女性就会联想到的多愁善感，养成坚毅的品格：

> 她从没有明确地表达反对意见，仿佛觉得排练戏剧的想法太不可思议，太难理解，她那苦行僧般的头脑无法吸收……二十年后，在她去世时，她受到三代埃及女性的称赞，认为她的事迹足以铺叙成近东历史上的一个完整篇章……她的个人习惯构成了她在学院里的生活日常，就像一张巨大、精致却又无比古怪的网……她的房间有种拥挤的庄严，床四周依然悬挂着老式蚊帐，铺着至少五条毯子，她习惯早起啜饮土耳其咖啡。

对于那些像她一样胆大的人来说，世界上不仅只有那些愚蠢的模仿者所摆出的美好生活，那只是令人难以忍受的姿态，他们"像风向标一样转向西方"。

这个描述带着一丝自责的意味，他让梅里亚姨婆说出来，暴露他自己的弱点。无论如何，与采访相比，萨义德的模仿才唯有在小说里得以充分施展，注意到不同寻常的细节、捕捉不同的语调对作家营造真实感而言至关重要。在写这部小说时，他第一次充分展示了他的朋友们经常形容的模仿天赋，有兴致时，他会表演滑稽剧《边缘之外》(*Beyond the Fringe*)和"巨蟒"喜剧组合，模仿滑稽的印度英语，他"活脱脱就是乔治·斯坦纳"。[16]

他的笔下尤其注重环境描写。对米歇尔和艾琳娜·埃利亚斯的小布尔乔亚住宅的描述就流露冷冷的鄙夷：忙里忙外的黑仆人、高窗、黄瓜、亚力酒、苏格兰威士忌和烟斗。穆罕默德·赛义德·贝伊那俗气的画作装饰着墙壁——画的是尼罗河峡谷昔日美景，"盛气凌人，足以掩盖歪斜、并未构建完整的缺陷；情绪支配，洗涤，抹杀"。房子里挤满各色人等，"擅于钻营的、扑克玩家、有钱的朋友"。甚至"苍蝇都在他们休息的地方落脚，就像端庄的学生起身向长辈问好，再坐下一样"。考利小姐欺骗了她的房客，"十四个月后，在狂喜中死去，死时拥着《天路历程》"。

这部小说保存下来的第二个片段，让人觉得如果时间充裕，不需要忙其他事的话，他本可能最终写完它并且出版。文笔流畅，有把握，而且相当完整。故事背景设置在开罗和太阳城，出场人物多得应接不暇——哈米德、乔治、萨缪尔·阿布拉姆（原型是萨义德在耶路撒冷圣乔治学校读书时遇到的大卫·埃兹拉），以及科尔通斯基大师，原型显然是蒂格曼。另外两个人物，穆菲德和阿迈德，投射了变形的自画像。后者并不上班，责骂衣着邋遢的警察，"心不在焉地"研究奥维德的《变形记》，用对讲机向他的司机发号施令。在描写穆菲德时，那种腼腆的自嘲取材于他在标准文具公司工作那一年的记忆：

今天和往常一样，穆菲德一直待在多尘而又闷热的小办公室里，椅子远离桌子，身体前倾，手肘支着膝盖，双手撑着下巴，嘴角叼着烟，盯着墨迹斑斑的地板。桌子上巨大的账本是他无法认真对待的东西,他沉思着,觉得那些赤裸裸的小数字——他自己的——有点儿可笑,它们自信地铺满一页又一页的账本。对他来说,只有在整洁的状态下,数字才是真实的。这是他讲究整洁的成就:上司想看的销售、利润和损失统计,穆菲德一窍不通。他忙于其他事情,那些他人一窍不通的事情。

所以,即将成为英语文学教授的萨义德,依然认为小说是一种合适的载体,能够表达内心体会到的各种冲突,那是往往被他的学术研究忽略的。小说《挽歌》始终没能完成,他却写出了一个好短篇,1965年2月26日,投给了《纽约客》,素材源于在翠薇小镇度过的漫长夏夜。

《聆听者的方舟》有关安德劳斯一家的故事,母亲带着两个身材肥胖的女儿,来黎巴嫩拜访朋友的度假屋,她们已被驱逐出巴勒斯坦。[17] 她们在一扇又一扇门前停留,见到从前的邻居和远房亲戚,如梦游人一般。这个故事发生地点虽然固定在一处,关照的却是另外一个地方。在数英里外的巴勒斯坦故土,犹太准军事人员在乡村游荡,伺机袭击英国人。在此地,在黎巴嫩山间,易受影响的叙述者厌倦了平庸的假期,可这样的假期还在持续,在很大程度上忘记了他此时不得不估量后果的事件。

这个短篇的题目源于霍普金斯的长诗《德国号的沉没》,"方舟"指那艘在洪水里救人的神圣大船,而诗人是想纪念五位在海难中丧生的方济各会修女。在与诗名相同的这句诗出现时,霍普金斯意图进行对比听到上帝召唤的人和听不到的人有何不同。上帝"安然度过大风大浪",为"聆听者"准备了方舟,而"犹豫不决的人"(听不到上帝召唤的人)"滑向比死亡和黑暗更深的地方"。诗人暗示,上帝仁慈的恩典是将单纯的流浪者转变为坚定的人,召唤他们"燃烧,在尘世经历脱胎换骨"。随着故事的推进,萨义德的叙述者恰恰是经历了类似的转变。

作为萨义德写下的最完整的故事,《聆听者的方舟》以对话的形式展开。故事发生在一个慵懒的周日下午,"在黎巴嫩中部风蚀缓慢的高山上"。年轻人的父母出门了,他独自面对突然登门拜访的客人,不得不招呼他们。他已经为暑假白白过去而感到内疚,更不想再浪费时间去陪几乎不认识的访客。父母在翠薇小镇的度假别墅萦绕着富有的气息,大腹便便的安德劳斯一家也是一副有钱人的做派,都让他觉得难受,没有同情,只想谴责,想着"符合西方梦想家想象的阿拉伯人替罪羊……肮脏、沉默的贪婪散发着残酷的惰性,它那不受控制的金钱力量吓坏了我"。他担心漫画式形象中隐藏着一些真相,而他自己就是证据。

他觉得,作为家底殷实的中产阶级基督徒,安德劳斯一家"只想着怎么好好放松一下……他们开车进入贝鲁特,茫然地盯着肮脏的车窗外,疲惫、贪婪的眼睛悲伤地打量着这座繁忙的城市"。在他看来,这样的见面往往是"把下午时间都耗在闲聊式自我折磨上",流浪之人通过戳探伤口来惩罚自己。叙述者沉迷于同样的自虐倾向,表示如果说西方视时间就是金钱,对我们阿拉伯人来说,时间像花生,是"闲来无事咀嚼"或"拂去"的东西。然而,当他这个不情愿的主人笨拙地向客人散发糖果时,又渐渐受到美的慰藉。尽管他对自己的文化不耐烦,却不得不承认"扎哈勒"(zajal)之美——"将礼节性的闲聊提升为高雅的艺术"。

夜晚来临,走廊的帘幕放下了,他原本盼望父母早点回来,让他免受应酬之苦,却愈发被客人讲述的故事所吸引,她"从一出沉痛的悲剧裁出令人捧腹的片段,这些片段点缀着她悲伤的讲述"。没有什么戏剧性事件,只有生活中的平凡细节,如今被打破、中断——邻居经历的家暴,犹太人、阿拉伯人和基督徒轶事,无论贫穷还是富有,比邻而居。令他印象深刻的是叙述的尊严和阿拉伯讲故事的艺术:"如果配置得当,我们的语言如同菜肴齐全的盛宴……包裹阿拉伯灵魂的衣服。"终于,当最后一道日光退去时,他们集体命运可感知的创痛才完全得以理解。怜悯和烦恼转化成决心。从五十年代末期到六十年代中期,萨义德向文学刊物寄诗歌投稿,反复修改不同的版本(1958 年在《学院》[*Al-Kulliyah*]① 杂志上发表了两首),可是《纽约客》拒绝了这个短篇,而他没有坚持。从 1965 年算起,接下来的二十五年里,他再没有写过小说。[18]

1963 年,萨义德接受哥伦比亚大学的聘请,在英语系担任讲师,他乐意在纽约这个从未远离的城市安顿下来。年长同事弗莱德·杜佩(Fred Dupee)帮助他更快地适应。杜佩早年是托洛茨基主义者,也是工会组织者,将萨义德引入纽约的写作圈。作为《党派评论》(*Partisan Review*)的创始编辑之一,也经常为《纽约书评》撰文,杜佩把不同刊物的编辑介绍给萨义德,并且帮他熟悉哥大院系层级的设置。

在 1983 年写的一篇有趣回忆录里(杜佩于四年前去世),暴脾气的反战记者、《党派评论》撰稿人玛丽·麦卡锡(Mary McCarthy)不经意间为萨义德和杜佩的思想交融提供了佐证。[19] 杜佩以亨利·詹姆斯为题写过精辟的分析文章(1951),以及一

---

① 这是贝鲁特美国大学的校友杂志。——译者注

本论述作家与写作的散文集《猫的国王》(1965)，杜佩有意识地在他简单地称为"评点"的类别内写作。他的文章总体上倾向于论述"作家的信件、作家的传记……非作家的自传……作家的后期作品……而非作家的早期作品"——恰恰是萨义德关注的重点。他心中的典范是描摹文学肖像画的文字画家，圣伯夫、麦考莱以及玛丽·麦卡锡的前夫埃德蒙·威尔逊。联想到萨义德不断地回归一小群作家和思想家，将他们呈现给读者，就像他们是朋友或家人，他们的个性与他们的观念一样重要，这暗合了杜佩的做法。"杜佩的血管中流淌着大陆的世故，"麦卡锡补充道，"与《党派评论》的其他编辑相比，如拉尔夫（Phillip Rahv）、菲利普斯（William Phillips）和德怀特·麦克唐纳，显得更随和。"无需斧凿之力，他就能道出真知灼见，有趣，有洞察，又较为客观，如"谈话一般"。

杜佩明显同情共产主义在美国取得的成效。三十年代，他编辑美共机关报《新群众》，1959年，又编辑了托洛茨基的《俄国革命》，将这本书与修昔底德《伯罗奔尼撒战争》、恺撒《高卢战记》相比。因为与后两位类似，历史学家本人是其所描述的事件的亲历者（萨义德对斯威夫特也有类似评判），"既是用文字记录的人，又是行动的人"。[20] 萨义德赞赏杜佩的努力，站在杂货店门口，请顾客在反对越南战争的请愿书上签名，虽然他自己从来没有这样做过。

到了六十年代末，距离萨义德那本开拓性著作《开端》面世尚且有五年左右，作为纽约知识分子圈的新晋成员，他在哥大安顿下来。这个圈子主要由犹太裔作家和评论家组成，萨义德的文章就是首次发表在刊登他们文章的杂志上，他认识他们中的许多人，还会向哥大的反讽家、弗洛伊德的追随者莱昂内尔·特里林寻求建议。杜佩的引导作用并没有因此削弱,他将萨义德介绍给玛丽·麦卡锡,在杜佩的引荐下,麦卡锡于1946年任教巴德学院;几年后,特里林又将杜佩引入哥大。这是个联系密切的圈子。与此同时,萨义德致力于提炼一种将文学与现象学相结合的风格,用詹姆斯·沃尔科特的话来说,在"学术文学批评范围"里不曾见过类似的文章。[21]

幸运的是,哥伦比亚大学鼓励这种跨界的尝试,萨义德与其他几位不时地在纽约的主要杂志和报纸上撰文的同事形成了一个专业公会。在这种氛围下,萨义德认为两面下注是明智之举,以一种新颖的方式探索熟悉的知识领域。这并不难,因为来自中东的他就像犹太同行的照片底片。犹太裔作家反复书写的两大主题——流亡和移民经历,同样是他的故事,区别在于他会从迥异的角度书写。

在这个学者圈里,特里林和杜佩可以说形成鲜明的对比,一个"行文论证微妙,语义含混……语体风格彬彬有礼到让人不适的程度,意思要反复琢磨才能体会到",另一个"流露挑衅、孩子气的固执……他想……做一个学术批评时代的闲逛者,一边是'领域'专家,另一边是狂热的'细读文本家'"。[22]特里林在纽约知识分子圈里享有特殊地位。他的新作被翘首企盼,引发一片颂扬之声,犹如从天上落下的古典珍藏。在衡量其优缺点的情况下,萨义德觉得他像美国的马修·阿诺德,一个对人文学科有着飘逸品位的保守派,从遥远的文学高位剖析社会风俗和社会心理。

特里林声誉卓著,似不会和后起之秀走得很近,虽然萨义德写给他的信语气亲切(对方的回应同样如此),暗示着更友好的关系,只是被互相表现出的聪明所削弱。最终,萨义德赞同一位回顾过去时的朋友的态度,后者打趣说重要的是"莱昂内尔扮演了莱昂内尔的角色"。[23] 萨义德没有对别人说起自己的判断,却在任教哥大不久写的日记里记下:

特里林是一个顽固的自我主义者。沉着冷静,既要做神,又要讲究,却没有意识到两者不能兼容。他变得风趣;脑子灵光得到了狡猾的地步,在逻辑上推理下去,聪明恰恰是一个人用来应对世界的狡猾……相比之下,我觉得尴尬,只想保持沉默。[24]

数年后,萨义德致信门罗·恩格尔,他的观点没有改变:"我渐渐发现,他这么保守……被幻灭感笼罩……他认为'智慧'是'绅士与大学'的专属。"[25] 从这样的表达可以看出,他起初并不太喜欢哥大。系里拒绝向已任教九年的梅森·库利予以终身教职,萨义德听闻后气愤地对同事说他现在"领教了……它傲慢、势利的一面"。[26]

另一方面,身着粗花呢外套的传统破坏者杜佩则远受人喜爱,也很对同样有意成为常青藤联盟"反律法主义者"的萨义德的胃口。他在纽约州北部有一所值钱的宅子,刻意低调,温文尔雅,与颠覆性的贵族戈尔·维达尔这样的人保持密切的友谊。杜佩维护萨义德,认为他才华横溢,虽然不一定是最好的作家。[27] 事实上,在哥伦比亚大学教职员工中流传的是萨义德的文章缺乏特里林轮廓分明的弗洛伊德式分析或杜佩极富感染力的旁征博引。尽管如此,杜佩还是在萨义德对法国理论略显轻率的敬意中发现了他公共文体家的素质,为了避免批评,他大声宣布自己是"爱德华·萨义德散文俱乐部的成员"。[28]

也许萨义德与杜佩最像的地方,就是他也忽视老派保守学者看重的那些学术细微差别。作为尚且没有取得终身教职、较为弱势的讲师，他避免卷入麻烦，但事实上，与人们猜想的相反，他并不热衷于政治，也不会迎合院系部门。[29] 不管怎样，他觉得自己迄今为止过于谨慎。1966年1月的一篇日记流露出自责："对我来说——也许是所有人——有了坚定支持的缓冲垫才能说话……为了赢得赏识和认可……是我大多数时候说话的原因——也许一直是——我如何看数学的细微差别：看着它在同意、欣赏或混乱中转变。言语——口——手势。"[30]

杜佩不只是为萨义德周旋、引荐他认识出版圈人士，二人有着深厚的友谊。萨义德和梅尔在厄巴纳访学期间，杜佩是为数不多的几位去看他的同事之一；几年后，萨义德在贝鲁特住了一年，此时他已与玛利安姆一起生活，杜佩也前去拜访。杜佩夫妇在贝鲁特待了十天，萨义德致信哈佛的老导师恩格尔："我们欣赏对方，很难用语言表达清楚，只知道为此激动。"[31] 和杜佩一样，萨义德散发出一种生活优渥的气质，他和他的同事、从研究生时代就认识的迈克尔·罗森塔尔穿着长长的冬大衣，抽着雪茄走在百老汇大街上，令人过目难忘。[32]

萨义德当然意识到，就一位经典的英国作家进行传统式研究，更有可能在专业上取得成功，但他无法忘怀自己在法国和德国语言哲学中的发现。随着时间的推移，它们让他偏离了最初选择的、多少可预测的研究项目，即探索康拉德作为一个虚构的作者角色。最终，他在原本稳妥的论文里注入哲学思辨，取悦喜爱引经据典的老派学者，同时埋下暗示，志同道合者才能读出真义。在他看来，比起一个"研究康拉德的学者"，法国和德国的左派海德格尔主义、存在主义和马克思主义理论家的学术前景更丰富、更难以预测。

实际上，他开始着手为《纽约时报》的读者解读法国理论，并准备将其介绍给新批评占主导地位的学术界。为此，他采用了威尔逊的通俗风格——不遵循学术惯例，完全不用脚注，他佩服威尔逊的做法。[33] 就在萨义德钻研本体论和符号学的时候，他称赞威尔逊"旁征博引似信手拈来，总是对书籍和历史展现的人性一面感兴趣"，因此，"无论任何地点、任何时候"，威尔逊都堪称最可读的英语评论家。[34] 这或许解释了萨义德为何与任教于罗格斯大学的文学评论家理查德·波里尔（Richard Poirier）来往密切，波里尔是"美国文库"出版社的联合创始人，与萨义德的友谊保持了一生。他同样致力于以通俗方式介绍理论，1981年后，担任《拉里坦季刊》的编辑，着重刊发讨论严肃问题而文风平易的文章，萨义德便是此刊物的主要撰稿人。[35] 萨义德认为理查德·波里尔是战后最杰出的美国文学评论家之一。

向大众撰文介绍他研读的东西，因为他坚信这些关于语言和存在的理论，无论多么令人生畏，都对文化政治采取了反叛立场，这对当代生活和艺术而言至关重要。由语言人类学家（如克劳德·列维-斯特劳斯）和认知系统理论学家（如诺曼·乔姆斯基）研究揭示的人类行为的结构模式，所达到的效果之一，就是建设性地挑战了西方成就的独特性，同时质疑工业文明带来的某些福祉。他觉得每个人都应该能够理解这些风险。

遇到令他钦佩或希望结识的教授，萨义德往往会热情地写信，博士毕业仅一两年后，他就开始被顶尖的理论家注意到。如理查德·麦克西、尤金尼奥·多纳托、J.希利斯·米勒等学人力邀他参加在约翰斯·霍普金斯大学举办的"批评的语言与人的科学"会议，正是这次在1966年10月举办的会议令法国的结构主义在英美高校传播开来。

与此并行不悖,在这次会议数月前,萨义德在《国家》杂志上就米勒《现实诗人》(1965)发表了一篇热情洋溢的评论,接着又在《党派评论》上就吕西安·戈德曼被忽视的杰作《隐蔽的上帝》(1955)发表了高度赞扬的文章。以康拉德为题的博士论文,经过两年的修订,也在此时出版(列文向哈佛大学出版社做了推荐)。由此可以想见,法国结构主义的关键人物,如罗兰·巴特、戈德曼、雅克·德里达和乔治·普莱对萨义德来说不仅仅是书籍封面上的名字。他们都出席了1966年的那次会议。他见到了他们,观察他们的一举一动,倾听他们用法语进行的论争。

也就不让人意外,他深受理论热潮的影响,与米歇尔·福柯、巴特、埃莱娜·西苏等人通信。在上述会议一年后,他给当时在霍普金斯大学执教的瑞士现象学家让·斯塔罗宾斯基(Jean Starobinski)的信中,提到巴特"在哥大短暂停留","极其有趣,却如隐士一样"。[36] 巴特本人寄了一张卡片,感谢萨义德寄来的一篇文章:"如此雄辩、精微,富有同理心。愉快的阅读。由衷地谢谢你……你会来巴黎吗?到时一定要告诉我。"[37]

对新理论的着迷之深,甚至在闲暇时他也会讨论起来。1966年,他和梅尔、同事兼好友艾伦·伯格森一起筹划了去西班牙的旅行,一路上只住帕拉多尔("因为住着最舒适"),后来为了旅行方便买了一辆汽车,通过铁路运到法国,同时搭乘卧铺列车,与车一起到达目的地。[38] 正是在这次旅行中,萨义德对斗牛产生了一种不可思议的迷恋,日后让玛利安姆也印象深刻,他特意送她一本海明威的《死在午后》,正是讲述斗牛的故事。[39] 据他自己描述,他"在六十年代看过许多场斗牛",包括杰出的斗牛士安东尼奥·奥尔多涅斯的表演,是在"埃斯特雷马杜拉大区巴达霍斯一个小市集上看的,那是个暴土扬尘、日光灼热的小镇"。[40]除了这些消遣,他在各处高级旅馆的接待室里大谈批评如何具有与文学完全相同的有效性,二者的重要性都无可替代。

落在纸上的却不都是艰深词汇,毋宁说在俗语和术语之间游走。巴勒斯坦历史学者塔里夫·哈立迪(Tarif Khalidi)称好友骨子里是"一个移情于文学的哲学家",尽管陷入错综复杂的法式争辩中,萨义德仍然认为自己的目标更宽广,不单单是为了战后新兴的、自信的语言学家而与常识性意见进行辩驳。[41]他早期的散文、评论文风晓畅,有意选择面向普通读者的刊物(如《肯庸评论》《百年评论》《纽约书评》),而文学理论彻底改变了他。随着这种影响日益加深,他却重返在整个求学期间都十分感兴趣的经典哲学。

列文试图劝阻他。显然是想获得导师的肯定,萨义德将《国家》刊登的那篇论米勒新作的书评寄给列文,文章虽然易懂,却是讨论如"固有性"(immanence)这样的问题,如普莱讨论作者意识的文章。[42]列文迅速回复道:

亲爱的埃德……你仍然对我的观点感兴趣,我深受感动,虽然你公开称赞与我试图传达的分析法、经验性原则完全相反的作品;其间存在着鸿沟,我并不指望可以在一封短信里弥合……简言之,那种方法并不是想更好地理解文学,而是从作者那里推导出形而上学的范式,通过叠加某些由断章取义的引文所支持的抽象义理。[43]

萨义德一反常态,没有继续辩驳,到了写向理论告别的《世界,文本,批评家》(1983)时,他专门致信列文,说他的导师一直是对的。不过，在此之前，他接下来的两本著作会悄悄地无视列文的建议，陶醉于"形而上学的范式"，同时试图以他自己的方式，通过赋予它们历史立足点来恢复它们以解决日常问题。

1965年11月24日，萨义德将一篇分析康拉德的《诺斯托罗莫》的文章寄给列文，并评论道，这会是"我想……最后一篇分析康拉德的文章"。[44]这句话日后证明严重与事实不符，不由得让我们深究为何如此。他后来有了更准确的观察，显然是以典型的音乐形象来比喻，康拉德始终是"伴随我大部分经历的持续的基础低音"，此后他所写的每一本书里，都至少有几个段落，有时是关键章节，是论述康拉德的，以及一篇关键文章（《康拉德与尼采》，1976）。[45]

出于强有力的原因，康拉德始终是他的秘密分享者。两人都不是以母语写作，都目睹了殖民暴行，对政治极端势力都有近乎病态的兴趣。和康拉德一样，萨义德也会说三种语言，热爱法语，终生喜欢听瓦格纳。[46]他也无比着迷于康拉德那紧迫的意识——成为写作的囚徒，如奴隶般被拴在桌前，一心雕琢文字，来塑造经历的模拟物，那是永远无法指望他的同胞能充分理解的。至少，在萨义德艰苦的学术生涯初期，他类似这样；后来，他的写作——有点像莫扎特——更像誊写，能轻易做到文思泉涌。[47]

对康拉德的热爱似乎再直接不过，除非我们忽略种种反感。在萨义德看来，康拉德是帝国主义者，是悲观主义者，是厌世者。[48]"康拉德，"他后来指出，"就像高级的现代主义者，他的书写是关于经验的美学，或者说经验的审美化……我觉得在许多方面他都和我处在对立面。"[49]在斯基德莫尔学院进行的有康纳·克鲁兹·奥布莱恩（Conor Cruise O'Brien）等人参与的圆桌讨论上，萨义德竟然十分坦率地表达了上述观点（后来他将此次事件称为学术打斗），《黑暗之心》不仅仅是一本关于帝国主义的书，更是帝国主义本身的产物……一种虚无贯穿这部作品……[关于]原住民的落后，黑人的落后"。[50]

萨义德常常被他本该厌恶的作家所吸引。他捍卫保王派斯威夫特，而非讨论有着反殖民主义远见的威廉·布莱克，虽然他欣赏布莱克的诗歌，会向友人引述。[51]他思考政治立场可疑的康拉德，而不是反帝国主义的第二人格、友人R.坎宁安·格雷厄姆（R.Cunninghame Graham），这是一位杰出的作家、社会主义者，萨义德认为他和自己构成了与康拉德有关人类灵魂的悲观观点制衡的力量。[52]这位波兰小说家代表了萨义德憎恶的一切：摒除了责任的道德黑暗地带，唯有欧洲能够启迪全世界，地处边缘的波兰作为西方的前哨对抗泛斯拉夫主义，等等。萨义德注意到上述观点都可以粗略类比马利克的思想意识——黎巴嫩基督徒从穆斯林人手里拯救世界。[53]

萨义德更注意到即使是持右翼立场的作家也可能成为惊人的"文字巧匠……是其所处时代大趋势不合时宜、焦虑的见证者"，这种观念促生了反常的拥护。[54]他心向萨特，却在学思旺盛的时期着力思考反萨特的米歇尔·福柯。他珍视维柯留下的精神遗产，却同时承认维柯本人爱慕虚荣、脾气暴躁、让人厌恶。[55]他后来暗示自己对这位杰出的波兰现代主义小说家的喜爱（先不论对他的批评），源于康拉德与尼采类似，都对人性的种种鲜明悖论感兴趣，除了在读研究生时有过粗浅涉猎，没有迹象显示萨义德读过尼采的全部著作或对其任何一部作品做过文本细读。[56]

无论怎样，情绪使然或许也有策略考虑，萨义德此时日益成为含糊性（ambiguity）的信徒。他似乎是以布莱克穆尔关于文学里的"表演"的观点来理解这一动机，一种"对其结论并不确定，准备好一直处于孤绝、自我限制状态，不产生影响，没有追随者"的批评，虽然布莱克穆尔一直避免明确表态，"悄悄地玩球，不让别人看到"（萨义德语），让萨义德感到愤怒。他要求一个人有坚定的观点。[57] 无论如何，他试图捕捉偶然性的味道，那是布莱克穆尔批评的鲜明特质，如偶遇交谈，其中"不确定性，互补变量关系原则"占上风。

在萨义德最早的那些文章的语言里，"辩证法"一词堪称旗帜，那些批评理念都在下方展开，事实上，早期的每一篇文章都出现了这个词。任教高校之初，在一次讨论 W. B. 叶芝的讲座上，他解释"辩证的"对他而言指不按直线的逻辑顺序，是一系列能依次促生新形象的形象序列。[58] 但是这不仅仅是寻求开放式思考。他是在寻找能够包含彼此矛盾的哲学、同时显得完全无关哲学的词。

还有其他理由令他想厘清这个中间地带。在哥伦比亚大学，起初没人知道他是巴勒斯坦人。英语系里甚至传出聘请了一名亚历山大犹太人的传闻。[59] 在这一点上，他发现康拉德也是如此，擅于隐藏自己。在他把博士论文变成书的过程中（即 1966 年出版的《约瑟夫·康拉德与自传的虚构》），他流露自己对康拉德的热爱基于这样一个事实，二人都在各自时代的帝国主义世界的首都流亡，都在对抗主流："存在两个康拉德，一个……耐心、乐意表现得礼貌、希望取悦读者的作家，另一个是拒绝合作的魔鬼。"[60] 日后他明言这样的比较："当我刚开始在哥大教书的时候……我就像两个人……教文学的老师和……另一个人，如道连·格雷，做着难以用言语表达也说不出口的事情。"[61]

也就不让人惊讶，在六十年代初写的一首诗里，他称自己是"促狭的哀悼者，阿拉伯蒂尔"，蒂尔原指中世纪德国民间传说人物蒂尔·奥伦施皮格尔，到处招摇撞骗，捉弄同胞，借假装呆瓜，暴露别人的劣行、贪婪或势利。因此，他觉得有必要在康拉德一书中发明一种讲述语体，用词和句法易于理解，其实是迷惑人的假象，暗含深意。如他后来描述自己的动机，"我一直尝试以矛盾的方法阐发我的观念，让它们显得难以理解，又难以转述"。[62]

康拉德这本研究专著的基础，似乎在于他揭示了作者的机制，突出的"彼地性"，身处此世界的一个人准备将自己创造出来。这一点，以及他对流亡、异国主题（典型的现代主义主题）持续的思索会让读者放松戒备，面对惯例仍觉自在。事实上，萨义德巧妙地引入了法国结构主义者的主张，即作者并非真正存在，因为一切显而易见的创造、选择都受制于语言——由语法规则和语义学功能构成的完整体系，在法语里，由"langue"一词概括。与此相对，结构主义者用"parole"（言说）这个词指具体的言说行为，尤其是日常交流，如前所见，这说出了他的心声。如果说传统认为作者写出笔下的作品，也因此对作品有了主宰力，结构主义者则认为作者死了。因为意义是由承继的语言结构所预先决定。

感觉过多的创新会让外界无法接受，他营造的印象是论文的原创性在于聚焦康拉德的信件，而非小说。这一微小的变化似乎可以接受。没有人赞赏他选择的是一种"言说"成分显然比"语言"多得多的写作体裁（私人书信）。这种举动背后还潜藏着一种精神分析式冲动，因为这本康拉德专著也是披露一种刻骨铭心的"私人辩证法"的载体，在这个过程中他剖析的也是自己。[63] 康拉德的书信，他暗示，包含"丰富得令人尴尬"的证言，证明在生物学虚构基础上建立的智性生活。[64] 运用稍微不同的手段，康拉德也把"大海比作镜子，对公众反射出关于他自己的误导性形象"，充分利用他常常"嘲讽地唤作'异国特征'的东西"。[65] 多少显得不公平，因为他如此努力地塑造这样一个结果，他后来抱怨给本书写评论的评论者，虽然大部分都肯定了这本书的研究努力，却对他真正的意旨毫不理解。[66]

"结构主义者"各有各的特点，相异处更明显。在《文化入门：结构主义，缺席，书写》（1971）一文中，对结构主义做了创建性思考，便尤其强调他们之间的不同，此文原是投给《纽约时报》，比其他文章都更让学术圈知道了他的名字。结构主义者却有共同的动机，如吉尔·德勒兹在描述福柯与其同时代人的共同之处时所说：

> 对主体冷酷、竭尽全力的摧毁，鲜明厌恶起源观、失落的起源观、复原的起源观，拆解意识这个虚假的统一综合体，谴责所有以进步、以意识、以理性的未来之名义造成的历史神秘化。[67]

他向朋友推荐德勒兹，让他们了解他最近读了"很多（德勒兹）"，尽管就列举的每一个话题而言，德勒兹所赞同的都与萨义德的观点相抵牾，这个细节反映出萨义德倾向从反面思考。[68]

1966年那次霍普金斯大学召开的会议后，结构主义几乎一夜间成为一股汹涌的潜在力量，站在最前沿的批评家和作家都预感到一种新的范式正在形成，犹如哥白尼式变革，但凡思考政治、社会的意义，语言都处于中心位置。萨义德发觉这种新感悟力令人亢奋，不仅因为（循布莱克穆尔的思路）欧洲哲学显得比美国淳朴的虔诚信念复杂、精深得多，更因为"理论"不能被简化成学究的闲时消遣。相反，它对权力、传播和历史阐释等议题自信又反叛地发言，并且有着令人难堪的见识：谁也不应该被看轻。

被结构主义的反叛精神所吸引，同时不想拒绝历史和进步的概念，萨义德试图把理论说圆。在阅读康拉德的小说时，他不像其他学者，读出典型的浪漫主义程式，即作者创造了一个想象的世界；毋宁说作者在写作的行为中构建了自我。[69] 作家的存在（being-in-the-world）如此依赖于写作，这显然是熟悉的结构主义思路。其他的影响也在起作用。如马利克一贯关注日常经验的"基础"——人的存在（Dasein）的现世性——这一观念传承自他的老师，哲学家马丁·海德格尔。在康拉德这里，这种自我构建却无比曲折（据萨义德研究）；通过戴上"种种古怪的面具"而改变自己的性格，萨义德认为那就是康拉德的主要目标。[70]

顺着这种思路，康拉德一书对结构主义有不少批评。比如，书里提到，"风格……和语法"应该"以纯粹的物理术语"来理解，这其实剥除了结构主义想赋予语言的自主性。[71] 在别处，他甚至语带嘲讽地形容结构主义是"法国的小型知识分子产业"，并且明言它具有吸引力的同时也让人恼火。[72] 他盛赞列维-斯特劳斯，与罗曼·雅各布森一起是结构主义的关键开创者，却也有微妙的批判。

萨义德始终对言语形式的语言更感兴趣。他没有兴趣得出灾难性结论，即面对书面语言的霸权，个体想行动、想产生意义是无能为力的。他在埃米尔·本维尼斯特（Émile Benveniste）在《普通语言学问题》(1966)中所做的研究寻到了共鸣，与当时

(一如今日)法国占据主流的尼采、海德格尔的后人文主义相反,本维尼斯特视人为历史行动者,也是充分融入社会的个体。

结构主义者充分诠释了"主体"一词,像玩味双关语一样。该词恰恰反映了弗洛伊德所指出的原始词语的悖反意义,既指动作的执行者(如"一个句子的主语"),又指支配者的下属(如"女王的子民")。对结构主义而言,它很有用,可以指涉公认的实则是想象出的自由。我们想象自己是有意识的公民,是历史主体,是不同的个体,事实上,语言固有的规则迫使我们习得可预知的行为模式,令某些思想无法触及,某些话题无法讨论。

与萨义德类似,本维尼斯特也是来自中东的移民(塞法迪犹太人后裔,出生在法国托管时期的叙利亚,后来迁居马赛,完成学业)。他对"陈述"(énoncé)和"言说"(énonciation)做了日后经常被援引的区别,即说了什么和如何说之间的区别。他认为,与其说语言被通用的结构和符号体系主宰,不如说体现出由积极的口头交流触发的偶然性,由此推出文学本身是一种依赖于"记录下的言语"的写作范式。[73] 萨义德用这一观点来回应结构主义对历史创造和历史动因那咄咄逼人的抨击。

而彼时给予他最深影响的是被萨义德的读者往往忽略的一位思想者,其重要地位估计得再高也不为过。吕西安·戈德曼《隐蔽的上帝》不仅详细研究了启蒙运动两位不惧挑战大众的人物(数学家、哲学家布莱兹·帕斯卡和新古典主义悲剧作家让·拉辛),更是颇具雄心而又隐晦地尝试在当时占据法国学界主流的结构主义之外开辟另一条研究路径。[74] 戈德曼来自罗马尼亚,服膺马克思主义,用法语写作,认为自己是卢卡奇的追随者(他将卢卡奇的两部著作译成法语),到六十年代中期时,戈德曼之于萨义德已有着不同寻常的意义,部分原因是他将卢卡奇介绍给了美国学界。戈德曼犹如特使,传达卢卡奇在《历史与阶级意识》中的关键论述,即只有那些认同二十世纪初期在世界边缘地带发生的革命的知识分子,才能从承继自康德的"主体"和"客体"之间令人听了耳朵起茧的二分法外寻到出路。戈德曼为萨义德提供了思考工具,能够平息马利克对海德格尔的借用,并从独特的左翼视角将哲学家的存在主义关注引向观照时事冲突。

《格格不入》提到在哈佛读博阶段,"钻研康拉德、维柯和海德格尔",并且"从此在我的思考中占据重要位置",这乍看上去让人疑惑。[75]康拉德和维柯在萨义德的文章里经常出现,而海德格尔极少提到,而且往往是负面的,随着时间推移,到了嗤之以鼻的程度。[76]可是,萨义德在学术生涯之初斥责偷偷援引海德格尔却不肯承认的评论家,这暗示了他熟悉海德格尔的著作;1969年,存在主义哲学与现象学协会邀请他参加在西北大学举行的年度会议,如果他在该领域没有一定的声誉,显然不会得到邀请。[77]他的确保留了研究康拉德的博士论文结尾处的一页,这是他作品中为数不多的关键性引用之一。[78]

他对海德格尔的思想负债,或者说否认这种负债,无疑有着重要意义。在六十年代和七十年代,法国理论深受海德格尔思想的浸染,比如,转而关注存在的问题(本体论),而非知识(认识论),认为人文主义是一种"不真实的"存在形式,认为语言不可译(等于暗示我们被禁锢在固有的文化里,无法挣脱),凡此种种似都与他自己的见解相冲突。因此,萨义德不满于海德格尔宣告"语言内部进行着缓慢而痛苦的衰落",令他的追随者更能接受文化,而非"采取反叛态度"。[79]更为人熟知的是他在讲述与让·热内(Jean Genet)那次难忘的夜谈时留下的评论,听到活动家热内称德里达是一个伙伴,萨义德感到惊讶,因为他觉得德里达只是"消极的海德格尔式沉思者"。[80]但毋庸置疑的是,海德格尔构成了萨义德的思想底色,即使是以误读形式出现。

从一方面说,当萨义德将戈德曼列为海德格尔的对立面,他所指的是让-保罗·萨特笔下的海德格尔,在《存在与虚无》(1943)中,萨特巧妙地批判了这位伟大的德国哲学家。他将海德格尔的反人文主义转变为人文主义,这种转变恰恰是在个体与生俱来的自由和责任的基础上进行——与海德格尔的意图正相反。类似地,"存在"一词,作为事物的特征或状态,如今成为历史经验的条件(又是故意颠覆海德格尔的原初涵义)。因此,在对康拉德的研究里,与其说想应用精神分析,毋宁说萨义德寻唤的是"心理图景"式批评方法,因为精神分析容易把自我掩匿于由无助的症状构成的迷宫里。[81]

在萨义德看来,钻研埃德蒙德·胡塞尔和萨特的现象学是必要的,只有这样才能揭露当时文学研究的根本性缺陷,即以文学是什么不证自明为前提。[82]他想把"文学"一词问题化,这首先意味着极大地扩展它的范围。从六十年代末反复教授的一门语言课程留下的手写笔记就能看出端倪,不仅是将不同的理论并在一起讲授,更将秉持完全不同的原则、不同的思维习惯的思想者混合讲授:拉丁语博识学者瓦罗(维柯的启发者之一)、生物语言学家乔姆斯基、丹麦语法学家奥托·叶斯柏森、结构语言学家费尔迪南·德·索绪尔以及几位阿拉伯语词典编纂学者。[83]

他阅读现象学、存在主义以及精神分析著作,从上述理论方法中获益良多,同时仍保持距离。因为最让他感兴趣的,是艺术作品如何创造出"整个情景"。就在这些理论思潮影响愈发广泛时,就愈发感到仅基于阅读小说和诗歌进行评论带来的束缚,他在寻找挣脱的动力。正如他后来坦言,他"肆无忌惮地"使用他们的词汇。[84] 而他对萨特著作的喜爱却深远得多，这种喜爱以及最终的否定都既关乎政治，又关乎思考。

除了在康拉德研究专著中有几处引用，直接论述萨特思想的文章不多，其实从读研究生院开始到八十年代初，是他集中研读萨特思想的时期。这种吸引力在某些方面看是自然的。萨特当时在阿拉伯知识分子中间已是知名人物，他提出的"介入性的文学"被巴勒斯坦作家加桑·卡纳法尼（Ghassan Kanafani）翻译成"有所为的文学"（adab multazim）和"投入"（iltizam）。[85] 萨特一贯的反殖民立场，对实际上存在着的社会主义持开放态度，以及为法农《大地上受苦的人》写的著名序言，促使萨义德称赞其是"二十世纪最英勇的知识分子之一，所具有的远见和卓越的思考力都运用在我们这个时代几乎每一次进步性事业中"。[86] 1966年，两人在罗素国际战争罪法庭上见过面，萨义德便向友人表示，非常想结识萨特。这本可以由总部在伦敦的刊物《新左派评论》进行引荐，因为七十年代时，两人都为该刊物写稿，但萨义德终究没有采取主动。[87]

1967年6月的《现代》杂志专号集中讨论阿拉伯-以色列冲突，读过这期专号的萨义德对萨特的敬佩却从此明显减弱。即使在最初，萨特的干预也不是萨义德期望这位哲人会表达的反殖民态度，他选择似是而非的平衡，感叹近东这两个有着悠久历史的关键角色"视彼此是纯粹的敌人"。[88] 说到底，萨义德无法释怀的是萨特表示支持以色列。多年后，在2000年为《伦敦书评》写的一篇文章里，他描摹出一幅对错失的种种可能感到懊悔、苦乐参半的老人肖像。文中讲述了他与萨特的第二次会面：1979年，在哲学家米歇尔·福柯那陈设简陋的白色公寓里，《现代》杂志邀请知名人士针对巴勒斯坦问题做一次圆桌讨论。[89] 此时萨特年事已高，身体屡弱，身边围绕的都是亲以色列的门徒，他在整场讨论中原本一直沉默，是萨义德的发言让他感到羞愧，才发了言，但说出口的只是些陈词滥调。

除了萨特，萨义德还注意到法国学界的另一位思想家：莫里斯·梅洛-庞蒂。梅洛-庞蒂与萨特、西蒙娜·德·波伏瓦一同编辑影响深远的刊物《现代》，事实上成了萨特的替代者。作为《知觉现象学》(1945)的作者，梅洛-庞蒂提供了一块吸引人的中间地带，一头是萨特坦诚地介入，发表关于种族、阶级、反犹主义和反殖民主义的见解，另一头是结构主义对语言进行的考古式研究，意味着远离政治问题——也就是说，只钻研语言范式，不考虑时间范畴，剥除一切有意赋予的意义。他的研究提供了被萨义德称为"介于纯粹的主体和客体之间的第三种类型的存在"，这样就能将人与他人的相遇看作具体的表现形式。[90]

梅洛-庞蒂不害怕公开政治立场，与萨特相比，他对共产主义运动的批评多得多，因此是更容易被萨义德接受、可与之交往的左派。梅洛-庞蒂对萨义德的影响显而易见。他富有敌意地解释现象学之父胡塞尔的术语"意向性"(intentionality)，在后来的《开端》一书中，萨义德将这个词转变成"意志与意图"。类似地，关键术语"现世性"(worldliness)，尽管无疑是受到埃里希·奥尔巴赫《但丁：世俗世界的诗人》(1929)的影响，书中德语词"irdische"(意为"尘世间""地面")既可以翻译成"secular"(俗世)，也可以翻译成"worldly"(世间)，同时受到梅洛-庞蒂开创性翻译胡塞尔"生活世界"概念的启发。梅洛-庞蒂强调主体的在世属性，归根结底，就是实在的躯体。而且，萨义德与梅洛-庞蒂一道通过强调真理的含糊性和偶发性，来批判"绝对理论"(La pensée de l'Absolu)。

上述种种理论在他这本相当谦逊的论康拉德的书中争相发言，此外，还有一种援引的理论。萨义德同时研读了结构主义思潮的巨人，在大部分人看来是该思潮的奠基人：人类学家克劳德·列维-斯特劳斯。在萨义德早期最关键（也无疑是最具影响力）的文章之一《思想的极权主义倾向》（1967）中，将列维-斯特劳斯的理论比作"思维的律法……研究现代科学思维的法则"。[91]这并非赞赏之语。对科学逻辑的信念如此执着，厌恶人类的程度甚至超过康拉德，相信人类是拿现代性这副毒药毒害环境的物种，在萨义德看来列维-斯特劳斯俨然是此种教条思维的代表。

本着常见的杀回马枪的态度，萨义德只称赞列维-斯特劳斯"对世界各地原始部落的生活做了饶有兴味甚至可谓诗意的描述"。[92]尽管傲慢自大，列维-斯特劳斯对古代神话的研究至少是"个人身份陷阱"的解毒剂，可是他运用提炼的范式来试图解释不同文化之间的差异，这不禁让萨义德觉得这种专横的方法最终"吞噬了他的工作"。[93]

随着对存在主义和现象学的这些尝试，萨义德很快就以"理论"的信徒而出名了，尽管这个想法让他感到恐惧。[94]在一年多一点的时间里，他从霍普金斯大学的受邀观察员到与普莱、德里达和汉斯-格奥尔格·伽达默尔一同参与在苏黎世召开的名为"文学诠释的理论与实践"（1968）的研讨会。在许多人心目中，他已经成了大陆理论本身的学术面孔。

1963年至1968年间，萨义德在学术中心做研究，两个事件打破了他相对平静的状态。先是1967年灾难性的六月战争，或称六日战争（阿拉伯媒体称为 an-Naksah，意为"倒退"），标志着以色列开始占领巴勒斯坦人的所有领土，显然就没打算撤离。次年，他和梅尔的婚姻到了无可挽回的地步，虽然直到1970年才正式离婚。1967年的战争促使纽约知识分子政治立场右转，这放大了萨义德与其中某些人的距离，像之前一样维持交情变得困难。如《异见》(*Dissent*)这样的刊物，在六日战争之前，很少提及以色列，只会嘲讽其民族主义者热情，如今忽然变成狂热的犹太复国主义立场。"欧文·豪伊的表态过了头，"乔姆斯基挖苦道，"连以色列媒体都在讽刺他。"[95] 此前没有类似立场的人开始支持以色列，哪怕他们同时也反对越南战争。

让人振奋的是，1968年，卡拉梅（约旦）战役爆发，巴勒斯坦难民在约旦军队的支持下，挺身抗击入侵的以军，取得不俗战绩。同年，萨义德受邀参加在苏黎世召开的研讨会，保罗·德曼帮他安排了住宿，途中，他在黎巴嫩贝鲁特停留，看望生病的父亲，待了一星期。[96] 后来，萨义德回忆："在1969年夏天以及1970年，我人在安曼……我是访客，也是心潮澎湃的参与者，参与我目睹的正在发生的民族复兴。"[97] 他目睹"1970年'黑九月'期间，在约旦流亡的巴解组织与约旦军队之间发生冲突，导致双方均伤亡惨重"，这却也达成了意外的成就，"其中最关键的就是巴解组织在地区和国际的影响力均大幅提高"。[98]

许多人认为，萨义德在1967年以前对政治没有兴趣，事实并非如此。我们已经看到，与政治疏远的幻象，一部分就是他自己的塑造，对没能更早地采取积极行动感到内疚，正如他在第一篇正式刊登的分析巴勒斯坦局势的文章中所做的冷峻剖析，登在1969年的一期哥伦比亚大学校友杂志上：

［1948年之后］我说我来自黎巴嫩，这像沉默一样懦弱，因为它意味着不想说显得挑衅的话。随着时间流逝，我获得了学位，我成了教授……在（1967年）6月那可怕的一周里，我并没有因此而觉得好过些。我是一个阿拉伯人，我们——对我大多数觉得尴尬的友人来说，就是"你们"——在接受惩罚。我写了一两封主旨明确的信，投给《时代周刊》（没有刊载），和其他几个阿拉伯人一起定期讨论，实际就是集体治疗……怀着自怜感，我写了《被画像的阿拉伯人》。99

在他的学生记忆里，这一时期的萨义德与这种自我鞭策很不同。此时，他在哥伦比亚大学已执教了大约五年，鲜有人质疑他的出身。对此留心的多是犹太人，要么是严格遵奉仪规的犹太教徒，要么是犹太复兴运动的参与者，比如阿兰·闵茨（Alan Mintz）、大卫和米歇尔·斯特恩，以及大卫·林曼（David Lehman）。林曼在1973年致信萨义德，将"一首十七音的新十四行诗（5-7-5，如俳句）"献给他。100 犹太裔同事发现这个巴勒斯坦人"无法掩饰"自身的吸引人之处，便去结识他，发现几乎无论什么话题，他都能聊。101 那篇让萨义德第一次被阿拉伯公众广泛知晓的文章《被画像的阿拉伯人》，其实并不是第一篇公开发表政治评论的文章，尽管它是之前写的。无论怎样，他的立场声明表明，在参与理论的语言革命的同时，他也在参与着另一重革命性阵营。

他试图将这两者融合在一起，显然是个艰巨的任务，1967—1968学年，他获得了伊利诺伊大学厄巴纳分校为期一年的访问资格。他离开纽约前往厄巴纳的高级研究中心时，头脑中已有了明确的研究计划。起初称为"历史上的斯威夫特"，这一研究当时已受到哈佛大学出版社的委托,旨在探究乔纳森·斯威夫特这位十八世纪爱尔兰小说家、诗人、讽刺文体家如何对"知识社会学"投射了意想不到的洞见。[102] 那一年中,萨义德写出了一半的研究内容,又被另一个项目牵扯了精力,后者后来化成了他的第二本著作《开端》。在厄巴纳时,他发表了《开端》的缩微版本:《关于开端的思考》(1968),紧接着又有另两篇试笔,《叙述:追寻起源和陵墓的发现》(1970)、《克制、避免和认知》(1971)。[103]

在这里,戈德曼的影响再次显而易见。如萨义德在这本书的最初提纲里解释的(涉及其他书名,《斯威夫特的连贯性》《作为知识分子的斯威夫特》),如果说他在康拉德一书中,从让·斯塔罗宾斯基和罗兰·巴特等当代批评家处吸取了某些"指导性原则",到了斯威夫特这里,因为"斯威夫特的一生有着卓绝的政治意义",他的研究兴趣"类似戈德曼研究帕斯卡和拉辛,显示了在政治领域和作家作品的美学形式之间结构上的类似点"。[104]

这一年爆发的创造力超过了以往任何一年,但这并不意味着萨义德对中心的慷慨相助回以感激。起初,他的称赞显得字斟句酌:"厄巴纳没有优美的景色——你想必了解——却如此容易安顿下来,令人舒心。图书馆非常不错(当然好过哥大的)。"[105] 快一个月过去,鄙夷感压过了第一印象:

> 直到一周以前,这里还是有趣的地方,也就是说,让我想去结交新的朋友。虽然景色乏善可陈,大多数美国城镇都是这样,也许只有新英格兰地区的若干城镇例外……遇到一个雕塑家,乔纳森·沙恩,我收集了相当多的陈词滥调,如成见那样主宰着生命;可以一直收集下去,不断地有新奇的发现……中心的信纸太糟,见谅。[106]

可正是在这样的纸上,熟悉他文章的读者会发现那些最具有洞见的片段。信纸抬头设计得饱含现代感——明黄色的一点,状若太阳——他构思出《开端》的写作大纲,以及斯威夫特研究的纲要,尽管最终没能完成。[107]

身处厄巴纳,萨义德更渴望知晓纽约的新闻,他给邻居古典钢琴演奏家杰罗姆·洛文塔尔写信,抱怨在厄巴纳"只看重没法听的先锋作曲家。约翰·凯奇本人就是高级研究中心的研究员,虽然大多数时间他都不在中心,去采蘑菇"(虽然日后萨义德也为能在钢琴上弹奏凯奇的曲子感到自豪)。[108]洛文塔尔的回信很快,为了满足萨义德的兴致,洛文塔尔讲了他在克劳迪奥·阿劳家吃晚饭时听到的闲谈,杰奎琳·杜普雷与丹尼尔·巴伦博伊姆结婚了,以及莱昂纳德·伯恩斯坦的逸闻。[109]萨义德并不看重伯恩斯坦,在他写的那么多篇乐评文章里,只提到过伯恩斯坦一两次,而且涉及的话题是膨胀的自我。他始终记得伯恩斯坦要求交响乐团演奏他的曲子和演奏贝多芬同样的时长。[110]洛文塔尔又讲到"那熟悉的伯恩斯坦风格,简单粗暴,却并不好笑",犹如喜剧演员丹尼·凯耶表演的滑稽剧。[111]

在访学期间,虽然和梅尔关系紧张,他们仍然进行了一次重要的合作。二人在1965年合译了奥尔巴赫的文章《语文学和世界文学》,四年过去,如今接近刊发,最终于1969年问世。无论从哪方面说,这次翻译都很重要——既领先于时代,又与当时的结构主义潮流截然对立。[112]在着力重写的简短导言里,抛弃了仅以民族-国别划分的文学,而是呼吁"由各地的人所创作的、关于人的文学的合唱",赞美历史主义,拥抱一种全球主义立场,对抗市场带来的标准化,并且认为批评不仅是评价小说或诗歌,这在当时是惊世骇俗的观点，而是对"人类所有的或者说大部分的语言活动"进行政治的、社会的解码。这均表明他们与当时的批评主流鲜明对立，却是为"世界文学"的兴起助推的关键第一步，四十年后，在人文学科，终于演变成富有影响力的一支。

婚姻关系棘手，想念纽约，又要在不同的研究项目之间频繁切换，萨义德称自己这一年的公休假"紧张忙乱"，并不让人感到意外。[113] 同时，他深感沮丧。他有着狂热的创造力，却无法把最想塑造成形的项目在纸上呈现。在他整个学术生涯里，有两个他始终在钻研却未能完成的大项目。一个是知识分子的研究，另一个便是斯威夫特研究，他原以为自己能够在厄巴纳完成。说完全没有呈现也不准确，因为论述的片段、择选的文本段落都巧妙地融入了其他文章中，对斯威夫特的研究最终以不同的表现形式出版。毕竟，对斯威夫特的研究在萨义德对知识分子研究的长期规划中绝对占中心位置。

阅读斯威夫特可以追溯到开罗求学时，少年萨义德爱读的作家还有伊妮德·布莱顿（Enid Blyton）、刘易斯·卡罗尔（Lewis Carroll）、埃德加·赖斯·巴勒斯（Edgar Rice Burroughs）。然而，正如康拉德那样，斯威夫特有力地提供了一种思考路径，间接向萨义德同时代的理论趋势发起质疑。循着戈德曼的策略，他将二十世纪的争论化为十八世纪的模样，从而转移同代人的怨恨。[114] 和列文一样，萨义德欣赏斯威夫特的惊人洞见，选中"蜘蛛代表了最新类型的现代人，技法灵巧，从体内产出丝线，喜爱灰尘和毒药，弃绝甜蜜和光线"（列文语）。在英语文学里，列文进一步补充，没有哪个作家像斯威夫特这样让自己习惯于揭露"近世写作中反人文的要旨"。[115]

而用萨义德自己的话说，这项研究的主要目的是"文学批评形成和/或改变批评对象的方式"。[116]文学批评被理解为生产知识、形成潜在意图的主要领域。也就不难理解，萨义德受聘哥伦比亚大学后，最初开设的研讨班里就有一期是讨论斯威夫特，在康拉德一书出版的同年，他就完成了斯威夫特的写作提纲。1968年夏，他在哈佛再次开设以斯威夫特为题的课程——类似一种宣言，因为在当时情形下留下一个好印象很关键，斯威夫特俨然是他学术身份的核心。

针对斯威夫特的研究提纲得到了热情的反馈。它促使当时在哥大任教的丹尼尔·贝尔（Daniel Bell）推荐萨义德去伊利诺伊做访问学者（最终申请成功）。两人可谓知交，在信里，贝尔表达了充分的肯定。看到萨义德转向戈德曼，他很高兴，与卡尔·曼海姆（Karl Mannheim）不同，戈德曼的研究法不是仅把观念窄化成社会动因的功能性体现，而是要展示"艺术想象如何映射了外在的政治、社会思想的结构"。[117]听从贝尔的建议，萨义德参考了弗兰茨·柏克瑙（Franz Borkenau）在1934年针对资产阶级世界观做的一项研究，柏克瑙当时是法兰克福社会研究所成员（即为后人熟知的法兰克福学派），后来，在评论《隐蔽的上帝》中提及戈德曼忽视了柏克瑙的研究，在萨义德自己关于斯威夫特篇幅最长的文章里，就有援引柏克瑙的部分。

虽然斯威夫特的研究看起来总是接近完成，萨义德有意暂缓了该书的写作，部分原因是他开始质疑这种分期研究。很难越过专家——他这个研究英国现代文学的学者跨界去研究英国奥古斯都时期文学，最终不得不接受被他形容为"十八世纪学究公会"的学者的评判。可以想见，老派学者听到他要努力使斯威夫特摆脱"十分乏味、粗暴的圣公会牧师"的官方形象，肯定会皱起眉头。[118]尽管如此，在1969年的一封信里，他还是提到哈佛大学出版社"即将出版"他的书，题目改成了《斯威夫特的托利党无政府主义》。

后来，在给莱昂内尔·特里林的信里，萨义德提到研究斯威夫特一书显得臃肿，正忙着重写。[119] 事实上，这本书被屡次重写：一个个包含洞见的片段无法整合在一起。他本打算两本书都出版（一本是斯威夫特研究，另一本是知识分子研究），出版社分别是哈佛大学出版社和基本书局（Basic Books），尽管萨义德在八十年代的表达范式与六十年代相比有了剧烈转变，这让斯威夫特研究的每一版所使用的语言都彼此迥异，最后是凭借《世界，文本，批评家》一书，斯威夫特研究有了载体，最终呈现了他希望达到的研究成果。[120]

在英语文学里，斯威夫特是一位既积极参与政治又视语言为理论问题的作家。《斯威夫特的托利党无政府主义》一文准确地表述了这一问题："对书写纸页的抵抗（失写症），与书写纸页恒久的稳固秩序之间极富戏剧性的相遇。"[121] 这句话无疑流露出对书写的怀疑，同时影射了布莱克穆尔的观察：无政府主义散发着保守的气味，此比喻或可理解为脱离一切统治的自由会引出矛盾的结果，即刻板的专制。[122] 为了反驳，萨义德似提出一种纪律（"秩序"）。没有明言六十年代解构式的、解释性的理论——当时正在编织精致的阐释之网，质疑一切文本意义，但他指出这一作用于文本的精细机制竟然不先弄清楚文本到底是什么。[123] 而那正是萨义德想要做的，同时试图将批评扩展到想象性文学之外的领域。

斯威夫特当然是托利党人，但尽管是保王派，他从严苛的政治经验里领悟到"坚定、牢固、紧实"的文风之必要。[124] 萨义德暗示，斯威夫特从两方面把"文本"的定义复杂化，从而达成了想要的文风：第一，看情境需要（直接对读者发言），灵活地从一种体裁转成另一种体裁。比如《格列佛游记》就是在思考书写成为事件的替代物而引发的隐患。因此，对萨义德来说，与讲话相比，斯威夫特的写作"显得不完整得多"。[125]

讲话/写作的二分法又一次引起政治后果。其中之一是西方文学权威和出版界忽视非西方世界的口述传统，意味着言说和实体存在对图书馆的私藏典籍构成威胁。而且，与讲话相对的写作，自然会让人联想到一神论本身的恒定性，围绕典籍形成的宗教（犹太教、伊斯兰教、基督教），引发的纷争贯穿中东的历史。为了反抗这种恒定性，他先前的做法是把"主体"从结构主义者理解的定义中解放，即只把其看作文本衍生出的幻象。相反，讲话意味着一个活生生的人站在听者面前，真实可感。如果说康拉德一书隐含着让英语文学正典与欧洲大陆哲学直接对话的意味，斯威夫特研究则意在缓缓暴露语言自治理论里潜藏的政治灾难。斯威夫特是一个警世故事，一个忙碌的写作者，身处英国宗主国的爱尔兰外乡人，天性反叛而又恪守老派，最重要的是，他参与政治活动，目睹那股最终把他打倒的势力卑鄙的行径。

当托利党人失势时，语言也跟着败坏，言语自淫蔚然成风，这在斯威夫特晚期写作中有令人沮丧的迹象。钻研斯威夫特的手稿，萨义德发现"绝妙"的证据，与这个爱尔兰作家"种种古怪的业余爱好"有关。斯威夫特笔下一个又一个词语游戏让人在读他任何东西时都不免疑心"词语下面也许藏着伎俩、含义或秘密信息"。[126] 这引出了第二个相反的立场：斯威夫特代表"作家的诚实正是源于面对实际状况时立场的强度"这一观念，尽管斯威夫特对现实细节的精准描述通过淫秽文学、残忍的旁白和对群氓的厌恶来呈现。他又补充，斯威夫特"实在不讨人喜欢"。

在塑造自己的学术路径时，萨义德显然留意斯威夫特在从事政治活动时积累的教训。因为起初，斯威夫特写的小宣传册与其反映的政治现实完美地融合，受挫后，转而反对语言和政治事实有对应关系，仅担负评论者的角色。[127] 对写作的态度转变，反映出政治气候的重大变化。王权逐步削弱引发的后果是具有天赋的政治活动者让位给职业政客，激烈的辩论时期过去了，政治成了官僚体制下可预测的结果。萨义德从中得出的一个重要观察可谓：政治形势越颓然无力，越会趋向一种语言自治的理论。[128]

因此，萨义德准备喝彩的是其对立面——斯威夫特"用语言表达了高度凝练的怒火"，将"合适的词放在合适的位置上"。有趣的是，联想到萨义德后来有意写一部关于中东的政治小说，他提出了一种极富启发性的阐释，即斯威夫特的文本抗拒反讽本身："所说的就是字面上的意思……反讽在阅读的过程中完成。"直接言说和谈话的技艺又一次被看得至为重要，斯威夫特也是如此，他对体裁的选择恰是强调两者的关键作用：诚恳的建议、故事、信件、辩论和布道。[129] 简言之，斯威夫特的写作轨迹反映出在一个政治世界过度文学化（over-literariness）的悲剧。[130] 最终，萨义德在信里向一个朋友吐露自己为何决定放弃斯威夫特研究："到头来，我发觉……无法对这个男人的愤懑和荣耀感产生共情，再加上我对他的生平经历并不太感兴趣，那却是做研究不可缺的一部分，斯威夫特始终遵从一项事业，并且为贵族服务。"[131]

与此同时，他抵挡住了伊利诺伊大学的施压，拒绝在访问期满后担任全职教授的聘请，他津津乐道地表示校方为此开出"天文数字"的薪酬。[132] 到了1972年，哈佛大学的聘书递到他手上，在之后的几十年里又会有屡次聘请，还有来自水牛城大学和加州大学圣克鲁兹分校的邀请。伊利诺伊大学不仅为他开出高薪，更为梅尔提供了教职,回到纽约,哥大早早授予他终身教职并提升他为副教授,作为续聘条件的一部分,聘请梅尔在巴纳德学院任教。梅尔如愿完成了博士论文答辩,那恰是在1968年二人分居期间进行。即使是在1970年离婚后,她依然去听萨义德的讲座,研究结下的友谊并没有因离婚而断绝。[133] 最终,他们不需继续忍受距离的阻隔,只是那已不再重要。

第五章

奥斯陆之前

> 比映在弯刀上的日影
> 更明亮
> 竖立着过去的废墟……
> 我们人类的梦想
> 是富于激情的监狱。
> ——萨义德《沙漠之花》[1]

尽管已经获得颇高的声望,六十年代末七十年代初的哥伦比亚大学却不太平。校园位于曼哈顿上西区的晨曦高地,毗邻岛上最贫穷的部分街区,危及人身安全的事件时有发生。萨义德的一个来自黎巴嫩的朋友当时在师范学院学习,对此深感绝望,在信里写道"被刀刺伤、抢劫、强奸以及每一种描述得出的野蛮施暴,不胜枚举。一位年轻的教授躺在地上,头部淌血……在百老汇大街中间……(我)会不惜一切代价避开走阿姆斯特丹大道"。[2]

彼时哥大的建筑显得破败,人气不如其他常青藤院校那般高,却也不像今天这样难进。并非只招收来自东海岸私立预科学校的学生,而是从公立学校毕业的纽约本地人,其中许多是犹太人。[3]虽然尚且不是九十年代末多元化生源（由萨义德努力促成），彼时的哥大却已是前卫、都市的，思考气氛积极活跃。

然而，哥大有着独特的神秘感。众所周知，科系以"学院"划分，研究生课程也是如此，校方处事积极，将侧厅用作本科生上课。虽然两个系并列，却不会相混。[4]从入职起，萨义德便知道他站在哪里。他的办公室在汉密尔顿楼，学院办公室所在地，而不是哲学楼，即英语系所在地。[5]在他教职生涯的前十五年间，他习惯了学院闲适的氛围，无意将学生塑造成要在学术圈爬升的专业学者。鼓励学生独立研读经典著作，脱离详尽的注释，直到他们真正热衷于阅读经典。

1968年和1969年的反战抗议不仅摧毁了这片培养有识之士的乐土，更令人觉得学校就是战场。哥大学生反对越战的抗议行动是六十年代最具象征性的事件之一。列文在信里告诉同事亨利·哈特菲尔德（他们就梅尔的论文进行书信讨论），萨义德刚刚接受了哥大的聘请，却语带嘲讽地补充道，"我不太确定如今谁愿意待在哥大，晨间新闻刚刚宣布校方请求警察进驻"。[6]抗议发生时，萨义德在度高校公休假，他渴望听到最新消息。友人赫布·莱博维茨（Herb Leibowitz）为他描述了自己的见闻：

> 革命言辞之暴力……被警察的暴力行为所超越……眼看着上你课的学生头部血流不止，或被一路拖着从楼里拽出来，塞进警车；特警穿得像纳粹党徒，面孔因暴怒而扭曲。[7]

开罗起义期间，萨义德身在美国黑门山中学；如今他又一次在危机时刻待在别的地方。他的学生正在面对警棍，在《纽约书评》上发表抗议信——杜佩均有参与，结果挨打，落得眼眶青肿——

萨义德则远在厄巴纳，密切关注事态会如何发展。亦有同事冲在前面，比如霍默·布朗，院里的一名年轻教员，言谈举止令人想起雷蒙·威廉斯（Raymond Williams）和利奥·布劳迪（Leo Braudy），而萨义德人在远方。[8]

萨义德回到哥大时已是1968年秋，抗议余波犹存。他回忆自己"积极参与反对越战的校园活动"，因为他的许多学生是"这场革命的亲历者"。[9]他是为数不多的几位教授之一，支持由"争取民主社会学生联盟"这一组织倡导的全国性学生罢课行动，反对当年的美国总统选举，协同一致，不在校园里讲课。[10]他支持学校左派，理由却复杂。罗伯特·弗里德曼，记者、社会活动者，也是他的学生，对此很了解。当时他们进行了许多次谈话，弗里德曼讲述自己如何开展政治活动，萨义德听得入迷，并且希望听到一切相关细节。[11]

对学生的诉求有了深入理解反而令萨义德后撤。他觉得抗议者的反专制太宽泛，容易走入歧途。排斥所有的社会束缚，便是没能意识到大学也是产生权威观点的场所之一；它的作用不是为了废除法律，而是对其进行评估，令政府更好地行使所宣告的职能。当时，他尚且站在未来会并肩作战的同志艾克巴尔·艾哈迈德的对立面，艾哈迈德参与发起了这场反战运动，甚至被认为是领导人之一，尼克松任期下的司法部荒唐地起诉他和丹尼尔·贝里根（Daniel Berrigan）在1970年策划绑架亨利·基辛格。[12]

如艾布-卢霍德一样，艾哈迈德将表达同情的、富有战斗精神的马克思主义在边缘国家重现生机，与多位第三世界的革命者有往来。1934年，他生于印度比哈尔邦，父亲是地主，在印巴分治之际移居巴基斯坦。他目睹了父亲被起义的农民杀害，当时他就睡在旁边。五十年代，艾哈迈德也在普林斯顿大学求学，后来前往阿尔及利亚，与当地革命者一道抗击法军，并与弗朗兹·法农一起编辑阿尔及利亚民族解放阵线机关报。日后与巴解组织打交道时，萨义德会相当倚重艾哈迈德的建议，他对学生抗议者的看法随着与艾哈迈德友谊的加深而演变。二人第一次见面是在1970年，艾哈迈德读了那篇《被画像的阿拉伯人》，便请艾布-卢霍德介绍他们认识。

对于学生抗议者，萨义德还有其他不满之处。如果说美国的反战异见者并非无需付出代价——学生可能会被关进监狱，要交罚款，被学校开除——但是比起越南民族解放阵线的骨干成员的经历（不时会以此自比），他们遭遇的危险比较轻。萨义德完全不会将二者作比，并且冷酷地批评自以为是游击队员的学生。[13]想到以色列军队占领和巴解组织代表被暗杀（有几位就是他的朋友），萨义德觉得学生对真正的政治危险一无所知。1969年2月，在他回到纽约正常授课不久，学联成员闯入六所大学，打断了四十堂课的讲授。在教室内散发传单，号召静坐抗议美国海军预备役军人训练团。

据《哥大每日观察》报道，在萨义德讲课的时候，三名学联学生闯了进来。他要求他们离开，如果他们不走，他走。教室内有七十五名学生，大部分要求打断授课的人离开，还没来得及投票，萨义德便走了出去，从办公室联系了校园保安，让他们赶走闹事者。[14]他认为教室是最不该公开反对政府的地方，不久后，在罗氏图书馆的台阶上，他追问一个听他课的抗议学生："这样做究竟是为了什么？我不明白。"[15]尽管学生的诉求是正当的，但是如许多其他老师一样，认为正常授课不该被打断。他的学生迈克·斯特恩从汉密尔顿楼一楼教室跳窗而走，去报道一次抗议活动，萨义德却也表示支持，笑言学生无视课堂纪律，同时赞赏其行为之真诚。[16]

在牛津大学万灵学院休假的特里林致萨义德长信一封,慨叹哥伦比亚大学的"智识生活在衰落",尤其强调1968年的抗议活动"对我们的精神面貌产生非常消极的影响",有必要进行"课程改革来纠正高校间盛行的消极趋势"。[17] 在回信里,萨义德恰当地有所保留,因为特里林显然误解了三个月前萨义德的来信,信中提到"对思考和习得的热爱正受到威胁"。事实上,他并不是指抗议者,而是"沉默之命运,或者说乏善可陈、时髦流行、昙花一现之命运"。[18] 所以并不是激进示威威胁着学习的宁静气氛,而是成为流行的后撤,这意味着知识分子疏于履行自己的职责。

没有参加反战抗议不等于说萨义德与群情激昂的校园抗议毫无关系。1970年,他和哥大计算机制图教授、友人萨米·班纳(Sami Al-Banna)一同就巴勒斯坦问题在校园内组织了一次声势浩大的静坐示威,并且面对参与者发言。[19] 同年,校报刊登了由艾哈迈德·贝萨拉(Ahmad Besharah)就巴勒斯坦抵抗撰写的长篇报道,支持六月战争后的巴勒斯坦抵抗运动。[20] 适逢巴勒斯坦人被剥夺了身份(照例仅仅被称为约旦人),贝萨拉的语言想必对许多学生造成了冲击,他捍卫"一个民族要求重生、要拿起武器去抗争、保卫故土的基本权利"。[21] 萨义德也和友人详细探讨过,认为采取象征性武力行动,以表示支持受以色列轰炸、虐待、集体惩罚的牺牲者是合情合理的,既然他们不可能参与军事对抗。[22]

萨义德与梅尔的婚姻在六十年代末结束,那段时期,萨义德深感沮丧，他后来承认那时写的文章是源于"生命中非常黑暗的时期"。[23]一时间，他失去了生活的重心。[24] 1967年，即与梅尔的婚姻结束的前一年，萨义德去纽约一家医院看望摔断了腿的妹妹乔伊丝，在病房里遇到了玛利安姆·科尔塔斯。她走进来时，他"坐在椅子上，吃着爆米花"，一脸漠然。[25]玛利安姆来自黎巴嫩的布鲁姆马纳，是贵格会教徒，其家族颇有名望，宽泛地属于萨义德家族社交圈。后来，二人爱情渐生，希尔妲喜出望外，但是考虑到先前的婚姻失败，她提醒儿子多交往一段时间再确立长期关系。玛利安姆本是商科毕业，在房地产领域工作，因市场不景气，暂时在贝鲁特美国大学担任图书管理员。暑期或假日时，萨义德频繁造访黎巴嫩，贝鲁特美国大学这一共同的话题无疑会促进二人关系的发展。

1970年，萨义德和玛利安姆结婚。玛利安姆信仰基督教、推崇变革的家族（与萨义德家族十分相像）热情地接纳了他。两年后，萨义德获得古根海姆奖学金，有机会住在黎巴嫩，儿子瓦迪刚刚出生（以萨义德父亲的名字命名），他担负起照顾家庭的责任。在与恶性皮肤癌抗争十年后，父亲瓦迪于1971年2月去世。在生活中将他们分隔开的情感之墙终于消失，然而没能言说的东西太多，而且再也没有言说的可能。在和心理咨询师做分析时，萨义德流下了泪，将自己的情感尽情倾诉。他一直渴望与父亲建立关系，而父亲始终躲避他。如今，他能做的唯有振作起来。回忆最后一次见到父亲的情景，父亲时而清醒，时而昏迷，萨义德拥抱住父亲，感到迫近的死亡象征着巴勒斯坦"诡异的结局"，房子大门紧闭，百页窗帘遮得严实，他从此无法再进去。[26]

1972—1973学年，萨义德待在贝鲁特，偶尔受邀去做讲座，去了波兰的克拉科夫、奥地利的林茨，以及伯特兰·罗素百年诞辰纪念研讨会（主题是"帝国主义时代各个势力范围"），并在玛利安姆的提议下去伊朗度假（"不去看看波斯波利斯太可惜"，它就在黎巴嫩"附近"，还有伊斯法罕，"无比神奇的地方"）。[27]这一年，他钻研阿拉伯文学，与巴解组织重新取得联系（在经历1970年"黑色九月"的流血事件和紧张局势后，巴解组织从约旦迁到了贝鲁特），系统地修订《开端》，开始写这本书时还是在厄巴纳，玛利安姆帮忙将前后几版书稿打字出来。他深感家庭负担沉重，却也发觉贝鲁特是充满魅力和疯狂的混合体，部分是"香格里拉"，部分是"如此接地气"的边城。[28]

酝酿出版第二本书的几年里，萨义德的生活和工作都发生了深刻的变化。不仅仅指他重写了《开端》，其中一半的手稿写于1967年至1968年，这一时期更见证了另一种沉痛的开端。漫长的黎巴嫩内战——"大事件"（al-ahdath）于《开端》写作的同年爆发，将会持续十五年之久，屠杀时或发生，战火偶有短暂的停息。1973年1月，萨义德从黎巴嫩首都致信友人莫里斯·迪克斯坦（哥大校友，当时在纽约任教），写道"这里一切都好，偶尔有空袭或国界线上小规模冲突……美国的强力干预昭然若揭"。[29]

想从书稿修订工作暂时抽身，同时无法忽视周围发生的暴力冲突，他极其渴望积极介入政治。他找到了汉纳·米哈伊尔（Hanna Mikhail），他的同龄人，相识于哈佛大学，如今住在贝鲁特。米哈伊尔为萨义德开启了另一个世界。研究生毕业后，他去了华盛顿大学任教，后来放弃了安稳的学术生活，加入设在安曼的巴解组织，成为骨干。他随巴解组织迁至贝鲁特，是萨义德的第一个政治联络人，介绍萨义德认识本地名流，其中包括著名剧作家让·热内。在热内的回忆录《爱的俘虏》（1986）中，有以米哈伊尔为原型的角色,角色的名字就是其战时化名阿布·奥马尔。他死于1976年的一次暗杀,未能破案。

萨义德与热内的初次见面可谓尴尬,但是那时这样的偶遇不在少数。萨义德和玛利安姆住在科尔塔斯家族位于拉斯贝鲁特的房子,紧邻种着一排棕榈树、土砖建筑气势恢宏的贝鲁特美国大学。一天夜里,热内不期而至。"他十分古怪,屡次陷入长久的沉默,让人害怕,"萨义德记述道,"一直待到深夜一点半左右,我们早已打起长长的哈欠。我早看到他躲躲闪闪地从街上走过。他讲了很多童年往事,以及宗教。"30 萨义德遇到的其他人,如脾气暴躁的知识分子萨迪克·阿齐姆(Sadik Al-Azm),都举止乖张,让人难以忘怀,均是被贝鲁特独特的魅力吸引而来。

彼时,有着深厚历史底蕴、风格壮丽的贝鲁特尚未被即将到来的战争摧毁。再没有哪个城市如它这样,悠久古迹与现代文明浑然一体,腓尼基、罗马、奥斯曼帝国和法国的遗迹随处可见,坡度陡峭的街道和有趣的小巷,亚美尼亚餐馆和郁郁葱葱的树木,让人流连忘返。贝鲁特美国大学校园内有钟楼、公共雕像、考古学博物馆和铁门,但在特异地形上建起类似加州大学洛杉矶分校或南加州大学的建筑则是另一番感觉。贝鲁特与雅典、亚历山大港一样古老,与伊斯坦布尔和阿勒颇都是地区的主要枢纽城市,贝鲁特在当时仍是东地中海最富有魅力的海岸城市,而且在政治上最具包容力。它为地区的政治流亡者和知识分子流亡者提供庇护,在阿拉伯世界的作用犹如墨西哥城之于拉丁美洲。

萨义德称赞贝鲁特是"不和谐构成的和谐",是"能够顺应一切的"城市,无论是出于自己的选择还是命运使然,曾经是大叙利亚地区的一部分,如今因地理位置和优美景色成为首选目的地:

先不论其他方面，住在贝鲁特意味着可以选择做事、感觉、思想、谈话甚至是做一名信徒，都有各种可能的组合：基督徒（新教、马龙派、东方正教、麦尔基派*、罗马天主教等）、穆斯林（逊尼派或什叶派）、德鲁兹人、亚美尼亚人、犹太人、法国人、美国人、英国人、阿拉伯人、库尔德人、腓尼基人，部分是泛伊斯兰主义，部分是阿拉伯民族主义，部族的，世界主义的，纳赛尔主义，共产主义，社会主义，资本主义，享乐主义，禁欲主义，富人、穷人或非穷非富，加入阿拉伯反对以色列的斗争……脱离阿拉伯反对以色列的斗争，等等。缺乏如左翼和右翼这样的标签，这一点一目了然。[31]

萨义德自己的偏好倾向介于这些标签之间。如果说他之前和玛利安姆的母亲产生共情，他个人则是倾向阿拉伯民族主义和黎巴嫩自治，如今军事后果对他有更强的影响。[32]

"左"和"右"的划分或许无法呈现更细致的观点分歧，但对于巴勒斯坦支持者/游击队员来说已非常有效。如黎巴嫩长枪党，是旗帜鲜明的法西斯政党，图谋摧毁工会，萨义德形容长枪党领导人阿明·杰马耶勒（Amin Gemayel）将自己想象成"黎巴嫩沙阿"。[33]1975年黎巴嫩内战爆发时，对巴勒斯坦人的怨恨反映出整个社会的阶级特征，右翼黎巴嫩民族主义武装分子（大部分是基督教徒）认为巴勒斯坦人对国家的政治秩序构成了军事威胁。[34]在早得多的时期，贝鲁特美国大学是阿拉伯民族主义的发源地，伊拉克人、约旦人、巴勒斯坦人和叙利亚人第一次聚集一

---

* 指追随拜占庭皇帝信仰的叙利亚基督徒。——译注

处，讨论一个共同的未来。³⁵1948年以后，巴勒斯坦危机笼罩了一切争论，促使民族主义向左转。

萨义德观察到恰是兼容并蓄、勇于创新和思辨等特征等于架空了黎巴嫩这个国家，他嗅到了黎巴嫩的脆弱。邻国以色列没有确定国界线，对黎巴嫩南部有明确的打算。黎巴嫩可以容纳多种文化，这动摇了苏丹、铁腕人物和宗教极端主义者各自偏好的大叙述，在敌人眼里，它愈发显得具有威胁。黎巴嫩也因此容易从内部瓦解，是组织阿拉伯政治诉求的必然的聚集地。在"黑色九月"期间，巴解组织游击队与约旦军队发生冲突，致使巴解组织从约旦迁至黎巴嫩，该事件让上述两个特征愈发彰显。

获得古根海姆基金会资助、在黎巴嫩访学的一年，萨义德得以有机会融入玛利安姆的家族，也因此深入黎巴嫩社会，这也是贝鲁特经历剧烈变化的一年。萨义德在贝鲁特做研究，他还是一个婴孩的父亲，妻子是黎巴嫩人；他愈发积极地参与本地事务，不再只是从中东的土地匆匆掠过。正如他向乔姆斯基所言，自从1951年离开后，这是第一次真正在故土停留。³⁶每天的生活排得很满，虽然常会感到沮丧，因为他觉得在家里、在大学进行的谈话大部分不具有思辨性，甚至可谓反智。

好在萨义德结识了康斯坦丁·祖莱克（Constantine Zurayk），贝鲁特美国大学最杰出的教授，著有《大劫难的意义》（1948）。这本书受到广泛的阅读，使大部分阿拉伯读者一说起以色列建国便会想到"劫难"（nakba）这个词。祖莱克的妻子是玛利安姆的姑姑，萨义德因此与他相熟。在这一年里，来往更密切的却是叙利亚裔人萨迪克·阿齐姆，与萨义德一样持不同政见。二人每周都会屡次碰面，进行长时间的讨论，阿齐姆具有争议性的著作《宗教思想批评》（1969）更成为讨论的焦点，到1972年，除了

129

黎巴嫩，该书在其他阿拉伯国家都被禁止，并遭到大穆夫提的谴责，认为它亵渎了伊斯兰教。[37]

尽管受到街头战斗的召唤，萨义德对过于远离书斋仍持谨慎态度。在贝鲁特美国大学做访问学者这一年，他起初做的系列讲座并非有关巴勒斯坦抵抗运动，而是福柯；也是在贝鲁特时，他发表了第一篇分析福柯著作的拓展论文。[38] 直到1974年，他离开贝鲁特，回到美国已一年，他才与高级别的巴解组织成员见面。比如他的挚友沙菲克·胡特（Shafiq Al-Hout），镇定而果敢的巴解组织领导人，萨义德称他"恃强凌弱"[39]，实际是在表达对他的欣赏；还有沙拉·哈拉夫（Salah Khalaf）、哈利勒·瓦齐尔（Khalil Wazir）和亚西尔·阿拉法特本人（又称阿布·阿马尔）。直到1974年，阿拉法特来纽约联合国总部发表演说时，萨义德才结识阿拉法特，这也是巴解组织第一次在国际上得到承认。彼时萨义德已与卡迈勒·纳赛尔结下深厚的友谊，卡迈勒是主张世俗化、社会主义和反帝国主义的复兴党成员，同时他也是纳赛尔主义者。五十年代在开罗，少年萨义德经常见到纳赛尔的支持者。这样一位战友于1973年被以色列方面暗杀，当晚他赶来为纳比哈姑姑守灵，与萨义德夫妇进行过长时间的交谈。[40]

胡特后来讲述当晚经过：1973年4月10日，以色列军方针对巴解组织贝鲁特核心领导层发起行动。"一伙突击队员在埃胡德·巴拉克（日后出任以色列总理）领导下，进入施努布拉附近（Al-Snoubra）凡尔登大街的两幢建筑，暗杀了卡迈勒·纳赛尔"，遇刺身亡的还有另外两名领导人，阿拉法特仅是侥幸逃过一劫。[41]这年稍早时候，萨义德对（巴解组织下）阿拉法特领导的法塔赫组织成员进行了密集采访。他和阿齐姆一直试图厘清该组织的内部构成，并不像表面看起来那样。他们的结论是：派系斗争不是主要问题,"不作为"才是症结所在。官僚化已到了危险的程度,萨义德直言,与此相应地便是游击战活动减少。当萨义德建议先锋诗人阿多尼斯(Ali Ahmad Said Esber)草拟一封信来抗议埃及的示威学生所遭到的粗暴对待时,阿多尼斯搁置了六星期,因为他"没兴趣"。类似地,萨义德想组建一个研究组,第二次聚头之后便没有人再来。[42] 尽管类似的消极反应让他感到失望,却也让他对政治现实有了更加清醒的认识,反而进一步坚定他参与政治活动的决心。

新立下的决心也构成了撰写《开端》的背景。他在贝鲁特所做的关于福柯的系列演讲,主旨之一便是阐释福柯对"话语"(discourse)这一术语的运用,当时它被萨义德定义为(角度颇有些独特)"衍生后续文本的可能性以及形成的规则"。他指的是这一事实,即任何陈述,除了其字面意义外,还宣明了问题的范围、一个特别的词以及令此权威比彼权威显得更有吸引力。任何阐述性陈述,福柯暗示,都远非它所包括的陈述,因为它控制着之后的每一个陈述,通过排除其他陈述选项(无法继续在它的言语宇宙之外存续)。因此,萨义德格外关注(无论写作还是政治)如何做出正确的第一步。[43]

如康拉德一书所做的工整的诠释,似乎与这一特殊任务不匹配,于是需要寻找不同的组织原则,符合他当时称为语言的"干扰"(molestations)的描述,他用这一术语概括作者在创造虚构的真实时所使用的伪装。[44] 这个新造词首次使用是在1968年苏黎世研讨会上,1971年发表的一篇文章里再次用到,引起了本领域著名学者的注意,帮助萨义德在新兴的法国理论圈打开了天地。[45] 在他们看来它体现了实验性现代主义——法国新兴理论的基础,也是拥护对直接意图与意义的执意颠覆的表现。事实上,他并不希望他们这样理解这一术语,但是那要到后来才有明确的表述。

现代主义作家中的形式创新者,如保罗·瓦莱里和埃兹拉·庞德,他们夸张地与过去决裂,以及他们要"创新"的警示,这些内容占据了这本书表面上的视域,那么其核心问题便应该是作者能否创新,或者他们被迫重复已有的?从关注作者存在式的自我塑造到关注作者的原创性,这种转变显示了对康拉德一书研究意旨的微妙背离,尽管到七十年代末,他又会重拾先前的考量。

随着书稿接近修订完成,萨义德可以告诉别人他阐述了具有创见性的观点。先且不论其他,他是在邀请美国文学界学人创造机会去了解欧洲大陆的理论,更要了解阿拉伯词典编纂学。他擅长当中介人,可以同时说服对手和朋友跳出英美学术圈的智识褊狭,与美国国家公共广播电台合作,以福柯和列维-斯特劳斯为题进行广播讲座。[46]尽管面临种种挑战,《开端》一书也有类似的意旨,希望把受法国和阿拉伯中东地区启发的缜密思考让更多读者读到。

在写给他的出版社基本书局的信中,他仿佛想让诸位编辑放心,他收到的"高额预付版税"是值得的。[47]"允许我不谦虚地说——这本书会获得极好的口碑……运用的方法……我认为是全新的,讨论的范围非常广。我对非西方的源远流长的伟大传统浸淫较深,所以我可以从整体上观照西方传统和阿拉伯传统,就历史和文学展开比较研究。"[48]类似的表述亦见于给其他人的信,如向哈佛的老导师门罗·恩格尔坦言,在这本书里倾注了很多心血,虽然过程折磨人,却是值得。[49]他深居简出,连续数月修订书稿,没有同时进行之前常会做的小题目写作或不知疲倦地赶一个又一个截稿日期。如今终于完成了研究的部分,可以进行词句润色,不需要再研读资料,只剩格雷厄姆·格林的若干短篇小说要读。

在写这本书期间,他会早早起床,来回踱步,摆弄摆弄东西。[50]女儿娜杰拉后来对他的习惯举止十分熟悉,父亲总是处于焦虑状态,要不停地走动,受着苦思的折磨。《开端》如后来的书一样,是断断续续爆发写作的结果。[51]"在坚持写作中,我感觉到将主题真正塑造出来的自由……因此,我探讨了我想要什么,不是按规定讲述的材料,不是'覆盖'之前研究的程式化尝试,诸如此类。"[52]几年后,他会对较年轻的同事坦言他始终心存质疑,对能够写一本有头有尾的书没有把握,"我觉得我能写好随笔,就像巴特的索引卡片,可以集成一本书"[53],因为他没法为《开端》凝成一个统一的整体,但是无论接合处的缝隙有多明显,这始终都是令他倍感亲切的一本书。

康拉德一书没有涉及中东地区文化,《开端》则反映了作者本人回归阿拉伯世界,可谓若隐若现地叙述出这种回归。在这一年,萨义德郑重地考虑离开哥大,想一直留在贝鲁特,甚至开始为此行动起来,玛利安姆劝阻了他。放弃这一计划容易得多,因为他在那里并不好过。显然是出于嫉妒,贝鲁特美国大学的教职人员给萨义德脸色看,无视他提出免费教授一门课程的申请,甚至设置毫无意义的障碍,连拿到一张借书卡都不容易。这种排斥无疑与萨义德日益响亮的学术名声以及他就读和工作的大学都是常青藤高校有关。1972年,在致埃及同事的信里,他表达了沮丧:"我觉得这里毫无希望可言,甚至可以说有害,为了保存思考能力,我不想再与这里有任何瓜葛……没有人——真的一个人也没有——在做有趣之事……有才能的人——哪怕是立场温和的老哈利姆·巴拉卡特（Halim Barakat）——都受到冷落，丧失了活力或遭解雇，能做的都是以最廉价的方式做。"[54] 在压抑的氛围中，像巴拉卡特这样的著名作家并没有受到尊重，反而像对阿齐姆那样的激进分子一样随便，只有马利克邀请他来校讲座，举办研讨班。[55]

他对阿拉伯文化的集中研读，却浸染了《开端》的每一句话。一方面，他赞同阿卜杜拉·拉鲁伊（Abdallah Laroui）《阿拉伯知识分子的危机》（1974）一书中的大胆论断，即其他文明都不像阿拉伯文明这样深刻思考"其语言结构中的真相"。[56] 拉鲁伊同时暗示，萨义德后来也持这种态度，法国结构主义理论对历史研究的抨击——逐渐削弱通过阅读文本而还原过去的真相这一探求——竟然与伊斯兰教逊尼派的"基础的既定事实"不谋而合。[57] 推崇变革的阿拉伯人始终关注法国学术界领军人物，看到欧洲的先锋理论与他们意在排斥的阿拉伯保守文化思潮相似，不禁感到失望。唯有历史知识，拉鲁伊继续说道，可以揭示什么是"真正具有吸引力的同时却也可能对他们产生误导性的想法"。[58]

研习正式的书面阿拉伯文（他已可以流利地说巴勒斯坦地区阿拉伯语和开罗口音阿拉伯语），对萨义德理解"起源"一词本身有着深刻影响，就书名叫《开端》的书而言，"起源"一词显然处于中心位置。毕竟，阿拉伯语文学者的出现比欧洲语文学者早了数个世纪，恰是在九世纪阿拔斯王朝哈里发马蒙以译成阿拉伯语的方式保存古希腊典籍前后，他们有了极高的修养。对语言及其结构的关注，究其根本却是源自阿拉伯典籍本身那"教条般的固定性"（萨义德语），认为在《古兰经》中达到了完美的形式，因此被阿拉伯学者看作绝对的文本开端。在致家人的信件中，多次表达他研究阿拉伯语语法时体会的兴奋之情，他承认在美国生活了二十二年,阿拉伯语法已年久"失修"。[59]

萨义德写到他最初"在母亲膝边学说阿拉伯语和英语"。[60] 如今在贝鲁特,他正在做"不同寻常的事实收集",源自他对语言问题的持续兴趣,可以追溯到六十年代中后期在研究生讨论班上的探究。[61] 他觉得哈利勒(即伊本·艾哈迈德·法拉希迪[Ibn Ahmad Al-Farahidi],活跃于八世纪,第一部阿拉伯语词典的编纂者)"太有意思了",并且说如果有充裕的时间,他想学习一切闪语族语言,尤其是乌加里特语,公元前十五世纪使用的语言,以楔形文字书写,乌加里特位于今日的叙利亚境内。[62] 在贝鲁特做访问学者这一年,阿拉伯语文学和维柯在他的脑中融为一体,虽然他对维柯自传中对阿拉伯文明表示轻视以及提到"不虔诚的阿威罗伊"保持了不失礼的缄默:

对无论身处何地、受过教育的现代阿拉伯人来说……雄辩……更接近维柯的经验及其谈论的,反而离英语为母语的人较远……阿拉伯文学传统中的修辞和雄辩已有一千年历史,到阿拔斯王朝的作家,如贾希兹(Al-Jahiz)和朱尔贾尼(Al-Jurjani),为理解修辞归纳出复杂的范式……读来有着惊人的现代气息。[63]

在为写《开端》一书做研究、修订书稿的同时,萨义德抽出时间,定期去上语言课,老师是退休的闪语教授阿尼斯·福拉伊哈(Anis Frayha),亦与家族相识,他讲授"这门语言的冷僻知识"。[64] 赶上心情沮丧,萨义德会觉得语言课没有实际用处,尽管具有文化价值。换作其他时候,他又会说出相反的观点,认为阿拉伯语语法和语文学使得"'词中有词'(les mots sous les mots),绵延不绝"——这一短语来自结构主义之父、瑞士语言学家费尔迪南·德·索绪尔——显得不够专业。在两个月里，他从九世纪研读到了十三世纪，佩服不已："巴特等结构主义者可以从这一时期阿拉伯学者的著作中获得很多启发。"[65] 他希望日后自己会视此为一切研究做了必不可少的准备。[66]

在贝鲁特军事化日益加强的背景下，萨义德发掘出久已忽视甚至可以说被遗忘的中世纪阿拉伯文学传统。尤其是十四世纪杰出的历史学家、社会学家阿卜杜·拉赫曼·伊本·赫勒敦（Abd Al-Rahman Ibn Khaldun），1332年生于突尼斯，祖上是塞维利亚贵族，对萨义德之后的著作有重要影响。正是通过阅读伊本·赫勒敦，他才开始注意到探讨阿拉伯文化本身包含的美学特征的可能，也因其与维柯的明显相似而显得更有吸引力，几乎可以确定维柯受到这位马格里布先驱的影响。[67] 二十年后，萨义德回忆"我一直计划就维柯和伊本·赫勒敦开设一门研讨课，这个念头盘桓在我脑海中，至少已三十年"，事实上，他花了相当多的时间撰写辑录在《和平进程的终点》（2000）一书中的部分文章，梳理了维柯与这位阿拉伯先驱之间诸多相似之处，称维柯的《新科学》和伊本·赫勒敦的《历史绪论》（1377）是"千年之书"，"世俗理论的最高成就"。[68]

伊本·赫勒敦深刻启发了萨义德的文学感知力。其著作《历史绪论》的关键词是"阿萨比亚"（asabiyyah）——各个群体形成凝聚力所依赖的准则。如果说最初这种忠诚完全基于血缘关系，那么伊本·赫勒敦寻求将其扩展，以涵盖基于理念或共同的目标所形成的牢固关系，这样便超越了效忠部落主义。《历史绪论》为萨义德面对的现代议题提供了间接的支持，即文学的政治不该仅从字面意义上理解，一方面等同于作者表达的激进观点，另一方面是旨在戳穿已有的思想模式荒谬之处的形式实验。文学政治应该从雄辩术在政体形成中所承担的角色来理解，而不只是对其起伏兴衰的文本记载。

在他这一代阿拉伯知识分子中，找到伊本·赫勒敦这一有价值的思想来源，萨义德并非个例，虽然他是唯一在其思想遗产上构建一种明确的阿拉伯美学策略的学者。《开端》中的诸种意图都呼应了《历史绪论》。《历史绪论》手稿有一千两百页，书名既暗示对历史的介绍，也暗示对历史的评判（如出席法庭）——伊本·赫勒敦和萨义德一样着迷于知识分子"如何"工作，设计课程，论辩的模式，修辞叙述策略，以及被某个希望能实际影响政策的知识分子所采用的研究方法。梳理过程中，想象式文学和社会／历史分析之间的界线逐渐消弭。伊本·赫勒敦将历史学与修辞特征、文学类别和语言特征的研究联系起来，是《历史绪论》的整个最后部分讨论的话题。萨义德敏锐地意识到这一点，并清晰有力地表达了中东政治引发的文学后果，伊本·赫勒敦思想的语言背景对其有巨大影响：

在十一世纪安达卢西亚地区活跃着一群伊斯兰哲学语法学者，他们有深刻洞见和惊人的预见性，所进行的争辩预示了二十世纪结构主义者和生成派语法学者之间的论争……将语言的意义问题转化成只有内行才懂的讽喻式操练……一派称为扎希尔学派（Zahirite），与巴丁学派（Batinist）相对。巴丁学派认为语言的含义隐藏在词语里……而扎希尔的派名源于阿拉伯语意为"清晰、明澈、可感知"一词，[暗示]词语仅有表面上的意义……"巴丁"有"内里"之意。69

向"清晰、明澈"写作致意的斯威夫特研究在此似以一种新

137

面貌显露；萨义德还反驳了一系列在七十年代和八十年代颇受瞩目的学术观念，包括创造性误读的信条、作品的意旨由读者决定而非作者意图或文本的内在特性所决定。同时，他不赞同汉斯-格奥尔格·伽达默尔的解释学所体现的认识论悲观主义，以及法国结构主义-马克思主义哲学家路易·阿尔都塞的"症候阅读"，倾向将文本视为原材料，实际是令文本表达论者想表达的政治观点。他想说阐释是复杂的，令人焦虑，常常可做多种解读，却并非深奥得无法理解，也绝非仅仅刻意挖掘意义。

他还紧扣"雄辩"（bayan）这一术语，相关主题贯穿《历史绪论》全书，指（按伊本·赫勒敦的表述）"能够将独立的词语组合起来，表达想表达的观点……能够观察所创造的作品的形式……言语符合情境的需要"[70]。在阿拉伯人文主义中，"雄辩"是一个关键的修辞范畴，可以澄清或阐明——伊本·赫勒敦遵照《古兰经》——人的尊严源自真主在创造人时赋予其雄辩的能力。[71] 另两个涵义也同样重要：首先，就其阐明功能而言，这一术语也可以指"宣言"（manifesto）或"公报"（communique），后来，巴勒斯坦第一次起义后，萨义德的确以《雄辩》为题发起了一次国际研讨会。[72] 其次，在阿拉伯修辞理论中，有 Elm al-bayan 一词，"Elm"指人文和文学的"科学"，正如化学或数学科学。[73]

正是在去贝鲁特做研究之前开始思考政治和语言之间的冲突，这一思考在贝鲁特期间继续着。奠定基础的是1972年，他在《纽约时报》上发表对保罗·古德曼《为诗歌辩护》所做的评论（文章题为《言说和语言》），他因此和乔姆斯基进行激烈的争论，不过他态度坦率，化解了可能引发的敌意。[74] 如许多同时代的学者，萨义德读到乔姆斯基于1967年发表在《纽约书评》上的那篇雄辩长文《知识分子的责任》，深受震动。文章号召专业学者公开指出国家滥用权力之处，此后不久他便与乔姆斯基频繁通信，经常在讨论以色列-巴勒斯坦问题的集会上见面。乔姆斯基的事迹鼓舞了他，而且他有自己的政治诉求，资料夹里保存着一份刊登乔姆斯基版"我控诉"的剪报，收集了许多他发表的文章，后来又为乔姆斯基《致命三角：美国、以色列和巴勒斯坦》（1983）撰写序言，文中赞扬乔姆斯基是划时代的开拓者。[75]

尽管在多方面志同道合，两位公共知识分子——在七十年代初已结下深厚的友谊——在语言的关键问题上持相反的观点。论争始于一年前发表的《语言学和思维考古学》（1971）一文，详尽论述了乔姆斯基的语言学革命，并且挑衅般提到乔姆斯基认为是冒牌专家的后弗洛伊德精神分析者、典型的法国理论学者雅克·拉康。[76]乔姆斯基则回忆当时"深感震惊，埃德竟然严肃看待这东西"——"这东西"指作为纯粹的创造性表达的语言，或用拉康的话说，是作为反映出潜意识、社会结构和力比多欲望的语言。[77]萨义德在尊重乔姆斯基的同时坚持自己的观点。

写《思维考古学》时，萨义德似乎有意将两个互不相容的立场并置：理论语言学社会科学式研究及认知方法，当时乔姆斯基是这一领域的研究权威，另一方是从一众法国批评家、诗人和哲学家推测出的美学立场。这种并置显得双方仿佛是天然的一对，而萨义德显得一脸天真。[78]其实双方都感到困惑，都没能从他的论述中辨识出自己。

萨义德最欣赏拉康的是"准确的情景分析"，也即暗示这与乔姆斯基通用语法的综合范式相对。讨论古德曼新书的评论发表后，乔姆斯基与萨义德之间的通信有时会散发火药味，他劝乔姆斯基去读巴特，还有本维尼斯特，也值得他花时间。[79]乔姆斯基谁也没有读，认为他们水平有限，做的并非真正的研究，阅读面也不广,对阅读对象进行的分析反而搞糟了它们。他尤其受不了萨义德盛赞古德曼不把专业主义放在心上的态度(书评的副标题是"反抗理论的好人"),以及萨义德对言语行为浪漫化的偏爱,却无视他自己遵循的研究方法——就任何可能的言说,实则即思想本身挖掘其语言学层面的根源。

作为回应,萨义德称"日常言说之复杂无法被简约成简单陈述句的各种变体"。[80]他认为古德曼有理由怀疑语法结构并不是语义中立的,进一步质疑乔姆斯基所采用的固定研究法与真实的生活过于隔绝,真实的生活被"机械的'交流'之'形式'或信息'传输'之形式"取代。用古德曼的话说(萨义德赞同),乔姆斯基无法真正解释"声调的抑扬变化、语气、手势和沉默均在言语行为中起关键作用"。[81]而且乔姆斯基固执地不承认普遍语法——先不谈它能提供的深入分析——是与实际场景和语言事件不相关的,后者是个体在运用词语,表达方式无穷无尽,经常是极富个人化的意义。

萨义德觉察到乔姆斯基的研究隐隐体现出一种有缺陷的政治观:认为人起的作用无足轻重。乔姆斯基的政治著作通过有力地列举事实揭露帝国的谎言,而萨义德读出了含糊性。"到头来你让自己沮丧,"他感慨道,"使读者难以知晓该如何应对整个局面。"[82]乔姆斯基所做的揭露,无论他暗示得有多直接,都不能启发他的读者有关如何同这些不公正抗争的思路,以及为何要去抗争或具体该怎么做。另一方面,古德曼的观点也不是万能之计,萨义德批评了古德曼的自夸,自诩反智、特立独行。如某个浪漫派诗人那样始终呼唤"个体"和"自由",古德曼对媒介、企业和国家施加在自由上的束缚缺乏敏锐的分析。"他使他的读者停留在语言层面",赞叹其语言之美或表达力之强,却"无法看到回到实际世界的路,更不要说去如何改变它"。这种"经典的自由观",萨义德反驳,是一条死胡同。[83]

他更看重的是于一个月后、去贝鲁特之前发表的文章,补充了《开端》写作背景的另一面向,这篇文章以阿拉伯语写就,从未以英文发表,题为《克制、避免和认知》(1972),发表在文学季刊《立场》(*Mawaqif*)上。[84]《立场》由阿多尼斯主编,编辑部设在贝鲁特,三年来,阿多尼斯反复邀请萨义德写文章,终于写出一篇。[85]这是第一篇完全面向阿拉伯世界读者写作、以巴勒斯坦为主题的文章,向巴勒斯坦人倾吐肺腑之言,这种讲述并不容易,令萨义德感到痛苦。《开端》(1968)一文可看作同名著作更加讽刺、激进的版本,《克制、避免和认知》则从另一个角度阐述了相关话题。[86]

这篇文章写得小心翼翼,意识到他可能被看作从纽约来的闯入者,必须试探水的深浅。[87]他请阿多尼斯本人翻译这篇文章是明智之举,阿多尼斯是二十世纪具有重要地位的现代派作家,与萨义德的黎巴嫩籍好友、小说家埃利亚斯·扈利也是老相识。阿多尼斯不仅是诗人,更是文学理论家、译者,这篇文章引起了他的兴趣,"十分新颖",但是对运用的方法不太赞同,部分段落他觉得无法翻译,并且认为文章不足之处是提出了富有争议的问题,却没有讨论解决的办法——最关键的是英语文学之于阿拉伯困境的切题性。讨论太多尼采这样的人物,他忠告道,对"本民族作家"缺乏探讨。[88]

当时已有一部分阿拉伯知识分子对1967年的"大倒退"(an-Naksah)撰文进行深入分析,包括严肃地讨论未来会往何处走的问题,萨义德的文章属于对这一热点问题的讨论,对它的评价也因此变得复杂。颇具声誉的巴勒斯坦小说家加桑·卡纳法尼不赞同这一波自我反省的热潮,犹如"自我贬低的受虐狂欢"。[89] 从本质上说,萨义德的这篇文章属于此类,他对此也有清楚的认识。许多人认为反省的巅峰之作当属萨义德新结交的叙利亚裔友人、马克思主义者阿齐姆所著《败仗之后的自我反省》(1968),再加上同时期出版的那本批判宗教思维的基础一书,让阿齐姆成了阿拉伯世界"可怕的孩子"。萨义德似在模仿阿齐姆的挑衅性文字,亦以解读《奥赛罗》作为文章结尾,即把莎士比亚笔下受冤屈的主人公总结为当代阿拉伯领导人的一种范型,各方一起合谋反对的人物。思考台词"当你们报告这种不幸的事实的时候,请你们老老实实照我本来的样子叙述,不要徇情维护",萨义德认为真正的悲剧不在于奥赛罗的嫉妒,或轻信谗言,轻信反对他的卑鄙阴谋,而是在于他以为他知道自己是谁。

讨论"自我"时,《克制》一文充分运用了精神分析法,萨义德称之为"当代阿拉伯现实的批判性心理写照"。[90] 他追问:阿拉伯人为何缺乏"效率观念、进步观念……科学或文化缺乏活力"?我们无疑是"受西方文明和阿拉伯文化传统双重影响的混合体",但是正因为这个原因,"没有人能够或应该断然地说何谓阿拉伯人"。我们的进步不一定意味着要仿照西方娴熟的写作技艺,这已使我们变成了二等欧洲人。运用"《圣经》、黑板和印刷机"的力量,西方成功地将它所讲述的现实传播至全世界。如今世界已成为"由互相影响的系统组成的复合体",数字化信息压倒传统印刷,面对"如赛博网络或行星空间这样超越人类的现象",人类显得十分渺小。陷在这种华而不实的现代性罗网中,阿拉伯人会被"一种具有攻击性、贪婪的文化吞噬"。

1972年7月,刚到贝鲁特不久,萨义德便给友人萨米·班纳写了一封信,自述必须写那篇文章的原因。这是一封长信,字里行间流露不加掩饰的愤怒,为他在中东政治和文学界首次反响复杂的发声提供了注解,也是难得的心声吐露,记录下他的思考轨迹。生活在贝鲁特的人,信里写道,仿佛感觉什么都不曾变化(服饰如常、聚会如常,诸如此类),实际上此地在经历巨变。"在过去的两周里……埃及、伊拉克、黎巴嫩、摩洛哥和苏丹失去了数位将领,数千名巴勒斯坦人要么被大批杀害,要么向以军投降,或干脆失踪",而贝鲁特的生活还在继续,"仿佛发生的一切不过是一次茶歇"。[91] 他愤怒至极,这样归纳原因:"这个社会……没有记忆,没有维度感(没有投射未来的眼光,没有规划的能力),没有稳定可言,仅仅是维持平衡。"

信中苦楚地总结道:"阿拉伯人的典型运动是循环往复……重复因此被误认为是创新,尤其是没有认识能力。"这预示了后来《开端》对第三世界创造力的担忧。尽管在故作姿态的激进人士中有"宣扬马克思"的,他继续倾吐不满,他们却不懂得如何发起一场革命。"现实——对我们(阿拉伯人)而言——是语言的一种功能。在西方,这可以说是对的,因为西方对此有清晰的认识;在阿拉伯则并非如此。"在《克制》一文中,他细致地梳理了这个问题,并且认为阿拉伯人通过宣称阿拉伯语是神的语言,使自己的语言从身上被偷走,这样一来它就成了不可改变的,也不会随历史变迁而改变。他们要么说西方的语言,要么说神的语言,被卡在两者中间。[92] 通俗口语所具有的潜能被"装饰华丽"的经典阿拉伯语所阻挠,无法实现,"永恒不变而又完美",留给阿拉伯人的只有"此消彼长的重复"。[93]

类似马利克,他认为在中东地区讨论跨越国界的"阿拉伯思维"是可行的;尽管有诸多差异,却存在共通的思维。在回应1967年的战争时,如埃及的塔哈·侯赛因(Taha Hussein)等知识分子运用了不加反省的西方理论框架，他觉得这令人遗憾。即使是对萨义德有着强烈吸引力的法农，运用弗洛伊德和马克思作为煽动手段，反抗欧洲殖民主义，却延误了创造有辨识度的本土文化的任务。[94]虽然花大篇幅分析魏尔伦、艾略特和弗洛伊德，《开端》试图完成的目标却是细致梳理阿拉伯本土文化、政治和美学的图景。

到他离开贝鲁特时，《开端》尚未完成。在黎巴嫩首都度过的惊心动魄的一年结束了，萨义德在回纽约前去了欧洲，那是1973年夏天，距离埃及和叙利亚发动十月战争、试图夺回在1967年丧失的西奈和戈兰高地只有几个月。[95] 6月，他和玛利安姆在法国停留之际，获悉水门事件举行听证会的新闻，深感振奋，从哥大在巴黎的驻点，谢弗勒斯大街4号莱德楼，致信数位友人，谈起在黎巴嫩的经历时心绪复杂："审查非常严厉。"[96]黎巴嫩人和巴勒斯坦人之间冲突不断，以色列的突然袭击亦是频繁。[97] "但是我觉得在最近的冲突中，这次运动在军事和政治上都达到了较好的效果。"[98]

返回纽约后，这种乐观情绪依然激励着他，促使其投身巴勒斯坦抵抗运动。当然，这有赖于在贝鲁特的联络人为他铺路，而且那篇《被画像的阿拉伯人》在中东地区、在流散各国的阿拉伯人中间广泛流传，这一选择可谓必然的轨迹。1974年11月，已是公众人物的萨义德受托帮助将阿拉法特在联合国大会上要做的演讲稿翻译成英语。阿拉法特最信任的顾问之一胡特，与艾布-卢霍德儿时便是亲密伙伴，二人皆是从雅法离散的难民，雅法被称作"巴勒斯坦的新娘"。在巴解组织代表团访问联合国期间，萨义德和胡特一见如故，也因此结识了巴解组织的高层领导人。后来，萨义德将《流离失所的政治》（1994）一书献给胡特及其妻子巴彦，三人的友谊维持了一生。[99]

阿拉法特的演讲原稿由纳比勒·沙阿斯（Nabil Shaath）拟就，之后送给胡特审读。[100] 文字又经过修订，听取了瓦利德·哈立迪（Walid Khalidi）、萨拉赫·达巴赫（Salah Dabbagh）、马哈茂德·达尔维什三人的意见。尽管达尔维什在阿拉伯语文学界的地位举足轻重，并且被誉为巴勒斯坦的桂冠诗人，对英语却很陌生。这份演讲稿递交给胡达·欧萨依朗（Huda Osseiran），与阿拉法特的团队一起把它翻译成英语，译稿差强人意。胡特便找到了萨义德，萨义德同意对这份英译稿进行修改。他与资深编辑兰达·哈立迪·法塔勒（Randa Khalidi Fattal）合作，完成了1974年11月13日阿拉法特在联合国所发表的演讲的最终版。萨义德加入了他知道会引起美国听众共鸣的细节，以及著名的结束句："不要让橄榄枝从我的手上掉落。"玛利安姆是相关人员里唯一会打字的，她便用家里的史密斯·科罗纳打字机打出了最终版的演讲稿。而后胡特于演讲当天凌晨四点将演讲稿亲手交给阿拉法特。[101]

这次，萨义德的建议被留意到了。之后便不再是这样，虽然他以其他方式发挥作用。巴解组织代表团在七十年代来纽约联合国总部发表演讲期间，萨义德组织了同情巴解组织诉求、同时对其观点持批判态度的一些人士与巴解组织代表团会谈。目的是让巴解组织领导人听到值得信赖的盟友就他们如何呈现更新颖的公众形象提出建议（如乔姆斯基、艾克巴尔·艾哈迈德、俄裔历史学家亚历山大·叶尔林）。乔姆斯基认为在第三世界争取自由的组织里，巴解组织堪称独一无二，因为不会有策略地思考。[102] 纽约高级旅馆、豪华宴席，这些在忽然得到国际认可而骄傲的巴解组织领导人看来都是病态的症候。艾哈迈德曾嘲笑道："晚宴是最新的斗争形式。"[103]

萨义德在贝鲁特有了稳固据点，在接下来数年间，他经常回到贝鲁特，每次都会拜访阿拉法特。在《我的巴解组织生涯》（2011）一书中，胡特讲述了身为巴勒斯坦公众发言人的他经历过的危险时刻，犹如惊险小说里的各种情节。他躲过六次针对性暗杀，从在他办公室里安置炸弹，到在他离开家时，被躲在汽车里的以色列狙击手射中。[104]而阿拉法特，除了巴勒斯坦人民的热爱和支持，他的外表也令人印象深刻：目光敏锐，面带友好的笑容，身材伟岸。"他并不是什么电影明星，"巴彦回忆，"他注意力专注，铅笔和小本子不离身。"[105]在生活中，他与西方媒体所塑造的形象正相反——知觉敏锐，极其讲究礼节，待人温和，经常开怀大笑，谈吐风趣。他的流亡经历在巴勒斯坦人中间可谓典型：出生于耶路撒冷，但与家人生活在埃及，说埃及口音的阿拉伯语，在返回中东领导巴解组织前以科威特为据点活动。

萨义德和阿拉法特交谈时只用阿拉伯语，萨义德有黎凡特口音，而非埃及口音，虽然他随时可以"换成"埃及口音，那是他度过童年的地方。[106]在《奥斯陆协议》签署之前，萨义德坚定支持"老人"（他这样称呼阿拉法特），他遭到激烈的批评，甚至是来自盟友。尽管作为领导人，阿拉法特有种种失误之处，行事多变，执行力不足，在宗派性固执和不必要的让步之间来回摇摆，同时他无法理解美国文化，也就无法有效应对，巴勒斯坦解放运动与他本人无法分割，这有利也有弊。但是即使在《奥斯陆协议》签署前较为乐观的时期，萨义德就在间接地向他施加压力，比如促使亚历山大·科克伯恩（Alexander Cockburn）撰文批评阿拉法特固守戴头巾、蓄短须、穿军装的形象，那成了美国刊物经常嘲弄的靶子。[107]

无论如何，是阿拉法特领导的法塔赫"建立了各层组织，分发武器，逐渐积累起希望与荣誉感"。[108] 因此不难理解，在接下来数年间，面临巴解组织内部发动、背后有叙利亚支持的叛变以及 1982 年以色列入侵黎巴嫩迫使巴解组织迁离贝鲁特所引起的危难局势，萨义德会对阿拉法特的领导地位进行策略性捍卫。[109] 二人决裂前，萨义德从未动摇过。在立场含糊的《采访》杂志上（由安迪·沃霍尔主办，是后现代潮流的最后一次发声），他讲述了与阿拉法特在突尼斯的新总部见面时的情景。阿拉法特的个人魅力和表现出的尊严令人难忘，这也反映出他敬爱阿拉法特，尽管对其失败之处感到痛惜。[110]

《克制》一文的成效之一是在哲学和行动主义之间标示出一块中间地带，也加深了他对如"文学的政治"这种词语的理解（当时在美国高校流行这种说法）。他不愿将他的学者身份与政治活动完全割裂开，这在敌对者看来却是突破口。倚仗针对专家的大众偏见，他们嘲笑他是业余的。如与以色列政府有密切联系的媒体分析师阿莫斯·佩尔穆特（Amos Perlmutter），在《麦克尼尔/莱勒新闻时间》节目中对他嗤之以鼻：萨义德是英语系教授，他"就像本小说"，他对以色列的批评都只是捏造。[111] 这不是第一次智库研究员跟不上他的分析思路。萨义德经常观察到，与其他政治冲突相比，以色列-巴勒斯坦冲突在相当程度上是想象的战争："再没见过修辞起如此重要作用的现代冲突，将一件又一件荒谬的事物合法化（即所谓'创造事实'）。"[112]

萨义德的文章始终关注想象的力量在形成信念和行动时起的作用。与同时期其他文学批评者相比，他的立场恰恰与佩尔穆特所抨击的相反。他认为可以说现实并不依附对现实的讲述而存在，但是如何阐释现实的意义则与其密切相关。事实活生生被"炮制"出来，一些事实被忽略，一些事实被精心选择，然后由一种叙述形式加以组织，这便是它们生成意义的唯一途径。更为常见的是，对"事实"轻率的坚持实则暴露了"对观点和阐释不屑于考虑"，往往赞许的是世俗认知所认可的事实，也因此属于更大的"'客观性'和专家崇拜"的一部分。[113] 在写作《开端》时，他尚未完全厘清在上述意义上就表述事实应担负的责任所持的观点，但是到了七十年代末，他找到自己的声音，在康奈尔大学校内旅馆提供的信纸上写下：

> 最近的批评理论，在我看来，过于强调阐释的无限性……我不赞成这种观点，不仅仅因为文本存在于现实中，更因为文本通过在现实中发挥作用而安置自身，实现自身。[114]

萨义德在写《开端》时想竭力调和语文学和福柯。在此过程中，上述观点愈发清晰，思考得愈发全面。日后他评论道，尽管他"出发点是没有所谓正确的阐释这一观点"，最终他突破了它。他没有加以补充的是这样做也有实际原因，他得字斟句酌，去拟就立场声明和联合国决议，法律和政治主权必须表述准确，更不用说成立巴勒斯坦国涉及的彼此抵牾的叙述，其构成的事实基础至关重要。[115]

七十年代，身边几个最密切的战友遭到谋杀或受到威胁，萨义德往返于纽约和贝鲁特，他进行的活动也具有危险性。对内战的狂热达到巅峰之际，他并不把自杀性汽车炸弹袭击看作"烈士"（这是形容此类袭击者的首选词）的行为，甚至暗示这种伎俩是馊主意。不久他便获悉一伙人把他选作暗杀目标。他和家人不禁时刻担心暗杀会付诸实施，已有类似的先例。几年后，在接受《中东》刊物采访时，他被理解成认为"武装斗争仅仅是一句口号，或谓过时观念"（虽然他后来予以否认）[116]，这令事态变得愈发糟糕。他对中东历史学者、政策分析人弗雷德·哈利戴解释道："这引起的骚动、暴怒……强烈得出人意料。大部分攻讦……指责我是叛徒、投降派、内奸、美帝国主义的代理人、傀儡、走狗，等等……贝鲁特的犹太刊物《哈达甫》（*Al-Hadaf*）在最近出版的一期上发起让我闭嘴、让我去死的号召。"[117] 威胁不久平息了，然而类似的冲突让他感到精疲力竭，相比之下，研究文学吸引人得多。

萨义德的中东旅行目的地并非只有黎巴嫩。1975 年夏，他去了开罗，发现这个儿时待过的城市毫无计划地向四面扩展，灰尘扬天，社会服务乏善可陈，于是直言再也不想回开罗（并没有恪守）。恰逢表现埃及肚皮舞表演家塔希娅·卡里奥卡的讽刺剧上演，并且有时间去观看，萨义德却悲哀地发现这部剧流露的政治立场是新兴的、愈发敢于表达的阿拉伯右翼政治立场，这为巴勒斯坦建国又增加了另一道不可预见的障碍。[118] 1977 年 1 月，玛利安姆带着儿子瓦迪和刚出世不久的女儿娜杰拉趁战争停火间歇前往黎巴嫩，萨义德留在哥大，6 月才去和家人团聚。翌年，内战激烈程度升级，去黎巴嫩旅行成了非常危险的举动。[119]

然而一旦形势相对稳定，他便设法前往黎巴嫩，目的之一是努力促使学者关注巴勒斯坦问题。1979 年，他觉得招募到一位关键人物，文学批评家弗雷德里克·詹明信（Fredric Jameson），师从奥尔巴赫，所著《马克思主义与形式》（1971）风靡一时，也因此引起萨义德的关注。早前他已将詹明信介绍给阿齐姆，如今他们一同游历中东，这次出行是由他和艾克巴尔·艾哈迈德组织，同行的还有大卫·戴灵格（David Dellinger）、拉姆齐·克拉克（Ramsey Clark）和其他促进和平的活动者，他觉得机会来了。[120] 在贝鲁特，他致信罗伯特·阿尔特，谈到他的动机：

> 巧的是弗雷德·詹明信等人这趟贝鲁特之行是受到我的鼓励，在一定程度上也是由我安排——我觉得是时候让他们（尤其是弗雷德，你知道我喜爱他，佩服他）严肃地介入一个政治问题，介入人群、运动、斗争，甚至是战争，而不只是思考理论，如果你领会到我的意思。这里的形势危急而紧张：暴力无穷无尽……我明天会带领弗雷德及同行人士去南部，他们可以亲眼一见真实情况。[121]

1982年，以色列入侵黎巴嫩，贝鲁特"昔日风景壮丽的海湾"被布满子弹的墙壁代替，一座座公寓复合大楼被以色列发射的导弹炸出一个个空洞。儿时每当开罗闷热的夏天来临，萨义德一家便会去黎巴嫩避暑；早已成为第二故乡的贝鲁特，如今变得愈发难以返回。

第六章

外邦人知识分子

事功过半才算开始。

——约翰·济慈[1]

在七十年代的黎巴嫩，萨义德见证了巴勒斯坦运动的兴衰成败，他不再满足于担任知识分子发言人，更希望积极行事。他所写的文章、所发表的演讲都发挥了作用，许多朋友觉得他不适合做实际政治工作。然而从七十年代中期以后，他时常乘飞机去各地参加会议，与同行辩论，编辑立场声明，出谋划策，以及默默努力筹建各种机构。至少在对其进行密切监视的联邦调查局看来，萨义德是"美国与巴解组织之间非官方的联络人"，"比起其他……巴解组织常驻联合国观察员代表团的代表，他的意见更容易被［阿拉法特］采纳"。[2]

萨义德从六十年代末开始政论文章的写作，七十年代和八十年代进入创作高峰期，这类文章并非纯粹的信息罗列，或带有强烈个人情感的回应，或推测式反思，而是希望唤起行动、讲求实效的再三呼吁。集合到一处看，它们为运动勾勒出蓝图，分析容易为人所忽视的症结，虽然遵循与否不是这份蓝图所能决定的。[3]

有几篇超越了即时效用，成为经久耐读的文章。比如《身份、否定和暴力》（1988）一文对暴力难以捉摸的特征做了透彻论述，类似地，《骨子里的恐怖分子》（1986）不只是陈述这个词如何被用来抹黑巴解组织的声名，更剖析了困扰英美媒体的迷思。历史学者佩里·安德森（Perry Anderson）认为此文是对"恐怖分子"这一有害术语做的最精当的分析。[4]

对萨义德来说，在高校任教与他的政治活动互为补充。"你常常会觉得，"曾任《国家》编辑的琼安·韦皮杰斯基（JoAnn Wypijewski）说，"萨义德总在克制情绪。"[5] 必须一次又一次论述立场，会催生"某种激烈的感情"，他只有退隐进思考世界才稍稍得以平复。

论及政治的通信尤其形成了一种棱镜，折射出他人生的多种面向。[6] 其一是与对巴勒斯坦进行研究，或揭露媒体对伊朗、伊拉克及其他阿拉伯国家的不实报道的学者讨论。[7] 从七十年代开始，萨义德白天的大部分时间是花在打电话劝说、告知、规划、介绍志同道合的思考者相识。档案里保存着许多这样的信，来自不仅仅被他所激励、更向他征求意见的人。阿拉伯学生组织、持不同政见的犹太人组织、美国公谊服务委员会、军备控制研究中心、美国公民自由联盟、工人委员会工会联合会、美国民主社会党、非营利组织欧洲协调委员会（非政府机构）、爱因斯坦论坛、公共勇气出版社、阿冰顿长老会教堂——尽管是随机列举，却可充分反映三十年间有各式各样的组织机构致信过来。

另外，还通过迫使杂志、智库、基金会以及个人着手寻找 X 或 Y，帮助制定研究计划，将这种或那种处于酝酿阶段的创造力变成现实。随着声名渐隆，他把来自中东或前殖民地国家的学者积极引荐给美国高等学府，策划出版阿拉伯学术研究和阿拉伯文学（在哥伦比亚大学出版社及其他出版社），帮助建立新系别，或扩大已经设立的系别。在他寻求支持或施加压力，让重要的同盟者获得聘用的过程中，美国高校给予他此前并没给过的支持。

认识到媒体对阿拉伯人的呈现之片面是源于阿拉伯世界对美国文化一无所知，萨义德便大力倡导在中东地区的各大高校开设美国研究项目。同时，他在美国号召深化阿拉伯研究，这样媒体才能对阿拉伯文化有更深的理解。他不时地向黎巴嫩以及被占领区的大学、中学写信，向对方保证："如果需要我去讲座、教课或做力所能及之事，请随时提出来。"[8]1972年，玛利安姆和萨义德资助出版了一本书，是为拉马拉的比尔宰特女子学校写的教材，并且筹集到《壁垒》和《新左派评论》的捐款。十年后，黎巴嫩的巴勒斯坦难民遭到大屠杀，两人设立了巴勒斯坦防御基金。萨义德不吝于为向他咨询的人提建议，也愿意听取意见。比如1976年，他致信公益社区诊所"大家的健康中心"负责人琳达·福克斯沃西，询问她的阅读书单，以及如何在被占领地区建设社群诊所。[9]

类似地，在分析组织机构之外，萨义德也在创建机构。他和艾布-卢霍德计划在约旦河西岸建立一所巴勒斯坦开放大学，他们为此努力多年。第一个突破来自1978年至1980年在艾布-卢霍德主持下进行的可行性研究，得到联合国教科文组织的资助。以英语国家的开放大学为参考，远距离学习的方式显得非常适合一个群体流散、被剥夺了家园的民族。开放大学的课程主要基于人本主义设置，萨义德在其中起了关键作用，他同时负责筹措资金，给卡塔尔等国的主事者写信。[10]开放大学终究没能变成现实，实现的是一些重要的学术新举措。1978年，他与艾布-卢霍德、福阿德·穆哈拉卜（Fouad Moughrabi）一同创办了《阿拉伯研究季刊》，三人一同编辑，长达八年。这本季刊成为研究阿拉伯及伊斯兰教的学者发表文章的重要平台，刊登的文章研究扎实，从不同的视角理性探讨中东问题。[11] 受前主席詹姆斯·G.阿布雷兹克邀请，萨义德任在美阿拉伯人反歧视委员会理事。[12]

在大学以外，他的政治活动还涉及记录、整理、保存巴勒斯坦人档案。在日后的访谈里，他谈到自1948年起，收集了八千到九千张巴勒斯坦人的相片，整理出一份档案，这呼应了在以色列入侵贝鲁特期间，他一直敦促家人和朋友记日记、画素写、记录正在发生的事。[13] 搜集事实是他组织工作的关键部分。他花费数年时间推动巴勒斯坦人口普查，为政策研究院撰写巴勒斯坦人报告；1975年，与艾布-卢霍德一起为美国众议院致力于研究国际关系的特别下属委员会撰写概要，介绍巴勒斯坦历史、土地使用和人口统计数据。[14] 1980年9月，应美国国务院要求，就当年发布的"以色列和被占领地区的人权报告做评述并给出自己的观察"。[15] 人权报告近一千页，萨义德的评述切中要害，多处提出了批评意见。这不仅体现其对细节的掌握，更是非凡的精力与耐心的体现，以得体方式批评了人权报告的诸作者。[16]

萨义德之前从未加入过政治性组织，却加入了美国阿拉伯裔高校毕业生联合会，该组织1967年10月成立于芝加哥，成立的主要初衷是与针对阿拉伯人的种族歧视抗争。核心成员是中产阶层教授，而非底层活动者或被迫流散到美国的阿拉伯裔临时工（这一点是它的优势，也是劣势）。正是风声鹤唳的时候。1972年，尼克松政府发起"巨石行动"（Operation Boulder），类似三十年后颁布的《爱国法案》，为了让阿拉伯裔美国人禁言，以驱逐出境相威胁，却无视大学校园内歧视阿拉伯人的现象，以及对批评以色列的学者的敌意。比起普通劳动者，阿拉伯裔高校毕业生联合会或许有曲高和寡之嫌（这一点已有许多讨论）。但是这种担心被联合会传递的信息所抵消，即阿拉伯裔美国人持高等学位，来美国的大部分阿拉伯人是为了学习。联合会成立的主要目的是"提供知识"。[17]

并不是每位同仁都赞同他这一自觉的选择。比如萨米·班纳在七十年代初恳请别只当谨慎的教授，多进行智识介入。萨义德的回应颇有挑衅意味：运动需要的正是更透彻的思考，像萨米这样的活动家还是少些为好，他的"激进"集会其实是社交场所。"一个有能力发挥影响的人，思考道德立场的学者"能做的可以多得多。[18]

本着这种精神，对如何更有成效地开展政治活动，他以向组织成员演讲或为相关报纸写文章的形式提出建议。在不同时期，他担任过联合会副主席，还曾是理事会成员。联合会的惯例是"工作——即使是最乏味的，也要平均分配"，他却是例外，这引起了别人的不满。联合会的书记员埃莱娜·哈格皮恩（Elaine Hagopian）坦言自己起初觉得萨义德"虚有盛名"。后来她注意到他与得力助手（亦是同谋人）艾布-卢霍德协同合作，所关注的领域是别人难以企及的，她对他的评价便发生了改变。如果说后者更擅长在幕后集结支持或让联合国相关机构更多介入阿拉伯事务，萨义德则是倾吐不满的人，一座"行走的图书馆，鲜明暴露了殖民性和犹太复国主义的依托机构内的庞大基础"。[19]

他并非自然而然地承担起这个角色。努巴·霍夫斯皮安（Nubar Hovsepian）视萨义德如兄长，记得1975年在芝加哥参加阿拉伯裔高校毕业生联合会集会时第一次见到萨义德的情景。那时萨义德已颇有声望，但还不是写《巴勒斯坦问题》（1979）那个自信的作者。晚宴上，萨义德负责主持仪式，言辞犀利，表达却并不算流畅。[20] 翌年，萨义德受邀往美国外交关系委员会做演讲，准备得十分充分。他用图钉演示演讲内容，结构简练，表述精当，显然是花费巨大工夫得来的，而与他同场演讲的以色列人只是背诵那些老生常谈，令萨义德更觉尴尬。几个问答后，演讲便结束了。情绪起伏的压力，以及荒唐的对比——他如此精心对待这次演讲，而他的对手却可以漫不经心。这让他承受不住，一与朋友道别就当街呕吐不止。[21]

尽管如此，联邦调查局却注意到了他。按惯例对机密信息做了模糊化处理后，针对萨义德的二百三十八页报告有一百四十七页被公开，显示对他的监视活动早就开始，之所以要监视他，最重要的原因就是他加入阿拉伯裔高校毕业生联合会所从事的活动。联邦调查局尤其注意到1971年10月波士顿集会上，萨义德是"文化和批判精神"讨论组的主持人。1972年慕尼黑奥运会期间发生针对以色列人的爆炸袭击，此后对萨义德的监视愈发严密。在普林斯顿大学、哥伦比亚大学以及哈佛大学校友办公室相关人等的可耻配合下，联邦调查局掌握了他的家庭及出身背景，他的投票记录、银行开户信息和信用记录。1982年5月，在纽约活动的一名密探向联邦调查局纽约分部主任威廉·韦伯斯特递交了秘密报告，"提到萨义德的名字'因与一桩恐怖活动有关'而引起纽约分部的注意"。[22]

上述怀疑基于关联推定（联邦调查局认为颠覆分子曾与萨义德通信），最终因没有确凿证据而废止，然而这份档案显示联邦调查局对萨义德的新闻写作和学术写作极为关注。比如1970年，几名探员对萨义德发表在《波士顿环球报》上的一篇文章做了题为《哥大教授就阿拉伯国家与以色列的冲突批评种族主义态度》的详细分析报告。不久他们又为《纽约时报》选了四十九段不同的文章摘要,以证明他发表的观点是危险的,尤其是对以色列而言,这种倾向会愈发严重。[23] 他们的怀疑不无根据。2003年,在立场保守的胡佛研究所任职的人类学者斯坦利·库尔茨(Stanley Kurtz)在众议院教育分支委员会做证时说到"萨义德的后殖民批评使美国做中东研究的学者无法加入布什总统'对恐怖活动的战争'"。[24] 这最终的胜利便是在七十年代种下的种子。萨义德称自己"不是参与者",却做了很多实事,可谓引领了这一运动在美国的发展。

1977 年,萨义德被选为巴勒斯坦全国委员会的独立成员,这是流亡异国的巴勒斯坦议会,宣称从属于一党通常是必然要求。尽管起初认同民主阵线,即巴勒斯坦解放人民阵线的一派,萨义德却从未加入其中,他决心远离党派间的斗争。[25] 与该派的粗浅接触暗示出他当时的政治倾向。民主阵线代表巴勒斯坦各组织中的极左派,虽不是旗帜鲜明的共产主义者,却以马克思主义为导向。巴勒斯坦解放人民阵线这两个分支,彼此相关但组织上独立,印证了胡特的观察,即共产主义深深植根于巴勒斯坦历史,引起许多巴勒斯坦人的共鸣(尽管不包括胡特本人),因为它最鲜明地表达了对美、英帝国主义政策的蔑视。[26] 类似地,以色列共产党的内驱力也几乎完全是巴勒斯坦人。法塔赫,巴解组织下的最大政党,在萨义德看来始终过于民族主义,太容易争取政治伊斯兰的好感,他此时就已嗅到解放运动内部伊斯兰教原教旨主义的危险苗头。[27]

与派别主义针锋相对,萨义德始终没有忘记说到底是要为巴勒斯坦人民争取权益。他最初担任巴解组织主要的国际发言人,适逢卡特政府施行相对宽和的政策,巴勒斯坦和平建国的机会比那之前或之后都大,而事实上,阿拉伯裔高校毕业生联合会正是美国政府注意到的谈判桥梁。不久，在普林斯顿的同学霍丁·卡特三世便引荐他与时任国务卿塞勒斯·万斯会面。1977年11月8日，与其他联合会成员一道，萨义德见到了万斯和副国务卿菲利普·哈比卜。当年11月，埃及总统安瓦尔·萨达特前往耶路撒冷，在以色列议会发表了演讲，引起争议；紧接着，12月15日，卡特总统会见了阿拉伯裔高校毕业生联合会代表，萨义德没能到场，一场国外讲座在日程上与此相冲突。翌年，美国国务院敦促萨义德询问巴解组织是否会正式承认以色列。交换条件是，卡特政府承诺推动两国方案，并且保证1967年战争后以色列占领的土地会成为巴勒斯坦国的国有疆土。

为什么找到萨义德，与三星期前萨达特在公开演讲中出人意料地提到"一位巴勒斯坦裔美国教授"有关，他认为这位教授是引领巴勒斯坦代表团赴日内瓦进行和平谈判最合适的人选。[28] 萨义德视卡特政府的建议是罕见机会，迅速传达给阿拉法特，而阿拉法特没有回应。万斯不得不回头去找他询问阿拉法特保持沉默的理由。同时，萨义德权衡再三，认为拒绝萨达特的提议才明智。他在接受媒体采访时解释，他不认为自己是最佳人选，尤其因为他居住在美国——此举亦是想保留余地。[29] 他更好的选择是留守后方。

在几乎长达四个月的时间里，阿拉法特对万斯的提议保持沉默，萨义德甚至立刻联系胡特，以确保阿拉法特获悉了提议。最终，萨义德乘机飞到贝鲁特，试图有所推动，阿拉法特表示拒绝，理由是美国人始终有所偏向，巴解组织也不需要美国的承认。[30] 他只好将阿拉法特的回复告诉白宫。讽刺的是，1982年，阿拉法特反过来催促萨义德，希望时任里根政府的国务卿乔治·舒尔茨能够干预，阻止巴解组织领导层毁灭，当时阿里埃勒·沙龙的坦克正一辆辆奔赴贝鲁特。

在哥伦比亚执教的最初几年,萨义德给人的主要印象是富有创新精神、研究康拉德的年轻学者。他撰写了关于法国理论家如普莱和列维-斯特劳斯的艰深论文,以及思维广博的欧洲语文学家奥尔巴赫的文章,受到了注意,但是这些文章处于旁观者的位置,这种状态直到他写《开端》(1975)、涉足法国理论才被改变。他视《开端》主要探讨的是知识分子的作用和批评的目的,同时他判断这本书会令他的学术生涯打开新局面。那么最初的印象便极为关键,他尝试建立的联系为何如此不同寻常,一面是维柯,十八世纪初意大利那不勒斯伟大的修辞学家,研究罗马法,另一面是米歇尔·福柯,既是萨特的继承人,又是他的对手。

对大多数读者来说,维柯和福柯是奇特的组合。二人的各个关注点——语言、历史、历史主体,一方都是另一方的对立面。维柯认为古典理性哲学不准确的表达是诗意的;受尼采启发,福柯认为真理是语言的神话性建构。维柯论述"事物的真实本质"(verum)只有通过"创造它"(factum)才能知晓,而福柯认为历史没有施动者,它通过观念不具名的变化而变化。

维柯是充满热情的人文主义者,称"人的时代"是这样的历史阶段:较低阶层终于被充分认可并确立了第一个契约法,从主宰众神时代和英雄时代的奴隶制下解放。相反,福柯把"人"仅视为想象的产物,便有了那个著名比喻,将人比作在受到时间浪潮冲刷下被抹去的沙滩上的书写。法律本身也受到他的质疑,因为他倾向于认为现代国家比过去的绝对君主制甚至更加专制,将直接施加的惩罚性暴力代之以渗透日常生活每一方面、规训我们的思想、性欲冲动和生理机能的"善意"管教。现代性意味着用监视和"教育"代替公开绞刑，以理性和道德指引为武器，冷酷地规训在其规范之外生活的人。

萨义德的工作可以说是尝试将这两股不同的线编织在一起。在《开端》起初几份草稿里，他正是这样描述他的主题："在互相冲突或对立的文化、语言之间找到共通之处。"[31] 除了最终出版的那一版外，之前的每一版《开端》草稿其实都是以一个专门论述通用语言的长章节作为结尾——这一理念来自维柯，他设想"一种对各民族均通用的精神语言……语词集合体将人连成一个整体，超越了个体短暂的生命存在"。[32]

同时，他在贝鲁特获得的政治教养，也改变着他思考文学诸多可能性时的思路，转变的痕迹在《开端》中随处可见。到1972年撰写评论埃及小说家纳吉布·马哈福兹的文章之际，可以看出他已摆脱欧洲文学范式的防护罩。[33] 两年后，他将政治教习有了新的应用，即那篇许多读者不曾留意的《1948年之后的阿拉伯散文和散文式小说》，最初是作为哈利姆·巴拉卡特的小说《尘埃岁月》(1974) 以六日战争为背景的导言刊出。这显然是他学术生涯早期的代表作，善用修辞的同时阐述政治立场，让人想到斯威夫特的作品：

（1969年以后）我始终思考的是……一种语言是如何形成的——作为事实建构的写作，工具般服务于某种目的……1948年之后，我还写了一篇讨论阿拉伯散文式小说的长文，其中分析了这种小说叙述线碎片化、富于矛盾的特征。[34]

他在这里总结的观点朴素而不带浪漫色彩。从萨特《什么是文学》(1948)中引用了一些话,萨义德浅要地涉及社会现实主义,若不能称为社会主义者现实主义的话。这种观点在他接触的各学术圈里会引人侧目,这也许是它遭到忽略的原因之一。日后,萨义德会在《伦敦书评》等处发表富有真知灼见的文章,会再次探讨马哈福兹,小心地进行发源于《阿拉伯散文和散文式小说》一文的思考主题。在详细分析马哈福兹作为开罗日常生活的记述者中,其成就鲜有他人能及,并为之后每一位埃及小说家提供了灵感,萨义德认为他孤傲、刻意保持平和、同情纳赛尔主义,所发出的批评不够多,他还是公开表示支持埃及-以色列和平条约的知识分子之一(萨义德觉得这是因为他在阿拉伯报刊上遭到密切监视)。[35] 私底下,萨义德对马哈福兹的评价甚至更不客气,把他比作埃及的布尔沃·李顿(Bulwer Lytton),富于野心、追求华丽风格的小说家,书写语言刻意、仿莎士比亚风。[36] 他迫切地想超越马哈福兹"福楼拜式雕琢文字……大体上遵循现代主义的轨迹",与其他不那么受关注的阿拉伯小说家,如贾布拉·易卜拉欣·贾布拉(Jabra Ibrahim Jabra)、塔哈·侯赛因(Taha Hussein)形成鲜明对比。

萨义德意在说明,当时的新生代小说家在艺术上和政治上都比喜用华丽辞藻的马哈福兹更重要。仅说一点理由,年轻小说家具有更强的"流动性"。比如加桑·卡纳法尼"碎片式散文"和多重叙述者,捕捉到波斯湾的巴勒斯坦客籍工人生命的无足轻重,迫使命运和人物卷入一系列尖锐的冲突中。埃米尔·哈比比(Emile Habibi)《悲观的乐观主义者赛义德的秘密人生》(1974)表现出"肆无忌惮的实验性幽默",将伊索、大仲马和沃尔特·迪士尼与"随心所欲"的巴勒斯坦式流浪历险融合到一起。[37] 有意舍弃形式,萨义德指出,这样作家便能摆脱固有门类的要求，在散文、自传和小说之间标出一块疆域。他们都在尝试避开反讽的距离的表达，这吸引了萨义德的注意，他称其写出的是"接地气的流畅语言"。萨义德似乎正是在寻找一种全球边缘艺术的新形态。

小说这一文学体裁传入阿拉伯世界的时间较晚，如同它传入非洲和亚洲一样，而这也具有若干优势。在西方，作家容易区分不同类型的历史叙述，比如马克思《法国的阶级斗争》（1850）和福楼拜的《情感教育》（1869）均是有关1848年巴黎革命，但前者是政治剖析，后者是小说。西方作者因此可以忽略形式的演变史，不同文体彼此区分得清楚，作家可以集中注意力做更多内省和文字游戏，如西方的奠基小说《堂吉诃德》，其主题一定程度上可说是关于小说的阅读和写作。

与此相对，阿拉伯小说家不受这些事先存在的文体规定的限制，可以尽情施展。巴黎或伦敦的读者爱读他们的小说，当成原汁原味忠实记录的现实主义，这些小说源于阿拉伯作家记录危机的特殊诉求，对现实的迫切记录。从这个角度说，称小说的写作是历史行为并非过誉之词，甚至如埃及文学批评家加利·舒凯里（Ghali Shukri）在1967年战争后所言，是抵抗行为："写作并不自由，也无法自由：它必须服务于生命。"[38] 在这篇文章中，萨义德完全赞同这种观点，并借里哈尼的舞台喜剧描述语言攻击的情景（radh），如人类的斗鸡活动，并参照哈利里所著经典《玛卡梅集》（1237）的叙述传统——汇编了以诗歌和散文形式讲述的故事，借"依次讲述奇谈"探查底层人的日常生活。文章结尾通过援引阿齐姆，将阿拉伯传统和马克思理论相结合，他认为阿齐姆的写作彰显了这些内涵丰富的新趋势表现出的种种可能性。"阿齐姆的散文内含道德教诲，甚至读来有股学究气"，他力主这应被视为追求准确、愿意经受批评的表现,作家没有采取虚伪的自贬姿态或沉迷于"荒诞的仿作"。[39]

写《开端》的过程中,萨义德的脑中就酝酿着这些互相冲突的思想,《开端》本身也深受两场冲突的影响。在它出版的那一年,正值黎巴嫩内战爆发、越南战争正式结束。它迎头撞上的公众情绪是以杰拉德·福特的低俗喜剧为绝好代表,《星期六夜晚秀》反社会体制的愤世嫉俗所象征的流行文化。抗议运动持续了十年,随之而来的政治热情的耗尽,这与萨义德抗争的呼吁似互相抵触。低迷的时局反而成了动力,再加上此时他写了分析阿拉伯诗歌和小说的文章,他发表了多篇文章,有分析作为反殖民主义作家的乔伊斯,有分析美国小说对美国帝国本身避而不谈的处理,令人感到羞耻,而这是美国具有决定性意味的主题。

两年前,在给《变音符》(*Diacritics*)的编辑写信时,他希望寻找同道:"你是否也和我一样,觉察到有一股伪写作的浪潮席卷了整个美国?每个学者和/或知识分子将自己变成了缩微版汤姆·沃尔夫,每个人都渴望出名,表达易受认同的观点,把最前卫的思想都抛到一边。"[40]预感"我世代"即将到来,他要以自己的方式率先进行抵抗。尽管许多人忽略了细微差别,却也不是所有人都读不出《开端》关于中东的潜文本。康奈尔大学的教授理查德·克莱恩(康奈尔也是《变音符》的出版方)在字里行间搜寻,检测出"强有力的思维工具……服务于阿拉伯民族主义者的利益",他在给《变音符》编辑的信里激愤地写道,后来这一评价也传达给了作者本人。[41]《变音符》这本理论刊物做了一期专号,完全用于讨论《开端》,还包括对作者的长篇采访。克莱恩提出反对,他认为这本书相当具有迷惑性,的确在向人们提供另一种有吸引力的叙述,以替代被广泛接受的犹太-基督教叙述。

正如萨义德早前预料，《开端》获得了成功，专业学者撰写的评论接连出现，所引发的后果却在一定程度上始料未及。《开端》框架大而复杂，令大多数读者都感觉艰深。比如萨义德的博士论文导师之一恩格尔，便遗憾地表示自己缺乏需要理解《开端》所必须的哲学训练。[42] 萨义德之前的一名学生，此时是著名记者，读着读着就放弃了，说自己"不是这块料"。[43] 剑桥大学杰出教授托尼·坦纳（Tony Tanner）恳求挚友理解："这本书有不少部分的内容是我这盎格鲁-萨克逊思维不习惯思考的，尽管我竭尽全力（或者说我使不上力）。"[44]

萨义德从一开始便意识到，倘若这本书想要被充分理解的话，必须创造一个之前并不存在的听众。当时，大多数文学教授——如果对语言理论感兴趣，都是从他们阅读的诗人或小说家直接获得。比如保罗·瓦莱里和T.S.艾略特的诗歌，马塞尔·普鲁斯特的小说，均非常类似理论，因为它们是关于虚构的虚构，关于写作和语言陷阱的写作。就他们而言，巴特、福柯和德里达的文章施展了诗人和小说家语义上的佯攻和文字游戏，品味着语言的含糊性和不透明性——那种唤起关注它本身的语言，仿佛语词创造了作者，而非作者创造语词。在《变音符》的采访中，萨义德甚至对这种角色的颠倒打趣。他说，普遍的偏见是评论者之于艺术家，犹如霍华德·克塞尔之于穆罕默德·阿里，一个发掘对方的天赋的人。[45] 他在《开端》中表达的观点是虚构和批评具有同样基础的位置，而批评——不一定是虚构，令社会隐蔽的文化深处暴露出来。

在与编辑通信中，他用简洁的英语表达了意图。[46] 这本书会是比较文学的力作，涉及研读英语、法语、意大利语、德语和阿拉伯语文本，试图发掘其中蕴含的深义。弗洛伊德理论也是核心方法，这肇始自分析阿拉伯民众心理的《克制》一文。《开端》的出发点是反驳英语文学评论者弗兰克·克默德（Frank Kermode）所著《终结的意识》（1967），认为克默德的"世界末日"和《圣经》解读恰恰是理解现世的错误模式。"依附和独立，或自由与服从"，是他关注的重点议题，这要求一种新"理论和方法框架……在人文科学领域，即建基于真实世界的框架"。

《开端》原由十二篇独立文章构成，最终成书采取的形式是互相关联、风格相互不同的六章。在起首部分，他剖析了"开端"一词的多重含义，指出古典语文学运用的发掘文本意义的历史方法竟比如今最新潮的理论更前卫。然后，进一步阐述不同的作家是如何把开端的想法付诸行动，从十九世纪的现实主义（查尔斯·狄更斯的《远大前程》是主要例子）到现代主义小说（康拉德的《诺斯托罗莫》），至此现实主义让位于对历史和社会变革的嘲笑。[47] 纵观全书，他让法国结构主义和后结构主义理论现状与维柯进行论辩，在最后一章着重分析了维柯，阐明维柯一直是他的目的地。[48]

对起源和开端做的区别，可被理解为宗教和世俗性之间的区别。《圣经·创世记》起首语"起初"标示出一个本体论的起始点。在世界诞生之前，存在过虚空。再没有比这更准确、更激动人心的出发点，也再没有比这更超出人类活动范围和理解力的。因此，起源强调了由"太初有言"所锚定的人类活动不可企及之处。"开端"则相反，指一个人的所作所为；它不是单数，既然有许多个"开端"，人始终可以重新开始。萨义德对维柯高度感兴趣，正如他所指出，维柯是斯威夫特和萨德侯爵的同时代人，恰源于上述区分。维柯对此有巧妙概括，关键在于避开"创造这一行为的宗教意味"，宗教是"对人类事业最危险的威胁"。[49]

《开端》行文常流露私人口吻,甚至是自白,让人猜不到接下来会出现什么论据,仿佛注意到图书馆里各种大部头著作,从年代久远的书籍里寻章摘句。萨义德感兴趣的范式(patterns)并非属于基督教某派别,且有各异的历史渊源,这与他自诩的法国理论向导的角色不相一致,或者说他选择的许多资料似乎都为了拆解这种趋势。《开端》明显体现作者从列维-斯特劳斯的结构主义转向福柯、德里达和德勒兹的后结构主义,尽管他也并不完全服膺后者。他无法如他们那样,将语言视作欲望的媒介,视作"语义效应",而非恰当表达出的知识。他拒绝跟随他们进入那深渊,虽然钦佩他们夺取理论胜利的活力,令知识分子感受到思考的眩晕——其根基被斩断。对大多数人来说,他的分析如此新颖并且远远超前于时代,别忘了,当时大部分法国结构主义者的著作都尚未翻译成英语。正是他向美国读者介绍了这些十分活跃、处于思考巅峰状态的理论家,但他并没有止步于此。萨义德将他们对知识激进的怀疑与语文学融为一体——批判的思路,我们已看到,代表着恰恰相反的观点:坚信文本表述具有准确性,以及做出正确阐释的可能性。

词源学家、古典文学编纂者和语文学历史文法学者的关键任务之一,比方说,便是确立古代典籍的真实性。对这些学者来说,一部作品的原始文本犹如幽灵,其存在的证据只能通过对比后来出现的各个版本的讹误来间接得出。在实际操作中,一部文本往往是由残存的片段连缀而成,换言之,是推测而来的黏合品。几百年来,纸会腐烂,页码会打乱,墨迹会变浅,出版时会模糊化处理,审查官会销毁,研究者的手上始终无法拿到一个能被称为原始文本的实物。

萨义德将这一比喻推广开去,提醒当代的理论学者,像他们一样,古早的人文学者也同样质疑源头。而且,双方均发觉源头是"不及物的"(萨义德语,指不活跃的、渐渐消失的作者身份)。但是与语文学不同,法国理论忽视了我们都受到寻找源头的强烈欲望驱使,依仗批评者的"意图与方法"(这也是萨义德为《开端》定的副书名),有赖意愿之力(force of will)使这些文本焕发生机。因为如果我们不知道我们来自哪里,又如何能够知道我们是谁?在同时期论福柯的一则私人笔记里,清楚探究了个中区别:

> 我越使自己远离我自然的、惯常的引力中心,看清不知不觉中脚下站立的基础的机会就越大……我在试图寻找它们的源头……它们加在我们身上的束缚力;因此我试图将自己与它们离开一段距离,试图显现如何能逃离。[50]

他以这种表述重申起源具有积极作用的一面,逻辑思考将他带回到开端,后结构主义者认定那是神话,而现代主义者相信其绝对——一种全新的观看方式,对过去没有丝毫负债。萨义德对绝对的创新没有这样坚定的信念。他不想否认源头;他仅仅是想摆脱它们强加的影响。

这种对开端的思考显然也是自我宣言。从这个角度看,紧扣"语文学"这一术语进行阐发或许是他最出人意料的一着。提起"语文学",陈旧气味就挥之不去,它意味着钻研拉丁文、希腊文和希伯来文,正如十九世纪的苦学生不得不做的。它让人想起钉是钉、卯是卯地钻研比较语法、词源学,以及词典编纂,总之似乎与适合切入当代法国理论实验的点相去甚远。数年后,萨义德开玩笑说,语文学是与人文主义相关的各学科分支中最不"性感"

的。[51]不管怎样,他觉得语文学很有吸引力。他从维柯的理解得到启发:研习"人类一切或大部分的词语活动",不仅仅是诗歌或小说,而是法律、社会学、经济和历史;一种贯通的技艺和一门新科学。这种关注从他五十年代末还在哈佛读博士时教历史和文学课就开始了,早在那时语文学便是他教课的主题。日后,他坦言他的人生追求可以简洁地概括成"为了将杰出的语文学学者的传统加以创新"。[52]

这等于在说,萨义德拒绝专业狭窄化。希望对一切词语活动追根问底,他暗示,语文学者距离文学现代主义精神本身并非那么遥远。如果说语文学的一大辉煌成就是热衷于积累知识,法国理论的反叛(萨义德语)或可概括为构成互补的另一种思考方式,"知识的不规则性与断裂性……它缺乏单一的、处于中心位置的逻各斯"。[53]

萨义德没有与过去做彻底的决裂,他寻求基于传统的创造性,这听起来是矛盾的,在此处福柯阻碍着他的脚步。这也是他对这位法国思想家持矛盾态度的原因,福柯拓宽了他的思考,又引起他的质疑:

起源和开端均无望地相异于并远离(福柯所指的)话语流。(这是一种结构主义者立场,在本书的讨论中,我始终在批判、修正它;而在这里,我持有的是他们的立场。)[54]

这段话暗示了这本书读起来给人感觉绕圈子的原因。事实上,《开端》的关键方面均直接与《克制》一文呼应。都应对的是"再现"(representation)的问题,在以下双重意义上:一,用词语描述现实(模仿或模拟);二,代表支持者发声,如"政治代表"中的代表之义。

因为如果让写作做到与现实相符,那么就必须模仿。按萨义德的逻辑,"模仿"现实赋予写作过大的权威。现代主义为人称道之处在于戳穿了文学现实主义的种种假象,不仅因为复制永远不是真正的真实,更因为这种努力意味着对原型永远亏欠,这般情境让人联想起阿拉伯人面对欧洲时的窘境。通过维柯,萨义德想象出不受模仿控制的过去,其中包括拒绝相信发明是全新的这一错觉,包括接受维柯开创性的观察(人可以以一种创造性的方式进行重复)。每一次"复归、重审"(ricorso)都是一次新的可能,在维柯著名的有关历史重现论中这样认为。

他观察到在阿拉伯文学中,是如何赋予《古兰经》特殊地位——由天使长加百列向穆罕默德口头宣示的文本,"在任何文本的表面下都存在口头语言和书面语言的对立"——口头(民众)抗争希望冲破书面(官方)专制的幕布。如果像在它自己的文化神话中那样,阿拉伯语是不可更改的(神的语言),那么西方文学里使人类事业焕发生机的意义之争对于阿拉伯人是无从想象的,因为阿拉伯语意味着没有人能够成为真正的作者。作者权始终在别处。[55]

阿拉伯语本身包含的僵局自读大学时便困扰着他,在当时的学习笔记中,他写道,因为阿拉伯语没有"形式动词结构这种沟通表现(直接与变化中的现实世界相关)",就导致"不具传达性的、装饰性"写作。他感慨,"导致令人悲伤的后果"。[56] 被迫"要么像西方人一样说话,要么像神一样说话",阿拉伯人发现想创造"一种或可将我们揭示于自己面前的(语言)形式"毫无可能。[57] 此时,福柯如称手工具,可以帮助他获得上述语言形式所必需的锤炼工具,但仅是被维柯调和过的一种语言形式。

《开端》创作背景故事说到底可以看作不同的思考范式互相冲突、争取扩大自己对萨义德的影响的过程。维柯与法国结构主义者相距甚远。维柯酷爱读书，脾气暴躁，是拉丁语学者，身处欧洲边缘地带的那不勒斯，他的职业也卑微，而当时的欧洲处于宗教法庭的严格管控下，只能愤而北望思想自由的知识分子生活的中心荷兰——是全欧洲非正统思考者的避难地，包括维柯的密友笛卡尔。他埋头钻研的学问在一个世纪前已在那不勒斯达到顶峰，而维柯对文学阐释的语文学技艺是源于他钻研罗马法的功底。

而且，维柯的名作《新科学》是混合体，混合了语言学考古、古老印刷品的图像解读、原始人史前史的想象故事。《新科学》没有遵循任何范式，维柯写这本书花费了一生的时间。相当吸引人、常常显得大胆而自夸，该书汇聚了格言、警句和语气激烈的书边评语，同时竟然宣称该书具有"几何般的"准确。无论怎样，维柯的讲述远非枯燥的档案引述。书中包含阶层冲突、反叛、部落间战争和各大帝国覆灭的讲述。它体现出的无所不包的道德再符合萨义德的意图不过：即在人类文明的故事面前，群落、种族或地区都处于次要地位。各个民族（nations，在词源上，维柯将此词与"nativity"联系起来）或许源于氏族，但是随着时间流逝，形成了的国家已不再是建立在种族利益基础上。[58]福柯"话语"理念指从上方、通过机构和政权的官方语言强加的意识形态，与之相反，维柯想表达的是人类能够知晓并且应该花费更多时间去领会的，便是民政制度（civic institutions）——它体现了我们的秩序和理解的能力。

七十年代中期，萨义德远非只身一人完全转向维柯的"叛徒"。1969年，一次讨论维柯的国际研讨会的公报出版，而两年前策划的一次会议上，维柯研究院赞助了为期一周的"维柯与当代思想"的国际会议，于1976年1月召开，恰是在《开端》出版不久后。[59] 这次会议在哥伦比亚大学意大利研究中心（Casa Italiana）和新学院（the New School）召开，重要到《纽约时报》都予以报道。知名维柯学者纷纷要求萨义德，出版商也要求他写一本专著，而他刻意保持距离，无意在维柯研究上获取声名。[60] 相比之下，他对维柯的服膺更多地具有私人性质。

正如"民族"一词暗含诞生的概念，文明的源头亦需要一种"诞生"论。对维柯而言，是"gentile"（外邦人）一词捕捉到这种诞生感。尽管这个词在口语交谈中指非犹太人，维柯则把这个词完全用于指他所处时代的基督教教条，涉及上帝计划的故事中的犹太人的重要地位。贯穿《新科学》始终的论述均有世俗指向的暗示。维柯注意到，此词词根是拉丁语 gentes，指从婚姻制度顺理衍生出的一个个扩大的家庭，外邦宗教最初的行为之一。在史前史发轫之初，动物般的人走出森林，建造了第一批城市，那些率先领路的人积累了财富，获得了权力，晚到的人、被迫寻求他人庇护的人成为他们的奴隶。外邦人便不得不创造他们自己的历史，发明种种制度：婚姻、宗教、殡葬和政府，因为与犹太人不同，他们的路没有被上帝事先拣选好。

且让天选之人维持他们与上帝的订约，维柯似乎在说；至于我们其他人，是大部分未被讲述的、人类抗争的故事，孤独地承认上帝，运用人对上帝的恐惧来构建文明，通过语言、习俗和法律的手段。这一点很关键：如同伊本·赫勒敦《历史绪论》，尽管《新科学》讨论的中心内容是历史、社会学和比较宗教学，但它本质上是一部文学批评之作。在极为特殊的意义上，它为过往留下的碎片式文献做出了文学阐释。它敢于讲述外邦人历史的诞生，个中人物只用诗般语言交流。维柯发现，诗歌起初并非仪式或艺术表现中的精炼或意象式语言，而是日常交流的媒介。我们的祖先是以象征和形象思考、讲话，因此他们的第一定律是诗歌。从众神时代到英雄时代再到人的时代，此种历史模式在维柯看来会循环往复，其间会经历大倒退，重回野蛮主义。从这个角度看，重复便不止是单纯的模仿。学者发现新的联系，"用维柯喜爱用的词来说，是通过重新发现它们（ritrovare）的方式"。

与维柯类似，福柯也在多方面有深远的影响，无论是文体、语言还是人生轨迹。福柯是"二十世纪西方最值得关注的抵抗思潮的中心人物"（萨义德语），同时是一个天才圈的成员，这个圈子"我们近几代人大概都难再见到"，此外福柯还是灵活运用修辞的行家。[61] 如果没有福柯独创性的表达方式，让写作显得自成一体，萨义德便不可能找到呈现《开端》的语言方式：在政治力量领域实现的自主性技术功能。对福柯而言，萨义德解释，"文本不仅仅在记录，并非即刻写作欲望驱使下完成的单纯书写"，毋宁说它"分发着各种文本冲动"。[62]

福柯将语言学观念应用于对社会规制的批评，从根本上说这与维柯是相似的。[63] 而在《开端》结尾数页，萨义德分析，尽管福柯令人信服地阐述了语言遵循的"传播"规则，即语言通过在规制中散播，从而积聚权力——他完全关注"话语的体系"，不涉及公司垄断、广告审查理事会和大众媒体的世界。对于这些，福柯不发一言。

但是萨义德觉得更容易认同福柯早期关于病人和疯子的著作，揭示了国家为了整肃秩序，把处于社会边缘的群体划分为不正常的惩罚过程。1972年，萨义德的一门课程便是讲授《疯癫与文明》。[64]同时他被福柯的文体风格吸引，"反讽，怀疑，猛烈的革新势头，在它颠覆各种正统、偶像和神话时将道德感置于一旁，这种颠覆又有滑稽的效果"，并且赞叹福柯的独一无二。[65]福柯不仅是在抛出观点，而且通过形成观点本身的方法，积累一个个动形词，从而使"做"成为"存在"的一种形式，用一组组四个事例（而非通常的两个或三个）来组织观念，通过呼吁被抽空了一切因果关系和能动性的过去来证明一个观点。萨义德颇喜爱福柯"反朝代"的思辨，即他对已树立的权威并不关注，同时发明了独特的秩序范式。[66]

与对萨特的欣赏类似，他对福柯的欣赏也与中东有关，尤其是福柯支持巴勒斯坦人的真诚态度。1973年1月，在致埃莱娜·西苏的信中，提到他刚刚看到当天的《世界报》刊登了《为巴勒斯坦人呼吁》，西苏、热内和福柯都签了名。萨义德"深受感动，心存感激"，并且认为美国左派知识分子在这个问题上显得落后："对我来说，你们是榜样……我读过你们每一个人的著作，却只见过你，启发了我们的思考，令我们意志坚定。"[67]1972年秋，萨义德发表了论福柯的一篇最具洞见的文章（《作为一种知识分子式想象的米歇尔·福柯》），他借此机会，将这篇文章直接寄给哲学家本人，仿佛递出一只装有纸条的漂流瓶。11月，显然是惊讶于萨义德对自己的研究有复杂、透彻的领悟，福柯回寄一张手写便笺，字里行间洋溢热情：

> 我刚从美国回来，就看到了你分析我作品的文章。无需赘言，我深表感激，你所花费的工夫，阅读、理解并且分析我竭力表达的东西……阁下，我非常钦佩你的领悟力，以及你的分析

所达到的强度，在许多方面深刻到帮我阐明了未来耕耘作品的本质……我期待读到你的作品，弄懂它的意旨。[68]

接到福柯便笺的萨义德深感荣幸，迅速做了回复，提到与热内的会面。热内告诉他，德勒兹、菲利普·索莱尔斯、德里达（仅列举几人）都支持巴勒斯坦人，这让他惊讶。得知他钦佩已久的"精神"持如此进步的立场，他非常振奋："作为有政治诉求的巴勒斯坦人，我更要表达感谢……从你们的理论著作中领悟到一种革命性质的轨迹，或许有助于阿拉伯-巴勒斯坦人的思想发展，以及革新思想的发展，我对此感到振奋。"[69] 福柯和萨义德的会面要晚得多，那时他们因巴勒斯坦问题所达成的盟友关系已不似之前那样坚固。[70]

在他努力将福柯融入维柯的思想模子的过程中，这种联合变得越来越不可靠。但是他仍坚持着。是的，萨义德不得不承认，福柯赞同海德格尔关于人的自由的"悲观"观点，与《新科学》中善于随机应变的"造物之人"（homo faber）迥异。但是他辩护，福柯仅仅"吸收"了这些悲观的观念；他并不是这些观念的"随从"。[71] 福柯也许可称之为后人文主义者（posthumanist），他却发挥出"人性化"效用。[72] 日后，福柯的神谕式方式令萨义德感到不满。[73] 论及法国学术圈，福柯将"不具非人形的规则、作者隐身的陈述和规训式主张"置于重要地位，并且认为作者无足轻重，这意味着福柯似乎不关注"'令人憎恶'的自我，包括福柯本人的自我"。[74] 与维柯不同，他忽视或谓抹除了他之前的各位先驱的努力，他的观点并不像它们所呈现的那样原创。[75] "语言学无法企及的，"他补充道，"是向我们彰显结构得以组织成结构的原因。"最终，他变得接受列文的评价，即这一派思想是"我们这个时代的亚历山大主义"——一种装饰性批评，犹如古时亚历山大的那些学者，热衷于讨论形式，接近神秘主义，对寻常事物加以痛斥。[76]

随着时间流逝，福柯著作传达的意旨已不再纯粹，萨义德愈发公开表示他对这位法国学人的失望。"我戒掉了福柯。"他在致友人的信中直截了当地承认。[77] 在评估之前向他讨教过的学生论文时，他打趣说，该学生应该"少读福柯，多读葛兰西和 C. 赖特·米尔斯"[78]。他尤其难以接受福柯《真相和权力》（1977）所做的论述，书中哲学家谴责"普遍的"知识分子大谈如无产阶级民众、阿尔及利亚自由斗士或法国抵抗这样的政治集体名词，取代了谦逊独处的"具体"知识分子。

在《开端》结尾数页，萨义德阐明立场，与福柯所嘲笑的"普遍的"知识分子站在一起，其中包括左派历史学者加布里埃尔·寇尔科（Gabriel Kolko），他将所著《现代美国历史的主流思想》一书献给越南革命和"促成这场革命的人民"，并且把美国在越南和朝鲜半岛的行径称为"大屠杀"。[79] 在这一时期他表示支持的其他学者均成就斐然——哈里·布莱肯（Harry Bracken），所写文章《本质、偶然和种族》在整个七十年代都时常引发萨义德的思考，进入八十年代也如此；乔纳·拉斯金（Jonah Raskin）所著《帝国主义的神话》（1971）令萨义德深受触动。[80] 他后来向拉斯金坦言，"在我看来，没有人近距离研究过你所提出的问题"，这出人意料的评论是基于《开端》转变了的声音，因拉斯金在自己的书中写到"文学领域的歹徒、告密人和恐怖分子"，发布了对 T. S. 艾略特、F. R. 利维斯、莱昂内尔·特里林的"缉拿通告"，渴盼"埋葬美式帝国主义"。[81]

反讽的是，在《开端》出版一年后，它获得了哥大颁发的首个莱昂内尔·特里林奖。多年后，萨义德仍然觉得这本书值得详尽阐述，书中主题比他所钻研的丰富得多，尤其是维柯。[82] 对《开端》持批评态度的人里就有列文，他引用了但丁的《地狱》，说自己在萨义德的"暗黑森林"里迷了路。赞叹萨义德独特的洞察力的同时，他还在琢磨"开端"的表述是原创性观念，还是如罗杰特（Roget）所言，是"一种抽象关系……一种如此普遍的范畴，以至于任何文本都可以赋予它一种新内涵"。但是他十分了解萨义德，知道他具有双重意识："你距离语文学或历史还不算太远——或者说，谢天谢地，还不算过于反人类，不像你时不时大声宣扬的那样。"[83]

尽管萨义德常常严苛地对待批评，尤其是当他的声誉受到威胁时，但是面对列文的批评，他没有反驳。"亲爱的哈里，"他在信中写道，"这本书写的或许是一个过于极端、激烈的'开始'，如今已令我感到尴尬。我现在发觉自己不再信服《开端》中推崇的反历史和强烈的理论立场。"他自豪地宣布，如今他着手的研究会令列文感到欣慰——主要与历史相关，"甚至可谓实证主义"，有关"西方东方学研究的兴衰"。[84]

第七章

从西贡到巴勒斯坦

> 幽灵飞行者在空中飞,
> 波斯废物准备受死。
> 蛇和颈项纷纷滚来,
> 真主造物,我们屠戮。
> ——美国空军战术战斗机中队军歌[1]

谁也没想到《东方学》会成为畅销书。《东方学》开始写时,正值水门事件听证会接近尾声,书起首便描述了惊心动魄的一幕:贝鲁特内战中被炮弹炸得千疮百孔的建筑。接着,几个段落后,带读者迅速回顾了自浪漫主义时期以来鲜为人知的学科史。章节从十九世纪的小说跳跃到美国新闻界上演的谐歌剧、亨利·基辛格的卑鄙行径。除非读者熟悉萨义德在此前十年的写作,或熟悉历史学家威廉·阿普曼·威廉斯(William Appleman Williams)关于帝国"作为一种生活方式"那些著作,或熟悉拉马丁的诗,否则上述研究素材会令人困惑或极有冲击力。为这本书受人欢迎感到恼火的语言学者和历史学者也会有同感。对一半读者而言,这本书是一次胜利;对另一半读者而言,这是一桩丑闻，但是谁也无法忽视它。

在中东的大部分地区，读者只觉得兴高采烈。"这是头一次，"塔里夫·哈立迪解释道，"是'我们'中的一员写的书，直截了当地告诉帝国滚蛋。"萨义德仿佛在说，"我们了解你们的把戏"，他摆上台面的不只是对种种静态化、本质化身份的批评，而是一整套为权力服务的知识的理论。它"开启了千万扇门，洪流迸发"。[2]《东方学》对英法关于阿拉伯和伊斯兰世界的研究发起控诉，整个论述足够清晰。东方学研究成功地创造出关于阿拉伯人和伊斯兰世界的想象式投射意象，符合西方读者的偏见。有时，这些意象生机勃勃、令人兴奋；有时是故意幼稚化或令人憎恶，而无论怎样，都不是把阿拉伯人和穆斯林当作欧洲的邻居或同时代人，或面对与西方类似的日常问题的人来描述。

数百年来，这些形象和态度促生了彼此强化、盘根错节的陈词滥调，反映在媒体、教会和大学奉行的政策中。伴随看似客观的科学施加的权威，新的偏见融入四处传播开的老偏见的行列。这套宏大的知识体系构建的阿拉伯人缺乏真实的文本基础，往往依据的是少量中世纪的宗教文献。这样一来，阿拉伯世界就被它自己的历史典籍所困住。上述概括《东方学》的主旨，算是不会引起争议的，而读者在其他方面便难以取得一致的意见。

大部分人没有注意到萨义德对待东方学家的确持矛盾态度。显然，他们意识到整个故事的根源，是学者们的"已知事实"为勾勒出的阿拉伯和伊斯兰他者的画像提供了科学权威。《东方学》重点在于揭示西方制造阿拉伯反面人物的需要，而非讲述生活在黎凡特地区的真实的人群，他们所经历的"残酷现实"，萨义德补充道，"显然比西方关于他们能够言说的任何话都重要得多"。[3]可是另一方面，这些学者不是语文学者吗？语文学难道不是他想复兴的一种阅读和研究的方法？

因为上述原因，他做的评估便很复杂。《东方学》出版不久写的几篇文章（原本打算收入书中）里，对在书中批判过的东方学家表示了极大敬意，如赞叹路易·马西农，"完全是另一种浩瀚的思想"，称赞雷蒙·施瓦布"明晰的中心思想"。[4] 在某种程度上他认为阿拉伯学者和持异见的知识分子可以留心东方学家如何运用"形意、韵律和主线"，他自己便对文体、表现手法等难以捕捉的地方做笔记，而非迅速扫过他们总结出的知识。[5] 萨义德认为，《东方学》受到热烈反响与他领会了东方学家的长处有关。

《东方学》的接受过程中始终伴随各种误读。当然，倘若说这本书并非真正有关中东，或说在他对十九世纪被迪斯雷利（Disraeli）、克罗默勋爵（Lord Cromer）和吉布（H.A.R.Gibb）等人传播的对阿拉伯之"落后"做的夸张描述背后不是在指涉巴勒斯坦，显然都会离题太远。另一方面，《东方学》不仅仅是（或者主要并非）关于东方和研究东方的学者。读过《东方学》之前著作的读者会注意到本书是对再现（representation）在多大程度上成为现实的组成部分的思考，不仅仅是用语言再现。与其说试图衡量东方学家对阿拉伯和伊斯兰生活的描述准确与否，他更想思考的是"再现"本身彼此形成回响的内部各个空间。

在那由姿势、术语和陈述构成的自我闭合的建构中，可以读出观念流传、它们如何获得权威、如何不受实际世界影响就增强本身的力量所遵循的机制的蛛丝马迹。很多人以为《东方学》是一次失败的尝试——从整体上描述东方主义学科（他从未有意完成这一计划），而事实上它有着与上述尝试迥异的目的。所以如果将《东方学》的意旨归纳成一个，那么便是人文学科往往会引发政治影响，不只是因为东方学家拥有的影响之重要性和范围，更是因为文学批评者（不同于政客、记者或社会学家）研究的是再现。唯有他们能够解释如东方主义这样的狂热信条是如何塑造出来的，又如何获得了"质量密度和指称性权力"。[6]

即使是对他讲述的西尔维斯特·德·萨西（Silvestre de Sacy）周围的小团体或分析福楼拜小说《萨朗波》老式词汇不感兴趣的读者，也多少能领会到一些他想表达的潜台词：媒体、智库和大学均是有意或无意的共谋者，参与了各自所属政权的外交政策历险。他并没有发明"东方主义"一词，甚至也不是第一个探究东方学所引发的恶劣影响的人，但是他赋予这个术语新的共鸣。最有力表明影响的迹象，便是专门为了驳斥《东方学》而写出的书的数量（其中有些书比三百二十九页的《东方学》还要长）。[7]

1976年8月2日，刚刚完成第一稿，萨义德决定为这本书取名《东方化东方》。[8]后来该领域的学者纷纷抨击《东方学》将虚无论阐发到极致，而在萨义德自己看来，它完全是基于事实的对已有记录做的校正。他希望被看作严肃的唯物论者，这在《东方学》出版之时显得越发明确，当年他主持哥大颇具声望的英语研究所，邀请列文来参加小组讨论。萨义德本来邀请的是威尔士社会学家、文学批评家雷蒙·威廉斯和前英国共产党党员、历史学家E.P.汤普森，二人因日程安排相冲突而无法参加，萨义德便询问了列文。列文觉察到新兴的从属关系，提出以法兰克福学派运用马克思主义进行的大众传媒批评为题做演讲。[9]

萨义德明白《东方学》很有可能被认为对传统观念进行了破坏，这令他与乔姆斯基——另一个颠覆传统观念的人——的友谊更加珍贵。语言学家的悲观预测一直令他富有争议，同时他也在同恶意媒体打交道上积累了大量经验。乔姆斯基的《知识分子与国家》(1978)是前一年做的演讲结集成书，萨义德非常熟悉这本书，它剖析了学术机构是如何助推了越战。萨义德考虑过与乔姆斯基合著一本书，分析对中东文化做的禁不起推敲的描述，《东方学》看上去是在这一规划下着手写的。乔姆斯基忙于其他项目，分身乏术，萨义德便独自进行下去，其劳动成果就是《东方学》。[10]

乔姆斯基的帮助体现在其他方面。他是第一个阅读初稿的人，"几乎一口气"读完了全部内容。[11]他赞赏颇具洞察力的缜密分析，同时提醒萨义德更加注意"分析与直接引用之间的平衡"。乔姆斯基还说，将会遇到的批评"不会少"，很有可能集中于相对缺乏文献这一点。"再加上论述种族主义、东方主义和越战的内容，会更好——我们就这些讨论过。"

《东方学》开始写于1973年阿拉伯-以色列战争结束后，初稿完成于尼克松在印度支那发动的最后一轮轰炸仅一年后。它的出发点是将中东冲突描述成一次反殖民化的起义，与在越南发生的极为相似。[12]他不禁要问，为什么没有发生声援巴勒斯坦的焚烧旗帜或占领首都之类的行动？正如歌德的"世界文学"是在拿破仑入侵中欧后构思出来的，《东方学》的动机之一也是对战争的一种回应。[13]

1978年初，在致伊斯雷尔·沙哈克（Israel Shahak）的信里（沙哈克是大屠杀幸存者，化学教授，以色列人权联盟主席），萨义德阐述了写作《东方学》的其他动机。西方的文化英雄，如约翰·斯图尔特·密尔和马修·阿诺德"不仅不反对种族主义、帝国主义……他们非常支持，通过出借其名望、声誉，积累'文化'和'种族'的荣誉,从而助纣为虐"。他们清楚地知道正在发生什么,并且也这样明言,这令他们成为"现代自由派知识分子"的原型,不仅是类似为政府白皮书做辩护的自由派和《纽约时报》社论主笔,更是直接的原型。[14]

写作《东方学》的地点也对他的思考构成影响。初稿的大部分内容于1975年至1976年在一个研究中心完成,竟是研究自然科学和社会科学的场所——斯坦福大学行为科学高级研究中心。[15]偶尔有艺术评论家或哲学家受邀去中心,而人文学者在受邀至中心做研究的学者中并不常见。同时受邀的学者中,唯有他是文学评论者。[16]1976年7月,他兴奋地告诉友人、英国历史学家罗杰·欧文,"我已完成了两大章(约两百五十页),进展顺利,准备完成最后一部分"。同年8月,萨义德完成了最后一部分。[17]

行为科学高研中心不是可以申请研究基金的研究中心。择选委员会注意到萨义德跨学科的研究兴趣,并非来自读到一封引人入胜的计划书,在这样的材料里,他有可能摆脱初始给人留下的印象。入选者是由学界权威组成匿名评选团,从众多候选人里挑选。一天,一封神秘的邀请信出现在邮箱里。这些身处高深圈子的科学哲学家、社会学家和心理学家看中了萨义德什么?却是被他后来的批评者所忽视。我们知道那并非源于他在《开端》中对赫勒敦和维柯在历史社会学奠基方面所起作用的论述,因为最初的邀请发生在1972年至1973年,那时《开端》尚未出版。除了他的文章经常见于《纽约时报》外,他的曼哈顿文学圈人脉、他与诸位有声望的学者都有往来(迪克·麦克西[Dick Macksey]、哈泽德·亚当斯、海登·怀特、大卫·利斯曼[David Riesman]),还可推测出两个原因。在他对行为科学高研中心研究目标的陈述中,强调他的计划是研究"东方语文学学科的兴起"。"最终会写成一本书,"他又补充,"目前我对当代阿拉伯小说感兴趣,尤其是这些小说发挥的文化作用和政治作用。"

中心显然想更加了解中东。卡特任美国总统的时期,是政治上一段短暂的进步期——如我们所见,对巴解组织持最为开放的态度——萨义德较为激进的观点本身便对斯坦福思路开放的研究员有着吸引力。正如他在该中心期间致信欧文时坦言的,他一点也不想把自己变成中东问题专家;他的意图明确得很:"我把分析东方主义的这本书看作对帝国主义抗争的贡献。"[18] 与萨米(玛利安姆认识萨义德前便与萨米相识,他在他们的婚礼上担任伴郎)在哥大校园里散步时,便流露出类似态度。他大声对萨米说,为什么所有关于中东的杰作都是由西方学者写的?[19] 为什么阿拉伯政权都如此专制?[20]

1975年,安瓦尔·萨达特废除了黑名单(实际上该名单在整个六十年代都起作用),萨义德同玛利安姆在夏季以游客身份重返开罗,在一家旅馆住了一周。每条街都人潮汹涌,肮脏不堪,令他们颇感失望。在美国之外,他在贝鲁特的家仅仅是稍微比埃及住的地方舒适一点,离去斯坦福做访问还有几个月,黎巴嫩内战就是在当年夏天爆发。他在研究中心收到的友人来信都提到黎巴嫩"残忍的大屠杀",对他表示同情,问候他的家人。[21]

尽管他在信中告诉英格兰的诸位友人,"并不是很喜欢斯坦福的这个研究中心",加利福尼亚的天气却让他想起东地中海,他还发现伯克利有家黎巴嫩餐馆。"昂扬、打网球的兴致"令他极有亲和力,尤其是对女性而言,他觉得更容易同她们谈心里话。[22] 乔纳森·科尔(Jonathan Cole),后来任哥大教务长,当时也在斯坦福做研究,记得萨义德是关注焦点,午餐时常与别人进行有趣的长谈。

不同寻常的是，当年中心还邀请了约霍沙法·哈卡比，以色列军事情报机构的前负责人，也是以色列著名的阿拉伯语学者，他和萨义德形成怪异的对称。哈卡比文化素养颇深，热爱阿拉伯诗歌，沉默拘谨"犹如秘密警察"（艺术史学者斯韦特兰娜·阿尔珀斯语），称自己是"信仰马基雅维利的和平鸽"。[23] 有人担心二人会起正面冲突，在中心打响一场中东代理人之战。[24] 事实上，萨义德和哈卡比均表现得体，虽然关系算不上热络，但都以礼相待，谈的往往是共同兴趣这样稳妥的话题。阿尔珀斯记得二人多次发生"让人忍俊不禁却伤感情的摩擦"，她觉得他们的关系比较紧张。[25] 在来中心之前的数年间，哈卡比从一个强硬派（乔姆斯基冷冷地观察到他"巧妙的创新"，包括"五十年代在加沙地带寄邮件炸弹"）转变为公开支持巴勒斯坦建国。[26] 无论是否受到萨义德的影响，离开中心不久后，他便敦促以色列同巴解组织开展谈判，并且从占领土地上撤军，方便独立的巴勒斯坦建国。

哈卡比对阿拉伯做了相当深的研究，他来斯坦福之际就阿拉伯心理写了一篇政论文章《阿拉伯对以色列之态度种种》（1972），对数百部阿拉伯著作、报纸和广播节目做分析的基础上归结出的结论。在《东方学》中，他就以"约霍沙法·哈卡比将军"的身份短暂地出现过，萨义德概括他的观点，认为阿拉伯人"堕落、骨子里的反犹情绪、暴力、情感失衡"。[27] 无论写作意图为何，哈卡比的书属于萨义德已颇熟悉的门类，显然打算在《东方学》中加以分析。

它最聪明的继承之作是拉斐尔·帕泰的人类学案例研究《阿拉伯人的心灵》（1973），帕泰是匈牙利犹太人，在哥大、普林斯顿任教，书中提到阿拉伯人避免做一切会脏了手的工作，沉迷于声色，对无论来自哪里的异乡人都持敌意。这本书探究所谓阿拉伯观念最深处的偏执，受到颇为正面的评价，最终引起五角大楼的注意。2004年，《纽约客》刊登了西摩·赫什的一篇文章，披露该书成为"新保守派了解阿拉伯人行为举止的《圣经》"，被阿布格莱布监狱的审讯者利用，以攻击阿拉伯囚犯的弱点，因为他们相信阿拉伯人最不能忍受的就是性侮辱。[28]

甚至在斯坦福遇到之前，哈卡比和萨义德就有过紧张的碰面。五年前，美国阿拉伯裔高校毕业生联合会（萨义德是成员之一）在埃文斯顿的奥灵顿酒店举行年度会议，十分凑巧，在美以色列学生就在相隔几个街区的地方举行年会，哈卡比正是受邀前来的演讲人。这位"好将军"在没有事先通知的情况下，领着九十名学生走去奥灵顿酒店，想进行一次善意的对话。人民阵线的下属组织（萨义德当时表同情，因为好友萨米是组织成员）率先获悉这次行动。萨义德觉得此举纯属"挑衅"，深感愤怒，便率人民阵线成员和哈卡比对峙。对方接近了，萨义德高喊"挑衅者"。楼梯上，双方僵持不下，在一片嘈杂声中，哈卡比大声说他们是为和平而来。最终，以色列学生选择后退、离去。[29]

1979年，哈卡比和萨义德又在巴黎遇见，这次是在福柯的寓所，同来参加《现代》杂志就以色列-巴勒斯坦问题举行的圆桌讨论。在那个场合，都措辞谨慎，萨义德称他"处于转变立场的过程中，会成为以色列方支持巴勒斯坦建国的鸽派代表人物"。[30]《东方学》探讨的是十九世纪和二十世纪初期的阿拉伯语学者，但同时它针对的也是晚近的冒犯者，在卑鄙的语文学者如C. 施努克·霍尔格荣耶（C.Snouck Hurgronje）、泰奥多尔·诺尔戴克（Theodor Noldeke）和爱德华·帕尔默（Edward Palmer）的背后可以辨别出哈卡比和帕泰的面孔。

《东方学》从中受益良多的先驱，远比糟糕的语文学者多得多。在去斯坦福做研究之前的数年中，萨义德经常与中东研究领域德高望重的学者通信请教，以及对阿拉伯研究的关键批评者，如阿努阿尔·阿卜杜勒-马勒克（Anouar Abdel-Malek）通信，他刚好是萨义德儿时伙伴纳比尔·"比尔"·马利克的表兄弟。阿卜杜勒-马勒克所著《危机中的东方主义》(1963)有着开创性意义，二人保持了多年的通信往来。在读过萨义德为东方主义撰写的提纲后（《粉碎的神话》，收录于1975年的一本文集），他寄给萨义德一张他所著的书单，对萨义德没有引用他的著作表示不满。[31] 这引发了一轮友好的争论，萨义德也想问对方为什么从未引述过自己的观点。[32]

　　尽管如此，萨义德不久便在信中表达了钦佩："在我们的世界（即第三世界，或谓阿拉伯世界），没有人有像你这样的思辨能力，对文明和文化议题做了系统方法性的理解。"[33] 后来有些评论者批评萨义德在引述前人研究成果时不说明引述来源，事实上，从他1969年就巴勒斯坦问题发布的第一篇文章起（刊登在哥大校友会刊物上）便已列举出诸位前辈，而且非常详细：雅克·贝尔克、马克西姆·罗丹森、阿卜杜拉·拉鲁伊、侯赛因·法瓦兹、康斯坦丁·祖莱克、乔治·安东尼斯以及阿尔伯特·霍拉尼。[34]

　　萨义德认为贝尔克是二十世纪最具天赋的学者之一。[35] 他是"黑脚"法国人，生于阿尔及利亚，萨义德多年来关注他的学术动向，并从七十年代后保持热络的通信往来。与同龄人不同，贝尔克喜爱当代阿拉伯文学，这就打破了常规观点，认为东方值得关注的有趣之处全在古代，以及默认东方是停滞不变的。马克西姆·罗丹森著有《伊斯兰和资本主义》(1966)，1974年11月，萨义德为该书写了题为《一位法国马克思主义者阐释了神秘的近东》的书评,刊于《纽约时报书评》,他也是受萨义德"景仰"的学者。36 萨义德还相当倚重几位以色列学者,尤其是沙哈克,"对希伯来语报刊文章的爬梳极富价值,将意图仅针对本国人应用的以色列政策、法院判决或不见于书面记录的政治领导人讲话都对外公开"。37

《东方学》体现出作者为十九世纪阿拉伯觉醒运动所塑造的具有代表性的知识分子类型。事实也是如此,在为写《东方学》做研究的过程中,他有意识地研读阿拉伯觉醒运动时期知识分子的著作,其中包括克劳维斯·马克苏德(Clovis Maksoud),黎巴嫩裔美国人,泛阿拉伯主义者,1961年任阿拉伯联盟驻美大使;霍拉尼,在英语世界创建了中东研究这门学科;穆罕默德·哈桑宁·海卡尔,杰出的独立记者,常驻开罗,萨义德称他简直是"关于埃及和阿拉伯世界的百科全书";拉鲁伊著有影响深远的《阿拉伯知识分子的危机》(1974);菲利浦·希提,著有《伊斯兰与西方》(1962),这让他需要在政府机构面前做知情证词(正如《东方学》为萨义德带来的影响)。38 比如1944年,面对美国众议院委员会的质询,希提抗辩道,没有历史证据可以表明在巴勒斯坦存在一个犹太人家园。39

《东方学》揭示了西方对东方的漫画式描述,它也因此接续了一个源远流长的传统,在这个脉络中,有米哈伊尔·鲁斯图姆(Mikhail Rustum)经常被人遗忘的著作《在西方的异乡人》(1895),该书对亨利·杰萨(Henry Jessup)博士所著《叙利亚人的家庭生活》(1874)发表的种族主义者的恶意中伤和言辞更离谱的《阿拉伯人的女人》(1873)予以驳斥。40 鲁斯图姆分门别类归纳了杰萨选取特定事实同时忽略其他事实使用的种种技巧，以此达到对整个人群下定语的目的。[41] 如果说马克苏德的《阿拉伯形象》(1963)与《东方学》类似，分析的是负面形象，霍拉尼《阿拉伯人的历史》则凸显了福柯式关键词"真理、权力和财富"，正是拉鲁伊的马克思社会学理论提供了最关键的连接点。拉鲁伊在书里将阿拉伯知识分子（一方面不得不仅仅成为西方理论的"例证者"，另一方面又显得远离人群，自诩世界公民）所体会到的危机放大、夸张。[42]

而最深远的影响来自祖莱克，在家庭聚会时，二人一聊就是几个小时。在很多方面，祖莱克都是查尔斯·马利克的反面。他生于大马士革，是世俗化的东方正教徒，曾任外交官，在贝鲁特美国大学任教，受人尊敬，完全不是马利克那样搞教派分权。玛利安姆的父母与祖莱克一家来往密切，祖莱克是看着玛利安姆长大的，待她如同对待自己的女儿，后来在贝鲁特，两家住得近，只隔几个街区。晚餐漫长，常常伴随唇枪舌战，不能说他们总是观点一致。比如，论及"弗洛伊德、尼采和葛兰西对我的较大影响"时，他们便各持己见，萨义德后来回忆。[43] 但是无论他多么恼火，他仍时常听取祖莱克的意见，倚重他的资助。

1974年2月，他致信科斯蒂（家人这样称呼祖莱克），玛利安姆的母亲瓦达建议他询问是否可能在贝鲁特美国大学谋到一个永久教席。尽管两年前他在那所大学的经历并不愉快，萨义德几经权衡，认为在中东，大学"显然是唯一能发挥我的专长的地方"。约翰斯·霍普金斯大学、哈佛大学和哥伦比亚大学均向他发出邀请，是时候做出决定。萨义德处在关键点上，有意向东方倾斜："如今我所积累的关于中东的知识必须服务于美利坚帝国，为什么不服务于我们自己？"[44] 最终他决定担任巴勒斯坦问题研究所的负责人，在机构设置上独立于贝鲁特美国大学。然而玛利安姆对他的选择表示反对,并说服他放弃了这一计划。玛利安姆并不想完全生活在黎巴嫩,此外,更担心他因此处境愈发艰难,一旦放弃为之刻苦钻研许久的教职,就再难有回头路可走。

祖莱克的杰作《浩劫的意义》旨在讨论阿拉伯文化的共同基础,在精神疆域、宇宙观、排斥真理的相对性、对其他文化持开放态度等方面找到一以贯之的特点。他给萨义德的影响最明显地体现在传递下列信息上:只有造诣深的学者,摆脱了个人宿怨,才能将这些固有的特征有意识地化为行动指导。与萨义德不同,祖莱克鄙视阿拉伯人的文学性,以及以辞藻华丽的语言表达政治空想这样荒唐的天赋。但是他也十分关注文化(thaqafah)在促进社会转变上起的作用。[45]

伊智提哈德(Ijtihad)——个人见证,或谓运用自己的理性思维的能力——是祖莱克从他的穆斯林同道、阿拉伯觉醒运动精神的化身阿卜杜·拉赫曼·卡瓦克比(Abd al-Rahman al-Kamakibi,1854—1902)那里化用来的原则。如果说马利克如许多黎巴嫩基督教右翼人士一样,藐视伊斯兰,寻求加入欧美阵营,祖莱克则在《浩劫的意义》里提问,我们如何能够"将阿拉伯社会从情绪的、虚幻的、神话的和诗性的转变成务实的、理性的和以科学为主导的社会"。[46]国家层面上的自我主张的构想,他认为,需要理解西方,仅仅对其表示轻慢是不够的,最关键的是学习西方的科学和技术。罗丹森观察到祖莱克领会了西方的东方学家所起的关键作用,他们付出卓绝的努力去阐释阿拉伯文明的典籍,祖莱克对此感到钦佩。罗丹森的这一观察被萨义德留意到了,并因此"感到某种刺痛","我经常受到的批评,就是《东方学》抨击了每一个东方学家,事实上我并不像人们想象的那样完全不加区别"。[47]

祖莱克性情拘谨，与萨义德更显生动的写作并不合拍，后者的写作融情感、幽默、回忆和逸闻于一炉。四处戒备的冷静想必在身处信仰捍卫者边缘的男人身上留下酸蚀的印迹——祖莱克是改革派，这没错，但他仍处于黎凡特自由派权威人士的坚实核心。既然他已成为家庭成员，且本身已具有知识分子号召力，萨义德始终在考虑与他合作的可能。然而二人有过伤感情的事，也产生过误解。作为巴勒斯坦问题研究所的成员（该机构由祖莱克和瓦利德·哈立迪创建），当瓦达·科尔塔斯，即玛利安姆的母亲在1979年去世时，萨义德本有资格当选董事。他以及其他人都以为他会顶替她的位置，而他却被悄悄地忽视了，并且没有给出解释。后来萨义德才得知，瓦利德不希望他来担任，而祖莱克也是这个态度。

这次冷遇后，他没有表露不满情绪；1987年，萨义德受邀写纪念祖莱克的文章，他答应了，却并未及时交稿。后来，就祖莱克的精神遗产，他写了两篇文章，对自己的导师提出了温和的批评。[48]他希望科斯蒂可以更加胜任他创造的角色："他是为西方所熟知的首批阿拉伯人中的一个，也是最杰出的头脑之一，不是常见的军队或政治领袖，呈现的是广博、复杂、极为有趣的文化。"[49]科斯蒂所领会的关于文化的深度——大致是萨义德对巴解组织的建议——使他友善的存在对和平进程和巴勒斯坦人的愿景都十分关键，然而在八十一岁的年纪，在他仍然可以出力的时候，他选择从中退出。

与友人通信论及正在撰写的《东方学》，体现了他将出人意料的问题放在首要位置，尽管尚且不是从再现这一理论问题角度纵观全书的整体性，却仍与许多后来对《东方学》的解读相抵牾：

我的论文，尽管不成熟，却是研究（东西方冲突）现代阶段的有效方式。我从一系列巧合事件开始，时值十八世纪末：……1798年拿破仑远征、东印度公司的巩固、亚洲协会和皇家亚洲协会的创立……比较语文学的兴起……以及——尤其是印欧语系的闪语系的划分，首先由施莱格尔提出，又被洪堡发扬光大。因此我的主题是近伊斯兰世界的英、法东方主义的流变（包括1830年占领阿尔及利亚、1882年占领埃及等贯穿整个十九世纪的行径），以及它与政治操控之间的关系……我在讨论关于伊斯兰和阿拉伯人的某种观点的演变（这是十八世纪之前的历史，自然要追溯至第一批反伊斯兰的猛烈批评者，均是叙利亚基督徒，是今日黎巴嫩狂热的马龙派的祖先）……是官方文化本身具有复杂性，而不仅仅因为媒体的歪曲。[50]

这是一段十分关键的表述，从中并不能读出萨义德以中东指代整个东方的意图，而这正是后来他所遭到的批评。显然，研究北非和印度的学者，如安基提尔-杜佩隆（Anquetil-Duperron），本是他原初研究计划的一部分。他并没有简单地忽略中世纪和文艺复兴时期的东方主义（后来招致类似批评），相反，他有意排除了这部分内容，从而能更好地聚焦。

萨义德并不认为东方-西方的划分是铭刻在石头上的、某种本质上的、不可逾越的鸿沟，鲁迪亚德·吉卜林或E.M.福斯特这样的作家便是做了这样的描述。事实上，他撰写《东方学》恰是对上述观点发难。在他看来，这种划分具有浓厚的地缘战略意味。[51] 为了控制东方，欧洲觉得首先要控制关键点，因为知识即权力，控制便以决定东方的本质、其内在真正的特征（仿佛只有一个)的形式呈现出来。这就是欧洲在历史上进行的事业,"因为它有条件实现";它能够整合各种资源,在全球范围内进行规划,地理上毗邻西方,也正是由于这个原因,东方必须被刻画成他者。[52]

其实,这种研究思路并非受阿拉伯学者启发,而是受如雷蒙·威廉斯《乡村与城市》(1973)和意大利共产主义知识分子安东尼奥·葛兰西在二十世纪二十年代写就的语言学理论等著作影响。[53]萨义德办公室的书架上,一直摆着1987年伦敦大学一次活动海报,他与威廉斯共同出席。这张海报显然对他有重要意义,再没有其他类似的海报受到如此重视,它纪念了二人本就屈指可数的几次会面之一,当时威廉斯已接近生命的终点,他们就以各自著作作为主题的纪录片回答问题。前一年,二人还一同参与了英国一档电视台节目《声音》,此外还有罗杰·斯克鲁顿（Roger Scruton）,是古怪的保守派,彼时刚刚开始抨击新左派,便视萨义德是新左派的主要捍卫人之一。[54]

在后来的文章里,萨义德称自己是威廉斯的追随者,在活动举办人眼里,二人显得旗鼓相当。持相似的观点并不能打消见面时的拘谨。在录制《声音》节目前,萨义德和威廉斯夫妇一起吃午饭,发觉除了"友好的闲聊"[55],很难再深入聊下去。二人不同的出身背景,令这种尴尬愈发明显。威廉斯生于威尔士乡间矿区,终生是社会主义者,也写过小说,后来成为研究戏剧和媒体理论的教授。二战结束后,他为工人讲授成人教育的课程,他并不把这当作一时的工作,而是一种政治实践。录完节目后,他们又一起度过了整个下午,一边谈话一边漫步于布鲁姆斯伯里区的条条小路。萨义德尤其佩服面对《声音》节目"愚蠢的喋喋不休",威廉斯能保持"乐观、积极、宽和、自在"。

通常遇到这样的情形,萨义德会谈笑风生,格外有感染力,而与威廉斯聊天却表现拘谨,部分是由于二人的语言习惯会形成冲突,还因为他对威廉斯相当钦佩。这是萨义德第一次见到这个在过去十年间不断地在研讨班上讲授其著作的学者。[56]《乡村与城市》出版于1973年,恰逢萨义德开始着手撰写《东方学》,他后来坦言,在写《东方学》时,《乡村与城市》是主要参考的研究范式。[57]威廉斯相信文化不仅仅是经济的衍生物,政府为了社会控制所实施的手段仍为"别种行为和别种意图"留下了空间,这恰恰是萨义德自己的观点,尽管他肯定了威廉斯的开创性作用。[58]

威廉斯善于以通俗晓畅的方式论述观点,他创造了一种研究法,既是社会学的,又是个人经历的体现,这在英语学界是开创之举。研究观念的流变,他始终留心个体作家,不把文本看作摆放在图书馆里的死物,而是会引起巨变的出发点。这样,他既远离了牛津剑桥的学术语言,也远离了当时处于上升态势的左翼政党(徘徊在边缘,意图保持独立)。威廉斯厌恶社会科学的专业术语,却开启了对文学的社会学表现形式的专门研究。

七十年代初期,他将自己的思考凝聚成一部著作,萨义德在自己学术生涯的关键点注意到它。"结构精巧,细节充实",萨义德概括道,他认为《乡村与城市》堪比埃里希·奥尔巴赫的《摹仿论》。[59]在至少两方面,威廉斯给予帮助和慰藉,其一是萨义德对英语系老卫护士的抨击,其二是他关于巴勒斯坦的写作。与福柯不同,威廉斯认为实施社会控制的体系总是有漏洞:"从定义上说(它们)就无法耗尽所有的社会经验,因此总会包含别种行为和别种意图的存在空间。"[60]对威廉斯而言,正是文学批评者拥有熟悉再现的诡计的所有优势,对现实做象征性再现时发生的恶作剧能保持警惕:"再现是历史的组成部分,为历史作出贡献,是活跃因素,历史借此得以延续,人们借此理解各种情势。"[61]

初读下,《乡村与城市》对剖析阿拉伯文学原型无所助益,因其是关于十八世纪和十九世纪初期的英国乡村社会,透过乡村别墅赞美诗的棱镜所看到的,是富庶地主的生活。穿过这层表面,威廉斯要探讨的是上层人士乌托邦般的田园短诗如何颠覆了疆土和风景的历史,在肃杀的乡村图景上强加了一幅扭曲的自画像。[62]

反帝国主义的要旨也体现在《乡村与城市》的字里行间。[63]表面上(这种写法在当时并不为英语批评界所熟知),威廉斯在分析这些诗歌见证了英国社会生活一个经历变化的时期,一种新型的政治管控施加于各处殖民地,既在国内,也在国外。英格兰内部乡村与城市之间的冲突,映射了边缘属地和宗主国之间的敌对,在一个不同的层面再现了彼此。帝国的渗透极深地影响了本国人的想象,却一直被批评家和小说家所忽视,威廉斯捕捉到这种反差,萨义德也强调了这一点,而《乡村与城市》是率先澄清这一迷思的著作之一。威廉斯认为,是批评家,而非(他所分析的)诗人,带我们远离委婉说法,接近他论述的顶点:"'乡村与城市'的最新范式之一,便是如今我们称为帝国主义的体系。"[64]远在后殖民研究兴起前——萨义德被尊为该学科的创立人——威廉斯已超越了同代人,寻求别种传统。在《乡村与城市》结尾,他的注意力转向殖民地和前殖民地本身,介绍了来自土耳其、马来半岛、肯尼亚和南非的作家,在当时对他的学界同仁而言都是陌生的名字——雅萨尔·凯马尔(Yashar Kemal)、韩素音、詹姆斯·恩古吉(James Ngugi)、艾捷凯尔·姆赫雷雷(Ezekiel

Mphahlele）等作家，处于一个"残酷而陌生的体制"的接收端，为"从另一边"表现"非理想化"的乡村社会付出了卓绝的努力。他们非常关键，威廉斯坚信，为我们提供了"不同且是必要的视角"。[65]

威廉斯发现了语言和地理之间的关联，这启发了萨义德，帮助其确立了《东方学》的核心主题之一。另一位对其有过深刻启发的安东尼奥·葛兰西，在墨索里尼独裁时期坐过监牢，是意大利共产党的创始人之一，在二十世纪由思维敏捷的犹太马克思主义者主宰的氛围中，他是文化上的天主教革命者。[66]地理这一必然条件塑造了葛兰西的身份。他来自意大利南部乡下撒丁岛，为了攻读学业前往工业发达的北部，北方人视南方人是天生低劣的种族。在《论南方问题》（1926）一文中——在七十年代末、八十年代初，萨义德经常在课堂上分析此文——葛兰西在乡村与城市之间的冲突发现，在《东方学》中被当作"想象式地理"的一个实例，土地本身成为歧视性文化差异的象征。

更为关键的是，葛兰西认为正是语言界定了疆域冲突。在都灵，葛兰西师从空间语言学最有力的倡导人之一马蒂奥·巴尔托利。巴尔托利这一语言学派认为语言是迁徙和外来征服的具体实录，而不仅仅是如浪漫派形容的，是"一个民族的灵魂"。在疆域冲突中，两套方言激烈相争，获胜的一方才会获得更大的威望。[67]

受威廉斯和葛兰西的启发，《东方学》运用了一系列空间性隐喻。其中之一是"策略性定位"，指就他/她自己的写作而言，一个作者如何安放自己的位置；"策略性结构"，指作品如何获得更强大的"参照力"，只要将其放进一组互为补充的作品中间，而非单独立足。他再次着力研究某些文本积累力量和影响的过程,而另一些文本却无法做到。接着,借"想象式地理"这一概念,萨义德指称如下悖论:在西方思维中,中东在地理位置上的接近正是令东方显得格外有力、有威胁性的原因。正是因为这一地区毗邻欧洲,旅行、殖民探险和传教活动都更容易。他们的经历都需要一个可以分享的故事,从而赋予他们"真实的"意义。土地是地理的物质实体,而观念会将地点精神化,令邻地显得遥远。在汉学研究、印度学研究和伊斯兰研究的形式中,东方主义制造出囊括大半个世界的假象。萨义德追问,一门对细节的关注引以为豪的学科,如何提出仅通过填补已经想象好的剧本的空白,来涵盖如此宽广的文化地带呢?

在撰写《东方学》初稿中,1975年接近尾声。这是格外平静的一年,类似在哈佛读书的时候,这一年没有发生戏剧性事件或政治冲突。他大部分时间都待在斯坦福研究中心的办公室里做研究。翌年春,去利比亚做过演讲后,斯坦福的项目也将到期。萨义德本打算回贝鲁特,然而机场遭到空袭,被迫打消回去的念头。他与家人待在加州,在8月底返回纽约前,与妹妹琼以及家人一聚。不久,作为受邀嘉宾,他参加了位于华盛顿的美国企业研究所举办的阿拉伯裔美国人研讨会。

早在《东方学》出版前,萨义德已被多所大学授予杰出教授,其中包括加州大学伯克利分校和约翰斯·霍普金斯大学。1978年3月初,他计划独自前往贝鲁特作短暂停留,但与玛利安姆还在巴黎的路上,就传来以色列入侵黎巴嫩南部的消息,于是决定返回纽约。这次在巴黎停留,是要在索邦大学就《东方学》做一次演讲,他对在开罗的从前的学生坦言,在决定以法语为演讲语言后,就充满"焦虑和不安"。[68]这种担心毫无根据,听众反响热烈,但这更让人预料不到后来引发的一片哗然。

起初,《东方学》受到积极的评价。它陆续被翻译成三十种语言,并催生了一部纪录片,在1978年得到美国国家图书评论奖提名,最终落选,当年该奖颁给了两位作者:加里·威尔斯凭《〈独立宣言〉的历史》、毛林·霍华德凭《生命的诸多面相》(一本活力四射的自传,记录了一个作家从爱到艺术的历程)。尽管萨义德两年前在《纽约时报书评》的一篇文章中明确阐述了其有争议的论点,但在令人羡慕的好评后,几年时间过去却酝酿出流言蜚语。[69]

1979年,他认识了多米尼克·艾戴(Dominique Eddé),年轻的她来自黎巴嫩,后来成为小说家。当时她在瑟伊出版社工作,那是《东方学》法文版的出版方。艾戴阅读了法文版《东方学》,希望进行推广。二人有短暂的交往,相隔很久后,1995年,才重续前缘。几年后,艾戴未经萨义德同意便将他的名字列在一封请愿书上,二人因此反目。随着《东方学》声名鹊起,国际联系更加频繁,萨义德结识了更多友人,崇敬者的来信源源不断,比如哲学家、政治活动家柯乃尔·韦斯特(Cornel West)在1978年的信,流露出的狂喜反映了异见知识分子的感受,尤其是世界各地非白人族群的知识分子:"你身处前线,一条葛兰西式的前线。"[70]萨义德因学术成就在世界范围内一夜成名,而这样的荣誉常常伴随负面影响,每一个人都想得到他的一小片,他也利用这一点。妹妹格雷丝抱怨这催生了新的傲慢,在与妹妹们相处时依然显得"顽皮",感觉他没有长大一般。[71]

亲缘纽带并不能拉近他和几位妹夫在情感上的距离,他们缺乏共同的爱好，到达对方所居住的城市都不会约出来见一面。罗茜的丈夫安托尼，即"托尼"·查兰倒也关心巴勒斯坦局势，却另有障碍阻止二人发展真正的友谊。查兰是贝鲁特美国大学的物理学家，在伊拉克和叙利亚有商业利益，他参与几国政府主导的项目，而这是萨义德所不能容忍的。琼也感觉到哥哥对她们几家语多刻薄之辞，尽管那可以说成"促狭的幽默感"，却暴露了他对妹妹们没有多少话可说，因为"感触并不深"。[72] 从萨义德的角度而言，妹妹们从未公平地待他。她们三人都没有祝贺他所取得的成就或对他的成就做出评价，而母亲一直以来都鼓励子女互相竞争，这加剧了兄妹之间的反感。他们对对方怀有爱意，却同时发现相处起来颇为困难。

与此同时，贬损这本书的人同它的支持者一样活跃。1980年11月10日，萨义德迅速回应了老友萨迪克·阿齐姆为《东方学》写的评论文章，近四十页，由《阿拉伯研究季刊》（当时萨义德是刊物编辑之一）转交他的。阿齐姆尤其不满萨义德在书中的暗示，即马克思认为第三世界不适合自治，英国殖民者也这样认为，这是对马克思观点的"歪曲"，他批评道。而且，萨义德在追溯东方主义者精神（冲动）的源头时，追溯到荷马和但丁，等于是相信东方一直不曾改变，这不正是应该批评的地方吗？

阿齐姆完全忽略了萨义德的再现理论，声称（如其他忽略这一点的社会学学者一样）仅仅指出学者误解了东方是不够的。必须展现未被扭曲的有关阿拉伯人和穆斯林的知识是何模样。萨义德引用了马克思那句话，"他们无法代表自己；他们必须被代表"，来自论1848年法国革命的一部著作，这句话的含义是可疑的，他又补充。马克思的本意是指政治代表，农民被隔绝、孤立的情况令这一阶层易受如拿破仑三世这一假行家左右。相反，萨义德使用"represent",指模拟再现,用这一概念统率《东方学》的主线,即投射在近东地区的种种幻想。阿齐姆相信这是预先准备好的指责,归根结底是歪曲。

阿齐姆觉得《东方学》有些像伊斯兰教的祝词,"愿你远离撒旦"。事实上,萨义德已为追随者打开大门,他们习惯于每次论述时都以谴责东方学学者开头。73《东方学》的出版时机很糟,他指出。恰逢阿拉伯左翼正在努力推行西方科学,与宗教的蒙昧效应苦斗,萨义德却"浇了冷水",《东方学》就像献给毛拉的礼物,他们强烈反对西方的毒化影响。类似的批评者又如阿兹米·比沙拉(Azmi Bishara),是阿拉伯基督徒,当时在以色列生活,在范·里尔耶路撒冷研究所工作,对《东方学》传递出的信息不知该作何反应,他如该地区空谈主张的自由派一样,觉得它集中讨论艺术和文化,而左翼正在劝说知识分子直面政治-经济中实在的物质事实。

三十六年后,阿齐姆流亡柏林,仍记得那次辩论带来的伤害,回忆起和萨义德的友谊破裂的过程,每每心情沉重。他记得,萨义德寄来一封信,"让他厌烦、充满敌意的信……不加掩饰的敌意和气愤令人读来心惊胆战"。74 这封信保存至今,读来感觉敌意并没有那么强烈,混合了哄劝,甚至可以说是温情——萨义德一面竭力保全二人的友谊,一面猛烈地数落。在衡量那篇评论时,萨义德不得不承认它"经过仔细的构思","论点合乎逻辑,常有一语中的之处",而篇幅上需要删减一半(这不是萨义德的要求,而是其他两名编辑阿布-卢霍德和穆拉比的建议)。直到信的结尾,才出现一段讽刺:你从未真正超越第二国际的马克思主义,而"我是怀疑论者,在许多方面我都是无政府主义者,不像你,相信律法,或体系,或任何其他的花言巧语——阻碍你的思考并限制了你的写作"。在最气愤的时刻，他批评阿齐姆成为"右翼的霍梅尼，而我崇敬的英雄，葛兰西和卢卡奇，绝对做不出这种事"。[75]

一个月后，萨义德收到反馈，对方拒绝做任何删减。萨义德的回应是不仅伸出橄榄枝，答应会在刊物的下一次编辑例会上争取全文刊发这篇评论文章，还附上他本人的回应："我准备坦白承认《东方学》不是一本极顶尖的书，但是我坚持觉得它包含了精当的细读和阐释，除了几处例外。"萨义德又提议1月在贝鲁特约次见面，然而裂痕已经出现，后来愈发无可弥补。阿齐姆去叙利亚任教，在阿萨德政权控制下，他在一篇杂志文章里谴责萨义德为美国情报部门工作。库利和达尔维什作为二人共同的朋友，努力修复他们的关系，但是他们从此决裂。

攻讦《东方学》的观点有四个角度：第一，来自研究阿拉伯、伊斯兰或近东地区的当代学者，他们相信萨义德是擅自闯入了一个其学术知识储备十分不足的领域；第二，来自巴基斯坦和阿拉伯国家的马克思主义者（如阿吉兹·阿罕默德和阿齐姆）认为萨义德划分的东西分界线经不起推敲，无论多么激进，都是非辩证法的，为伊斯兰右翼行了方便，如他所描述的幽灵般的、无明显特征的"欧洲"一样偏执；而负面效应最大的批评，来自他在中东研究方面的诸位先师，尤其是贝尔克和罗丹森，以及拉鲁伊，认为萨义德在文学领域的修炼是一种障碍，阻碍其领会实践中东方学研究的各种学科戒律。第四种批评者寄身于右翼智库或抱有敌意的媒体，其任务不仅是败坏《东方学》的声誉，更要抹杀萨义德全部的学术研究。他们的书名暴露了他们的蔑视：约书亚·穆拉夫切克（Joshua Muravchik）《受够了萨义德》（2013），马丁·克拉默（Martin Kramer）《沙上的象牙塔》（2002），化名伊本·瓦瓦克（Ibn Wawaq）所著《捍卫西方》（2007）。

《东方学》的第一个阿拉伯语译本普遍认为难读。[76]阿齐姆直言这个译本"太糟糕"，因为试图显得过于聪明，如爱德华·菲茨杰拉德翻译莪默·伽亚谟，充斥新造词和古怪的句法，令译文变得难以理解。[77]译者本人卡迈勒·阿卜-迪布（Kamal Ab-Deeb）坚持认为他的译本在阿拉伯世界反响很好，仿佛"炸弹"般打破了所有规则，重新定义了翻译的概念。[78]无论事实如何，这个译本增加了读者的困惑，招来更多的抵制。

满足于各自可以推出结论的逻辑，鲜有批评者愿意仔细留意到萨义德观点的哲学根据。比如他说批评观点首先要获得一个文化空间才能供它们传播，这让攻击者感到困惑，不习惯应对这样复杂的问题。他们认为事实就是单纯的事实，写作形式与表达的意义无关。因为他们占据的是不同的文化空间，不愿意进入萨义德的，对他的批评便常常显得无的放矢。

尽管出发点各不相同，大部分对《东方学》的批评不断地归结到相似的路数。如人类学家丹尼尔·马丁·瓦里斯科（Daniel Martin Varisco），研究十三世纪也门地区的农业文献，认为萨义德推崇业余者在知识研究中起的作用，仅仅是在掩饰自己学术根基浅薄。[79]他认为萨义德的知识体系里漏洞如此多，据此推出"没有真相这样的东西""他的问题是如何面对现实，而不是关于现实"两个结论便不奇怪了。伊本·瓦瓦克也抱怨无法忍受萨义德"无休无止的后现代术语"，用罗伯特·欧文的话说，萨义德使用的语言反映出他视"证据……反动"的一面。[80]

欧文对萨义德的抨击在《认识的诱惑：东方学家及其论敌》（2006）一书中达到极致。他专攻中世纪马穆鲁克王朝，老师是萨义德的宿敌伯纳德·刘易斯。他嘲笑萨义德传达出以下暗示：东方学家本可以将自己的学识服务于帝国，而事实上没有人在乎他们说的话。东方学这一领域也并不存在萨义德所暗示的连贯性；它不过是爱好者、学究、图书馆管理员以及怪人松散的集合，如"诺尔戴克的普鲁士侵略主义，霍尔格荣耶对伊斯兰采取的殖民主义行径，……马格柳思猜谜般破译阿拉伯语文本"。[81]他和瓦里斯科进一步补充，认为萨义德不断地引用文学例证，如福楼拜、但丁和希腊悲剧，这让东方学的研究领域边界消弭得无意义。[82]

即使是敬佩萨义德的人，如罗丹森，也赞同其中的某些批评："身为英语文学和比较文学教授，萨义德对东方学家做的实际研究并无发言权。"黎巴嫩马克思主义者马赫迪·阿梅尔（Mahdi Amel）被称为"阿拉伯的葛兰西"，他谴责萨义德对马克思主义不必要的嘲笑，同时又引述阿齐姆的观点，《东方学》试图为整个文化概括出不变的特征，这是罪过。[83]更使局面显得糟糕的是，从前的学生也站到了萨义德的对立面。大卫·斯特恩觉得一本冠以"东方学"之名的著作应该研究匈牙利裔犹太人易格纳茨·戈德齐赫尔（Ignac Goldziher），这位最重要的东方学家。阿兰·闵茨觉得萨义德恐怕错失了机会，没能将犹太人和穆斯林放在一起观照，东方学家话语中一对投射西方幻想的客体。[84]萨义德的老友贝尔克或许说出了最具摧毁力的批评，他暗示《东方学》的主题与其说是突破，莫不如说是常识："显而易见，每一部作品，无论是科学还是艺术，都反映了其创作背景。"[85]因此维多利亚时代的学者反映了其时代局限，这再平常不过。

上述批评均完全不了解萨义德的早期著作，也不知道它们与《东方学》之间的关联。对某些批评者来说，这涉及的是私人恩怨。[86]比如欧文，辞去教职，专心写小说，出版了《阿尔及尔的奥秘》和《阿拉伯式噩梦》,其实他的个人经历与欧内斯特·勒南竟有相似之处,勒南是十九世纪的普及者、独立思考者,对于与东方有关的一切都有不灭的渴望(欧文在阿尔及利亚学习期间迅速地改宗伊斯兰教),《东方学》对勒南做了无情的批评。无论他是否注意到自己与勒南之间的相似经历,他声称《东方学》是"彻头彻尾的半吊子学问"。1982年,萨义德致信牛津大学威斯敏斯特学院,谴责欧文从粗泛的意识形态角度写的书评,"几乎赤裸裸地指向我的种族身份"。[87]沙哈克认为任教于牛津大学和普林斯顿大学的东方学家伯纳德·刘易斯(即欧文的老师),多半是以色列间谍。萨义德与他就《东方学》在《纽约时报》和《纽约书评》上进行了最激烈的论辩。[88]

那不仅仅是公开论辩,更显得极具私人恩怨,部分原因在于《东方学》视刘易斯以及服务于国务院的知识分子,如福阿德·阿贾米(Fouad Ajami)、稍晚后活跃的丹尼尔·派普斯(Daniel Pipes),是种族化学术的现代追随人。萨义德说,他们正是我们这个时代的勒南和卡尔·贝克。如果说阿贾米是在电视访谈节目上诘问阿拉伯心理既富有攻击性、又显得脆弱的本地线人,那么丹尼尔·派普斯——在《东方学》出版后,萨义德写的数篇文章中,尖锐地批评他是"好战的学者",服务于国家——通过着力渲染阿拉伯国家积累财富会构成地缘政治上的威胁,塑造出属于他自己的媒体空间。2002年(萨义德去世前不久),派普斯创立了"校园监督",该组织意图监视、骚扰与其立场相左的教授。[89]

《东方学》日渐响亮的名声,让萨义德与其批评者进行公开辩驳变得不可避免。最终的较量发生在1986年11月22日,萨义德与刘易斯共同参加在波士顿中东研究学会的一次会议。[90]偌大的礼堂挤满了人，门外还有六百名听众，不少人只能坐在地上。萨义德的怒火在会前就从言语间流露，吃午饭时他向阿萨德·哈伊拉兰（Assaad Khairallah）等人用阿拉伯语悄声说："我要让他屁滚尿流。"[91] 结果，刘易斯在对抗中落了下风，避开回答关于学术独立性的问题，就有关中东的刻板印象开开乏味的玩笑——西方旅行者来到阿拉伯，他打趣道，被苏丹那一众妻妾迷得神魂颠倒，而东方旅行者也觉得西方女人十分开放，双方没能因此促进交流也是咄咄怪事。第二轮辩论，对手是《新共和》的专栏作家莱昂·维瑟提耶（Leo Wieseltier）（萨义德从前的学生，后来站到老师的对立面），称那个晚上"对我来说是一场噩梦"。伯纳德是他"来自另一个东方学者行星的兄弟，说着怒气冲天的话，我感到恐惧、震惊，因为我不喜欢那样。他放弃了辩论"。[92]

似乎所有人都把《东方学》理解成关于由形象组成的环环相扣的系统，令征服更容易，因其显得欧洲的优越性是天生。《东方学》从来不是关于如这种或那种粗俗的表述，即东方学家为异国占领充当马前卒，尽管霍尔格荣耶的经历的确如此（欧文也不得不承认）。[93] 又如马西农（在《东方学》中对他表达了极高的敬意），便直接效力于法军和情报组织。另一种误解是认为萨义德将文学看得过高，这也是经常用来攻击萨义德的一条，同样显得站不住脚。难道读者忘记了他在《东方学》中面对他称为"文本式态度"——这恰恰是把文学看得过高——时所感到的不适？他对东方主义所拥有的支配权、所表现的背信弃义的总论点是建立在他人的误解上，即"生活在困境中的人能够参照书籍-文本所说之言被理解"。[94] 人们无法凭借阅读《高卢的阿玛迪斯》就能了解十六世纪的西班牙，他感叹道。另一方面，萨义德从另一个角度扭转了局面，凸显的正是他们认为是《东方学》的劣势之

开罗，1954 年
（来源：*Egyptian Streets*）

黑门山中学入学申请照
（萨义德家族收藏）

在开罗
（萨义德家族收藏）

从翠薇小镇东北方眺望萨尼内山
（本书作者摄）

父亲瓦迪
（萨义德家族收藏）

梅里亚姨婆
（萨义德家族收藏）

蒂格曼在奥地利基茨比厄尔
（艾伦·伊文斯和非盈利艺术组织 the Arbiter of Cultural Traditions 收藏）

亚瑟·戈尔德,1957 级
(普林斯顿大学校友年鉴)

查尔斯·马利克
(Getty Images / Corbis Historical 收藏)

R.P. 布莱克穆尔
(查尔斯·R. 舒尔策摄)

哈里·列文
(Getty Images: The LIFE Picture 收藏)

《党派评论》的编辑。
后排（左起）：乔治·莫里斯、菲利普·拉尔夫、德怀特·麦克唐纳。
前排（左起）：弗雷德·杜佩、威廉·菲利普斯。
（莫雷·盖博摄，盖博家族收藏）

萨迪克·阿齐姆
（伊拉斯谟基金会收藏）

在翠薇小镇度假屋门廊上。
后排（左起）：格雷丝、乔伊丝、罗茜、萨米尔·马克迪西。前排（左起）：爱德华、希尔妲、瓦迪、萨瑞·马克迪西、乌萨玛·马克迪西、琼·马克迪西。
（萨义德家族收藏）

沙菲克·胡特
（萨义德家族收藏）

黎巴嫩调查团。(左起)弗雷德里克·詹明信、艾克巴尔·艾哈迈德、亚西尔·阿拉法特、大卫·戴灵格、唐·卢斯和拉姆齐·克拉克。
(南亚裔美国人数字档案馆收藏)

与约翰·伯格在法国上萨瓦省
(让·摩尔摄)

与易卜拉欣·艾布-卢霍德在一起
(让·摩尔摄)

与本·索恩伯格在一起
(亚历山大·科克伯恩摄)

弹奏钢琴，1983 年 11 月
（让·摩尔摄）

琼·斯坦因
(布利姬·拉孔柏摄)

在法国村庄昆西
(让·摩尔摄)

与儿子瓦迪在一起
（布利姬·拉孔柏摄）

与诺姆·乔姆斯基在一起，1999 年，哥伦比亚大学
（萨义德家族收藏）

与戴安娜·塔基丁在举办钢琴演奏会前，1993年，哥伦比亚大学
（乔·皮内罗摄，哥伦比亚大学珍本及手稿藏馆下属校档案馆收藏）

与女儿娜杰拉在一起
（肯托·巴拉达摄）

巴勒斯坦集会，2000 年，纽约联合广场
（萨义德家族收藏）

与妻子玛利安姆在一起
（卡尔·萨巴赫摄）

诸多绘画、素描和漫画中的一张
（罗伯特·谢特利绘，"说真话的美国人"系列）

人生晚期在书桌旁
（纪录片《自我与他者：爱德华·萨义德肖像》的一幅静照，瓦米普电影公司，巴黎）

处:"我相信你们会发现在东方学名下的各专门领域,文学最没有存在感,原因一目了然,文学会玷污那一个个整洁的门类,由东方学者围绕东方生活而发明的门类。一个简单的事实是,东方学家不懂得如何阅读,因此欣然地忽视文学。"[95]

至于反复提及的,指责萨义德是后现代主义者,相信不存在现实,他本人在《东方学》出版前夕的数次讲座上不遗余力地反驳了后现代主义。[96] 对后结构主义他也持类似态度,对著名的解构主义学家雅克·德里达那句现实"其实是一种文本要素,与事实无关"[97],予以批判。其实他不喜欢德里达的文章,觉得德里达是个"颓废的思考者,故作姿态,如四处闲逛的浪荡子",而其追随者则满足于一种低层次的怀疑主义。[98] 当他在一篇论德里达的文章里写"不存在诸如一个'真实的'东方这样的事物",他并不是否认在约旦或伊拉克生活的人,他们在土地上行走,感知痛苦,或就此死去。[99] 他的观点很纯粹,即"那边"的现实无法获得,因缺乏凭词语来传达的共通的概念。一切现实,对我们而言,既然我们是人,而非神灵,就必须凭借语言来传达,尽管现实是独立于我们思考的实体。这种观点对于在七十年代受过文学理论训练的人来说已是常识,并不比物理学家、社会学家少。现实若想获得它的感觉和形状,只能通过我们所形成的相应的概念;若想获得它的社会意义,也只能从语言中寻觅。仅从这个层面而言,概念并非从属于现实,而是形成现实的基本要素。

如果萨义德不相信中东独立存在于我们关于中东的观念之外,他便不会用《东方学》的最后一章反驳美国媒体对巴勒斯坦和以色列真实情况的歪曲。显然,争夺的焦点是阐释权,并不是每一种阐释都同样让人信服。他在《东方学》采用的策略,便不是就其真实本质描绘出东方更准确的画像,那样做就重复了他的敌人拙劣的欲念。关键在于呈现东方学家对于东方人对自己的生活做的叙述漠然视之。

这意味着不是每本书具有的缺陷都能找到理由开脱。即使是萨义德的仰慕者也觉得《东方学》不时地对冲突的意识不够敏锐，一味将不同的人划入同一阵营。[100] 比如，有没有一个欧洲人进行跨文化实践时不是秉持完全支配性的意图？他的讽刺经常压倒了他赞扬东方学者广博学识的那些瞬间，夸大的陈述也损害了他的论点，比如，他说"东方学者只对证明提供给他们的陈腐'真相'是确凿的有兴趣，无功而返，从而不能理解，进而贬低原住民"。[101] 这与他自己介绍的雷蒙·施瓦布、爱德华·莱恩以及其他学者的学术生涯（其犯下的罪恶，甚至可以这样说，对阿拉伯和伊斯兰的征服史感到兴奋不已）相冲突。为了标界出阿拉伯本土固有的理论（完全没有借鉴西方的内容），萨义德有意淡化了西方哲学家、社会活动家，如蒙田、狄德罗、J.G.赫尔德和维克托·舍尔歇（Victor Schoelcher）所写的反帝国的新奇篇章。

时不时地，他的论断听起来近似否认任何非东方人能在不认同本国的对外政策的情况下写下对东方人的记录。比如有一个段落，他明言一个人始终"首先是欧洲人或美国人……其次才是一个个体"。[102] 这种论断引发的风险原本显而易见：无法存在一种不受其身份影响的阐释。将十九世纪的欧洲人以整体视之，他继续说道，"几乎完全是种族中心主义者"。[103] 面对这样直接的指责，反例并不难找，尽管他没有提及：如人种志学家莱奥·弗罗贝纽斯（Leo Frobenius）致力于让非洲的尊严获得承认，这受到黑人学者的广泛认可；小说家爱德华·杜韦斯（Edward Douwes），满怀一腔热情，揭露荷兰人对爪哇的掠夺，小说对在《东方学》中讨论的语言与现实的问题也进行了许多探讨。

另一方面,这也是应对狂热民众的策略。萨义德夸张的表述,目的就是为了在读者中引发单纯的愤慨。来往密切的友人注意到,萨义德明白自己的表述应更公允,但是他觉得出于政治原因考虑,他必须做出有力而确定的表述。阐释微言大义,总的看来是他的力举,但是"他并不想迷失其间",他的同事、友人迈克尔·伍德这样形容。[104] 在《东方学》中彰显的正是这一点。他也许最终会陷入"一场粗俗的争论",这让他难以接受,"会觉得白费苦功";另一方面,他可能体会不到"提示该领域的主要力线"。[105] 当他警告将东方主义视作"某种罪恶的'西方'帝国主义阴谋,为了制服'东方'世界",这样的表述如此直言不讳,就为了人们能够听到。这种追责策略将来自前殖民地的一众学者吸纳进来,与《东方学》在国际上获得的成功密不可分。正如一个对萨义德怀有敌意的批评者所说:"它成为号召阿拉伯和穆斯林学者的行动宣言,对美国(以及来自欧洲)的学者倾向做负面评价。"[106]

凭一人之力,他将一种制度置于放大镜下,《东方学》也为英语系的局外人、拉丁美洲的交换生、在中东研究领域折戟沉沙的阿拉伯活动家提供了庇护。久居美国的巴基斯坦裔学者阿吉兹·阿罕默德,是像阿梅尔、阿齐姆等尖锐批评本书的人那样的左翼学者,他准确地指出该书深远的人口统计意义上的含义:通过增强"中产阶级移民和非西方知识分子的社会自觉和专业主张",为他们打开了学术之门。[107]

《东方学》之后,紧接着出版了两本书,《巴勒斯坦问题》(1979)和《报道伊斯兰》(1981)——也属于原初研究计划的产物，与《东方学》一道构成了三部曲。其实，他最初的构想是《东方学》是篇幅精炼的小书，与梳理巴勒斯坦问题的概述同时出版。[108] 不只是《东方学》演变成大部头，《巴勒斯坦问题》尽管在某些方面显得像入门书，更有着深刻得多的理论雄心。它所引发的影响比他预想的激烈得多。这本书甫一出版，《纽约时报》就刊发了语带贬损的评论文章《爱德华·萨义德：英语文学和巴解组织的明星》。[109] 有这样的宣传，想传达的其中一些微妙意旨便难免被读者忽略，虽然他竭尽全力精练地概括：

> 追逐私利的唯心论具有的持久特性之一……认为观念仅仅是观念。将观念视作仅是抽象世界的附属，这一倾向在认为观念本质上是完美的、美好的，不受人类欲望或意志玷污的人中间愈发明显……当一个观念变得富有成效——即凭借广泛传播，为人接受，在现实中证明了它的价值——对它做某种修正当然会显得必需而为，既然观念一定是被视为染上了野蛮现实的某些特征。[110]

然而他进一步论述，这种对现实的适应并没有在犹太复国主义这一观念中进行。相反，它始终呈现为"一成不变的观念"，如今又以国家的形式获得了稳定的教条性。如此一来，便难以追溯犹太复国主义的"（思想）谱系，它与其他观念的关系，以及与政治制度的关系"。以色列/巴勒斯坦问题所激发的热情、驱使人选非此即彼的立场，部分源于在历史之外创造出这与《圣经》相关的盘根错节、冠冕堂皇、不可撼动的犹太复国主义神话有关。

如我们所见，在贝鲁特经历的失望，令萨义德坚持反抗要（结合理论）落到实处，并告诉列文，他秉持"实证哲学"立场，在此想表达的是理念比军队、武器和土地更加有力。在这项跨越式研究中，最关键的是如何以确凿的事实研究巴勒斯坦，为此萨义德向哲学寻求。该书所有关于以色列建国前历史的严谨史实收集、作为意识形态的犹太复国主义的起源、英国（后来是美国）给予的帝国式支持、犹太人恐怖组织以及巴勒斯坦人对土地的诉求，将各个部分连成一体的就是一种理论态度。相比之下，这本书更是关于观念、形象和叙述（并非以次要方式反映现实，而恰恰是现实的连接物。他以不同的表述反复重申：以色列在巴勒斯坦实施的"大规模房屋建造、人口变化以及政治大转变"首先是一种规划。中东的现实便在此基础上形成，并且通过形象来一步步成为现实。[111] 其内含的警诫是：因此我们需要我们自己的观念构建。

《巴勒斯坦问题》一书主旨明确，论述绵密，尤其是核心章节挑衅意味明显，"从受害者角度看犹太复国主义"，令美国出版社震惊，在这个富有争议的问题上，他们没见过这样敢言的。这导致该书的出版十分艰难。[112] 最初出版该书的灯塔出版社拖延许久，不仅拒绝出版，起初更是拒绝将手稿归还，并要索回先前支付的预付金。萨义德不得不和经纪人一起向出版社施压，请他们归还书稿。在一封致萨义德的信中，编辑不小心透露了拒绝出版的理由，的确与政治有关，正如萨义德所料："需使人想起的是作为一个民族的巴勒斯坦人，而非打着犹太复国主义旗号施行的罪恶。"[113]

到了1978年9月，西蒙和舒斯特出版社以销路狭窄为由拒绝，萨义德决定等来年再询问哪家出版社想出。[114] 阿拉伯国家也没有出版社想出版，书中谈到中东地区"头重脚轻的国安式国家"的惨淡模式，恐怕会惹恼该地区的诸国领导人。[115] 祖莱克称赞它是一次"突破"，但又补充道，该书的某些预设"在我们这边"难以接受，担心这会让萨义德在阿拉伯世界名誉受损。[116] 当时萨义德在哥伦比亚大学师范学院举行过一次听众爆满的讲座，在演讲过程中引发嘘声一片。1980年2月号《纽约时报》在第二版醒目位置的文章，暗示萨义德是巴解组织一分子，即使不是正式加入的。媒体的这种关注引发了他负面的名声，哥大的几名同事甚至试图说服校方解雇萨义德。[117] 同时，"瓦达阿姨"，即玛利安姆的母亲，在这本书出版后致信女婿，写道："我希望你能继续研究这个领域，似乎只有你一个人在研究的领域。只有向世人阐明这些研究后，以色列人才会因佩服阿拉伯思维而变得谦恭。"[118]

有感于1979年至1980年的伊朗人质危机，《报道伊斯兰》（该书献给玛利安姆）第一次让"伊斯兰恐惧症"这个精神现象（尽管不是名词本身）获得较大的关注。正是在这本书里，萨义德确立了一种严肃立场，反阿拉伯和反伊斯兰的意识形态，反映的是非理性恐惧，能够认出、判明、看作美国政策的支持者。[119]《报道伊斯兰》不是简单地对伊朗人质危机进行的歇斯底里的媒体报道的反射式回应；美国公共电视台制作的伪纪录片《公主之死》于1980年5月12日在电视台播放，萨义德在书中进行了详尽的分析，这是最极端的例子之一。该书的定位非常清晰，加入了对美国媒体的批评分析的新思潮，道中同仁还包括乔姆斯基、赫伯特·席勒和弗里茨·马克卢普。[120] 萨义德也追随伊斯雷尔·沙哈克的脚步，两年前便写信感谢他，对其引导他研究知识分子与政权间的关系表示感激。[121] 为了达到深入研究的目的，将关注点转向媒体要求的不仅是信息产业的批评理论，更要求更高创新性地运用媒体的总体计划。呼吁思考陷入僵局的军事策略之外的解决之道——在贝鲁特发生的"此时正在燃烧的怒火",他感叹,与利用电影、电视和杂志来吸引政府以外的组织,如教堂、清真寺和大学,两种现象同时发生。

萨义德批评英语文学圈的友人,对反现存社会体制的激进学者、政策为导向的社会学家,如爱德华·赫尔曼、雷吉斯·德布雷和阿芒·马特拉的媒体理论一无所知。[122] 在一片透露颇多信息的文章《艺术家式想象的局限》(1995)中,他将媒体实施的"舆论引导"看作"人(或非人)遭到歪曲或忘却"的特殊例子,这是萨义德在前二十年中最关注的主题。[123] 他的分析被以下事实有力地强化:他本人已是媒体关注的名人,在二十年间频繁出现在新闻与政策分析的高收视率电视节目上:《伊文斯和诺瓦克》(美国有线电视新闻网),戴维·布林克利的《本周》(美国广播公司),《麦克尼尔/莱勒新闻时间》(美国公共电视台),菲尔·唐纳修谈话节目,查理·罗斯谈话节目和《夜线》。与之对谈的人包括本杰明·内塔尼亚胡、亚西尔·阿拉法特、珍妮·柯克帕特里克、亨利·基辛格、乔治·威尔以及山姆·唐纳德森。到了《报道伊斯兰》出版时,他已是媒体上的常客。

这本书的出版恰逢适合其广泛传播的氛围,同时也有双重含义。书名语义双关,"covering"既有报道之义,又有掩盖之义,初读之下业内中人更容易领会,极富技巧地将研讨会上的惯常讨论焦点再现问题与对信息国家的全球式批评相结合。这两个领域的融合鲜明体现在他运用"叙述"(narrative)这一典型的文学术语上。故事讲述,在最能呈现宏观意旨的论述巴勒斯坦的文章《叙述的许可》(1984)中,写到故事讲述不是中产阶级的独享之物。这是塑造一切权力的基石。除非能够讲述自己的故事并且被人听到,否则就无法获得尊重,甚至在别人的眼中是不存在的。

犹太复国主义者可以祭出《出埃及记》，戴着眼罩、飞驰的将军们的戎马生涯，或圣人般的存在主义哲学家，如马丁·布伯。就公众接受而言，巴勒斯坦人完全没有故事。[124] 以色列召唤出想象中的集合，涵盖任何角落的任何一个犹太人，这也为它在非想象的、无比真实的对邻国的军事占领和入侵提供了可观的余地。

萨义德没有止步于简单地谴责缺乏巴勒斯坦叙述，《巴勒斯坦问题》更是提出了围绕巴勒斯坦的一种叙述，他称为"巴勒斯坦主义"。[125] 巴勒斯坦民族是流动的，在其他民族间生活，有着悠久历史的国家。上述特征事实上经常被用于论述巴勒斯坦人没有自己的国家，因为游牧民族缺乏明确的国别认同。萨义德拒绝将巴勒斯坦人看作在肮脏的阵营夹缝里生存的牺牲者，他将巴勒斯坦人的特征描述为迁移和交换，形成了联系松散的区域身份认同，并不看重严格划定的国界线。他暗示，这并不是巴勒斯坦人的弱点，反而是优势。

作为一个故事，巴勒斯坦主义（Palestinianism）在诸多方面优于犹太复国主义。尽管它也是关于一个民族为建国而奋斗的历程，它已成为普遍原则的代名词。首先，它是面向整个中东地区发出的象征性的团结呼吁。中东地区的所有非犹太人都体会到以以色列定居形式表现出的西方占领势力带来的创痛。第二，面向世界各地的反殖民主义的活动者，巴勒斯坦问题恰恰证明了殖民主义方兴未艾，势力依然强劲，也能够检验一个人是否具有反殖民的信念，因为批评以色列常常意味着牺牲自己的声誉乃至丢掉性命。第三，犹太复国主义关于犹太人和非犹太人自认为无懈可击的区分，在现实中不仅完全行不通，更是对该地区融合性历史的冒犯，因为这一划分"夸大了犹太人主宰该地区的历史时期，相对而言不大谦虚"，以此模糊了"巴勒斯坦多文化共存的历史"。[126]犹太复国主义的核心是排除在外,而巴勒斯坦主义则是包含在内。

为了达到这个正面形象,萨义德首先必须面对规制的负面力量。因此,进行社会变革的第一步是批评,这种对权力说"不"的思路,他认为,在人文学科发展得最充分,思考得最深入。也就是说,《报道伊斯兰》的宏观目标,并不局限于论述"伊斯兰恐惧症"如今已成为用于恰证美国的帝国主义设计的好用的神话。这本书也是对文学理论的政治力的实际宣明(尤其是通过对叙述的洞见),探索国家和企业集团真相的逻辑。在完成这三部曲后,萨义德认为是时候质疑另一个有能力影响思考的机构——大学,并且在这个过程中,将批判的战火引回他所研究的领域。

第八章

拆解伪神

理论是逝去真相的冰冷、倒伏的墓碑。
——约瑟夫·康拉德[1]

到七十年代末,萨义德深感疲倦——同时撰写三部书和一打文章。尽管取得了数次胜利,友人却注意到他的身体状况糟糕,抑郁的情绪愈发浓重。1978年7月,致友人信中,他抱怨"病毒性肺炎久治不愈",长期咳嗽致使两根肋骨有了裂纹。[2]五年间,一系列邀请都不了了之,因萨义德患病不断。阿卜杜勒-马勒克注意到他糟糕的身体状况,恳求他多运动,让他那紧张至极的生活有些喘息的空间。[3]

稍早时,萨义德在信中向萨米坦言,他担心自己剩下的时间不多了。[4]这种悲观的自我诊断显然是萨义德家族的模式,经常担心身体会突然变得很糟。无疑,这种偏爱夸张情节的倾向正是萨尔曼·鲁西迪留下的印象,他笑言萨义德患上疑病症,"如果萨义德咳嗽了几声,他马上会想到这预示着得了严重的支气管炎;如果感到一阵剧痛,他敢肯定是阑尾出了问题。"[5]当时谁也不知道癌症在逼近(就像鲁西迪不知道萨义德儿时就切除了阑尾），正如小说家自己所言，十年后，被确诊患上白血病时，萨义德并没有抱怨，而是平静地接受了这一事实。

《东方学》引起巨大反响，这无疑会增加身体上的压力。萨义德花在上媒体做节目的时间更比之前翻倍，他发现享受纯粹的阅读乐趣，出于对阅读的单纯热爱，仔细体味文字的乐趣已越发难以获得。他需要努力阐明、辩护《东方学》试图传达的意旨。这一次又一次分散了他的注意力，从1981年到1993年这十二年间，他没能完成一部新专著，尽管他有计划。除了就巴勒斯坦问题所做的经不起推敲的学者研究做了一本资料选集《责备受害者》(1988)外，萨义德完成了两部在他所有作品中有关情感和谴责最具创新形式的迸发：一本是摄影照片配以文字的《最后的天空之后》(1986)，从多方面论都是一本临时起意的书；1983年，出版了一本文章合集，收录的文章大多写于七十年代，这本合集最终促成斯威夫特研究的完成。所包含的文章研究的是大学在美国社会中起的作用，堪称萨义德学术生涯中最无畏、最激进也是完成得最好的一本书。

随着1979年玛格丽特·撒切尔当选英国首相，1981年罗纳德·里根当选美国总统，八十年代的政治气候对持相异立场的知识分子变得十分严酷，尤其是针对大学，撒切尔和里根都试图阻止大学接受外来资金捐献。流露顽强态度的工人阶层电影，如《异形》和《蓝领》，被梅兰尼·格里菲斯和迈克尔·J.福克斯主演、以二十多岁年轻富豪为主角的电影取代，占据流行位置。在卡特政府时期，曾有意推动巴勒斯坦建国，而进入八十年代后，见证的是美国对尼加拉瓜、菲律宾、格林纳达和黎巴嫩附庸政权的军事入侵。此时知名的竞选资金募集人、媒体政策分析人如理查德·维格里（Richard Viguerie）、拉尔夫·里德（Ralph Reed），以及斯凯夫基金会、奥林基金会一同为美国右转推波助澜,适逢新基督教右翼力争占据影响舆论主流的位置。越战已结束,社会氛围也发生改变,校园内的抵抗已无法像之前那样发挥作用,保守的政治态度开始显得走俏,这从"我世代"的流行音乐偶像埃尔维斯·科斯特洛和警察乐队、后现代艺术场景(推崇合作式大众文化,一个当做发明和自由的场所)为象征。

然而恰恰是在这样的年代,《东方学》寻找到自己的听众。它的信息传播得越广,就越显得与流行氛围相抵牾。里根政府发起削弱工会势力、减少政府干预、缩减社会福利等举措,尽管有反对声,却被大部分媒体描述为顺应人心的新举措,这套论述的影响亦随着每一届新生渗入大学。右翼势力组织竞选活动、买下广播电台、建立智库,影响力渐隆之际,大学里的文化左翼学者却显得停滞不前,在运用精神分析或符号学理论分析性别、种族意义上的他者和代议制政治之外其他政体的弊端,他们在进行的可谓象征意义上的战争。1979年8月,身在贝鲁特的萨义德在一封信中表达了愧疚感,他觉得自己也参与了时代潮流的共谋——在法西斯式盟友黎巴嫩长枪党的怂恿下,以色列军队袭击了距贝鲁特仅四十多英里的巴勒斯坦难民营,他只是埋头写关于康拉德和斯威夫特的文章。

此前的6月,萨义德暂时从纷扰中脱身,与家人一同前往安达卢西亚("西班牙的阿拉伯"),那里向来是旅游胜地,同时保留着中世纪阿拉伯人、基督教徒和犹太教徒一同居住、彼此怀宗教宽容之心的遗迹。[6] 1981年,黎巴嫩已被战火毁得不像样,萨义德一家不能再像从前那样在可以俯瞰贝鲁特的山中度假,而是去了突尼斯。他们住在"一幢宽敞的房子里,带游泳池,还有一架大钢琴",诗人马哈茂德·达尔维什常来探望,每天吃晚饭前,萨义德都会弹钢琴。[7] 9月初,萨义德去巴黎,进行历时五天的巡回演讲。[8] 因《东方学》的出版,美国人文学科国家基金会通知萨义德他当选为该基金会纽约理事会理事。这个消息转眼间就变得不再鼓舞人心。时值1982年夏,以色列发动了对黎巴嫩的全面入侵,一举占领整个南部,包括首都贝鲁特。仍居住在贝鲁特的亲友处于危险境地。长枪党肆意威胁萨义德的妹妹琼一家,留下纸条"我们知道你们在哪儿",含义十分明显,迫使他们从住所搬离,否则会死于非命。萨义德的老友,也是阿拉伯裔美国高校毕业生联合会的同事艾布-卢霍德,不得不在萨义德母亲处借宿,他自己的家被一枚以色列导弹炸毁。

萨义德写道,黎巴嫩变得"雪上加霜:以色列军队的劫掠还不算,如今黎巴嫩军方又在逮捕成百上千人,而罪名与[发动军事政变的]阿根廷,以及智利,没错,惊人地相似。一个新时代开始了,然而前景不妙"。[9] 萨义德加入了为抗议以色列入侵而成立的特别委员会,这让他第一次收到了真正的恐吓邮件,那些信恣意辱骂他,如"共党同情者""肮脏、卑鄙的阿拉伯人"。[10] 他和玛利安姆创立的巴勒斯坦防御基金收到的信件中,包含五美元、二十美元或五十美元的纸币,还有用过的安全套,上面涂着纳粹万字符,言辞暴戾,"想在你的眼球上插一根桩子",他当时的研究生助理这样回忆。此后数年间,每当以色列发动空袭、他予以抗议时,就会收到这样的信。比如,有人写道:

你这个蠢货。你现在处于监视下,你的两个助手知道。他们是我们的人,你明白吗?你随便和他聊点什么,你就能接收到微波。进入大脑的微波。这比子弹干净多了。你不觉得自己太渺小了吗?寻找镜头——你找不到它们的。[11]

一连数年，萨义德的办公室被投进燃烧弹，桌子上扔了点燃的雪茄，把吸墨皮烧穿了一个洞，论文手稿上到处洒了墨水，书架上有四十本书不翼而飞。[12]"联邦调查局的探员来过，他们告诉我这是一个犹太军事组织干的……他们当时在《村声》杂志上刊文恐吓我。"[13]

没有人因此被逮捕，尽管联邦调查局的探员请萨义德留心可疑包裹，在1982年贝鲁特郊外的两处巴勒斯坦难民营萨布拉（Sabra）和夏蒂拉（Shatila）发生屠杀后。[14] 这次屠杀是长枪党所为，以色列充当怂恿者和靠山。同一时期，一个身穿军队劳动服、表情严肃的女人敲响萨义德在哥大办公室的门，随即冲了进来，厉声追问遇到的助理"他在哪儿"。除了哥大校长的办公室，只有萨义德的办公室安装了防弹玻璃窗，以及蜂鸣器，可以将报警信号直接传给校保卫处。[15] 萨义德父亲去世数小时前，给萨义德留下的遗言是："我担心犹太复国主义者会对你下手，小心为要。"[16]

他的敌人不仅仅是以色列人。妹妹琼记得1979年末他在贝鲁特接受一次采访后，她十分不安，极其担心他的安危。萨义德名字在暗杀名单上，这样的传闻四起。[17] 一些支持巴勒斯坦的军事武装组织把他理解成反对军事抗争、只赞成外交手段。为了澄清，不久后，他致信刊物《中东》，表示他认为自己的观点没能得到充分的理解。[18] 十年后，面对另一件事，萨义德对一位巴勒斯坦知识分子的政治避难请愿书表示支持，在此情形下也表示他无法前往贝鲁特西部，害怕那里的什叶派民兵和叙利亚人。此后，为了安全起见，他的儿女不能自由拜访叔叔、阿姨、祖父母以及其他亲戚。[19] 尽管玛利安姆在1983年带着孩子回了一趟贝鲁特，翌年她自己又回去一趟，但是对萨义德自己而言，在1982年以色列入侵黎巴嫩之后的数年间重返贝鲁特都是不可能的，实际情况不允许。更雪上加霜的是，1983年，他母亲被诊断出晚期癌症。

国内外凶险的政治转向让萨义德渴望介入。然而到了1983年，黎巴嫩本土各种运动变得前景渺茫："至于贝卡反叛……我认识组织者，对他们的目标和达到目标的手段都谈不上有丝毫同情。他们是一伙冷酷而愚蠢的暴徒。"[20]一面是鲁莽实施的暴力，另一面是懒散和懈怠。1983年7月，萨义德去了突尼斯，访问了巴解组织的新安顿的办公室，以色列入侵黎巴嫩迫使他们离开了贝鲁特，眼见组织成员无所事事，萨义德感到沮丧，迫切想尽一份力，"只是我不知道我能做什么"。[21]更糟的是，他无法参加当年在阿尔及尔召开、具有重要历史意义的巴勒斯坦国民议会会议，因为十一岁的儿子瓦迪突患骨髓炎，病情严重。[22]儿子很有可能挺不过去，萨义德必须留在他身边。

这样便不难理解在前一个夏天，萨义德受邀前往美国西北大学，在著名的"批评理论学院"讲习班做演讲时，选择的演讲题目是《文学研究的体制化和专业化》，因为这是他能够借此对政策施加影响的最佳途径。面对里根政府意图降低民众的生活水准、抨击第三世界国家进行的自由抗争（尤其是尼加拉瓜），以及三权分立，文学研究的回应苍白无力，萨义德对此深感沮丧，并将八十年代称为"罗纳德·里根的时代"，散发着冷战重临的气息。[23]语带嘲笑地，他指出文学"理论"是"新新批评"，暗示五十年代沉着的形式研究换汤不换药地便在八十年代再度流行，此时是披着解构主义、拉康精神分析理论和后现代主义的反叛外衣出现。

在十年前，这些理论有思辨先锋的特征，到了八十年代，退化成已获认可的套话，而大学的任务不过是如流水生产线般，制造出可疑的专业"理论家"。他也受不了容易轻信的美国教授取悦法国同行时表现出的夸张造作——讲授研讨班期间，雅克·拉康用大学办公室的电话联系福柯，只为了立即提高会议经费，或在叫侍者送一瓶威士忌进来之前，要求将他下榻的五星级酒店房间内的所有家具重新摆放位置。[24]

对欢迎上述理论并且巩固了它们在英美高校的地位的学科本身，萨义德同样指得出诸多缺陷之处。以后殖民研究著称的该专业，进入学术主流视野的直接因素就是《东方学》的迅速走俏。许多人视萨义德是专业奠基人，他乐见该专业的兴起将更多来自非西方的作者引入高校课程，并对西方图书馆常见的潜在偏见构成挑战。萨义德也支持该专业根据种族和民族起源去开设更多院系。然而黎巴嫩发生的宗教派别冲突，更不用说伊本·赫勒敦和维柯给他的教诲，都让萨义德厌恶过分执着于个人"身份"，而这正迅速成为非白人学生和教授能够挤进原本封闭的权威体系的理由。[25] 萨义德是开路人，引领了一场比他自身更广大的运动，但是如今那已超出他的掌控，这场运动受到一系列被他驳斥的思想的启发。

到了九十年代末，后殖民研究已不再仅仅是一个学科。"他者""混杂性""差异""欧洲中心主义"等学科关键词出现在剧场节目单、出版社书目、博物馆目录甚至好莱坞电影里。那已经成为普遍文化的一部分，有萨义德影响的因素，这带来一个问题，因为萨义德甚至否认"后殖民"的存在。"我无法肯定，对殖民时期和后殖民时期的划分是否那么重要。"他如是说。后来又对同事坦言："我觉得这个'后'字加得没什么用。"[26] 批评的责任是阐明殖民主义依然方兴未艾，昨日发生在印度和埃及，今日发生在南非、尼加拉瓜和巴勒斯坦。

萨义德嘲讽八十年代是里根的年代，讽刺的是，1987年，总统办公室给他寄来了一张圣诞贺卡，祝他"假日快乐，新年安康"。[27]

先后在厄巴纳、贝鲁特和斯坦福大学研究中心做研究，意味着有充裕的时间写作，到1981年12月，他却欣慰地宣布"时隔约十八个月后，第一次重拾我的教学职责"。为了拍摄《西方的阴影》（BBC电视节目《阿拉伯人》中的一集，萨义德撰写台词并录制旁白，于1982年播出），他时隔很久重回纽约。[28] 回到全职教书的岗位，并且进行全新的反省的过程中，萨义德终于完成了拖延多时的新著，这部书以最醒目的方式突出了他学术生涯前半程那些关键性的关注点。

《世界，文本，批评家》不折不扣称得上是关于批评本身的批评。它对语言、精神分析、身体为分析对象的学术做出优劣两方面的论述，而这并非一蹴而就。它不是由美国政治生活发生转向而引发的回应。相反，它意图揭示在显得更加先锋的七十年代，反动转向的潜流便已有踪迹可循。

在最早的那批研究生看来，《开端》却"显得棘手……就像一本教师用书"。[29] 即使是从未上过他的课的人，也能从字里行间读出研讨室里小心引导、轮流即兴发言般的行文风格。对他的第二批学生而言，《世界，文本，批评家》在上述意义上也是一本教师用书，而风格更严肃，流露的情绪更加愤慨。他选择搁置《开端》那种思辨剧的魅力，至少暂时如此，以此完成描述人文学科所担负的社会作用的实际任务。为了实现这一目标，萨义德大胆援引红衣主教约翰·亨利·纽曼的观点，这位维多利亚女王时代的神学家坚信大学不应考虑灌输道德信条或训练学生掌握谋生技能。[30] 教育的真谛应与"立竿见影的效用或即刻的提升"无涉。

萨义德始终秉持这一信条，即教授不是为运动宣传而设。"在三十年的教学生涯里，我从未教过一门有关中东问题的课。我不相信把教室政治化有何裨益。"他写道。对于这一点，连攻讦他的人都无法否认。[31] 哥大反战示威正酣时，他依然认为大学应是躲避政治的地方，即便它充斥政治影响。《世界，文本，批评家》初衷便是描述其中最为关键的影响，毕竟这与人文学科的研究方法有关，通过他的分析，呈现出相比物理科学和社会科学唯有人文学科能够提出的洞见。

《世界，文本，批评家》的核心观点可以追溯到1968年，即看起来是关于现实的理论探索往往是"一种无意识的幻想或一系列对我们宣泄情感有益的幻想"。[32] 斯威夫特研究的意图之一便是批判官僚语体，提倡日常口语体；斯威夫特研究化成的《世界，文本，批评家》一书也坚持了这一批判立场，虽然现代大学具有复杂性，它与政权之间的关系已发生改变，都令具体分析变得困难，而且这本书设定的窄小论述范围也令他无法充分展开论述。另一项酝酿已久的知识分子研究计划遭遇的情况也类似，萨义德原本希望就这一主题做出可与葛兰西、阿尔文·古尔德纳（Alvin Gouldner）、德布雷的精辟论述相比的论述，甚至向同事宣布他的知识分子研究正在进行中。[33] 这两项课题都让他觉得他的原初观点会花费相当多的时间——他同时还要进行其他活动，不得不放弃这一研究计划。

1979年末，他恳求哈佛大学出版社编辑莫德·威尔考克斯（Maud Wilcox）再多允一些时间，他正在抓紧时间撰写，觉得可以在年底交给她书稿。推迟交稿的原因，他解释道，是他忙于撰写另一本完全不同的书，以替代知识分子的研究。这一研究，他对友人说马上可以完成，也找到了出版社出版，完全是向葛兰西和卢卡奇致敬。他当时在将这本书松散的结尾部分打磨得更紧凑有力，同时不希望留下"大片大片没有讨论的部分"，因此需要多些时间。[34] 在1978年至1982年间，他的研讨班或讨论英国战后的马克思主义思想家（如埃里克·霍布斯鲍姆、V.G. 基尔南、J.D. 贝尔纳，著名的两次大战期间活跃的爱尔兰分子生物学家、社会主义者、科学史学者），或讨论葛兰西和卢卡奇。[35] 这项研究完成的第一稿需要修订，他解释，要去了解一下就这两位思想家已出版的众多研究著作，以免"自己显得愚蠢至极"。[36] 当然，阻碍他的还有其他因素：要准备在贝鲁特的一系列演讲，1978年美国国家人文基金会夏季研讨会"现代批评理论"在哥大举行，萨义德又是组织者。

无论从何种意义上讲，上述研讨会预告了《世界，文本，批评家》的研究路径，同时彰显了萨义德的转变，对左翼政治谱系的接受更为开放，与美国媒体的论战迫使他更加明确立场。萨义德视这次研讨会（在八周的时间里一同讨论十六次）是一次知识分子的联合，针对国家和媒体迫使批评人士沉默："我有意阅读那些受马克思主义、语言学、形式主义和历史决定论影响颇深的批评家的著作，他们决不曾将自己从任何思潮流派中所汲取的东西［转化成］教条、机械、充斥陈词滥调的批评方法工具。"[37] 有了这一新态度，他寻到了尤其是西奥多·阿多诺、瓦尔特·本雅明这样的思想家，此前对他几乎毫无影响，在那之后却占据中心地位。佩里·安德森是编辑部在伦敦的国际性刊物《新左派评论》的背后推手，他将刚刚出版的《美学与政治》（1977）寄给萨义德，该书收录了一系列颇有分量的文章，研究左翼剧作家兼哲学家（如贝托尔特·布莱希特、恩斯特·布洛赫和本雅明），还寄了苏珊·巴克-莫尔斯的《否定辩证法的起源》（1977），研究阿多诺的思想。萨义德的思考在这两部著作的影响下，愈发向德国哲学家的轨道靠近。[38]

1983年，萨义德终于实现诺言，将研究斯威夫特的书稿交给了编辑威尔考克斯。数年来，他一直努力说服她，希望她允许自己放弃斯威夫特研究的原初构想，转而去完成一本更加灵活、由一系列独立文章构成的书，因为他想召唤"与之前不同的听众"。[39] 与研读斯威夫特的情况类似，如今葛兰西对他而言代表着包含矛盾的范式，既是政治上的，也是写作上的，在转瞬即逝的此刻与有渐变轨迹可循的长时段之间。在通信中，他骄傲地宣布"两部批评之作"即将完成，虽然他明白，两项研究已合二为一。[40]

如果说萨义德撰写这两部书的初衷是批评具有宰制性的思想体系（尤其提到精神分析和符号学），那么在这个过程中，他发现自己"受惠于可谓反第二国际的马克思主义"，他如是形容第二本书似是而非的主题。在萨义德看来，第二国际如它留给其他人的印象一样，像上了发条的机械钟，十九世纪末二十世纪初欧洲演进式马克思主义，采用实证主义方法，迫切希望披上"科学"的罩衣。他更加倾向在俄国十月革命后创立的第三国际中间兴起的更灵活、更敏锐的马克思主义思想。换言之，被他称为"反第二国际"的卢卡奇和葛兰西，启发《世界，文本，批评家》批判"随处可见呈激增态势的新一批套话、与世隔绝主义、教条主义",那恰恰是发生在萨义德学术生涯早期给予其启示的文学理论家中间。[41]

到了八十年代初,萨义德意识到自己不可能完成研究卢卡奇和葛兰西的著作,他便将相关资料精炼成一篇长文,打算收在《世界,文本,批评家》这本论文集里,但是最终撤掉了这篇文章,也没在别处发表。[42] 或许是觉得赞扬这样的知识分子会让局面更错综复杂,或者这会令他对学术界的批判显得过于恼人,因他的批评已十分严厉。也可能仅仅是因为他没有足够的时间,无法对两位思想家进行充分的论述。相比措辞更严苛的初版,这本颇具洞见的文集呈现的最终版柔和许多,尽管如此,其批判立场依然鲜明,新新批评派(萨义德这样称呼后结构主义理论)的代表人物纷纷出来反击。

比如理论刊物《变音符》,如此喜爱《开端》,却拒绝刊登称赞《世界,文本,批评家》的评论文章,并告诉该作者他们"想刊登批评文章"。[43] 出版法文版《东方学》的瑟伊出版社,明言"在我看来,精细与暴力的糅合是你批评文字的特点"的同时,却拒绝出版这本新书,理由是认为它过于学术,过于美国。[44] 类似的负面评价并没有阻碍萨义德获得当年的勒内·韦勒克奖,这是由美国比较文学协会颁给年度比较文学最佳著作的奖项,颁奖理由包括被该书组织结构的原则之简洁优雅所折服。提炼结构原则的过程并不轻松。

最初,该书就叫《方法》,算是给出了提示。这个书名,他解释道,"一直在脑中盘桓"。[45] 与探究如何撰写一部需要严肃态度、四处旅行的《东方学》不同,这次他想追问的是为何某些文本和观念能够获得的权威,并非基于原创性甚至并不通俗易懂,而是基于服从了主流的意识形态。再刨根问底下去,始终让萨义德苦思冥想的问题是，一涉及声望四播的过程，为何德里达、理查德·罗蒂能获得如此广泛的注意力，却对阿里·马兹鲁伊（Ali Mazrui）、吕西安·戈德曼这样的学者视而不见？学生都被期待去读笛卡尔，忽略维柯和赫尔德便是理所当然。为何会这样？居主宰地位的文化，他回应道，"因对系统性方法的主宰"而建立了霸权。[46]

显而易见，最被英美高校列出的必读书单所排斥的文化之一，便是阿拉伯文学，《世界，文本，批评家》旨在为阿拉伯文学正名。[47]他的做法并非将解构主义介绍到中东，而是打算把M.M.巴达维（M.M.Badawi）对现代阿拉伯语诗歌的研究推荐给《泰晤士报文学增刊》。1972年，萨义德撰文介绍了纳吉布·马哈福兹；整个八十年代，萨义德都在努力帮助马哈福兹的作品译成英语出版，这个项目在1988年马哈福兹获得诺贝尔文学奖后变得容易多了。[48]为了回应萨义德态度温和的一再追问，当时在双日出版社任高级编辑的杰奎琳·肯尼迪·奥纳西斯（Jacqueline Kennedy Onassis）写了回信，称在萨义德的激励下发现了马哈福兹这位杰出小说家"真感到荣幸"，并把《宫间街》（1956）的预装样书寄给萨义德，这正是萨义德早些时候向她推荐的，信的结尾以秀丽的笔迹写道"对你的研究深表钦佩"。[49]

为了探究"方法"这一问题，《世界，文本，批评家》犹如考古挖掘，描述了萨义德自己学术生涯早期的各个阶段。没有一本他的书完全称得上井井有条。每一本书都有接缝，都至少有一个失控的章节。这里行文节奏的不平衡却是源于不同的秩序。其思维发展历程的各个阶段经受苛刻的审视，尤其针对他在学术生涯早期担任的批评理论先锋的预言家这一角色，他开始质疑它，向友人明确提出"批评理论先锋这样的东西是否有存在的合法性,所谓高级批评引发的相关问题,等等"。[50]

书中收录的论述雷蒙·施瓦布和路易·马西农的文章显然是属于写《东方学》时期,另外两篇文章,一篇论述原创性,一篇论述重复,也可一眼看出属于《开端》时期。论述康拉德一文是博士论文的余波,论述斯威夫特一文是对没能完成的斯威夫特研究一书的总结。而全书被位置较靠后的一篇颇有分量的文章凝聚起来,即《文化与系统间的批评》,不仅篇幅最长,立场也表达得最坚决,篇名原本用作全书名。文中摒弃了美国学术界在接受福柯和德里达的过程中建立的"新正统"。[51] 为《国家》杂志撰写的有关 V.S. 奈保尔的书评《来自第三世界的痛苦报道》以及《1948 年以来的阿拉伯写作形式》原本收录进来,后来移除,因为它们无助于"方法"的研究。

萨义德与威尔考克斯的通信会使人误以为他交出的书稿经过大幅修改,犹如在最后时刻拿出的什锦包。其实,这本书堪称他创作生涯中最优秀的散文,诸多友人、同事都表达过充分赞许。[52] 自信的语气,无畏的反律法主义,该书全方位呈现了他的才能,抓住了针对里根政府的反攻时刻,呼吁大学同仁担负起责任,正面应对危机。在教学、政治理解、理论推断的汇合点进行了激烈的思考,萨义德冒着被高校同事指责的风险,将原本是在私下交流时说的话印刷成文字出版。虽然他与亚瑟·戈尔德多年来鲜有通信,这个老友仍写信赞扬他对一幅美国图景"绝妙"的回应,视"法国批评为〔一次〕邀引,召唤来的不过是浪漫主义想象的另一个实体"。[53]

第一次萌生编纂这部集子的念头,至少就最终呈现的形式而论,可追溯到 1974 年在圣路易斯召开的一次会议,萨义德做了题为《语词、文本和批评》的演讲。在接下来的十年间,从"语词"转变为"世界",他的任务不只是单纯地向学生讲解作家,或与他们一起欣赏作品精妙的形式,更要问文本如何流通,词源学和语文学本身如何激发小说创作,而不是只能对已完成的小说进行阐发。劳伦斯·斯特恩所著《项狄传》——十八世纪杰出的实验小说,萨义德指出,在风格和观念上都受约翰·洛克的科学研究的影响,正如巴尔扎克蓬勃繁盛的想象借鉴了博物学家乔治·居维叶。萨义德用力拉扯自《开端》生出的一根线,逐渐拆解了文学作品作为独立创造物的身份,以及一定程度上,是研究本身的衍生品。具体到英国文学,他的主要观点之一是提醒读者注意施瓦布的发现:大部分浪漫主义文学作品是东方学研究的直接产物,而非颠倒过来。

在某种程度上,《世界,文本,批评家》批判了公众对任何冠以科学的东西都抱持不加鉴别的敬重。他取笑高校行政机构对技术小工具的着迷犹如"汽车修理"。[54]还在厄巴纳的时候,萨义德便提到由那里的研究中心资助的"科学与人类境况",他耐住性子坐听相关人员一次次疾呼"人类境况如发作的痔疮",夯实了"项目可怕"的印象。[55]如今,萨义德思考眼前的项目,他寻到了同路人,也是友人,社会学家皮埃尔·鲍德里亚,一起缓解科学"象征性霸权"带来的压迫。[56]

萨义德没有局限于描述自然科学和人文科学研究方法的不同,而是追溯造成二者虚假对立的根源。批判性思考的没落命运,他暗示,实际上反映了文化中存在的更大的问题。相关的论述在《反对派、观众、选民及社区》(1982)一文中表达得最清晰,该文没有收入书中,却充分地诠释了这本书的意图,可视为萨义德整个学术生涯中最关键的文章之一。

《反对派》一文阐明科学神秘化是里根政府军事凯恩斯主义

的核心组成。依附其上的知识分子竭力想让民众相信美国的进步，相对于劣等国家的落后，是因为美国有自我调节的市场。理性被等同于管理，民主等同于生产力和竞争力。[57] 在大学里，上述来势汹汹的话语竟受到无条件的支持。老派捍卫者盛赞诺斯罗普·弗莱的《批评的剖析》犹如构造复杂的"亢奋机器"，以此来模仿科学。在一段时间里，这本著作在各大高校的英语系享有崇高地位，被认为是文学研究领域最先进的成果，它针对文学想象这一庞大的机器，细致地勾勒了每一种可能出现的零部件，以及每一种组合方式。[58]

同时，沉浸在对法国文化的幻想里的年轻人自以为突破了弗莱的壁垒，其实提不出更好的主张，心怀语言结构钟表般准确的作用机制这一错觉，他们服膺一种新的科学主义。如萨义德所述，文学理论如此倚重结构主义，归根结底是对"'抽离价值判断'的功能主义"，伴随"对行为主义和量化的极度推崇"的社会科学界的一种描述。[59] 争执、辩论和意识形态冲突的活生生的世界因此被抹去，取而代之的是以牺牲人类选择为代价，换来客观确定性的幻觉。尽管在增强思辨性方面成绩斐然，文学理论采用了伪艺术包裹的科学方法，以便在一种不重视其他任何价值的文化中为自己赢得合法性，它就已经陷入了"掩蔽和合法化"的话语。

萨义德认为这种逻辑推衍是以忽视实际科学研究步骤为基础。科学史学者，他指出，如J.D.贝尔纳、托马斯·库恩、乔治·康吉连（Georges Canguilhem）和杰拉尔德·霍尔顿（Gerald Holton）努力使公众理解到科学研究的环境是"极不准确的影响因素，人文学者（甚至科学家）应对起来会措手不及"。[60] 科学家有所发现要依靠推测式飞跃，而这常常被认为是人文学者的弱点。事实上，在主题方面，《东方学》和托马斯·库恩《科学革命的结构》有着有趣的相似之处。《科学革命的结构》一书是萨义德频繁引用的书，《反对派》一文也不例外。两者均聚焦于惯例在知识中起的作用，科学家和批评者被获取知识的习惯法裹挟，无法对他们进行实践的整个领域做出审视。[61]恰是在上述语境里，"方法"的问题进入他的叙述。

至此，萨义德已对作为反派人物的东方学家勒南进行了详细的论述，并且怒火蹿升，勒南将居维叶的研究据为己有，这一举动颇具象征意味，"闪米特人""闪语族""是在语文学实验室里……发明"的杜撰物。[62]勒南认为，科学启迪给人的冲击力堪比宗教，"向人明确地讲述（言说或表达）万物的语言"，仿佛事物有一种唯有科学能读懂的语言。这些从自然科学借鉴来的分类思想所催生的，被萨义德轻蔑地称为"哲学式解剖"。[63]理论如此贬低人类，萨义德注意到，与媒体和政府秉持的宏观科学主义一道，是"对思考本身的攻讦"。[64]

如果说他开玩笑般奚落朋友萨米（计算机制图专家）应该多读点小说，他觉得乔姆斯基的判断（人文学科"缺乏自然科学那种智性内容"）未免过于简单。[65]《世界，文本，批评家》中收录的论述施瓦布一文尤其梳理了人文科学与自然科学之间方法论上的最终较量。人文科学有着广博的求知欲，这使其免除了与科学应具有的严密性相伴相生的刻意的严苛。施瓦布展现了科学家的素养，能够挖掘无穷无尽的细节，在"令人眩晕的缜密"中，提供了科学家梦寐以求的东西——一出"精彩的文化大戏"中一幕"关于观念的浪漫剧"。

施瓦布体现了人文学者卓越的见识，将广博的学问和自由联想活动相结合，维柯将它命名为"ingenium"，意思是"将零散、各异的东西统合成一体"的原则。[66] 这种有意着眼全体、跨学科的批判问题的模式被《世界，文本，批评家》秉承——面对科学倾向关注自然彼此独立的部分，无视社会整体或个人遭到败坏的观点，相信这种方法可以解开自然的奥秘——提供了一些优势。惯于浪游的思考者，常被贬低为半吊子，却能让批评者看到专家往往会忽略的事物间更广泛的联系。

《世界，文本，批评家》一书是建立在数量可观的讲义基础上，从这个角度看，它的确是"教师用书"。不光是因为萨义德总是把看似不相关的人物做独特的系连，更因为他坚持积累读到的生平细节和引语，这在笔记中特别显眼；还经常写下大段文字，再把它们贴到画着示意图、夹杂评论和补缀旁注的纸页上。日积月累，它们化作一篇文章的草稿，或纯白纸，或从螺旋线圈笔记本撕下来的黄色、白色横线纸，夹杂着用旅馆便笺涂写的心得。萨义德说他最好的思考都是在讲课时萌生的，朋友都表示无法信服，然而只要读过他在1964年至1984年这二十年间做的讲义，便会懂得他所言不虚。[67]

比如，1971年，他写下名为"批评理论的历史"的一则片段，不见于出版。一沓沓纸页，或打印或手写，有关雪莱、柏拉图和中世纪的诠释法则，最终导向对柏拉图《斐德若篇》的钻研，柏拉图对哲学德性归纳的范式让萨义德深受启发。与其"通过过去的时间"写作，萨义德认为，不如研习"辩证法的技艺，[因为]它择选情投意合的灵魂"。做了数页摘引后，他写下一句供日后参考的注解：《斐德若篇》是关于一种语言，"因为理性需要花费时间，邀请参与思考的游戏，它是多义的，不会直接抵达答案"。[68]

这并不是无意中引用的话。七十年代早期,他便就他的研讨班开出的阅读书单向学生解释过为何选择这些作家,"是反辩证法的,就黑格尔使用的辩证法一词的用法而言,用它来达到最后的超越和/或解决"。[69] 事实上,黑格尔并不相信思维可以如这般被停留在其轨道上,或它会如履行职责般抵达目的地,在那里世界霎时间终止,不再受任何自我与他人、意识与事物之间的敌对所困扰。但同时法国那些受尼采影响的哲学家的确将此归为黑格尔的观点,而萨义德几乎谈不上读过黑格尔的著作,也赞同这种观点。[70] 一次,与小说家、政治活动家塔里克·阿里交谈时,他开玩笑地问:"你真的读过几页黑格尔吗?说实话。"言外之意是好像只有受虐狂才会这样做。[71]

寻求解决之道与"思考的游戏"之间的冲突,促使他本打算将讨论葛兰西和卢卡奇的章节列为《世界,文本,批评家》的核心位置。卢卡奇集中论述历史和时间,而葛兰西格外关注地理因素,正如他论述的,二人观点相异,难以让人做出非此即彼的选择。[72] 他问友人:"你读了佩里·安德森的《国民文化之构成》了吗?我在试着由此发掘一些论题去讨论。"安德森是英国左翼历史学家,在该文中论述了二战后保守派知识分子拥入英国的热潮,为英国文化带来僵化的影响(其中包括卡尔·波普、刘易斯·纳米尔和路德维希·维特根斯坦)。萨义德旨在表达葛兰西、卢卡奇这两位处于两次世界大战之间的思想家可以为美国不关心政治的知识分子圈提供一种矫正,同时美国知识分子又全受右翼或支持现存体制的知识分子移民潮鼓动(如爱德华·勒特瓦克、亨利·基辛格和安·兰德)。

萨义德有时深感失意,阿拉伯世界对卢卡奇很陌生,其代表作《历史与阶级意识》(1923)尚且没有阿拉伯文译本，而该书是二十世纪最有影响力的哲学著作之一。总体而言，即使是了解法兰克福学派，如赫伯特·马尔库塞，或反殖民理论家弗朗兹·法农的第三世界知识分子也并不知道这两位思想家受卢卡奇的启发，而卢卡奇是梅洛-庞蒂所称"西方马克思主义"[73]的代表人物。

当《新政治家》邀请萨义德加入其开设的《影响力》专栏时，他强调卢卡奇和葛兰西是对自己影响最大的两位。[74]在回答对他有关键影响的核心书单时，他列出了《历史与阶级意识》，葛兰西《狱中札记》，乔治·安东尼乌斯《阿拉伯的觉醒》，马克思、恩格斯著《德意志意识形态》。问到电影，他选择了吉洛·彭特克沃《阿尔及尔之战》和鲍伯·拉菲尔森《五支歌》；音乐方面，提到瓦格纳歌剧《齐格弗里德》第三幕、巴赫《哥德堡变奏曲》、贝尔格《璐璐》和贝多芬《致远方的爱人》。有人也许感到奇怪，这里不曾提及斯威夫特、奥尔巴赫或维柯，也没有提到康拉德，仅仅提到小说《诺斯托罗莫》，但这并不意味它们对他丧失重要性，在与系统哲学抗衡时，前十年间经历的创痛令他优先选择更显不屈不挠的思想家。

就本质说，《论批判意识：葛兰西和卢卡奇》激活了他后来描述为"从卢克莱修到葛兰西和兰佩杜萨的意大利唯物主义传统"，视其是相对于黑格尔为代表的德国唯心主义的一种重要平衡。[75]他暗示，庞大的哲学体系，其中包括法国理论，运作起来与宗教极类似，同样要遵从"秩序的规则"，以及他们"强迫屈从或获得追随者"的努力。[76]萨义德将《世界，文本，批评家》最后一章命名为《宗教批评》，与导言《世俗批评》相对。他想追问，为何当美国政治被里根政府弄得四分五裂时，兴起的学术批评却只能言说不可想象性（unthinkability）、不可决定性（undecidability）和矛盾悖论？[77]

潜在的宗教冲动的征候随处可见，从解构主义喀巴拉式的解读，到弗兰克·克默德《圣经》研究中的末世论阐述（将之作为文学批评的一种范式）。[78]学术会议附带的书籍展台经常见到这样的书：《秘密的起源》《喀巴拉与批评》《暴力与神圣》。显然，相比之下，从前有更好的范式，如弗兰西斯·培根《新工具》(1620)，猛烈抨击"洞穴、部族和市场崇拜的大众偶像"，即指因承继的文化规范和追求利益的动机而思路相似的一个圈子的人所怀的扭曲的偏见。[79]《世界，文本，批评家》中关于卢卡奇、葛兰西的文章显得不同以往的激烈，原因之一是这两位思想家反映了萨义德自己性格中相对的面向。卢卡奇好战，憧憬（Sehnsucht），有丧失超验之感；葛兰西进行地理想象，拒绝允许任何病态事物进入自我意识。卢卡奇潜入哲学深潭，葛兰西则是具有牺牲精神的战士、组织者，在经过修正的、更具人情味的马基雅维利理论中汲取灵感。[80]

可以说萨义德与学术理论往往意见相左，但他继续（确实）与受人瞩目的学术明星站在同一舞台上，如茱莉亚·克里斯蒂娃、路易·阿尔都塞、拉康、巴特以及福柯。[81]尽管时有针锋相对，他往往会将实际体会到的以较为温和的方式表达出来。比如《大街》的编辑琼·斯坦因请他为著名的后现代主义学者让·鲍德里亚的新书撰写评论，他直言不讳："听着，我读了鲍德里亚的这本书……很难说他有太多想法，那些都不大像一个理念，更像一串不连贯的片断杂感。"出版这本文集会有不好的影响，"除非你想用它当作例子来证明法国思想的饱胀感，这是下沉抑或上升，取决于你如何看待"。[82]

他对克里斯蒂娃也持批评态度,她是移居法国的保加利亚人,是文化左翼的偶像。雷蒙·威廉斯在1988年去世时,萨义德为《国家》杂志撰写了讣闻。文中回忆了第一次见到威廉斯,是去伦敦录制英国广播公司的电视节目。萨义德解释,组织者想营造平衡,于是萨义德和威廉斯被邀请来,显然是代表左派,大卫·科特(David Caute)代表中间派,克里斯蒂娃(以及"相当保守、保守得出奇的哲学家罗杰·斯克鲁顿")"组成了右派"。[83]《国家》杂志最终删除了有关克里斯蒂娃的段落,意在更突出文章主旨,萨义德提到她不时地打断讨论,"只为发表乏味的陈词滥调"。[84]

《世界,文本,批评家》将萨义德的讽刺体现得淋漓尽致。类似"高级理论的最新话语出炉,热气腾腾""追随者和教条的形而上学学究组成牧师般的特权阶层""如今随处可见的术语砸得人下巴碎裂的各种后现代主义"的语句俯拾皆是。[85]尽管作为作家,萨义德最盛的怒火是留给中东问题专家,甚至攻讦他的人所用的语言都暗中借自他对学院学者的斥责。在采访中,他发现再也没有比下面这种回答更好地回敬《纽约时报》记者朱迪斯·米勒(后来去了福克斯新闻):"她看不出连最浮夸的解构主义者都重视的事实有何重要。"[86]八十年代长期抨击他的自由记者琼·彼得斯(Joan Peters),将早就存在的犹太主义论调——巴勒斯坦人是虚构出来的,因此无权要求居住地——翻出来讨论。她的畅销书《自古以来》(1980)受到美国报纸好评,而在其他国家(包括以色列)都予以批评,书中做的研究过于粗劣,以致可以用"滑稽可笑""生硬捏造"形容。萨义德进行了尖锐的批驳,文章恰切地题为《作为共谋的赞赏》,详细阐明"事实"的必要性,它们如何生成、为何重要,而她又如何滥用了它们。[87]

运用马克思主义进行理论批判的学者也不会免遭萨义德的审视。他觉得弗雷德里克·詹明信分析温德姆·刘易斯的著作是冷漠地运用后现代主义理论，"相当令人反感"。[88] 詹明信认为理论是不存在争议的真理，对此萨义德无法认同。一年前，他在信中向詹明信表达了对纯理论性质的马克思主义的不满："我期望你可以在政治上更有作为，也许你正是如此，我只是不知道而已，有许多能够做的事。"[89] 萨义德觉得詹明信看待世界说到底是怀旧式的，他的著作类似托马斯·阿奎那的经院神学。萨义德形容，詹明信因此表现得若有所失，始终在"首字母大写的历史"中寻寻觅觅。[90]

萨义德明白从前的导师，如 J. 希利斯·米勒（J.Hillis Miller）会感到失望，米勒在萨义德学术生涯之初为他广开门路，却觉得《世界，文本，批评家》试图在学院理论和里根主义文化之间建立联系是走错了方向。[91] 萨义德坚持己见，在致一位出版人的信里表示仍然钦佩福柯"敏捷的头脑"，但是他如今已从"为受压迫者发声的斗士"变成"伟大的权势人物"，"总体上持反对左派的立场，类似苏联的异见人物索尔仁尼琴和古巴的异见人士"。[92]

至于在被认为是他所开创的后殖民研究领域，他既没有参与讨论，也没有与相关学者有过多来往，只有一次，间接批评了后殖民研究的关键人物霍米·巴巴，因其"贬低"法农或当他在《知识的政治》一文中哀叹身份政治的悲剧。[93] 受到来自两面的压力，他纷纷予以回击。对所谓的前卫学者进行批评的同时，他建议出版方不要出版新批评派学者如 W.K. 维姆萨特（W.K.Wimsatt）的书，里面充斥着"四五十年前的见解"。[94] 理论刊物将他拒之门外，较为传统的人文主义学者也持类似态度。比如萨义德想编辑埃里希·奥尔巴赫的一部文章选集，还打算写导言，奥尔巴赫的家人拒绝了这一提议，认为"政治上过于活跃的"人士不适合编辑奥尔巴赫的文章。[95]

《最后的天空之后》是萨义德在八十年代完成的另一部作品，借转变话题来避开冲突，不去正面讨论这场无法取胜的战争。[96]萨义德一直欣赏图文书这种形式，盛赞过约翰·伯格和瑞士摄影师让·摩尔合作的《另一种讲述的方式》（1982），相关评论刊登在1982年12月号的《国家》上。伯格，一位不循规蹈矩的艺术史学者，也是布克小说奖得主，在法国乡下生活，与摩尔还合作出版过《幸运儿：一个乡村医生的故事》（1967）、《第七人》（1975），将图文书这一类别发展成熟，均关于欧洲的移民工人，创造出观察边缘底层民众的新方式。

摩尔为农场工厂、东欧移民艺术家拍摄了黑白照片，没有过多的煽情，而伯格富有感染力、不时有些难解的文字抗拒任何诗意的、反讽的或多重含义的解读。伯格有意使用十分朴素、寻常的语言，去呈现他观察到的工人。萨义德赞赏这些特质，驳斥那些认为伯格过于坦率、无产气息太重的指责，与此同时，提出了自己对伯格的批评。作为敏锐的观察者，伯格擅于讲述故事。他所缺少而萨义德希望他能够具有的，是"具有行动力的美学"。[97]

无论如何，是伯格和摩尔合作的图文书激发了萨义德的灵感，促使他开始自己的图片-文字形式的试验，将注意力集中在被占领地区的巴勒斯坦人的日常生活[98]，他保留了他的被观察者敏锐的感知力，拒绝使用贫困忧伤的影像来激发人的同情。在最后一次选择照片时，萨义德剔除了若干张摩尔最喜欢的照片，理由是它们"过于美"。[99]

《最后的天空之后》是即兴之作，文字部分也完成得迅速。1983年，萨义德去日内瓦参加在万国宫召开的一次联合国国际会议。就在这次行程中,伯格——艾克巴尔·艾哈迈德的朋友,将萨义德介绍给住在日内瓦的摩尔。二人后来一同前往法国东部山区昆西村,去伯格家中一访,那里离日内瓦并不远。他们在伯格家度过了一整个下午,吃晚饭、聊天。这次联合国会议是为了讨论以色列入侵黎巴嫩所带来的后果,组织者同意在万国宫长廊里展示由摩尔为世界卫生组织和红十字会拍摄的巴勒斯坦人照片,前提是不特别标出他们是巴勒斯坦人。

之后,在日内瓦湖畔的一家餐厅,沙菲克·胡特、萨义德、摩尔和努巴·霍夫斯皮安聚在一起,对联合国的做法感到十分愤慨,便想到出版以巴勒斯坦为主题的书。经过数月筹备,1985年夏,萨义德和摩尔在纽约碰面,摩尔带来数百张照片,住在萨义德的公寓里,一同工作了十天,最终选定了用于出版的照片。在离开去做其他事之前,摩尔的妻子西蒙娜会与萨义德四手联弹一支钢琴曲。[100]

先且不论包含多少意外的成分,这本图文书开启了新的情感表达,也正如萨义德所说,这本书无意呈现"客观"。[101] 萨义德将写有赠言的一册书寄给了德里达,对方回信表达了对这本"卓越的书"的赞赏,并且敏锐地注意到反美学的要旨。"在同一处分析里同时呈现出政治和诗意的表达……"他又写道,"你的文字和这些罕见的照片一起象征着一个被命运裹挟的民族,经受了无穷无尽的苦难,它不再允许自己被轻易地寓言化。"[102] 与记录相反,它意在表达的是想象离散者的渴望。有一幅照片是一位背着女儿的母亲在写字条——充满阐释张力。这幅照片体现了贯穿全书的主旨——并非不动感情的见证,而是萨义德本人心理图景的速照。比起向公众传播有关巴勒斯坦不为人知的方方面面,不如说它仔细记录了作者的无力感,必须将私人化的意义投射在同胞身上，因为他在肉体上与他们相隔万水千山。

在萨义德笔下，那位母亲的钢笔转变成抵抗的象征，对抗以色列在巴勒斯坦地区施行的法规造成的混乱局面，仿佛她的写作就是对他们的法规的直接回应。《最后的天空之后》竭力避免将巴勒斯坦人的惨痛境遇美学化，萨义德采用遐想而浪漫的叙述声音，酷似他那部没能出版的小说的声音。写下"嘈杂的千禧年幻象的旋涡""我们能够承受多少点滴汇聚的恶意"这样的语句，这是他第一次在出版物上呈现小说的技艺。受此启发，在1986年底、1987年初，萨义德开始撰写一部以贝鲁特为背景的小说，是在参与电影《流亡》制作期间挤出时间去写的，电影在1988年6月23日在BBC电视台上播出。[103]然而，不到一年，他就放弃了小说创作，转而去写回忆录，让回忆录代替了小说。

《最后的天空之后》出版一年后，正在撰写小说的萨义德获悉挚友戈尔德病重。他立刻放下手头的一切事务，飞去波士顿，赶着见戈尔德最后一面。几周后，1988年12月31日，戈尔德去世，终年五十三岁。[104]两人见面相谈甚欢，聊亚洲、非洲、东方与西方之间的差异，以及他们共同热爱的诗歌。[105]戈尔德刚刚完成了优美的组诗《病榻上的诗》，有两首分别刊登在《巴黎评论》和《新共和》上。当时的戈尔德不会知道，仅仅几年后，萨义德也会对自己的疾病做一番思考，以自己的文学语言，趁那些记忆彻底湮没前。[106]

几个月前，萨义德处于巴勒斯坦谈判突破的中心地带。震惊于起义爆发，美国国务卿乔治·舒尔茨邀请萨义德及其长期的合作者艾布-卢霍德到华盛顿参加将于1988年3月26日召开的会议。他的提议具有吸引力，设三年的过渡期，使以色列逐步归还已占领的土地，这其实是重提1978年《戴维营协议》的主张，此时当作里根政府的创见兜售给他们。[107] 舒尔茨的邀请尽管是积极姿态，同时也是一种挑衅。虽然巴解组织是巴勒斯坦人唯一的合法代表——这一点被萨义德和艾布-卢霍德反复强调——但是选择他们二人作为特使，是考虑到其美国公民身份，同时又是颇具声望的巴勒斯坦人，以及都不是巴解组织成员。这是舒尔茨使用的策略，以避免令以色列感到过于不满。[108] 最终，会议没有达成任何成果。而后萨义德嘲讽舒尔茨"天南海北都谈到了，除了巴解组织和民族自决"，最离题的是说到萨义德的《开端》，舒尔茨称自己读了，很想和萨义德讨论一番。[109]

与别处一样，萨义德的政治研究以文学批评为基础。比如，《世界，文本，批评家》的多个关注点，是在回应1988年阿拉法特请萨义德帮忙翻译一份巴解组织声明草稿一事（如1974年那样）。这份声明草稿首先由达尔维什拟就。在此过程中，萨义德感到它暴露了阿拉法特对这样一份声明应包括的内容其实毫无头绪。阿拉法特删去了所有萨义德经仔细斟酌后拟向国际团体发出的呼吁，又插入了自己缺乏说服力的立场表达。尤其是，尽管萨义德是文学理论家，是巴解组织领导人讲求实际的建议人，他却感觉整个经历令人恼火，体现了组织"后现代修辞意义上的焦虑"。[110] 萨义德参加了1988年在阿尔及利亚召开的巴勒斯坦国民会议的"起义"会议，不禁嘲讽场面像"语法学家齐聚一堂"，与会代表只关心决议的措辞这类琐碎的问题。

因此，《世界，文本，批评家》不仅在反抗大学内的思潮，更是反抗大学外的。另一方面，作为一本由教师写给教师的著作，在某些方面它显现出萨义德学术生涯之初的稳定特征。重返十八世纪以及两次世界大战之间的传统思想者，为的是创造出一股新的思辨力量，面对鼓吹供应经济学的激进学者大行其道的时代，这种悖论似的立场具有颠覆性影响。他们致力于瓦解已有的习俗，自称发起文学理论的革命，与过去彻底决裂。就他们而言，理论圈的质疑声音试图将他的批评仅视作换汤不换药的纯美学主义，甚至是英国俱乐部般的保守主义。当然，萨义德不曾试图掩盖他是以五六十年代英语系现代英语分支所要求的（也可称之为界限）的形式写作。但是他早已过了希望给捍卫传统的学者留下深刻印象的年纪，他肆意援引巴赫、美国外交活动、塞缪尔·巴特勒对布尔战争的评论、霍普金斯、弗吉尼亚·伍尔夫、叶芝和亨利·詹姆斯。他似乎想让读者确信，在他的文章中包含的政治上或理论上难以理解的一切，都被在他之前的、公众所熟知并热爱的作家所真切关注并写出过。

在传统和传统破坏之间保持微妙的平衡，这也体现在他作为一名教师履行日常教职的过程中。竟然在各个层面上参与大学教育事务，这种经历深刻地影响了他对具体实务的思考。甚至在开辟新的研究领域的同时，还处理哥伦比亚学院的管理事务。比如，参与英语系事务多过比较文学系，担任本科生诗歌比赛的评委，长期主持一个评估学院政令的委员会，公开与特里林就中等教育如何更好地衔接大学进行激烈辩论，并且斥责高校管理层竟然推崇图书馆学。[111] 针对联合国教科文组织发布的名为《我们富有创造力的多样性文化》报告，萨义德撰文予以回应。他指出这份报告分层逐条论述了那么多，却丝毫不提如何鼓励学生培养独立思考的能力，又指出报告避而不谈大学教育本质上的古怪之处——面对现代主义，以及理论就该是超越以往一切的哥白尼式突破，反而需要服从一种传统、一种纪律和学问的威信。

在教室里，这种对纪律的强调令学生对萨义德感到畏惧。《哥大每日观察》的一名记者写道："能够施加心灵感应般的力量，仅凭愠怒的面部表情就能把不受欢迎的学生从他的研讨课上赶出去。"[112] 说服力弱或准备仓促的课堂报告会被打断——他垂着头，盯着桌子，手插在口袋里，把硬币摆弄得哗啦作响。或者正相反的回应，他会冲学生友好地点点头，进而提出问题，学生回答不出，笨拙的报告就此终止。普鲁斯特的《追忆似水年华》必须逐字逐句读法语原著，他这样要求。某个学生抱怨不能要求人人都变成哲学家，萨义德回敬道："来大学接受教育……进行过批判式思考就不会说这种话。"时而开玩笑，时而专横要求，他始终认为阐释是非常关键的工作："不能浪费课堂上的宝贵时间。"[113] 一名年轻教师绞着手，问萨义德觉得她是否有机会获得访问学者资格，他说："加把油。"[114]

很多学生走上专业的学术研究之路，但是他并没有刻意培养的雄心。积累追随者这样的想法让他厌恶。他本人便无意于钻营大学的等级体制，或与系里的竞争对手纠缠不清，他的目标是写作和公共演说。相对而言，教学是让紧张的思维暂时放松，是进行讨论的场所，引导或迫使他的学生形成自己的观点。如其他哥大教授在技术含量较低、礼貌地称为"学院"的地方初试牛刀，他会告诉学生，"我们想了解你们的所思所想，因此对你们会十分严苛"。[115] 重点在刻苦研读原始文本——学生直接与文本对话，而不是听老师的领读或读学者做的注解。他总是全神贯注地"在那里"，露易丝·耶林（Louise Yelin）回忆，没有抽象术语，"没有废话"。[116] 然而"风趣……对待文本的态度非常认真，竭力贴近文本"，"即使讲笑话"也不是为了逗乐，莱昂·维瑟提耶说。[117]

萨义德讲解一篇文本的方式不同寻常。他的课程起初进行得格外慢，在进入状态前他常会表现得紧张："你很可能看到他额头上渗出了汗，过了一段时间，他取得了突破，趁着昂扬情绪，就会完全进入状态，他的讲课风格融合了缜密分析和即兴发挥。"从前的学生、电影导演里克·伯恩斯（Ric Burns）说。[118] 他本人也的确说过"难受、惹得胃翻腾、手心出汗的焦虑，我在上一门课前（甚至在课程中）总会感觉到"。[119] 去异地四天，讲座回来，他到家时已经不早了，仍会在清晨四点起床，重读已读过很多次的书，生怕白天上课时因准备不充分而出状况。

儿子瓦迪和女儿娜杰拉半是期望他回到家能摆脱教学状态，相反，他会逐一读他们的学校作业，即使是关于并非他专门研究过的作家（陀思妥耶夫斯基、贝克特）。在整个基础教育期间，方方面面他都会关心，读了所有……学校布置的读书报告/作文，在边缘写下评语，往往是简短、肯定的，稍有些笼统（"你真棒"）。他会令他们感到他没有因为自己是他们的父亲而降低要求，而是认可他们的能力（并且有些惊讶）。[120] 玛利安姆学习希伯来语，准备应聘哥大中东研究图书馆员职位时，他会在每堂课结束后突然出现，追问她的老师大卫·耶路沙尔米——来自伊朗的犹太人，当时在中东语言及文化系学习。"嘿，玛利安姆表现得怎么样，Daud？"他会这样问道，称他"Daud"，"David"的区域变称，借此表示他知道其中的差别。"她很优秀。"耶路沙尔米会回答，萨义德会以他一贯的率直风格脱口而出："我会在两周内完成整部书。"[121]

对上他课的研究生来说，他教会他们从容、开阔而又十分严肃的锤炼思考的方法。他通过实践教授，而非布置一个题目，向知识敞开心扉。在有些学生看来，比如人类学家、担任过他助理的黛博拉·普尔（Deborah Poole）就认为，他教学生明白了"愤怒在学术研究中扮演的角色，尤其是愤怒的决定，以及它的重要意义"。[122] 有关知识本身，他向学生介绍了语文学——之于今世的意义和悠久的学科史——学生均所知甚少。另一方面，正如他在哥大的同事迈克尔·伍德所言，萨义德也擅于向学生学习。1987年在杜克大学召开的"第三世界文学与文化批评"大会上，萨义德公开承认是他的研究生发挥了重要作用，将第三世界的文学引入课程中。

直到八十年代中期，在学生的敦促下，他才开始涉猎西方文学以外的文学作品。奇努阿·阿契贝、阿依·克韦·阿尔马赫（Ayi Kwei Armah）、阿西娅·吉巴尔（Assia Djebar）等来自南半球的作家都属于此类。儿子瓦迪也起了重要作用，将年轻一代的学者介绍给父亲，后来成为盟友，并促使萨义德关注当代的小说家，那是始终关注巴勒斯坦问题的萨义德所忽略的部分。[123] 菲利普·罗斯是个例外，萨义德与其通信往来，罗斯写的《美国牧歌》（1997）描述了父亲与他政治上活跃、激进的女儿之间的关系，萨义德认为这是近十年里他读过的最好的小说。当然，萨义德致力于向西方介绍阿拉伯作家的小说和诗歌（至少在1976年他就读过苏丹小说家塔耶布·萨利赫的作品），1972年11月和恩格尔闲聊时就提起读到"一个非常好的小说家，叫马哈福兹"，但是到了八十年代初，他无法继续忽视自己对南亚、非洲和拉美作家了解甚少这一状况。[124]

其中的很多作品——1990年，他在肯特大学遗憾地表示——是在倡导民主的狂潮影响下选择、教授，作品中的思考和美学特征都没有得到关注。第三世界的非阿拉伯文学作品很难引起他的共鸣，加西亚·马尔克斯的小说和康斯坦丁·卡瓦菲斯的诗歌是例外。早在1987年,《文化与帝国主义》已在计划中,写这本书需要广泛阅读第三世界的文学作品,学生帮了他大忙。

那时许多学生已经转而去做其他事情,但无论做什么,他都表现出坚韧、急切、忠诚和宽容的支持。[125] 他改论文时那种冷酷的坦率反映在与学生的通信里。"行文啰嗦,让人没耐心读完。"夸张法。"充斥不知所云的概念,如'纵聚合关系'和'思维空间'。"你的论文过于"放任自流,过于私人化,缺乏清晰的定位"。[126] 也不全是让人灰心丧气的话。他让他的学生觉得能写出与课上阅读的作家一样好的文字。很早在学术精英间赢得尊重,以及其他高校纷纷邀请他去执教,无疑与其极受欢迎的讲课风格有关。[127] "他就像那个爱开玩笑,时而和大家打成一片,时而陷入深思,忽然极其风趣,忽然极其挑剔,不好相处,却是你最好的朋友的人,"里克·伯恩斯补充道,"他像是把你推到一旁,同时又深感关切。"[128] 一分钟前你还处于他的保护区内,得到他的全心关注;下一分钟,你经历了被一名同学称为"凋谢"的过程,他的思绪已迅速转到别处。[129]

245

第九章

几个朴素的观念

> 思想在说不……它在对自己说不。
> ——阿兰[1]

身处视技术为万金油、宣传话语精练的美国，这里的知识分子的命运比起欧洲更为脆弱。由华盛顿智库或如艾伦·布鲁姆、罗杰·金鲍尔等文化斗士包装的美国想象占据了最贪婪的媒体巨头。美国当然存在公共知识分子，但那往往是新闻评论员或专栏作家，鲜见哲学家、勇于实验的艺术家或异见者。"新世界"的哈兹里特（Hazlitt）、沃斯通克拉夫特们（Wollstonecraft）并不必坐牢；摆出"民主"意味着回归到最小公分母，就能灭掉他们发声的机会。作为美国最接近萨特的人物，萨义德从一开始便竭力寻找大学之外的普通读者。然而到了八十年代，这变得关乎生死存亡。如果他在纽约的媒体生态里找不到继续对公众发声的途径，驳斥改头换面的反对者，他就会沦为仅是学术期刊中的一个脚注。

当他将自己的思考风格与杰出的德国社会哲学家于尔根·哈贝马斯做对比观照时，萨义德考虑到上述的一些困境。二人都持左派立场，不同的是，哈贝马斯是法兰克福学派的第三代成员。这位德国思想家对"公共空间""现代性话语"等议题做出的严肃讨论，萨义德非难道，尽管无疑是旁征博引、十分紧迫，却缺少道德焦点，缺少同情心。他觉得哈贝马斯的论述"都仅仅像热空气"。[2] 他自己的思考，他总结，仅仅是从"几个朴素的观念"和"更不受限制的……思考模式"衍生而来。[3]

他所说的不受拘束的观念与他的工作方式相符。他焦躁不安，不知疲倦，来回踱步，日常并不遵循准确的作息。清晨五点或五点半起床后，他先工作一小时左右，从书房来到厨房，制作两杯双份的意式浓缩咖啡，一杯给自己，一杯给玛利安姆，然后准备早饭：英式松饼，伴橘子酱（常常是他从酒店、机场顺手拿来的）。或者是黎巴嫩浓缩酸奶、混合香料配皮塔饼，加上鲜榨橙汁，榨汁机购自高级电器行。[4] 他会在早上看电视——新闻节目——一边精心为玛利安姆做早饭（女儿娜杰拉觉得此举"贴心"），然后一版一版地读报。之后是一到两小时的写作，然后去运动——在大学游泳池游个数圈，或打一场壁球或网球。接着会再写一阵，此后便会沿着河滨公园的边界散步，清醒一下头脑。围绕晨曦高地的散步常常会遇到晨练的同事和学生。他绝不是一天拴在桌边工作十四个小时的人。

日程安排虽然看起来和缓，每日通信记录却可以窥见萨义德平时的繁忙程度。仅仅在一天内，就有来自《日本经济新闻》、圣地亚哥公共广播电台的采访请求。《国家》杂志的编辑卡特琳娜·范登·霍伊维尔（Katrina vanden Heuvel），来信试图说服萨义德《国家》对伊拉克战争的封面报道不像表面上那样糟，并且询问各位作者对此有何看法。霍普基金会（The Hope Foundation）邀请萨义德参加它的长时段电视节目；巴黎电视五台发来他的行程安排，以便出席半岛电视台拍摄的萨义德纪录片首映之后的午餐会；韩国首尔（当时叫汉城）第十一届反腐败会议的组织者希望他出席并发表演讲；几位作者寄来各自的作品，向萨义德表示钦佩的同时，希望得到他的推荐；最后还有若干项日常编辑工作和财务要处理。每一天都是如此，变化的仅仅是对方的名头：联合国教科文组织、纪伯伦人道精神奖、大马士革音乐基金会、《华尔街日报》《外交世界》、波斯尼亚广播电台、爱尔兰电视台、南非新闻集团、巴西某杂志——纷纷要求萨义德写一篇文章、进行一次采访，哪怕只是寥寥数语的回复也好。

也就不奇怪，面对深爱的钢琴，真正能弹奏的时间都是零散的，一天之中不超过二十分钟。无论早晚都会响起的电话铃声更会打破办公室的宁静，其中有不少是事务性电话，不会占据多少时间，还有的是纯粹的闲聊，或约定中午在卢森堡咖啡馆吃个便餐。[5]他会在清早给朋友们打电话，听到对方说还没起床，他会故意显得大吃一惊，骂他们是懒虫。他的偶像之一，文体学家列奥·斯皮策，厌恶身处高校就要处理的事务性工作，令他无法专心思考，曾掷地有声地说："组织者的电话是伏案学者的死敌。"[6]萨义德则相反，认为电话是学者的武器。"电话在他手里好像一件乐声高妙的乐器。"《国家》驻伦敦记者唐·古滕普兰说，他也是萨义德的学生。[7]

工作的节奏塑造着观念。他的老友说起他喜爱万宝龙钢笔和高级文具（束着蓝色条的纸笺），他会批评他的学生，如果他们离开教室，走在去电脑机房的路上，他会说："我只需要这个。"说着从胸前口袋拿出一支钢笔。琼安·韦皮杰斯基当时任《国家》杂志编辑，有一次登门拜访，来讨论他的一篇文章。她提出修改意见后，"他拧开钢笔帽，稍稍摇晃一下，卷起双叠法式袖的衬衫衣袖，开始记下来"。她不禁想："也许他就像巴尔扎克一样，一字一句都是手写。"[8] 他的助手之一赞妮布·伊斯特拉巴迪（Zaineb Istrabadi），打印了许多信件和文章，就是从制作精良的彩色纸笺上写的潦草字迹誊录。

看过他的全部手稿，呈现的又是另一种事实。保存下来的手稿相对而言修改较少，而且并非一气呵成，有些的确是用钢笔写在昂贵的蓝色纸笺上，也有很多是用铅笔写在常见的黄色横线本或打印纸上。常常在一页的中部，有时甚至是一个句子的中段，手写字迹下接打印好的若干段落，之后又接的是从别处剪下的打印好的一段，黏贴在每一行的空隙处。许多手稿是打印稿，助手们都说他打字熟练。[9] 一页又一页的手稿同时包含三种手写方式——手写、一块块黏贴的文本、打印的段落——仿佛他厌倦了一种，要换一种书写方式。又或者仅仅是因为他在路上，没法使用成套的书写工具，无论高级与否，或者因为他重新坐到椅子上或站上了讲台，或者从家里来到了大学办公室。或者全然不同，因为写作对他来说是一种感官经历，不同的书写方式或许会促使他打破僵局。

在七十年代中期，天刚亮，他的公寓就会响起蓝色的史密斯·科罗纳手动打字机的敲击声，后来换成了IBM的电动打字机，配修改带，声音是"叮——"。无论使用何种书写工具，他在国外旅途中也用小卡片，在零散纸页上记心得片段。[10] 从九十年代到二十一世纪初，所有为《生活报》和《金字塔报》写的话题文章都是在手提电脑上完成。他后来有言"因特网的奇迹和电子交流的速度已取代了钢笔、打字机、手写信，在一定程度上甚至取代了图书馆——我教育的主要内容"。[11] 他决定两面下注，一面利用新技术，与此同时珍惜由更自在的笔和墨水写作所激发的思考状态。

当然，他还有小家务活要做。家里只有他能动那台价格不菲的制作意式咖啡的咖啡机，得用依云或富维克矿泉水冲泡咖啡。家里，他是负责电子设备的：如果谁需要买新的立体声，他会挑个时间领着全家人去专业音响店，一个人包揽与销售人员的询问过程。[12] 诸多好友觉得很难不想起他如何喜爱购物，懂得哪里的服饰店、制衣店、烟草商最好，对烟斗、高级音响和雪茄十分挑剔。虽然眼光挑剔，但是态度随意。作为外交官邀请的客人，人们以为萨义德养成了只喝名贵葡萄酒、只吃米其林星级餐厅的习惯，其实比起单一麦芽威士忌，他更愿意喝常见的混合威士忌，并且厌恶那些花哨的餐厅。

就他所有的工作模式而论，写作是最能集中完成的。一篇文章通常需要两到三天，再修改三遍，做细节处的修正。除了少数例外，他不会苦苦斟酌措辞。他的文章从不事先写提纲，相比形式，思考是更强的驱动力，但他留心不写出杂糅了高级书面语和过于口语化的句子，以及夹杂外文词组和俗语的句子。总之，他想表达的与印刷出的文章成品相差很小，在应对八十年代纽约媒体界的新挑战时，这种特质变得尤为重要。

自从与梅尔离婚后，高中时期就有的失眠问题愈发严重，已经到了排斥睡眠的地步，直到晚年都是如此。他后来坦言，患了癌症的母亲在生命的最后几年也是难以入睡，他幻想少眠可以让自己更贴近母亲。[13] 无论是出于新教徒认为虚度时间是罪孽，还是因为临床抑郁（女儿娜杰拉推测），失眠让他更为珍惜日间的谈话活动。[14] 渐渐地，他养成了中断繁忙的工作、转头去休息的习惯，有了听演唱会的念头，兴之所至就动身，或在繁重的工作计划中间穿插旅行，如 1979 年西班牙之旅，1982 年在突尼斯待了一个月，1988年全家人一起去摩洛哥。[15]因此，他的阅读往往是在旅途中、在飞机上或从学校回到家，白天最主要的部分，仍是和访客（或电话上）谈话。虽然是学者，他却没有学者通常需要的隔离状态，他的生活更像注意力被不断分散的记者。

这样的生活自然包含不断地结识新友人。如同六十年代杜佩之于萨义德的意义，生于芝加哥、长居纽约的娱乐业大亨的女继承人琼·斯坦因在八十年代和九十年代等于是他非正式的代理人，全方位地做宣传推广。这是互利共生的关系。萨义德向斯坦因展示了她完全陌生的世界，建议她编辑《大街》，将中东诗人和知识分子介绍给她。而斯坦因尽己所能，为萨义德打开局面，如果仅凭他自己则会更晚，她对萨义德有一种坦诚的热爱。他们亲近到可以开玩笑，如1994年夏天的一则电话留言：

嗨，琼，完全不必回我电话。我就是为你工作。我来打个卡，你明白，就像那些跑到指定地点给卡片打孔的人。我来这里打一张卡，想告诉你我在大约四点十五分时打了电话。我的名字是爱德华·萨义德……好吧。一心等你的回电，简直受宠若惊。等你回电。[16]

1990年，《大街》杂志创始人、萨义德的密友本·索恩伯格在编刊九年后被迫退休，多发性硬化症逐渐耗尽了他的精力，斯坦因接手。《大街》创刊于1981年，遵循二十年代先锋"小杂志"的传统，创刊宗旨是"严肃"而有趣，用索恩伯格的话形容，就是"傲慢无礼和博闻强识的混合体"。[17]一时间，它成为前卫艺术家和记者最理想的发声场所，如W.G.塞巴尔德、何塞·萨拉马戈、珍妮特·文特森、昆汀·塔伦蒂诺、唐·德里罗以及爱丽丝·门罗。日后萨义德总共为《大街》写了七篇文章。

斯坦因和索恩伯格都来自富有的家族，都住在纽约，早在青少年时期就认识，后来失去联系。萨义德和玛利安姆在家里专门宴请他们，这才再次聚首。斯坦因为《巴黎评论》采访了威廉·福克纳，这篇访谈颇受好评，又编著了《伊迪：一部美国传记》(1982)(与乔治·普林普顿共同编辑)，伊迪是安迪·沃霍尔的密友，这本口述史也是畅销书，声望与资质兼具的斯坦因接手编辑《大街》显得顺理成章。再加上她广泛结交文学志士，斯坦因已成为文学曼哈顿的一股力量。

在《东方学》出版给他带来不胜其扰的名声后，恰当地应对媒体对萨义德尤其重要。1978 年《时代》杂志对他做了讨人喜欢的侧写，这种态度早已成为过去，《巴勒斯坦问题》的出版引起广泛影响，令亲以色列的一众纽约出版机构对萨义德抱鄙视态度。[18] 萨义德始终不是《纽约书评》的稳定作者，在整个八十年代和九十年代，他能接触该刊物的途径十分有限，直到 2000 年，他才终于刊登了《回忆之残酷》，对马哈福兹的小说进行了复杂的分析。[19] 萨义德与《纽约书评》的编辑罗伯特·西尔维斯紧张的关系由来已久，《世界，文本，批评家》在 1983 年出版后，西尔维斯刊登了研究斯威夫特的学者欧文·埃伦普莱斯（Irvin Ehrenpreis）的书评文章，被萨义德斥为"语无伦次"，二人的关系也因此僵到极点。萨义德立刻致信西尔维斯，表示"面对这样一篇引人发笑、如此不相宜的书评"，西尔维斯"应该感到尴尬"，虽然萨义德意识到那不大可能，因为二人都明白这些"每年都会来一波的攻讦"背后的真实意图。[20]《国家》杂志是一本态度更开放、立场更进步的杂志，然而亲以色列的捐助人认为萨义德在《国家》上占据了太多篇幅。至于电视新闻秀，和他一起上节目的是越来越多替政府说话的喉舌,他不久便明白自己被当作阿拉伯人的象征性代表,邀请自己只是为了当供驳斥的靶子。他必须寻找新的平台。

这样看来,他在斯坦因举办的一次次堪称传奇的沙龙上能结交新识显得尤其珍贵,虽然在沙龙上见到的许多人之前就认识。纽约文学圈的焦点,吸引了诺曼·梅勒、沃伦·比蒂、雷纳塔·阿德勒、朱尔斯·费弗、琼·狄迪恩和索尔·斯坦伯格等人。来参加沙龙的都不是等闲之辈,斯坦因却向萨义德表示了特别敬意,将公寓内的一个房间命名为爱德华·萨义德厅——小矮桌、东方式家具和异国情调的装饰,尤其是紧靠天花板下方的墙面上装饰着阿拉伯文书法。[21]

尽管在纽约文学圈蹚路还有玛利安姆的支持,出席这样的场合,萨义德仍觉得自己像局外人,又一次被自我怀疑所折磨。普通人不懂他这不安全感从何而来,了解他的人知道,他在房间里一边踱步一边会默默追问:"这些人想从渺小的我这里索取什么?"[22] 转眼间,受紧张情绪的刺激,他的魅力反而得以施展,借阐明一个观点将不安全感化为流畅的言辞。萨尔曼·鲁西迪便错认他是在社交场合应付自如的人,二人一同出席大都会艺术博物馆为桑地诺主义者举办的宴会,他描述站在那里的萨义德"有亲和力、英俊……健谈、经常大笑,手势丰富,博学而引诸位女士发笑"。[23]

无论内心正经历多少质疑,萨义德的亲和力显然对扩展人际圈很有帮助。在气氛更轻松的大学研讨会上,他可以做到时刻完全"沉浸"在对话里——"无与伦比的社交能力"——令追随者大增,也让他成功进入了纽约文学圈。[24] 很难不怀疑他有点虚荣,但是如作家玛丽娜·沃纳(Marina Warner)所言,他"有充分的理由成为焦点……热切、专注、举止优雅,而不仅仅是外表英俊"。[25] 她进而补充,因此他结交了"许多朋友,其中很多是女性,多属于一个类型——气质高雅,不会太年轻,擅长思考"。沃纳本人不在此列,而"这样的女性朋友一波又一波",大部分是通过政治与他有了联系,"政治在爱德华的头脑里占据的位置比文学广"。[26]

社交聚会至少让萨义德寻找到更为关键的:一群新朋友,不仅有类似的政治观点,更是一个个活生生的人,与他一起面对晦暗的八十年代。经记者亚历山大·科克伯恩介绍,萨义德结识了专栏作家安德鲁·考普金德(Andrew Kopkind);通过索恩伯格,他认识了伊丽莎白·波乔达(Elizabeth Pochoda),伊丽莎白的丈夫在万神殿出版社工作,她本人是《国家》杂志的编辑。1995年,斯坦因的女儿卡特琳娜·范登·霍伊维尔接替维克多·纳瓦斯基,做了《国家》杂志的编辑。通过《纽约书评》的联合编辑芭芭拉·爱泼斯坦,他认识了雪莉·万格(Shelley Wanger),她起先在康泰纳仕传媒集团工作,后来任职于《采访》杂志。万格尤其让他有机会尝试与以往不同的、更坦白的写作,有关在开罗的童年时光的散文,帮他发表在《居家与花园》杂志上,并且将他所写的有关巴勒斯坦的文章编成一册,而这是美国主流出版社不会做的。她促成了在《采访》杂志上刊登萨义德的《与阿拉法特一起吃早饭》,还为他的回忆录《格格不入》找到了出版社。

萨义德以一己之力,促使《伦敦书评》对中东地区的报道转向支持巴勒斯坦的立场。如今任《伦敦书评》的编辑玛丽-凯·威尔莫斯(Mary-Kay Wilmers)记得八十年代初第一次在办公室见面的情景。萨义德穿着亮黄色的V领针织衫,她顿时感到"休闲和社交也可以完美融合"。美国文学评论人理查德·波里尔，萨义德的挚友，二人经常在纽约城里闲逛，认识当时《伦敦书评》的主编卡尔·米勒。威尔莫斯于1992年任主编，称作为"一个不信犹太教、不参加宗教活动、相当疏离"的犹太人，她考虑的都符合以色列的主张。"爱德华改变了我的态度，永远。"[27]他为《伦敦书评》写的第一篇文章，很相宜地，是关于沃尔特·李普曼，讨论了"记者与权力的关系——无论何种政权——以及记者本身拥有的权力"。

这一部分是他的媒体策略，同时也反映了他的性格倾向于调和。他不想让所有的文章显得只有一个语调，他的政论文章偶尔便会流露不耐烦和气愤。文学和哲学文章也并不轻松，许多此类文章涉及艰深的理论分析。他希望能够向读者展示他性格的其他面向。当《伦敦书评》刊登了一篇集中解释为什么修理电梯要花那么久的文章时，他向威尔莫斯抗议："为什么你从来没有让我写一篇类似的文章？"[28]同事迈克尔·罗森塔尔也记得他勇于尝试。一天，萨义德说自己想学如何打篮球。他换上短裤，大家来到附近的球场，"他动作笨拙，把我们逗得大笑"。[29]

经历过理论战争的萨义德必须适应《伦敦书评》都市化的保守风格。《伦敦书评》编辑他的文章时，他会打电话过去，说他们"屠杀"了他的文本，其实最终做的改动"极微小"。在一小时内，他会再次打电话过去，说他搞错了，没有任何问题，最终，对他的文章做的改动微乎其微。总体上，《伦敦书评》乐见萨义德投来关于中东的文章，在纽约的出版渠道纷纷表示拒绝之际。他在《伦敦书评》上刊发了巴解组织离开黎巴嫩的经过、回忆自己在贝鲁特度过的童年时光以及就犹太复国主义开展的讨论，均影响了《伦敦书评》一众编辑的中东观点。到1987年，巴勒斯坦人发动第一次起义时，威尔莫斯回忆："我们感到巴勒斯坦人身处没有解决之道的困局里，我们没有改变我们的立场。"[30]

美国媒体则是另一番景象。六十年代末，萨义德第一次在《国家》杂志上发表文章，由此认识了纳瓦斯基。除了编辑这本杂志，纳瓦斯基还是它的出版人，但是二人的关系不算融洽。八十年代初，在他早期的出版人安德烈·谢弗林（André Schiffrin）家的宽敞露台上，萨义德才第一次与该杂志的诸位编辑进行面对面的长谈。作为自由派左翼人士发表言论的刊物，《国家》有着稳健的发行量，办刊历史可以追溯到十九世纪。在动荡的里根-布什年代，它与《哈泼斯》《进步》和《村声》日益成为他的庇护之地，是让他能发声的地方，虽然《纽约时报》仍会不时地刊登他的短文章和书评。

他与《国家》杂志的关系并非一直融洽。这本杂志阶层等级观念严重，细小的侮辱时常可见，萨义德从未在那里有彻底的被需要感。大部分（即使不是所有）的文章都被归为"后部"，这是该杂志的行话，指艺术类内容。除了歌剧专栏，他为该杂志写的其他文章多是书评。即使他没有刊登政治评论的机会，支持以色列的自由派依然向主编纳瓦斯基施压，要求彻底禁止刊登萨义德的文章，因为萨义德和科克伯恩书面表达了对总统候选人杰西·杰克逊的支持。杰克逊对巴勒斯坦问题尤其关注，1984年，在一间旅馆套房里，他只穿便服，约见了萨义德等人。[31]

有意思的是，局外人的状态也是他的通行证，遇到与中东有关的新闻，新闻媒体总要来咨询他，难找第二人。与之相对持官方立场的，如伊拉克裔英籍教授卡南·马基亚（Kanan Makiya），在布兰代斯大学研究中东问题，反复宣讲五角大楼的观点。尽管有官方资助，卡南·马基延以及其他为美国外交政策张目的本地线人都没有获得与萨义德类似的影响力。[32]

《国家》杂志的专栏作家们却是站在萨义德这边，令他显得不那么异类。这样的作家包括克里斯托弗·希钦斯，当时两人还志同道合，合编过书，也在相似的平台上发声支持巴勒斯坦。与和希钦斯的关系相比，萨义德与亚历山大·科克伯恩有更深层的亲近感，从他为科克伯恩的一本书撰写的书评题目就可见一斑：《了不起的亚历山大》。二人在七十年代就因《新左派评论》而见过面。八十年代初，科克伯恩在《村声》杂志工作期间，联系更加密切。与萨义德类似，科克伯恩是个"有趣"的人，韦皮杰斯基这样形容，二人欣然接受身上自相矛盾之处，拿自己所受的精英教育开涮（一个是哈佛毕业，一个是牛津毕业），二人分别在纽约中央公园西边和河滨大道有宽敞的公寓，并且都在促使公众讨论向左派观点倾斜上起了关键作用。[33]

一天晚上，二人乘坐出租车去一家餐馆，路上他们突然改用法语交谈，向对方显示自己的能力，就像"两只撑开尾羽一比高低的孔雀"。加上本·索恩伯格，三人一时间组成了"一伙"。几乎每个认识索恩伯格的人都称赞他，"全天下也难找到他这样妙的人"，韦皮杰斯基说。[34] 三人各有各的机敏，又互相欣赏，科克伯恩在市中心时，总要去索恩伯格的公寓一聚，一同吃晚饭，萨义德每天都会给索恩伯格打电话，还经常带着三明治去他家，二人边吃午饭边乐此不疲地分享文学圈轶事。萨义德犹如一道光芒，促使索恩伯格真正接触到《大街》上刊登文章的作家。[35] 至于科克伯恩，称萨义德是"狮子"，"因为有时他说话时给人感觉就是他正在咆哮、甩尾巴"，接着开他玩笑，戏弄他的虚荣心。[36] 一次，玛利安姆和瓦迪因暴风雪被困在华盛顿，萨义德发现自己手足无措，不知道该怎么逗三岁的女儿开心。最后他带她去了科克伯恩的住处,讨论政治正酣之际,他告诉女儿如果觉得无聊,就望望窗外的中央公园。娜杰拉后来回忆,父亲格外有同情心,善解人意、温柔、有爱心、细心,只是剂量只有一点点。他"尽了尽心,然后就投入工作"。[37]

即使作为杂志和报纸的撰稿人,萨义德也能写出极富个性的清澈文章,实际比希钦斯活泼的睿智、科克伯恩大胆而平易的文风更加难写。负责出版普通版的编辑——伊丽莎白·西夫顿和雪莉·万格——相当认同韦皮杰斯基的评价,即萨义德的文章思路流畅,对普通读者具有亲和力。[38] 她们所做的修改均无关宏旨。而萨义德为《国家》杂志写的音乐专栏文章,令编辑觉得信息密度过大,诚然具有思辨性,却"并非一份面向普通读者的政治杂志的读者会期待阅读的"。[39] 面对修改的反馈,他很有耐心,同时不无嘲讽,容忍着始终觉得他的乐评过于学术的编辑。他们不知道,资深音乐评论人和音乐家都对萨义德有热情的反馈,说只是为了阅读他的音乐专栏,才拿起《国家》杂志。

对于萨义德提到的"几个朴素的观念",文学理论家和记者都不能完全领悟个中含义,或者它是如何构成意义的。文学理论家觉得不够正式,含金量不够,记者又觉得难以理解。被卡在两者中间的萨义德转而琢磨发明一套词汇。那并不是由新词构成,而仅仅是从"霸权"用法(萨义德语)抽离出来的词语,即从内在固有、继承的定义的固着状态解放出来。萨义德赋予日常词语以新的意义,部分通过精妙运用语义含糊的词,如"附属关系""库存清单"和"古怪"。"我分析某些文学文本、文学技巧、阐释的问题,"他曾解释,"这些教会我很多,有关观念是如何传播、形成和被标准化的。"[40]在这些技巧中,有一种真诚的修辞。凭借将类似"平等""公正"和"愉悦"等词语从引号里解脱出来,萨义德能够驳斥纽约艺术圈人士的犬儒主义,以及华盛顿智库的"现实主义"政治论调。

奥尔巴赫和斯皮策令萨义德领悟到,某些词语,如果选择得当,就可以用来定义整个群体。奥尔巴赫最知名、最有影响力的文章之一,便是致力于拆解"figura"一词(美、形式、主线和风格),而斯皮策把一篇相当长的文章的整个第二章都用于分析"情绪"(Stimmung)一词。在整个八十年代,萨义德时常谈起这两篇文章,对他们在如此细小的基石上构建出庞大的观念建筑的能力十分钦佩。如果运用得当,萨义德指出,一个词语就可以替代作者他或她本人。正如提到"技术"(technics)便让人联想到刘易斯·芒福德,提到"炫耀性消费"让人联想到托尔斯坦·凡勃仑,提到"在世性"和"附属",我们便会想到萨义德。

他的读者群庞杂,有纽约社群、跨领域的记者、中东地区的革命志士以及现象学研究者。因此,他的词汇必须处理类似诗歌面临的困难,要能够引起联想,不会局限于单一含义。萨义德本人的风格依赖于真实在场的错觉。他选取的关键词迅速反映在他的理论文章里,即《国家》杂志和万神殿出版社的编辑接到投稿初读起来觉得过于深奥的那类文章。带有贬义的"学术化"概括了他写作的一个他渴望保留的特征,意味着希望说服广大读者从中有所领悟。

前文已经提到部分词语:"自学的人""业余主义"以及"起初/开端"。而最关键的是对于"由来"和"附属"的区分。梳理萨义德如何将在一个领域已为人熟知的词语转化成另一个领域完全不同的含义会不无裨益。比如罗兰·巴特在《从作品到文本》

（1971）一文中，讨论了"血缘的迷思"（myth of filiation），提出文本的"亲本"不需要作者性，毋宁说是从一个词到另一个词的直接段落，不需要有意识的作者的任何干预。早前一年，萨义德的同事，在哥大法语系任教的米歇尔·里法特雷（在《世界，文本，批评家》一书中，萨义德与他有过争论），也借讨论"血缘和附属"做出相似的论述，目的是调侃以下真理：文本实际上并不是由观念或事物组成，而是从文本到文本传递的言语集群（verbal clusters）的循环。[41] 萨义德做了一个颠倒，赋予"附属关系"信念的集合（a community of belief），用来作为"血缘关系"（指家族式继承）的对立概念。他认为两种所属都具有危险，既然它们都可以"复制家庭权威的框架"。想对抗种族主义或民族沙文主义，反复重申不加限制的团结一致还不够。当进步的事业被"组织联合会的意识，一致的……阶层"主宰时，它也会产生朝代接续感。[42]

萨义德对打破专职中大家心照不宣的规则极感兴趣，通常情况下，不该批评自己的同事或盟友，因此别人常指责萨义德过于极端。他为伊斯雷尔·沙哈克《犹太人历史，犹太教》（1994）作的前言中对自己的描述却与旁人的这种印象相反，他表示钦佩沙哈克所做的努力，"去反复讲述，去唤醒、刺激懒惰或冷漠的人，去体会人类的痛苦，或许他正对此负有责任"。[43] 批评他的人似乎忽略了这一点——他很多时候会显得躲闪，有时甚至显得含糊。比如，在回应不常见的学术批评与八十年代保守转向之间的共谋关系时，他的话显得吞吞吐吐：学术界"思考和实践的潮流……在里根时代发挥了作用"。[44]

上述句子的结构具有典型性。小心地避免直接谴责或因果关系（比如"在其中发挥作用"没有正面回应"共谋"），他便给自己留了退路。另一方面，如果有意愿，他会正中对手要害：化名萨米尔·哈利勒的作家暗示萨义德秘密同情萨达姆·侯赛因（罔顾其屡次在评论文章中谴责侯赛因的事实），萨义德怒斥这个"行事偷偷摸摸的豺狼""恶棍般的长篇谴责"，如此胆小，从"他黏糊糊地躲在笔名"背后就能看出来。[45] 这也就不让人惊讶，在一次美国以色列公共事务委员会的培训研讨班上，支持以色列的骨干成员得到建议：扰乱公共事件时，"不要攻击发言人，这过于冒险，比如爱德华·萨义德和诺姆·乔姆斯基……爱德华·萨义德雄辩——挑战他只会让你难堪"。[46]

1998年，萨义德当选现代语言协会主席后，从前的学生乔·惠特曼（Jon Whitman）当时已迁居以色列，并且在希伯来大学执教，表示要退出协会，理由是萨义德在回应批评时没有表现出足够的礼貌。[47] 对此，萨义德进行了公开回应，他提醒协会的成员，他的机敏回击都是针对恶意攻讦，而且许多被他反驳得体无完肤的人仍是往来频繁的朋友。[48] 萨义德的驳斥——比如针对迈克尔·沃尔泽和罗伯特·格里芬的公开回应，戏剧感十足，甚至有些吓人，言辞威慑意味强烈。他当然有怒不可遏的时候，就像致《国土报》的那封信，马洛·贝文尼斯蒂认为赤贫是巴勒斯坦人自作自受，同时指责萨义德炮制出自己的过去，而贝文尼斯蒂却在掩盖自己1967年之后"在对耶路撒冷的种族清洗中扮演的卑鄙角色"。这是个粗鲁、咆哮的煽动者，要求我们使用"市集上混乱、残破的语言"，从他如此糟糕的文章中就可以看出，这样的语言"既不能形成明晰的思想，也不能进行合乎逻辑的交流"。[49] 这样激烈的驳斥并不常见，拐弯抹角的影射才是更典型的回应。

考虑到对他更具争议性的一面的挑战，1983年，他评论道，友人认为他不过是"不曾公开承认的马克思主义者"——所以他补充道,是澄清立场的时候了。[50] 事实上,他从未真正澄清过,而他人的类似尝试也没有达到预期目的。[51] 无论朴素与否,与他从中持续汲取养分的三种学说对比参看,他的观点更容易显出条理来,虽然有赞扬的时候,但他始终不主张不加批判地全盘接受马克思主义理论、精神分析理论和女性主义理论。

我们有理由同意爱尔兰诗人谢默斯·迪恩(Seamus Deane)的说法,他说萨义德不是马克思主义者,只是我们需要意识到非马克思主义者之间也有很大差异。[52] 与其他美国外交政策的批评者类似,萨义德不时地会被归为"苏联式极权"的同情者。[53] 这种说法纯属无稽之谈,但是也需注意到萨义德推崇的许多知识分子大半生都是支持苏联的。其中包括E.P.汤普森、埃米尔·哈比比、J.D.贝尔纳、萨迪克·阿齐姆以及无需赘言的葛兰西和卢卡奇。又因研究兴趣使然,萨义德更关注第三世界写作生涯是在波兰、东德、捷克斯洛伐克以及属于苏联阵营的其他国家支持苏联而起步的作者。其中包括他的支持者、有通信往来的拉纳吉特·古哈(Ranajit Guha),是南亚的历史学者,肯尼亚作家、评论家恩古吉·瓦·提安哥,巴勒斯坦著名诗人也是好友的马哈茂德·达尔维什。

无论是出于实际原因还是政治原因,萨义德始终明确拒绝加入共产主义组织。苏联在中东地区的现实政治尽管好坏参半,却在阿拉伯民族主义内部催生了共产主义组织。它与日常政治密切交织,以至从巴勒斯坦人的视角看去,那就是周围的一部分,完全不像是异族势力入侵。另一次,萨义德佯作不解,拒绝了友人和钦慕者、演员瓦妮莎·雷德格雷夫邀他加入一个左翼政治组织的要求，理由是"我对苏联的历史一无所知，更不了解马克思主义的历史，如果我答应了你，会觉得自己愚蠢至极"。[54]

相对马克思主义的自定位和有条件地赞扬苏联在中东地区的外交政策最早可以追溯到1969年。[55]但是他反复质疑发源于西方的马克思主义能否与非西方世界产生关联："在我看来，至今我没有读到译成阿拉伯语或以第三世界术语表述得让我满意的欧洲马克思主义。"[56]尽管阿拉伯民族主义表现出英雄气概和正直品行，萨义德用"借来的"和"不真实"来描述，也因此显得过于"廉价"。[57]这是在到达阿拉伯世界以前已在别处实现过的东西，不会令人感觉到有真正属于阿拉伯民族的印迹。共产主义也同此理。在美国，左派组织执着于讨论种族主义或阶级斗争哪个更重要，没有余力探讨巴勒斯坦问题，萨义德从不曾正式考虑加入左派组织，这是主要原因之一。

在贝鲁特做古根海姆基金会访问学者时，萨义德去过波兰，此外，他再也没去过属于苏联阵营的国家，在声誉鼎盛时也是如此，虽然有这样的邀请。[58]另一方面，在罕见的发怒时刻，他刺激希钦斯："你知道在我的一生中有什么政治活动是我没做过的吗？我从未公开批评过苏联……苏联从没做过损害我或我们的事。"[59]在媒体呼吁抵制"获得终身教职的激进分子"和高校里宣扬马克思主义的学者之际，大多数左派人士选择和马克思主义保持距离，或将其转变为生活方式上的温和抵抗。萨义德小心翼翼地避免落入其中任何一种窠臼。[60]

无论怎样，对萨义德而言，马克思主义始终不仅仅是表现为二十世纪的苏联或中东形式的学说，而是更为宏大，历史更悠久。它是左翼一个值得尊敬的传统的组成部分，这一传统可追溯至马克思出现之前。萨义德对维柯的研究，可以说正是要复兴较早的反传统，致力于为人类劳动重新赋予尊严，重新肯定是普通人创造了历史，重新肯定是阶级斗争创建了最早的一个个共和国，认可人文主义对广博的追求，拒斥狭隘的专业化，以及如马克思一样，以富有想象力的方式，突出强调政治理论和经济问题。从这个角度出发，萨义德欣然将中世纪改革者科拉·迪·里恩佐（Cola di Rienzo）视作人文主义思想的奠基人之一。[61] 里恩佐的母亲是洗衣工，父亲是客栈主；他无法忍受胡作非为的贵族，公开予以谴责，他的话对民众有深切的感染力，一心钻研拉丁语诗人和演说家的作品，以便学会他们的修辞术，来凝聚所有的意大利人。

在别处，萨义德提及德廉美修道院，即拉伯雷《巨人传》（1532）中描述的反独裁的理想社会，以此暗示左派的历史传统。在那里，人们能够在心智和体魄上达到完满，不再需要做苦役和遵从权威。[62] 除了从普通人的角度展现马克思主义学说的史前史，萨义德也想把人文主义从自以为是的文化斗士那里解放出来。此类假想敌，如希尔顿·克拉默的新保守主义刊物《新标准》所聚集的作者，也孜孜不倦地谈论着萨义德笔下出现过的代表"西方文明"的经典，目的却迥异，将那些揭露帝国文化罪行的人称为野蛮人。

他对左翼的称赞小心避开了乔治·奥威尔和其他自称"社会主义者"的平衡之道，即借谴责左翼的灵魂人物来躲避普通人的指责——从希钦斯的后期报道、莱谢克·柯拉科夫斯基（Leszek Kolakowski）、康纳·克鲁兹·奥布莱恩的文章，以及其他与之舌战多年的人的文章，他领会了这一思路。在一篇又一篇文章里，我们看到他为左翼周旋，促使共产主义和马克思主义知识分子显得鲜活、生动——他让周围人看到他们在为一项集体事业全力以赴。[63] 他为希望众人阅读的作者一一做了策略性称赞，主推从社会民主角度曝光美国外交政策和国内监控行为的一众作者。萨义德尤其喜欢对文化机构的共谋角色做的实地研究，不止一次引用弗朗西丝·斯托纳·桑德斯（Frances Stonor Saunders）对文化领域冷战的论述，纳迪娅·阿卜哈伊（Nadia Abu el-Haj）对以色列考古学为题材的小说做的分析，或卡罗尔·格鲁伯（Carol Gruber）的《马尔斯和密涅瓦》，研究第一次世界大战期间大学如何变为战争部的工具。[64]

《旅行的理论》是萨义德被引用最多的文章之一，集中讨论了思考的活力被逐步削弱，正如马克思的"整体性"（totality）和"物化"（reification）概念从党派和运动的实际斗争里的革命性约束，演变成摒除具体语境的理论式安宁。[65] 当然，我们也能举出很多例子，可以读出萨义德表述的明显是自由派观点，而非马克思主义的政治观点，不仅质疑权力滥用的政府，更是在制度存续的内在逻辑中发现了新专制的威胁。经典的自由派观点，即纤弱的个人与组织相较量，可以从《世俗批评》一文中读出。在这篇文章里，萨义德选择分析看似没有关联的三者：T.S.艾略特的圣公会主教、卢卡奇的先锋党和弗洛伊德的精神分析圈子，因为他们都留有"与血缘式秩序的过去相关的那种权威的残迹"，换句话说，一旦面对身处其意识形态"谱系"之外的思想时，便会毫无理性和公平可言。[66] 萨义德的表述正类似自由派观点，独立的个人无可避免地受到团体、党派和议会组织的等级制的威胁。

这种温和的政治观也可从他对葛兰西的同时代人皮埃罗·戈贝蒂（Piero Gobetti）的浓厚兴趣上窥见蛛丝马迹，戈贝蒂甚至催生了《文化与帝国主义》一书中的一句口号："戈贝蒂因素"。[67]

他感情炽烈,热爱文学,对萨义德而言,他代表着一支独立的哲学思辨力量,用于大规模的社会动员。和葛兰西一样,戈贝蒂就读于都灵大学,他目睹年轻的葛兰西在都灵工人运动中有勇有谋的表现,从此改变了他的世界观。在他那一代人中,戈贝蒂最为领会到葛兰西的教诲——成败的关键在于团结南方。"(南方)赤贫,是巨型劳动力蓄水池,"萨义德写道,"一举一动受北方经济政策和势力的影响,而北方又依赖于南方。"[68]戈贝蒂却不像葛兰西那么激进,他与意大利共产党团结一致,却从未加入其中。在意大利法西斯政党当权期间,戈贝蒂发现唯一持续不断且行之有效的自由观念捍卫者就是有组织的左派。从这个角度看,萨义德意在暗示,自己与左派组织结盟只是时局所迫,而且讲求实效,自己就是当代的戈贝蒂。

然而这又是一种康拉德式面具,因为有许多相矛盾的例子。在一处嘲讽的题外话,他曾说"我们自由派"所谓的复杂情形是"一种修辞式符号……在一则谎言即将说出之前,或一次严重的、不道德的、涉及不公正的共谋即将被掩盖之际"。[69]比如,尽管他不得不承认受实用主义哲学家理查德·罗蒂那威尔·罗杰斯般的无畏和明晰所影响,却并不觉得对方"专横的自由主义"论述得多深刻,而且憎恶其美国优先的政治观点。[70]因为萨义德厌恶自由派的虚伪,关系较近的同事把萨义德看作"思想底色是马克思主义",尽管并非共产主义。[71]

另一方面,阿齐姆承认萨义德敬重二十世纪的马克思主义哲学家,同时觉得"其分析的基本结构……与马克思主义无涉",认为他的马克思主义"流于表面"。[72]乔姆斯基同意这种观点,对那些在萨义德的文章中寻找词句以证明其将马克思主义当严正的分析原则的人都会予以反驳。[73]好友戴尔德丽·伯格森

（Deirdre Bergson）早年积极参与南非的托洛茨基主义运动，乐见萨义德在哈弗福德学院开学典礼演讲中坦言自己应该更严肃地研究经济，她同时抱怨他在任何一部著作中都没有提过阶级（这事实上极不准确）。[74]

《东方学》中有抨击马克思的内容，很多人据此认为发现了作者的真正立场。的确，萨义德将马克思划入约翰·斯图尔特·密尔的阵营，他们都相信印度人是劣等的。[75] 但是只要看看《论重复》中对马克思《路易·波拿巴的雾月十八日》长篇幅的敏锐解读，就会得到相反的印象。而在萨义德写作《东方学》期间，他对这位德国共产主义者的支持是坚定的，甚至有捍卫的口吻：

> 有人说马克思看待这场斗争是完全经济上的；这是严重的认识偏差……他十分清楚斗争是以物质形式表现，具有经济特征，同时我认为他极其敏感于构建辩证法，敏感于无形但非常真实的比喻表述，敏感于斗争催生的内在的和谐与矛盾之处。这是他与霍布斯之间的区别，后者认为生命令人作呕、野蛮而短暂。[76]

此处，萨义德显然在批评资产阶级（以霍布斯为代表）那冷酷的物质主义，认为马克思本人——先且不论其他——是先锋式的、宝贵的文化批评者。[77] 同时持保留态度，像是为了激励第三世界知识分子，思想上不要受欧洲巨人学者的禁锢，无论其学说的解放意味多么强烈。他迫切表示他拒绝"先团结后批评"，这个词组他经常提到，旨在表达在一个共同目标下，同盟者就要对彼此的错误保持沉默，这是非常危险的，即使是马克思，萨义德暗示，这个呼吁解放和道德正义的思想巨人，也不能完全摆脱欧洲中心主义。

有意思的是,萨义德批判马克思主义者经常是从左派立场出发。他认为那些教授削弱了马克思主义的变革力量,而是将其变成了"原则上的细读技巧"。[78] 看到马克思的核心观点遭到曲解,或被有选举权的人肆意破坏,会激发他的捍卫之心,甚至是怒火。1976年,在写杰弗里·哈特曼(Geoffrey Hartman)著《荒野中的批评》的简评报告时,萨义德觉得作者无可原谅,"抹除了整个马克思主义,完全无视其与黑格尔哲学之间的关联"。[79] 塞缪尔·亨廷顿跟风的冗长之作《文明的冲突》(1996)在进行论述时撇开了"资本的全球化"。他引用奥斯卡·王尔德《社会主义之下人的灵魂》中的一句话:"没有哪个阶层真正意识到自己所经受的折磨。"并且补充,正因如此,需要鼓动者促使人们意识到这些折磨。[80]

尤其是在与巴勒斯坦有关的文章里,萨义德分析了与马克思主义相关的政治-经济因素、阶层冲突悖论困境所起的关键作用。在《巴勒斯坦的未来:一个巴勒斯坦人的观点》中,详细分析了他简略地称为"知识分子的阶级作用"。[81] 萨义德反复地集中分析阿拉伯"民族资产阶级"的弱点,即无法构建出市民社会,被迫遵从难以容忍的另一条路,即"安全国家",同时在后来为中东国家报纸撰写的文章中谴责那些阿拉伯自由市场的鼓吹者。[82]

这样的话,阿齐姆和乔姆斯基认为马克思主义的经济和社会原则从来不是萨义德的剖析的组成部分,应该说有失偏颇。相反,那些原则在《和平进程的终结》中对阿拉伯私营部门的实地研究体现得尤其明显,这只是例子之一。[83]1972年,有感于贝鲁特的民兵组织结构之松散,理论意识稀薄的状况,萨义德就复杂混乱的局面做了结构性而非私人化或带偏袒性的解释:

[我们发现]生产和分配分别是即刻消费模式和扩散模式。我的意思是：既然社会在本质上是表面，是外部，它没有记忆，没有维度感……因此生产竟然成了消费……你产生一个想法，制造一个物品，开展一项运动，只是为了让它发生——其存续只是为了消费……毫无历史可言。[84]

在运用其思维模式和概念工具的同时，萨义德的确可谓对马克思主义持抵抗态度，理由只有一个：它的信徒没能创造性地让它适应新现实。

精神分析理论是萨义德思维图景中另一重被人忽视的面向。童年好友安德烈·沙隆甚至说"（精神）分析是萨义德的核心"。[85] 萨义德究竟在多大程度上钻研"谈话疗法"的预设和具体程序，是吸引人却仍无明确结论的题目。读者倾向于忘记或至少持半信半疑的态度，来对待《开端》一书中对弗洛伊德的长篇讨论。1985年，《开端》再版之际，萨义德写了新的序言，回顾中突出了这位维也纳医生对这本书所起的关键作用。弗洛伊德的理论之于萨义德著作之重要性由此可见一斑，还有对康拉德进行的精神分析式细读，以及萨义德出版的最后一部著作，便是《弗洛伊德与非欧洲人》（2003），精神分析标示出萨义德学术生涯的开始与结束。虽然萨义德对精神分析的关注不一定会令大部分弗洛伊德派学人感到喜悦。

仔细阅读《开端》的读者不大会注意到萨义德在挖掘语言的精神分析含义。在讨论弗洛伊德关于梦、父亲的角色、俄狄浦斯情结的文章同时，萨义德首先考虑的是其首要体现出的语言性和文本性。很明显，精神分析理论建立在揭示潜意识的秘密基础上（弗洛伊德的术语是"神秘的写字簿"），而那又是通过分析受治疗中的病人不情愿地吐露出的语词的词源学得来。类似地，弗洛伊德认为作家的想象力正是升华了的力比多驱力。在《开端》中，援引弗洛伊德最关键的作用是为了打破文学常规，借揭露在具体时间和空间里的叙述语流之下的动机、借协调观念与欲望来打破文学常规。[86]常见的精神分析细读引起联想的动作（搜寻受到压制的表现、精神专注、身心失调）都没有引起萨义德的多少关注。

他对精神分析的兴趣更多地与个人经历相关，而非纯粹的理论思考。还在普林斯顿读书时，他便开始接受密集的精神分析，一直到去世也没有中断。[87]遥远、同情心淡漠的父亲引起的煎熬感，挣脱母亲令人感到压抑的拥抱所形成的陡峭的性别学习曲线，对于自己的身份始终怀有不安全感，狂妄与自我怀疑之间激烈的震荡，种种都是促使他进行精神分析的原因。他还体会到投身政治运动，痛感自己做得还不够，而停止思考亦非他所愿，两者的冲突难以调和。所养成的习惯也是类似的折磨。他会把一段段思考在聊天时讲出，渐渐积累，直到无法继续忍受，才会一口气写成文字。虽然无人目睹，他却是生活在苦闷中。[88]

从七十年代初开始，他钻研精神分析书籍，时常翻阅水牛城大学人文心理研究中心的心理学书单。[89]如在《斯威夫特托利党人的无政府主义》中的分析，部分原因是他打算在研究斯威夫特时，即使不是全程运用精神分析理论，至少要阐明使斯威夫特心理疆域形成的种种条件，从分析"享受对排泄物的迷恋"开始。[90]我们知道1968年10月，萨义德在集中写一篇讨论语言学、心理学和精神病学三者关系的文章（《哈德逊评论》的约稿，最终没有刊登）。文中将拉康1953年在罗马的一系列讲座——其中涉及精神分析的言语和语言，与乔姆斯基的理论做比较。[91]他与迥然不同的学者结下友谊，显得是再自然不过的事，艾伦·伯格森（Allen Bergson）是应用型分析师，杰奎琳·罗斯（Jacqueline Rose）是应用精神分析理论剖析文学的学者，两位学者有代际差，政治立场不同，综合感知力也不一样。

另一方面，即使是《开端》最仔细的读者也可能会忽略萨义德所有讨论弗洛伊德理论体系时都附着的阿拉伯底色。早在1972年，他致信萨米时便激烈地抱怨："自阿维森纳和伊本·赫勒敦后（二人的思想均源自亚里士多德），阿拉伯人就没有出现过能够思辨的头脑。"[92]这是他会反复回到的议题，越思考便越感到绝望，更有要正本清源的决心。虽然有先进的精神疾病治疗医院和心理小说杰作，在社会理论方面，阿拉伯文化却被认为"几乎完全缺乏'心理学'"。[93]但是，萨义德又称赞马哈福兹在表现主人公时具有心理深度，捕捉到"阿拉伯心理的特殊范式"：

> 西方文化在各个方面体现出最有力的特征之一是整个文化的核心是描述人如何思考……因为如果没有自我身份和自我稳定，一切关系就是短暂的。说出的话只对此刻而言是真实的，之后便死去（象征性地）。语言和现实之间的关系从未得到厘清。[94]

应用精神分析来看公民的形成是萨义德尤其看重的。比如，他分析了埃里克·埃里克森（Erik Erikson）的文章《第一个精神分析学者》（1956），尤其是他关于自我内部出现身份冲突，以及因此扰乱主体在社会上施展积极作用的理论。弗洛伊德认为，潜意识的原始欲望是思维的主要驱动力，而埃里克森认为自我的心理需求全然是社会性的满足。

在写作《开端》时记录的笔记中，上述思路被描述得更详细。他写道，弗洛伊德想成为律师、政客、立法者，在那之后才选择学习医学。的确，当1938年弗洛伊德从奥地利流亡时，随身携带着一份研究摩西——那位至高无上的立法者——的手稿。正是从这个角度，萨义德发掘出精神分析理论与维柯《新科学》之间的关联。维柯通过分析史前人类的心理状态，来研究他们的经济活动，赫拉克勒斯和伏尔甘神话中体现的神力崇拜，显示对雷电的恐惧是早期人类为了农耕而驯化自然的最初驱力。萨义德对维柯的赞扬之处恰是汉娜·阿伦特所批评的，她谴责（倒也准确）维柯是"无阶级社会的意识形态者"。[95]

如他自己所述，相比精神分析，他更关注"政治心理学"。他在纳迪姆·鲁哈纳（Nadim Rouhana）《政治行为的心理学基础：以色列思维和政策体现的拒绝心理》中找到一种模式，试图解释以色列通过唤起本国人自己的记忆来拒绝承认对他人遭受的苦难负有责任。[96]与此思路相呼应，在《弗洛伊德与非欧洲人》中，呈现的弗洛伊德不大像潜意识的大胆探索者，更像质疑犹太归属的专有性的人，因为他观察到摩西是埃及人。犹太人也许会将祖先追溯到亚伯拉罕，而将他们凝聚起来的仪式和信仰则"来自外面，来自一个伟大的异乡人"。[97]弗洛伊德勇于质疑对欧洲文化而言犹太文化是异质文化的观点；在他的阐述里，犹太文化与欧洲文化相缠结，并不能称为通常意义上的外人。弗洛伊德还对犹太复国主义直截了当地表示不赞成——所著《摩西与一神论》便分析以色列部族身份之纯粹是在抹除历史，因此为后人扫清了障碍，更重视巴勒斯坦人和犹太人历史的共同特征。[98]

如果说萨义德看重的是精神分析具有的"文本性"——弗

洛伊德在解析潜意识时便是依靠分析写作行为和词语选择，在东方，它彰显的是社会和政治层面的价值。与弗洛伊德关注个人心理相比，卡尔·布朗，一位与萨义德通信讨论问题的学者，在1972年提议就精神分析举行研讨会，萨义德对此深感兴趣，但是希望特别关注"阿拉伯国家对精神分析的研究"。[99]萨义德支持布朗举办会议的初衷，即揭露中东地区种种滥用精神分析之举，包括在阿尔及利亚和巴勒斯坦的占领军利用精神分析进行刑讯逼供，以及充斥西方媒体报道的弗洛伊德式套话。比如，纳赛尔引发苏伊士运河危机的动机，竟然一度被荒唐地溯源至他对父亲的憎恨。萨义德同时对翻译引起的问题十分警惕："大多数精神分析者不懂德语，而大多数懂德语的人对精神分析者一无所知。"

在倚重精神分析的同时，他也影响着该领域的专业学者。他阅读法国精神分析者安德烈·格林（André Green）的著作，格林生于开罗，父母是世俗化的犹太人；见过克里斯托弗·波勒斯（Christopher Bollas），"未加思索的已知"（unthought known）这一重要的现代精神分析概念的提出者。[100]他精通最冷门的治疗和诠释流程，同时对其持质疑态度；认为比起分析童年幻想或梦的创造机制的理论家，作为作者、文体家的弗洛伊德更关键。在致布朗的信里，萨义德写道："第一批运用精神分析的人是诗人。"——典型的佯攻措辞。在为博士论文撰写的前言里（后来删除了相关段落），隐约勾勒出这种观点。"反对康拉德批评的精神分析偏见，"他观察，"不过是巫师的学徒的指控。"[101]简言之，无论弗洛伊德式文学批评能催生何种魔法，在大师（此处指康拉德）笔下都已经完全成熟了，这也是萨义德对弗洛伊德的钦佩有所保留的原因，"巫师的魔力留在自己手里"。

尽管精神分析可以启发思路，萨义德却不相信意识可以"靠精神分析法的挖掘而轻易复原"。[102] 学术生涯之初，在纽约进行精神分析的情景有着深切的个人缠结，这段经历回想起来令他反感。1966年1月9日，他已在哥大执教数年，这样描述一名同事家里举行的聚会：

> 那天晚上在［昆丁］安德森家里，默默观察；［史蒂文］马尔库斯、［理查德］霍夫施塔德举止得体、自信，甚至得意地使用、挪用弗洛伊德，拿弗洛伊德武装他们的头脑，这令我确信弗洛伊德已取代了——更准确地说，（如以色列建国般）为犹太人实现了《旧约》。应许之地，以及弥赛亚。简单纯粹，如愿以偿，一个不朽的、持续的幻想变成现实。一个人的所有冲动和本能都有把握地起源于一个地方（弗洛伊德），他们去另一个地方，能让他们实现自我的地方——以色列。如此完美，如此简单。这是一个极具诱惑力的体系，吸引人的同时潜藏隐患。不惜一切代价要避免。[103]

后来在《弗洛伊德与非欧洲人》中，萨义德欣然接受艾萨克·多伊彻（Isaac Deutscher）《非犹太化的犹太人及其他文章》（1968）对犹太人归属的另一种阐述。多伊彻认为如斯宾诺莎、马克思、托洛茨基和弗洛伊德等无法在欧洲获得安稳位置的犹太人却因此具有了"特权"视角和进行反击的理由。[104] 相比追溯受力比多或神圣的教规驱使，他们取得的智性成就恰恰是因为被边缘化的社会地位。他们具有的异见特征没有迫使他们寻求堡垒庇护的安全感，而是在各自边缘属性中寻找到与迷茫之人、赤贫之人的共同点。[105]

与精神分析一样，女性主义悬在萨义德的学术生涯上方，犹如令人费解的问号。一定程度上，它与精神分析有重合之处，是探索欲望、性和自我的发现的理论工具。无论如何，萨义德对"女性问题"的思考比许多人设想的持续时间要更长久，也更加明显。从前的学生戴尔德丽·戴维（Deirdre David）与萨义德长期通信往来，言简意赅地说："萨义德是女性主义者。"不仅仅因为他的周围有许多杰出女性，在工作中他视她们是平等个体，承认她们的才干，更因为女性是屈居次要地位的群体这一现状。[106]但是美国学院派的女性主义理论始终不曾说服他。他评论道，像英国米歇尔·巴雷特（Michele Barrett）那样积极参与政治活动的，与法国、美国的女性主义者不同，在法国、美国，"性别问题已变成形而上问题，变成心理化问题"。[107]萨义德同样不曾忽视第一波女性运动与帝国主义"合谋"的事实。[108]另一方面，在不同的情况下，女性主义者的目标与他自己的相融合。萨义德花费数年时间，在西岸建立女性资源中心，并很快地认识到女性在起义中起了核心作用。[109]

只有无畏如女性主义，才敢于冒触怒盟友的风险，正像萨义德以一个巴勒斯坦人的立场说话，强调左和右不是唯一的政治磁极。巴勒斯坦人与争取权益的女性一样，是"缺席的、沉默的"，"经历蓄意的、有计划的驱赶，被放逐到阁楼"。[110]在整个八十年代，萨义德渐渐对文学理论失去兴趣，发现女性主义是一处"可以从历史的视角做些有趣、大胆、新颖的尝试，经常以反叛的形式跨越话语界限"的场域。[111]他频繁引述桑德拉·吉尔伯特、苏珊·古芭的《阁楼上的疯女人》（1979），以及同在哥大执教的简·弗兰科（Jean Franco）的《密谋女性》（1989），还有琼·司各特"富有创见的"辩论、海伦·加洛韦（Helen Callaway）的

《性别、文化和帝国》(1987),以及埃莱娜·西苏和其他人的著作,使得"在进行想象力创造和诠释时无法回避性别议题"。[112]

当然,在他的万神殿里,没有哪位女性的地位如维柯一般,但是女性承担的角色,尤其是在他的乐评中得到了强调。受卡特琳娜·克莱芒(Catherine Clément)《歌剧,或女人的崩溃》(1988)的启发,他批评西方古典主义里令人不安的范式,相对卓越的男性作曲家而言,女性要么是"启迪灵感的缪斯,后来成为伴侣、助手,是表示崇拜却居次要位置的伙伴",要么是"具有破坏力的美女蛇",如阿尔班·贝尔格创作的《璐璐》或理查德·施特劳斯的《莎乐美》。[113]从音乐主题谈到学术,萨义德发现鲜见专著研究女性在音乐的创作和演奏中起的作用;他感叹女性主义理论却没像在其他领域那样,在音乐批评领域显示出同样的精妙思辨性,这并不意外,因为西方古典音乐正是"高度组织化的……男性领域"。[114]贝多芬的歌剧《菲岱里奥》是在美化还是贬低女性?萨义德感到这并不容易回答,于是想看看女性主义理论会如何分析。[115]他与萝丝·苏博特尼克(Rose Subotnik)经常通信,她是所谓新音乐批评派的率先倡导者,萨义德倾听她的意见,反过来运用自己的影响力帮助她开辟学术之路。

萨义德也对社会学学者吉丽安·罗斯(Gillian Rose)有"心有灵犀"之感,她对哲学的运用让他印象深刻,以及那种不会轻易妥协的思辨方式,恰与他一样,是受阿多诺的影响,两人都对后现代主义深感排斥——他本以为只有自己有这样的感觉。[116]在私人层面,甚至在母亲去世之前,女性就是他关系最为密切的朋友,因为无论是个人情感还是学术生涯中,女性促使他领悟的洞见都是最关键的,也只有在女性身边,他能感觉到特殊的心安。[117]如果想寻求建议,女性会是不二选择。尽管他抱怨和几个妹妹之间的关系"不是很融洽",他却依然可以向她们无所顾忌地谈起他私人生活中大部分隐秘的方面,部分是想坦白,有时是想吹嘘,但往往是为了倾听她们的建议。[118] 渴望爱和关注——用塔里克·阿里的话说,是他"无比"渴望"获得赞扬"——吁求的不仅是亲密的友谊,更是政治上的凝聚力。[119]

他对美国女性主义持批判态度,关注被他人忽视的女性学者的研究,为女性学者创造更多职业机会。在哲学系任教的阿基尔·比尔格拉米(Akeel Bilgrami)在他人生的最后几年与其共同教授几门课程。一次,二人沿着大学道散步,也许是考虑到萨义德对女性主义的思考几乎不为人知,比尔格拉米建议一起开设研讨班,专门讨论女性主义。[120] 萨义德停住脚步——这个夸张的反应他经常有,脸沉了下来,仿佛在说"你且打住"。在这里,这个终止动作可做多种理解,就算对方只是在揶揄他,他既没有笑,也没有说不。也许他们的确会一同开设这个研讨班,这个很难说,可是还没来得及实现,萨义德就去世了。

第十章

第三世界发声

一曲不和谐组成的真正交响曲。
——萨义德《城堡》[1]

除了卡特政府期间,巴解组织发挥关键影响力的时期是1988年巴勒斯坦国民议会第十九次会议在阿尔及利亚召开之际,也称为"起义会议"。不再手持帽子等待强国的承认,与会代表提出一份独立宣言,单方面建立一个巴勒斯坦国家。相应地,他们正式承认已经存在的以色列国家,支持联合国第242号决议和第338号决议,承认以色列有权利"和平地生活在安全的、得到认可的国土内",交换条件是以色列从1967年后占领的土地上撤出。各个党派都同意终止"一切军事活动"。

巴解组织选择萨义德来传递上述积极信息。1988年11月15日,美国广播公司杰出的《夜线新闻》节目出现了作为巴勒斯坦代表的萨义德,在独立宣言刚刚通过之际,便从阿尔及利亚现场做了激动人心的报道,从未如此显得与巴解组织领导是一条心。事实上,在节目开头播放的录像中,把他描述成阿拉法特的左右手。画面上,他坐在那里——受信任的咨事人,手上拿着文件草稿，与阿拉法特讨论，神采奕奕的阿拉法特露出赞许的神情。在节目进行期间，镜头给了他特写，他身后是阿尔及利亚的天际线，清晰地说出他一直持有的立场，而此时铭刻在巴解组织的演讲台上："两个国家，一个阿拉伯国家，一个以色列国家……在他们之间划分巴勒斯坦，和平共处。"

巴勒斯坦国民议会的这次决议没有存续多久。1989年10月，萨义德在巴黎接受了科威特报纸《火炬报》的采访，他预言巴解组织等级分明的领导体制会将运动带到悬崖边上，此番言论引发争议。[2] 他和艾布-卢霍德"无法忍受（领导层）的疏忽、腐败和无能"，一味恳求，将美国政府当作"伟岸的白人父亲"，事实上，美国的角色犹如律师，捍卫着以色列的利益。在过去十五年里，萨义德竭尽所能去告诉阿拉法特那些难以获知的新闻，却毫无帮助可言。1991年，在致巴勒斯坦外交官莱拉·沙希德（Leila Shahid）的信里，萨义德表达了类似观点："他很少向我们任何一个人寻求意见……这算是何种领导？"[3]

1988年的会议本身也埋下了分歧的种子。人人都同意单方面宣布巴勒斯坦独立并且将巴解组织当成临时政府，无疑将以色列的选择缩小了。以色列的暴力活动暂时会被视作破坏一个国家的主权的行为，而不是在受它的管辖的领土内以武力平息起义。巴勒斯坦独立宣言已获得知名人士的支持，如马里兰州立大学哲学与公共政策研究所研究员杰罗姆·M.塞加尔（Jerome M.Segal），适逢他在《纽约时报》《洛杉矶时报》《华盛顿邮报》等大报上发表了一些评论文章，所提出的计划与巴勒斯坦国民议会的主张极为相似。[4] 分歧点在于新政府如何调整自身以便和起义相一致。考虑到巴解组织根据地激进化的现实，在那里巴勒斯坦年轻人唯有拿石头和弹弓对付坦克，真正需要阿拉法特的恰恰

279

是以色列，而非阿拉法特需要以色列。然而，阿拉法特满意于新近得到的关注，反而态度趋于温和，愿意用土地换和平，努力"使巴勒斯坦年轻人冷静下来"。[5] 萨义德则不想削弱，而是鼓励革命发酵，公开表示了反对意见，认为起义（甚至同一阵营的人也难以苟同）"无疑是本世纪最令人印象深刻、最有纪律的反殖民起义"。[6]

剑拔弩张的政治形势令巴勒斯坦问题更加复杂化。此时，老布什在准备重画中东地图，为将于1990年8月发动的战争以及1991年1月第一次入侵伊拉克做宣传造势。萨义德听闻柏林墙倒塌，心中五味杂陈。最初感觉欢欣鼓舞，在东欧发生的革命和巴勒斯坦起义之间看到了相似之处。[7] 在此期间他思考过跟像让-弗朗索瓦·利奥塔这样的法国理论家联合，在柏林墙倒塌之后，利奥塔写了一系列"后现代寓言"来赞颂美国资本主义的胜利。[8] 后来，他乐意指出利奥塔的荒谬之处——散布没有信念地活着更好的思想，有崇高目标的事业是危险的，消费文化是一种解放。这些由共产主义的衰微引发的观点，利奥塔称为"后现代状况"，在整个九十年代频繁成为萨义德批判的靶子。

1990年6月，希尔妲在华盛顿去世，她与癌症抗争了七年。格雷丝当时住在华盛顿，无微不至地照顾母亲，萨义德经常从纽约来看望。在接受临终关怀期间以及住在女儿的公寓里时，希尔妲每天都会和儿子通电话，一聊就是几个小时。"你们究竟聊些什么能聊那么久？"格雷丝不禁发问。[9] 萨义德的回答含糊其辞：关于这个，关于那个。格雷丝无法理解他们能聊那么久，大部分是闲谈，而希尔妲需要聊天这样的消遣。与儿子一样，她经常失眠。他"会向她询问他也认识的人的近况"，虽然格雷丝觉得这与交流信息无关，更多的是需要彼此的陪伴。在生命的最后六周，恶性肿瘤转移至脑部，希尔妲丧失了意识。萨义德守在床边，和格雷丝一起等待她醒过来。几年后，萨义德佩服母亲的勇气，拒绝做化疗，不管医生反复恳请。"我不想受那份折磨。"她解释。

她的死因为象征意义而更加令人心酸。最后六年里，她居无定所，在贝鲁特、华盛顿和纽约之间辗转，还去过几次伦敦，为了治疗拜访专家。像许多巴勒斯坦人一样，她在五十年代获得了黎巴嫩国籍，理论上说不是无国籍之人，但是她持美国签证，会定期往返黎巴嫩。[10]子女都是美国公民，她想成为美国公民并不是难事，只是需要满足在美国不间断地住满一年时间的硬性规定，而她对此毫无兴趣。身患癌症的她无法在黎巴嫩和美国之间往返，结果签证过期了。移民归化局启动了驱逐程序，即使她已奄奄一息。最终是死亡声明终止了驱逐令继续执行，听证会上的法官不禁斥责美国移民局如此冷酷无情。

1987年至1992年间，萨义德时断时续地写着一部关于背叛的小说。[11]到了九十年代中期，他反复对玛利安姆提起，背叛主题已化为凸显阿拉伯人无能的主题（因《奥斯陆协议》而生的此种怨愤之言），而事实上那时他已放弃写作这部小说。故事发生地设在贝鲁特，1958年政治危机爆发前夕，这是一个密谋的故事——中东版约翰·勒卡雷或格雷厄姆·格林式的故事，虽然来自各国的庞杂人物角色设定，仍令人无法忽视隐藏在一幕幕场景背后的是康拉德的《诺斯托罗莫》。刺探情报、警察镇压、政治立场不同促生的羞辱是主要的情节构成。最终只完成了四十五页，而其中包括为细节做的笔记和为不曾完成的部分拟的大纲。

小说背景是真实的：1958年，黎巴嫩的穆斯林和德鲁兹人受日益壮大的纳赛尔主义启发，鼓动黎巴嫩加入阿拉伯联合共和国。黎巴嫩总统、马龙派基督徒卡米勒·夏蒙做出的回应是希望美国进行军事干预。美军于7月15日介入，一直持续到斗争平息，亲西方的夏蒙政府地位稳固才作罢。

在这个背景下，小说围绕一名医学院学生遭劫持的情节展开，该学生参加了反对艾森豪威尔和杜勒斯的校园抗议，被线人举报，不久便关进了秘密监狱。萨义德的身边人依次以稍微变形的方式作为小说角色出现。医学院学生的原型让人想起圣人般的开罗医生法里德·哈达德，其母埃米丽有希尔姐的影子。[12] 能力超群却与人疏远的亲戚——自负的米歇尔·萨巴，首次出现是在自己的办公室里读着圣约翰·克里索斯托的布道文，同时向众人痛陈共产主义的种种邪恶之处。这个角色活脱脱就是查尔斯·马利克本人。萨巴力图规劝任性的法里德信仰基督教。在终于降服对方后，萨巴把他交给了美国人。

萨义德本人体现在两个不同的角色上，具有多重解读、扭曲的混合体：阿萨德·弗兰科布（注解写道：是法里德的"反面"），一个"变色龙般的"角色，夸夸其谈，与一名女记者有染，而她又与可疑的美国情报部门有关联；西德吉，五十岁，受人尊敬的哈佛哲学博士，出版了多部著作，享有国际声誉，贝鲁特的同行却因此羞辱他，要求他在大学任教前先去获得本地高中文凭。

除了可以体会到偶尔出现的自我解嘲，小说片段提供了一个珍贵的契机，可以瞥见萨义德的美学观。笔记写道，他认为最好的巴勒斯坦写作必须能够平衡"经典/普世和小说/情景"，即在残酷的现实主义和惯例仪式之间找到平衡。[13] 小说里的贝鲁特活脱脱是现实写照,那个繁华的国际都市,内乱稍稍平息,但同时它也象征"一个崭新的阿拉伯舞台"。弗兰科布与其说是一个人物,毋宁说更像富有争议的类型,"完全自由的人",能"摆脱一切,不累积任何历史"。西德吉可谓讽喻式角色,在西方完成教育的知识分子,"与阿拉伯人、西方都切断了联系,意识到犹太人的处境……对改变感到无能为力,恪守诚实,不隶属于任何群体"。如果说西德吉不像弗兰科布那么让人反感(后来我们会知道是弗兰科布背叛了法里德),萨义德却冷酷地将他描述成爱争辩的人(又加上一点阿齐姆的特征),是贵族后代,"从未能学会如何隐晦表达或影射……像一头踩过草地的大象"。除了这处嘲讽,他沉迷于塑造一个虚构的我,"高得不成比例,穿着李维斯牛仔裤、猎装夹克衫、布鲁玛妮平底软鞋——形象逼真,这让他在放眼望去皆是灰色T恤、灰色或卡其色裤子、大部分脚跟拖鞋的年轻男女中间显得格外扎眼"。

小说的最终形式没有确定,但肯定不是他原本打算探究的、与现实主义小说相关的"长叙述线",维持连续的幻想让他感到内疚。那种形式与真实的巴勒斯坦经历不符。"仔细体会碎片,"他建议,"我信任令人分心的短促,永远准备着重新开始,一个新开头。"只有这样,他才能够克服"潜藏的拘谨……妨碍我的'主体性'显露",他这样形容。"主体性"安稳地待在引号之内,他想竭力避免第三世界糟糕的抒情诗和见证小说所呈现的那种自白模式。

最终,本身的写作个性占了上风,这与他放弃写小说密切相关。日后,他在一篇文章里解释了原因,此文是受友人南非小说家、诺贝尔文学奖获得者纳丁·戈迪默的启发而写。文中论述了作为大众喜剧表演人的作者,当他们无畏地或优美地用语言捕捉到存在时,便是完成了工作。[14] 从外部、从上方观察愚蠢和不公,进而表示接受,是这种征兆令他停止了创作。小说家只有凭借批评才能完整,这意味着向其所是说不,而非忠实地效仿。

1991年9月,就在快要放弃小说创作之际,萨义德在伦敦组织了一次会议,希望能巩固、明确巴解组织尚欠缺说服力的谈判立场,为计划在10月底召开的马德里会议作准备。马德里会议由美国和苏联共同发起,旨在重启和平进程,并且将约旦、黎巴嫩和叙利亚纳入谈判方之列。萨义德与美国巴勒斯坦事务委员会的四名成员一起,决心"打破政治困局"。[15] 不幸的是,会上小派别之间分歧严重,争吵不休,伦敦的这次会议毫无成效可言。[16] 萨义德又一次在巴解组织领导层身上察觉到令人担心的趋势,他们一心想寻找秘密渠道,希望得到强权国家的眷顾。因为两个超级大国都开始接触巴解组织,领导层便觉得不需要再去向公众争取支持。如果说在此之前萨义德尚且被注意到,那么在马德里会议之后,他几乎完全被甩在一边。奥斯陆谈判那场灾难已在此时显现征兆。

向来关心身体状况的萨义德抽空给家里打了电话,询问最近一次为了监测胆固醇值而做的血检结果。两年前,家庭医生查尔斯·哈齐注意到萨义德的白细胞数量过高,而且呈稳步增长之势——这是可能患癌的最初表征。正因如此,萨义德更想知道最新的血检结果。令他意外的是,玛利安姆没有给他确切的回答,而是让他马上联系哈齐。他觉察事态严重,一再追问下,玛利安姆才吐露实情。

血检结果显示他患有慢性淋巴细胞白血病。[17] 家庭医生认为尚且没有发展到危及生命的地步，医术精湛的血液学家能够治好。娜杰拉和瓦迪也得知了父亲患病的消息，父母安慰他们不要担心，没有眼前的生命之虞。起初萨义德感觉宽慰，尽管他的确患有疑病症，尤其觉得自己患了绝症，他并不想真的沾上边，因此急切地希望有更确切的诊断。

回到纽约后，萨义德在斯隆-凯特琳癌症研究中心做了检查，诊断结果令人愕然。医生告诉他活不了多久，萨义德觉得他们真是冷血。他不愿接受这个审判，遂去不同的医院做诊断。六个月后，他找到了任职于长岛犹太人医疗中心的坎提·拉伊（Kanti Rai），一位勇于创新的血液学家、肿瘤学家，为他治疗了十年。二人也因此成了朋友。萨义德推荐拉伊读尼采，邀请他参加自己的研讨班，说服纳丁·戈迪默带他周游南非。拉伊来自印度的焦特普尔，在1996年邀请萨义德去印度参加女儿的婚礼，借机向萨义德介绍了拉贾斯坦邦的穆斯林社区（langas）。二人均耳闻目睹英帝国的暴行，这让他们的友谊又深了一层。一年后，萨义德平生第一次去了印度，在德里和加尔各答做了演讲。

萨义德习惯于隐藏个人情感。他有一种天赋，可以让对方相信自己是其密友，事实上，他将最脆弱的情感和疑虑都深埋心底，只有到了合适的时机时，他才会吐露——告诉每一个人。诊断结果明确，萨义德保持沉默，玛利安姆和孩子们苦思着诊断传递的含义。然而一周后，萨义德在半夜醒来，告诉玛利安姆他想公布这个消息。[18]玛利安姆劝他再等一等，看看最新的化验结果，他却下定了决心。第二天，他把自己患癌的消息一一告诉朋友，"悄悄地"，仿佛在分享一个秘密：他病了，预期并不乐观。

从1992年6月起，拉伊采用单克隆抗体免疫疗法来治疗，1994年3月后，不得不转向更传统的化疗法（氟达拉滨和利妥昔单抗)。[19]医生将最强剂量的治疗都放在夏天进行,这样就不会耽误秋季开始的教学。是虚荣使然,更是铁般意志,让他在癌症猛攻的前五年维持住了相对正常的状态,维持住身体健康的假象——依然显得身强力壮,连头发也只是薄了些。直到九十年代末,化疗的副作用已十分明显,他英俊的脸庞变得苍白,双颊凹陷。腹部生的肿瘤令他的身材显得奇怪,既消瘦又像在增重。

患上绝症的诊断直接促使萨义德在1992年5月开始撰写《格格不入》,这本书是众多里程碑中的一个,标志着他视角的改变。[20]同年8月,他同时校改两部准备出版的手稿,"二十五年来我的政治写作",他这样描述《流离失所的政治》(1994)和《知识分子论》(1994)。此时回忆录仍被称为"不太对劲"(Not Quite Right),他回忆最初开始构思时,提到"马上觉得乐在其中,以及书写自传要面临的一系列问题"。

在知晓诊断结果的四个月前,深感政治挫败之时,新的能量不期而至。1991年5月,萨义德受邀前往南非,做T.B.戴维学术自由讲座,其间遇到沃尔特·西苏鲁和纳尔逊·曼德拉。曼德拉在前一年2月才刚刚被释放,坐了二十七年的牢。[21]主办方是位于约翰内斯堡的威特沃特斯兰德大学,在去开普敦做演讲之前,非洲国民议会正式邀请了萨义德,当时这仍是反种族隔离抵抗运动的核心力量。萨义德先与曼德拉进行了私人性质的会面,有短暂交谈,与西苏鲁的会面时间则长得多(作为领导人,他也蹲了多年监狱),细数非洲国民议会的抗争历程。因背弃了自己的原则和领导层腐化,非洲国民议会的影响力式微,这在当时尚且不像后来那样显而易见,几位本地持左翼立场的友人也不像萨义德那样不加批判地尊重该组织。[22]他选择忽视友人的告诫,因为他想为巴勒斯坦运动发掘能够利用上的战术。

与西苏鲁的谈话鼓舞了萨义德，也成了组织四个月后的伦敦会议的契机之一，应用从非洲国民议会领悟的宝贵教训，即集中力量赢得道德制高点，而非关注注定失败的军事活动。从反殖民争取自由的斗争中获得认同感，被萨义德看作对八十年代反动精神的最佳回应。眼见加勒比岛国格林纳达的莫里斯·毕晓普"新宝石运动"被镇压，桑地诺民族解放阵线后继无力，萨尔瓦多的僵局，美国入侵巴拿马，萨义德在第三世界的革命运动中看到了巴勒斯坦的未来，均是领悟了象征符号的力量，由此获得了广泛的国际支持。自然，这一改善倾向可预料到会受到攻讦。与之往来频繁的解放巴勒斯坦人民阵线，便转而指责萨义德过于"布尔乔亚"，后者因此与领导人乔治·哈巴什决裂，恰是在巴勒斯坦国民议会1988年大会上，哈巴什采取强硬立场，拒绝承认以色列，而萨义德与大多数与会人员立场一致。

受非洲国民议会影响而采纳的媒体策略也反映在《彭特克沃：真相的独裁》，由萨义德任制片人并解说，于1992年5月6日在BBC电视四频道播出。这部引人入胜的纪录片表面上是关于一位意大利新现实主义导演，同时试图阐明反殖民主题，集中分析了吉洛·彭特克沃故意制成黑白片的经典电影《阿尔及尔之战》（1966）。通过分析这部电影，来探究第三世界抵抗运动的美学特征，尽管他对导演后来的作品感到失望——思考的美感让位于对艺术自主权的强调。

此前数年，1988年，萨义德去罗马时拜访了彭特克沃，直接登门拜访，"只做简略的自我介绍"。彭特克沃是犹太人，出身中产阶级家庭，成长于墨索里尼独裁时期。在巴黎当网球选手时，认识了毕加索、斯特拉文斯基和萨特。二十四岁时，成了共产主义青年运动的领头人,并在意大利北部进行反法西斯抵抗。萨义德追问:这样一个具有深厚政治热情的人,如何在新近创作的作品里,将这种热情"完全纯化成图像和音乐"。此处他想暗示唯美主义令彭特克沃裹足不前。[23] 他惋惜那个给予奥利弗·斯通、科斯塔-加夫拉斯、贝托鲁奇灵感的彭特克沃,在声望和影响力的巅峰期"从欧洲电影界彻底消失",因为他不愿让制片人干涉自己的艺术构思。彭特克沃原本打算以巴勒斯坦第一次起义为题材拍摄电影,也因秉持完美主义而流产。

时势迫人,而愈发频繁的攻讦恰是来自巴勒斯坦抵抗运动内部。1992年8月24日,萨义德与美国前总统卡特在弗吉尼亚见面,9月又致信过去,希望卡特支持福利协会,这是一个私人募集资金组织,为了帮助西岸、加沙地带、以色列和黎巴嫩的巴勒斯坦人。萨义德一直在筹划双方能参与的会议,让卡特和协会负责人乔治·阿比德(George Abed)见面,阿比德著有《论建立巴勒斯坦国的经济可行性》(1990)。[24]

尽管此前十年间有这些和类似的举措,部分原因也源于此,到了1989年,巴解组织领导层传出萨义德在为美国服务的诽谤谣言。1988年阿尔及尔会议后,接受《火炬报》采访时,萨义德首次对巴解组织领导层提出质疑,便引来纳比勒·沙阿斯(Nabil Shaath)的指责,后者当时任巴勒斯坦国民议会外交事务委员会主席,同时进行指责的还有马尔万·卡纳法尼(Marwan Kanafani),之前在阿拉伯联盟任职,是巴勒斯坦著名作家加桑·卡纳法尼的兄弟。他们对萨义德的指控,包括暗示他从1983年开始就是美国外交关系协会成员,并与以色列工党政客结盟。[25] 讽刺的是,萨义德多年来一直在试图说服别人把巴解组织的希望寄托在"自由"的以色列工党上会是致命错误。而指责萨义德的人觉得萨义德与美国国务院和《外交事务》相关人员的交往是可疑的。稍早前,大卫·洛克菲勒邀请萨义德来三边委员会演讲(遭拒绝),亦像损毁声誉的又一击。[26]

编辑部设在巴黎的阿拉伯文报纸《第七日》为萨义德辩护,认为他没有改变立场,这让形势愈发扑朔迷离。萨义德指出阿拉法特和亚西尔·阿比德·拉博(巴解组织执行委员会成员)也受邀前往外交关系协会,并且欣然接受,拒绝这个机会是愚蠢的,他说。无论如何,这个协会都不仅仅是影响恶劣、亲美国的咨询团体。正如他在采访中所述,这是一个"私人组织,成员均是人中龙凤,对美国外交事务颇感兴趣"。[27] 它对美国外交政策施加的影响,在萨义德看来大部分是灾难性的,正像英国的查塔姆研究所的对应物,因此如果能进去讲,你的声音会被听到。说到底,萨义德的立场和意图不仅被巴解组织所曲解,更被巴解组织的敌对方所曲解。志同道合的伊斯雷尔·沙哈克挖掘出一份由美国企业公共政策研究所做的报告,明显意图是阻碍巴勒斯坦人的期待,称萨义德和瓦利德·哈立迪"在帮助以色列,试图在巴解组织内部引起分裂,并且在和以色列人商量参加戴维营和谈事宜"。[28]

在一年的时间里,他的政治生涯将进入第二阶段——被1993年9月的《奥斯陆和平协议》的签署整齐地划为两段。在克林顿任总统期间,亚西尔·阿拉法特和伊扎克·拉宾在白宫草坪上签署了协议,仪式隆重,协议所带来的后果却是耻辱性的。从此,萨义德与巴解组织主席正式决裂,回望整个七十年代和八十年代,一提到阿拉法特的名字就会招来非议的年代,萨义德一直撰文捍卫阿拉法特。这意味着他又一次在两面作战。

与时代抗衡并不意味着不会受到嘉奖。1991年6月,萨义德成为美国艺术与科学院的会员（直到2002年才被选为院士，身为院士的艺术评论家、高中时代的老友迈克尔·弗里德指出萨义德早就应该当选）。[29]1994年，联合国教科文组织授予萨义德毕加索奖章，表彰他的终身成就，4月，哥伦比亚学院学生委员会颁给萨义德一个教学奖项，因其杰出的教学能力，"对核心课程"做出突出贡献，也凭借《文化与帝国主义》（1993）二度荣获莱昂内尔·特里林评论奖，成为首位两次荣获该奖的院系教授，评委会认为《文化与帝国主义》是一部"杰作"。[30]

比起奖项，萨义德的成功更体现在演讲台上。瑞思广播讲座是BBC的王牌节目，由伯特兰·罗素发起，多年来演讲过的学者包括罗伯特·奥本海默、阿里·马兹鲁伊、约翰·肯尼思·加尔布雷思（John Kenneth Galbraith）。本打算以英国小报的保守风格写作为题，没有通过，改为梳理知识分子独一无二的历史作用，后来他向朋友表示"接受做这个系列演讲简直是疯了"。他必须写出六篇演讲稿，会立刻发表、播放，"只有一个月的时间"。[31]萨义德一直计划却始终没能完成的关于知识分子的研究借此找到了表现形式。不管怎样，萨义德完成了演讲，并以《知识分子论》为题出版，与在广播上的演讲内容多半相符。

在如此紧促的演讲日程下，想多与家人相处只能挤时间，而且身体状况如此不明朗，萨义德也觉得更需要多与家人相处。1993年，娜杰拉刚刚读大学，陪父亲一同去法国参加联合国教科文组织举行的一场圆桌会议。与会者包括加布里埃尔·加西亚·马尔克斯。萨义德十分钦佩他（屡次向朋友称赞他的小说《无人写信给上校》）。[32]在接待处，加西亚·马尔克斯径直走到娜杰拉面前，（用法语）问道："你读过我的哪本书？"显然，他见到谁都会问这个问题。无法随便提起某个书名，娜杰拉迅速回答："没看过。"[33] 他觉得很有趣，娜杰拉又很美，他挽着她的胳膊，在大厅里四处走动，好像是陪同他出席活动的女伴。

这样惬意的放松时刻却是少有。诊断结果为萨义德敲响了警钟，但在最初几年并没有显著改变其生活方式。到了1993年左右，疾病表征更加明显，他才正式思索做出重大改变。[34] 其中包括鼓足勇气，公开演奏钢琴。在自己的公寓里，当然可以随心所欲地弹给学生和友人听（在六十岁生日聚会上也弹了），在大学毕业后，唯一一次公开演奏是在加利福尼亚大学尔湾分校做韦勒克音乐演讲时，在演讲过程中弹奏相关片段，起到解释说明的作用。是时候克服演出焦虑了，普林斯顿的室友约翰·索勒姆早就看出这一点。萨义德决定在1993年4月27日哥伦比亚大学米勒剧院与职业钢琴家戴安娜·塔基丁（Diana Takieddine）联手举行一次演奏会——二人在七十年代相识于贝鲁特，志趣相投。他们打算挑战两架钢琴同时演奏勃拉姆斯、莫扎特、肖邦、布里滕和舒伯特（演奏会在乔治城又举行一次）。演奏会开始前致辞时，他谦虚地称她是"真正的钢琴演奏家"。

公开演奏钢琴带来一项不曾预料到的益处：敌人再也不能动辄说他只是外强中干的善辩者。[35] 听众体会到这是一场精彩的演奏会，有精细的力度变化，同时流畅轻盈。演奏会结束后，萨义德起初感到眩晕，就像进行一次成功的演讲，对终于克服了演奏焦虑欢欣雀跃。后来在致同事的信中，萨义德如此坦率，为对方没来听演奏会抱憾，"并不是因为弹得多精彩（我想还算凑合），而是因为这是哥大的一个大事件，至少我这样看。我休息了三天才终于能下床"。[36] 演奏会开始前的几星期，他不断地要求塔基丁一起排练，万分希望将演奏得尽善尽美。有几位职业音乐家也来听了，当然注意到弹错的地方，在幕间休息时，其中几人还讨论了一番。意识到毕竟不是职业钢琴家，他深感自责，不禁打电话给友人艾伦·伯格森，说他搞砸了，在听众面前出丑。[37] 而听众的反应显然并非如此。

此时，哈佛大学又有意聘请他，这一次他决定接受。[38] 他在薪资和额外待遇方面的谈判技巧高超，在朋友间成为传奇，而这次决定并非一时的谈判策略。[39] 与纽约相比，剑桥是个宁静小镇，在他的记忆中，一提到那里就让他想起读研时高强度的、与世隔绝的求学岁月。终老于剑桥不错，他想。[40] 虽然听起来不大可能——萨义德会离开纽约这个世界媒体与出版之都，最精彩的歌剧只有在纽约能看到，但是他与剑桥依然有诸多往来，娜杰拉亦是于 1974 年出生在那里。

近十年前，哈佛就发出过邀请，1985 年 12 月 26 日，他致信哈里·列文，坦率地吐露心声：尽管纽约有发狂般的生活节奏，他却感觉到"一种愈发蚀骨的孤独……一个人越来越感到孤独，身处这个最没有根、最有流亡感的城市，所触发的疏离效应更是放大了孤独"。[41] 在思考死亡时，上面这句话更显得意味深长。但是萨义德意识到自己离开纽约的动机更多是与他长居的地方缺乏什么相关，而非剑桥本身的吸引力，他便重新斟酌起来。1993 年 4 月 22 日，他正式拒绝了哈佛的邀请，结束了长达二十年的拉锯。[42] 仅四个月后，他被要求协助辩护尼达尔·阿雅德（Nidal Ayyad），后者受到指控实施了世贸中心的爆炸，律师需要萨义德评估"美国计划用来当作本案的关键证据的两张便条的语法风格"，三周后，萨义德干脆地予以拒绝。[43]

在法国社会学家皮埃尔·布尔迪厄的帮助下，萨义德找到了第二个关键的演讲台。1996 年，他受邀在法兰西公学院进行系列演讲，虽经历诸多修改，核心内容催生了萨义德最后一部书

《论晚期风格》(2006)。[44] 8月致信"亲爱的皮埃尔·布尔迪厄",阐述了计划演讲的主题,如往常演讲前一样缺乏自信:"最后,我决定——尽管考虑了方方面面——用法语做演讲;这至少也可算是一次历险了。"[45] 他的自我怀疑再次显得不合时宜。英国历史学者、小说家玛丽娜·沃纳专程赶到巴黎听了萨义德最后一场以阿多诺为题的演讲,流畅、地道的法语给她留下深刻印象。在演讲结束后,他还能与听众用法语交流。听众也有同感,以瓦格纳为题的演讲人满为患,之后又在莱拉·沙希德家里举行了正式晚宴,她是巴勒斯坦的第一位女性大使,当时派驻巴黎。[46]

在受到巴解组织大力排斥之际,音乐在萨义德的人生中愈发占据重要位置。一来是可以运用别一种感知方式,恰为许多同事所缺乏的批评手段;二来音乐不必担负针锋相对的批评流派或政治分歧等包袱。最终,连看起来并非关于音乐的著作也有了它的踪迹,比如《文化与帝国主义》,计划中《东方学》的续写之作,以及《论晚期风格》。

尽管旁征博引,结构优雅,《文化与帝国主义》却不乏矛盾抵牾之处。沙漠风暴行动(1991)的阴影笼罩着全书,影响了它的基调。想想之前那些没能进行下去的著书计划,萨义德已领会到书写一部涉及范围如此广的著作有潜在的危险,而《文化与帝国主义》的体例也显得不同寻常。大量作品被提及,往往是一带而过,同时没有引用那些数量庞大的研究著作——将帝国主义当作一个经济进程,或一个体系(设想其有如此之多、特征各异的历史形式)。如何在不谈论现代资本主义错综复杂的国际机制的情况下分析帝国主义?仿佛出于补偿的考虑,他转而援引以经济理论为基础进行文学批评的学者。

对"物化"概念的分析——指将各种人际关系转变成可销售的商品的社会趋势——卢卡奇正是这样的批评者。[47]挖掘不同小说的形式与主题特征，借此寻找历史趋势的演变轨迹，写作《文化与帝国主义》的萨义德无限接近卢卡奇。当然，对卢卡奇的钦佩由来已久，而此处应用的恰是从卢卡奇借用的概念，因为与早期文章类似分析的着重点不同。1967年，萨义德致信让·斯塔罗宾斯基，信中称赞卢卡奇的诸多理由正是其美国同行批评卢卡奇的地方，赞叹这位匈牙利马克思主义者的阐释模式，在文学作品和"世界观……社会-文化状况"之间爬梳关联，体现出"精妙的理论剖析"。[48]在《文化与帝国主义》正式出版前，萨义德担心对小说的政治性解读可能会引起误读。1989年，在给从前的导师门罗·恩格尔的信中，他流露出焦虑："我不希望你觉得我把文学仅仅当作阐释观点的媒介，而是将它视作全球进程的一部分（我敢这么说），文学正是从中提炼出来的。"[49]

萨义德认为对作者的意图仅仅进行部分阐释是出于策略性考虑。不去探究作者真正意图的底部，这允许他可以为具体的目的召集相契合的理解。这是一种典型的后《开端》时期的阐释法，为了原则上的明晰，放弃繁复的语言技巧，类似葛兰西对颇有影响力的思想家贝奈戴托·克罗齐的机敏回应，克罗齐因共产主义运动冷酷地处理某些概念而予以谴责。葛兰西表示赞同，同时指出淡化艰深的理念是一切大众运动的特征，也是为了理念更广泛地传播。1992年，在致《泰晤士报文学增刊》的信中，萨义德对两名年轻理论学者的新近著作的评价可谓典型态度：他们"时或允许其精心编织的理论之网模糊了权力根本性的悬殊差异……为什么不去研究像爱德华·汤普森这样公开反对帝国主义的作家的作品？或者同时代的印度及非洲的民族主义者？"[50]

无论如何，《文化与帝国主义》在阐释文学时，美学形式不是困扰萨义德的问题。他直截了当地捍卫剖析小说所揭示的相关历史的阅读法，认为这没有减损小说的艺术价值，而是揭示了"与其真实历史背景之间复杂的从属关系"。[51] 列文在《号角之门》中的论述几近概括了这名从前受教于他的学生的观点："在现代西方，小说的主要趋势体现为作者去正视、反映和批评生活那种审慎的决心。"[52] 受此启发（《号角之门》出版于萨义德从哈佛毕业那年），萨义德通过思考"可分离的实质性内容"与"纯美学的调情"（列文语）两派间的争论，明确了自己的目标。[53] 在二人的相关研究中，至少作为战术，前一种研究法排除万难后取胜。

这一庞大的项目需要耗费的劳动量惊人，要求萨义德将叙述力推演到极致。他在多封信里焦虑地表示《文化与帝国主义》"体系框架有点过于庞大"。[54] 或许书中最出名的部分——论述简·奥斯汀《曼斯菲尔德庄园》和威尔第《阿依达》等富有争议的章节，引发了数篇义愤填膺的回应文章，为奥斯汀一以贯之的女性主义和威尔第反殖民的政治观点辩护——恰是在暗示萨义德的本意是想分析艺术作品如何悄悄地转码、否认一种充斥暴力的帝国式关系。[55] 基本的假设是真正的艺术性如此敏锐地吸纳环境，以至见证它缺乏能力去判断是非的价值。

这一方面不时会引来嘲笑，比如阿齐姆说，"说一个帝国主义国家的文化反映出帝国主义态度，并不算新发现"，这并未触及该书想达到的诸多野心。[56] 许多人表达了对这本书的喜爱（乔姆斯基认为它与《巴勒斯坦问题》一起是萨义德最为重要的著作），到1993年6月，已是第五次印刷，该书事实上与常见的对其内容的概括，如《时代》杂志做的，没有丝毫相似之处。[57] "这是一本如李子布丁的书,"罗伯特·休斯写道,有关"帝国的三重关键现实——帝国主义、'本土'抵抗和去殖民化,尤其助力塑造了英法两国的小说"。[58]

事实上,《文化与帝国主义》有着深远得多的诉求。不愿将帝国主义仅视作一种"精神态度",萨义德将全书论述紧扣土地征用这一铁证上,这不外是分析经济因素又一种方法,表面上看来论证仿佛不涉及经济:"到1914年,[土地侵吞]的年占有量已达到令人震惊的二十四万平方英里,欧洲已将地球上约85%的土地划为殖民地。"[59]不断提醒读者从贸易失衡、矿石开采到殖民教育体系,都可以追溯到对土地的争夺。如《东方学》的最后一章,从拿破仑的埃及转而论述美国国务院,《文化与帝国主义》的结尾将焦点转向此时此地的帝国,揭露了在针对"公共空间"发起的战争中,跨国集团势力是如何介入的。[60]

土地冷酷的实在性,以及整个地球拥有的土地面积是有限的这一事实,令《文化与帝国主义》有了凭借其他事实无法比拟的牢固立论基础,也有助于萨义德反驳认为他过于理想主义的观点(持此种观点包括其友人、政治同盟萨米·班纳)——将形象和观念放在中心位置阐述,却对真正起决定作用的因素,如武器、金钱和自然资源阐述不够。事实上,萨义德一直在强调土地令人棘手的永久性,一个地点的边界以及英语所处的倨傲的中心地位。他对地理的关注是去过他家的访客都一目了然的,他经常会拿出某张巨幅地图,就像战情室里的将军和作战参谋用来研究作战前的两军实力对比一样的地图。他会指着地图,向访客展示巴勒斯坦人在抗争什么,各种各样的"班图斯坦"如何限制着他们,从巴勒斯坦人土地贯穿的道路阻断了交通,并禁止巴勒斯坦人靠近,与按种族隔离政策划分出黑人居住区的南非极为相似。[61]

虽然没有直接提及，但《文化与帝国主义》在细数对印度、非洲和东南亚的早期征服活动时，萨义德无疑想到了以色列的占领。与此同时，他极大地扩展了其早前提出的想象中的地理概念（即班纳等人认为他过于理想主义的观点）。他从未想在《文化与帝国主义》中这样有力地声明在一片土地上定居或工作的权利"反映、争辩甚至一段时间里被叙述所决定"。[62] 对土地的法律认可往往授予声明拥有继承权或先前就已定居的人。本质上均是受关于过去的此版本故事所支持，而非彼版本故事。最终，法律支持的是赢得了最广泛听众的故事。

在他的论述中，明显可以看到，观念的深切力量与土地坚硬的物质性之间的冲突，这反映出该研究自相抵牾的一面。矛盾就体现在萨义德对"帝国主义"这个术语的使用中。在《文化与帝国主义》开篇，萨义德大胆地、多少有些冒进地颠倒了通常所理解的帝国主义和殖民主义发生的先后顺序。普遍接受的是殖民主义较先出现，经过讲求实利、发力分散的私人冒险，从十五世纪到十九世纪，借公司这个载体来盗采资源、奴役苦力、在海外建立定居点，最终赢得王室的支持。东印度公司就是此类操作的范本。

在更普遍为人接受的讲述里，帝国主义被理解为较早前殖民过程在十九世纪末期的经济化。与殖民主义不同，帝国主义从远处施加控制，手段包括惩罚性贸易协议、国际货币组织对利率的操控、政府制裁，以及世界银行的紧缩计划。无需通过占领别国，扶植治理体系或培训本土精英，权力的施加是通过威胁进行军事干预和制裁机构，以及较频繁的暂时军事占领。萨义德将这个顺序颠倒过来。在《文化与帝国主义》中，他认为帝国主义不是建基于盗窃资源和强迫劳动的体系的延伸，而是一种原始的冲动，甚至是欲望，要进行民族征服，这先于殖民主义发生："一种持久的、几近抽象的责任，去统治顺从的、劣等的或不那么先进的种族。"他进一步大胆论述，殖民主义"如今已大半终结"，这个论断与他早前对这一问题的许多论述相矛盾。[63]

上述论断也与《文化与帝国主义》另一个被《时代》杂志及其他主流媒体的评论所忽略的意图相矛盾。无论是普通读者还是学术专业读者，都没有领会本书的明确意图，即赞颂反殖民解放运动的黄金时代：弗朗兹·法农、帕特里斯·卢蒙巴（Patrice Lumumba）、阿米尔卡·卡布拉尔（Amilcar Cabral）等人。萨义德不仅重申他们的斗争经历仍与今日息息相关，相比时下流行的学说，为理解当代帝国体系提供了更好的范式。无法从理论上力断殖民主义是否存在，这反映在书中情感色彩相冲突的记录中，文本细读与无名英雄骇人的讲述杂糅，学者式宏观评估让位于帝国的反叛者和作乱者经历的严酷的监禁、挨饿和受折磨的故事。这使《文化与帝国主义》流露出煽动性，与厚重的参考文献书目和偶尔流露的不确定性放在一起显得格格不入。

尽管存在这些观点间的冲突，一种持续的热望贯穿了这一研究项目。无论他在别处如何着力，他希望总算可以从这本书开始，定位（locate）一种原创的、完全本土的第三世界理论，多年来他一直抱怨缺乏这样的理论。在一个时刻，他似乎寻找到"纯粹本土"的不服从理论形式，即孟加拉历史学者拉纳吉特·古哈的"达摩式抗议"，但他还要寻求更多例子。[64]归根结底，《文化与帝国主义》的章节标题所概括的关键词，暗示出在整合方面竭尽全力的尝试："差异悬殊的经历""抵抗与反对""综合愿景"。但是此处萨义德亦在与自己辩驳，建立起的总体组织结构是在强调"双边"和"两种愿景"。

"对位"这一音乐术语比喻是这一二重构成的一种表达；两段旋律叠加，声音相混合，但仍按各自的乐谱进行，仿佛和谐是水平行进的旅程中的意外，而不是和弦在垂直声音中的集结。如《东方学》进行的尝试，萨义德在寻找共同的基础，强调互相尊重民族间的差异，对吉卜林的诗歌中能读出的虚幻而绝对的东西方划分无法共情。由此，他希望打破西方"右倾诅咒"，即视非白人、非西方人、非犹太–基督教徒为异类，这种荒谬的狂热也反映在伊朗社会学家阿里·沙里亚提（Ali Shariati）和贾拉勒·伊艾哈迈德（Jalal Al-e-Ahmad）等人身上，他们认为西方是"敌人，是一种疾病，一种邪恶"。正是不满于东方和西方的划分，萨义德划分出"双边"和"两种愿景"。[65]

在一定程度上，立场最不激进的《文化与帝国主义》令《东方学》分裂的立场愈发明显。书中时或赞同之前在一篇又一篇文章中驳斥过的、美国新闻界惯用的"两个超级大国"的论调。[66]部分段落给人的印象是世界上的主要冲突发生在白肤色种族和深肤色种族之间——两种根本上相隔绝的观念，这与语气平缓的首章《重叠的领土，交织的历史》相矛盾。[67]他批评道，西方的思考者，如马克思主义者、女性主义者、结构主义者和精神分析者，鲜有例外，都对帝国主义熟视无睹，这是有罪的。[68]就连雷蒙·威廉斯，他公正地称赞他对帝国主义有批判，也忽然成为"帝国经验对他无关紧要"那类思考者而受审。[69]在做这样一句评论时，竟然忘记了先前鲜明地进行反殖民写作的诗人、小说家和散文家，如狄德罗、布莱克、W.E.B.杜波依斯、H.G.威尔斯和南希·古纳德（Nancy Gunard）。

到1904年，整个欧洲都"笼罩在帝国主义的滔天激情中"，萨义德明言，尽管（再次举棋不定）后来又有所修正或干脆撤回这句话。在后一种情绪下，他反而开始论述"在西方文化和帝国之间的关系所发生的几乎如哥白尼发现般的巨变"，在二十世纪初，新思想再度活跃，以及俄国释放的革命力量，让许多知识分子意识到第一次世界大战本质上是欧洲列强间就殖民领土的控制权进行的争执。[70]

接着在明显的让步后，萨义德果断地回到最初的意旨：西方传教士、人类学者、马克思主义历史学者甚至解放运动本身，都对非洲宣扬父权制，否认非洲的主体性："整体的文化情境……符合这种模式。"[71] 他仔细梳理种族主义里的"伟大的启蒙洞见"，以及巴托洛梅·德·拉斯·卡萨斯（Bartolome de Las Casas）、雷纳尔神父（the Abbe Raynal）、康德和赫尔德揭露殖民计划不道德的文字。但是对于他们就整个帝国开辟事业所做的抨击有多么坦诚、持续，读者只获得最模糊的感知。也没有提到十九世纪末阿尔及利亚和埃及的起义在欧洲引发的同情式舆论，或十九世纪七十年代祖鲁人对英国人获得过短暂的胜利——各个历史转折点均表明萨义德本人做的批评和后殖民研究是传承自脉络深远的反殖民思考传统，而这些历史转折点和该传统从未得到充分认可。[72] 虽然他在更宽泛的教学模式下有技巧地将它们组织在一起，论述线索却不时相缠结，十分棘手。

这一时期的两篇文章——就文化战争做的最大胆的评论，可以一窥这种平衡策略的原因。其中最让人印象深刻的一篇是《知识的政治》（1991）。文章以一则轶事开头：将《文化与帝国主义》的序言部分投给一所"关键的研究型大学"（罗格斯大学），却在问答时受到一位在系里"有些名声"的非裔女性历史学者的批评。[73] 她说他的文章中没有提及在世的非欧洲女性。听众中有个老对手,一名阿拉伯裔东方学者,不久也加入进来,持类似立场,对萨义德进行批评。[74]事情过去几个月,萨义德仍然在向友人提起,显然深感受到伤害。

文章中,他指出肯定一个非白人"他者"的存在,本身不是一种观点,更谈不上进步。种族、性别——都不是一个人的开始或结束。可以想见,正如那位罗格斯大学教授认为的,荒谬的推断可能得出"末流宣传册和一本杰出的小说同等重要"的结论。最终起作用的,萨义德认为,是"一部作品如何写成的,又如何被阅读"。换言之,很容易想象,反殖民观点可以通过批判性地阅读叶芝或雪莱而表达出来。几个月后,他又为非洲研究刊物《过渡》写了另一篇文章,表达相近的立场,这一次是关于经典的辩论。[75]他认为保守的批评人,如 E.D.赫施（E.D.Hirsch）,在夸大高校阅读书单实际起的变化,这些书单仍然充斥着大量如莎士比亚和T.S.艾略特这样的作家。同时,他反对年轻教授、在读研究生的"愚蠢之举",他们公开批评资深学者是种族主义者,或嘲笑同龄人政治不正确。

《文化与帝国主义》体现的矛盾大部分源于萨义德尝试将激勇的解放运动的方钉嵌入新后殖民理论意识的圆孔。新涌现的后殖民主义理论学者,其中许多来自从前的殖民地,或出生在殖民地,或祖辈生活在殖民地,这是他们第一次跻身西方学术界。出于同样的理由,一方面,他们是在里根政府治下形成的一代,另一方面,是后现代主义。来自南亚、拉丁美洲和中东,而且往往来自富裕家庭,有政治上的联系,不少这样的学者能够来到美国大都市的高校,部分原因便与萨义德的开辟之功有关。但是一旦到达美国感知到他们新发现的力量,他们便会认同"大爆炸"理论,对存在于面前的殖民主义不做抵抗。这句话听起来仿佛一个人必须是受压迫的种族、族群或民族的一员，才能抵抗帝国的不公行为，并且在他/她之所知与他/她之所是之间画上等号（萨义德始终表示反对）。以二战后经济复苏期的终结（1972）和柏林墙的倒塌（1989）为标志的新形势下，后殖民研究的议题重点并未回应萨义德的议题，后者涉及新国家的建立、向政府请愿、公共空间里进行的媒体辩论。与此相对，后殖民研究的动机则或可概括为对宽泛地称为"现代性"的西方整体所做的整体性批判。

尽管后殖民研究最初在英语系设立，却并没有局限于文学本身。从法国和德国社会及美学理论汲取资源，此类研究产生的是混合型写作，哲学上将民族志和历史结合，语言上杂糅了马克思主义和无政府主义的词语和态度。它迅速地从人文学科发展到社会科学的各个分支，因此除了比较文学，同样可能在人类学、历史学和地理学找到进行后殖民研究的学者。"后殖民理论"，便是用来指称一种针对"他者"欧洲多少显得矛盾的尝试，使用在政治上含糊排斥"西方人"的某些欧洲哲学家的概念。如此一来，萨义德受到两面夹攻：一面是刻板的传统派，见不得任何新事物；另一面是前卫派，对过去抛出了某些最犀利的批评，立论基础即那是关于白人男性的历史。他成为一个领域的开拓者，这是他不愿否认的，而该领域的关注点已不再与他的构想形成共鸣。

其失望程度之深，像之前一样更容易从字里行间流露。比如，与卡米尔·帕格里亚（Camille Paglia）的通信，她是富有创造力的艺术家，在费城的一所小型艺术学院任教。就在《文化与帝国主义》接近完成时，她刊发了《垃圾债券与公司狙击手》一文（1991），引起争议。此文对学术圈互利互惠的行径进行了不留情面的抨击，同时也批评了理论的滥用，在她看来那剥夺了艺术的全部乐趣。[76] 作为女性主义者，卡米尔·帕格里亚写的文章多是有关性别和流行文化，此文也将经典名作排除在外，认为六十年代的反文化运动（她本人便是从中汲取灵感）令人欢欣鼓舞地消灭了现代主义的陈词滥调，挽救了新批评学派。她直言不讳，明确宣称如拉康、德里达和福柯等后结构主义者恰恰是"我们时代的反动派活化石"。萨义德温和地指出她偶尔有点走极端，同时表示他非常赞同她的观点，即理论对于学生具有"危险性"。[77]

他的沮丧也延伸到了课堂上，无法像之前那样尽情投入。学术潮流几经变换，而他与之相左，九十年代趋于结束，他的授课时间少了，抱怨学生失去了批判力，无法持一种坚定的立场："我辱骂他们，劝诱他们，哄骗他们……而他们不再辩论。他们接受我说的每一句话，就像遵从某种专业建议。"[78] 早前获得的平衡，既有严厉的批评，又有热忱和鼓励，变得愈发少见。虽然他在教室里依然有威信，却不再总是态度和善，会迅速指出学生的错误，耐心愈发有限。[79]

因内心持续的煎熬，他想在《文化与帝国主义》体现的意图隐藏在重重误导的背后。比如，在矛盾明显的中间几章，反思了托马斯·曼、安德烈·纪德等作家，能够尝试书写帝国主义并提出质疑，却无法走得更远，可以让受殖民的人发出自己的声音，或跳出异域悲观论的窠臼。作为《东方学》的续写，《文化与帝国主义》的立论核心是从消极转向积极。关键不是显示欧洲做错了什么，而是要给第三世界知识分子发声的机会——尽管《东方学》有革命热情，却没能做到这一点。因此，这本书的讨论基于一个等级体系，颂扬第三世界涌现的英雄，如塔耶布·萨利赫、让·热内和乔治·安东尼乌斯，与曼和纪德不同，他们用自己的语言全方位地传达自己传承的文化，呈现另一种价值体系，在边缘本身发现出发的新起点。

这些可谓教诲式对照让人很难忽略，而《文化与帝国主义》随处可见这样的对照，准确地传达出涉及文化和帝国主义时好、较好、最好的等级变化。其结果是，尽管上述标举是必要的，他要在沙上画那道政治分界线，论述中许多更微妙的部分却因此被忽视，比如《关于现代主义》这一部分中就有至关重要的论述。

在写作时，萨义德充分意识到格特鲁德·斯泰因、乔伊斯、卡夫卡和马拉美等现代主义作家不仅仅是高校教授的一种文学流派这一事实。几十年来，文学教授将现代主义置于文学教育的核心位置，使之成为衡量所有杰作的标准。而萨义德认为这种做法带有倾向性。无可避免、无法穿透和自指性——现代主义为人熟知的技艺——已成为一个绝望的都市人的信条。精心构思的现代主义主题，痛苦、虚无和寂静，萨义德认为，并不都能用来概括弗吉尼亚·伍尔夫的小说或埃兹拉·庞德的诗歌。事实上，他们反映的是"批评的困境，而非文学的困境"。[80] 他曾向特里林抱怨过，学界对现代主义几乎可谓一味褒扬的态度，习惯于强调"它虚无主义的黑暗、令人费解的一面"，却忽视那一面向的代表人尼采，拥有"复兴理性认知之感，十分注意人文学科的基本地位"，即强烈地感到研究社会和文化的不同路径，从经济到社会学、音乐，在人文主义面前，单条路径都不能宣称自己有优先权。[81] 大学也许提供了理智的堡垒，抵御强势的政治，而政治却通过现代主义，以一种反弹的方式进入大学，以心理空间的形式呈现，在审美趣味的低利害环境下提出绝望这个问题供讨论。

上述论述令萨义德愈发接近卢卡奇。他常常想发问，为何如此多的美国评论家与这位伟大的马克思主义者保持一臂之遥，无视卢卡奇对于文学运动或美学策略（在此方面假设它不起作用）可以塑造一个社会的政治观方面有丰富的见解。[82] 萨义德本人便受益于这位匈牙利哲学家巧妙地躲避官方审查的能力，始终持异见，持续承受来自上方和各方的压力，在苏联辖域下坚持独立思考。意外的是，无法确定萨义德是否读过卢卡奇在三四十年代就文化和帝国所写的大部分文章，它们集中分析了帝国主义在后俾斯麦时代直到一战溃败这段时期对德国的哲学和艺术造成的影响。[83]

无论怎样，他从未提过卢卡奇这一时期的著作，虽然他明确体会到卢卡奇在现代主义和"帝国主义者时代"（卢卡奇的用语）之间建立了联系，因为《文化与帝国主义》的论述与之极为相似。十年前，萨义德甚至认为卢卡奇的社会理论与中东地区有深切的关联，它们"类似伊斯兰世界政治进行的各种讨论"。[84] 他也像卢卡奇一样，对现代主义持保留态度，便也是意料之中，虽然对许多读者而言并非如此，因为作为生活在现代的英国文学学者，现代主义艺术正是萨义德教授的内容，似乎应把现代主义写作当作自己文章的出发点。[85]

然而聚焦潜藏于文化表面下的帝国主义态度，也许同时也在以一种仪式化的阿拉伯现实主义反观他自己的反向经验，萨义德最终找到了将自己的不满诉诸文字的理由。现代主义并非以一种艺术形式，而是以一种世界观或"意识形态"（卢卡奇语），倾向于将感觉置于观念之上，视人类是孤绝的、不与他人往来，无法建立关系。萨义德认同上述批判，并加入了自己的思考。他谴责现代主义将"自我意识、断裂性、自我指称和腐蚀性反讽推演到极致"。[86] 除非这种现代主义共识被视为一种宗主国观点，而不是人类共通的命运，第三世界理论才能真正生发出来。从这个角度说，欧洲知识分子承认帝国主义带来的损害，同时撇清自己的责任，并让我们相信除此之外别无他选。尽管现代主义催生样态丰富的文化，影响力波及全球，对历史时间进行了大胆重建，藐视陈规惯例，创造了形式的反讽，"将世界性帝国曾经可能的综合体以艺术代替"。[87]阻止批判思维，妨碍创造力，在康拉德和任何现代主义作家笔下，都呈现为帝国制度本身的关键组成。

在整个九十年代，萨义德强烈地希望自己的生活至少能有一面可以免受争议，他视音乐为这样的堡垒，抵御日益让他感到沮丧的美国政治文化引发的绝望。连这样的策略也不总能奏效。1988年，在回复畅销书小说家帕特里夏·海史密斯热情洋溢的来信时，萨义德提到他写钢琴家的一篇文章被《纽约时报》采纳了，却在最后关头被执行编辑阿贝·罗森塔尔毙掉，"仅仅因为这是我写的"。[88]

即使在他立场最鲜明的政论和文学性散文中，也可以读到西方古典音乐的深刻痕迹，更在《文化与帝国主义》中起了关键作用。比如1987年回顾《开端》一书时，萨义德将它的结构归为多种声音的腹语术，犹如复调音乐的和谐合唱。[89]二十多年来所见证的巴勒斯坦历史犹如"遥远的故土发出低沉的回响"，一种真实的"持续低音"。[90]维柯对重复的运用亦类似（用作复调合唱乐曲中的基础），固定旋律或恰空舞曲，是这样一种装置："底色般的主题，稳稳托住在其上生发的种种装饰音变体"。[91]萨义德注意到瓦格纳《莱茵的黄金》中和弦与旋律之间的张力，很像作为一连串事件的历史中体系和类型之间的张力。[92]

甚至教授文学也会用到音乐。他邀请学生来他的公寓，弹奏钢琴，展示一段音乐是如何讲述故事的，小说主人公离开-归来主题如何与赋格曲的结构相呼应，不同人物之间的相互作用犹如大协奏曲中一段段独奏。93 在尝试创作时，音乐术语和音乐敏感力常常溢出笔端，比如这首写于研究生院时期的浮夸片段：

> 世界并非从东方辨别时间
> 在那里轰鸣的噪声混杂着荒唐的哀鸣
> 囚禁在太阳光线里如在调式轮唱曲里……
> 当空悬着，一个简单的梦从中苏醒
> 吟唱注定要唱的曲子，焕然一新，更加响亮。
> 我们唱的并非圣贤调，因为我们呼喊着新的和谐。94

《东方学》的部分主题彼时便已初露端倪。上述片段描述的是一种不和谐的文化，他的民族的抗争变成一段糟糕的乐曲，东方注定要跟随西方，除非它能唱出"新的和谐"。《汉斯·冯·彪罗在开罗》一诗写于同一时期，我们可以在诗里找到与之相关却又不同的主题，欧洲书写的传奇故事，将东方当作消遣之地。汉斯·冯·彪罗男爵是十九世纪最著名的指挥家之一，的确在晚年搬到了开罗，那里气候更干燥，有助于他调养身体。95 萨义德化用了这一轶事，勾勒出受折磨的"老音匠"的肖像，他抖落拖鞋上的灰尘，忍受酷热，回忆与李斯特的女儿柯西玛度过的美好时光。柯西玛后来离开了他，与瓦格纳在一起。他从露台上望着尼罗河无情地流淌着，"无言无语，闪着怒火"，当死神逼近。

"对位法"在《文化与帝国主义》中的运用，明显是在扩展音乐的象征疆域。这也源自他早年对复调的兴趣，暗示着主调下潜藏着不和谐音。毕竟复调是和弦的一种，将各自独立的声音聚拢成整体，在演奏中会出现若干相冲突的位置，也会有瞬间的融合。两种或更多种旋律线的起伏记录了空间进程，犹如线性图表般。《文化与帝国主义》便是此类尝试，运用音乐符号和语汇建立的空间维度进一步拓展了关于地理式想象的概念。

许多读者将其中涉及的"对位法"宽泛地看作一种更灵活的、非对抗性的阅读法——意识到多种线索并存，却不偏好其中任何一条。[96] 从根本上说，这个术语比上述理解更加引发争论。比如，在《音乐本身：格伦·古尔德的对位法洞见》一文中，批评了机械式复制和明星体制迫使这位加拿大钢琴家擅长"两军对阵般的对位法"。在这种情况下，就不是和谐的，而是冲突的形象。[97] 换言之，古尔德精湛的对位法演绎多少让萨义德感到忧虑，"试图扮演上帝"，因为其中涉及"对时间的彻底掌控、音乐空间的精细分割和全神贯注的思考"。[98] 在其他文章里，萨义德称对位法具有"学术气质"，"表现得活力四射，实需遵循相当多的规矩"，更不用说对于九十年代的听众而言，它意味着开放的比喻。[99]"对位法"归根结底是关于空间的比喻，如上文提到的那篇文章详细讨论了毕达哥拉斯的几何学中的对位概念，与"相邻性"在音乐作曲中起的作用。

音乐的空间维度是费鲁奇奥·布索尼（Ferruccio Busoni）《音乐新美学概述》（1907）的潜在主题，萨义德视此书是人文主义传统脉络中被淹没的一部杰作，旨在反抗音乐世界乏味的"立法者"。早在这个熟悉的萨义德式主题之前，该书就期望演奏者能革新作曲家创作的那些如今显得滞重或难以理解的作品，别把作品看作馆藏陈列品的集合，而应该是开启哲学思考的火箭发射台。但是这种亲和力同样有抵牾之处。在试图获得音乐更高层面不受束缚的意义的过程中，布索尼放大了音乐非具象性、非物质性的维度，这与《文化与帝国主义》对疆域的强调不能很好地融合。而且布索尼支持同处世纪之交的海因里希·申克（Heinrich Schenker）富有争议的理论，那却是萨义德所厌恶的。

但是毫无疑问，萨义德分析音乐的空间维度是受到申克方法论的反向影响。申克的拥趸认为，调性音乐的表层组成受制于基本结构。一些音乐学者甚至将申克的分析比作十九世纪的语文学。[100] 正如后者力图寻找一种原始语言，其他所有语言都要服从于它，前者遵循"调性空间"原则，其中三和弦（tonic triad）是独立自主的核，相邻的音符则是它的装饰。[101] 萨义德排斥这种方法，很可能因以下事实而加剧：在他曼哈顿上西区公寓附近就是曼尼斯音乐学院，那里正是申克分析法的温床。或许这也影响了他对默里·佩拉西亚（Murray Perahia）的评价，佩拉西亚是该音乐学院的优秀毕业生。萨义德觉得他以前是"非常好的钢琴演奏家"，如今其独奏会"无聊而安稳……仿佛心怀某种狂热崇拜的信徒，缓缓登上装饰得像十九世纪舞厅的祭坛"。[102]

这种强调处于中心位置的原结构，与萨义德推崇的布索尼的特质形成强烈的冲突，他热爱的是布索尼那无畏的历险者、不受规则束缚的诗人一面。称布索尼是"一个思考者，一个有远见的人"，既身在系统之内，又能提出批评。[103] 再没有比布索尼写的这段话更能体现其与萨义德的契合感："我们赞叹娴熟的技艺……然而技艺无止境，会让人觉得腻，终会抛在一边。"[104] 研究生院时期的萨义德写下的一则短笺恰恰描述了执着于完美的演奏技艺所带来的灾难性影响："几乎每一个会进行思考的音乐聆听者，或音乐评论的读者，都会告诉你如今进行的音乐批评均浅薄、乏味……无真知灼见可言。"[105] 个中原因，他继续道，在于音乐评论如演奏一样，变成了"专门化的稀缺品"。如果他们躲

309

在一旁，远离世界，不断练习，只为了在音乐巡回赛里取得好名次，那么职业钢琴演奏家如何能够激荡我们的情感、促使我们成长？[106]

他的应对之道是向力图使音乐去神秘化的钢琴演奏家身上寻求自己的音乐批评榜样：查尔斯·罗森（Charles Rosen）《古典风格》（1971）、格伦·古尔德的乐评文章、皮埃尔·布列兹（Pierre Boulez）《方位》（1985），以及阿多诺（他本人便是小调作曲人）所著《新音乐哲学》（1949），这是萨义德1982年、1983年在哥大讲授一系列颇受欢迎的研讨班时每每提及的一本书。[107]萨义德发现阿多诺时已是晚近，其文章常常会激起萨义德想与之辩论，尤其是在人生最后的五年里。1982年，格伦·古尔德去世，才让萨义德正式考虑写一本研究音乐的专著，虽然在接下来的十年间，他仍满足于偶尔在《名利场》《国家》和《外交世界》等杂志上发表乐评。在1989年之前，看不出有什么迫切的理由促使他把这些零散的音乐思考与其已完成的讨论帝国、语言和知识分子的著作整合在一起。

加利福尼亚大学尔湾分校的批评理论学院当年邀请他以音乐为主题做韦勒克演讲。他虽然答应了，却知道自己即将涉足新的领域，对熟练应用术语有着高要求。偶尔写一篇乐评，还可算是顺带完成，而持续的音乐理论思考则需要另一种仔细审视。总共做了三场演讲，一场关于极限演奏（extreme performance），一场关于音乐僭越（musical transgression），最后一场关于旋律的孤独和肯定（the solitude and affirmation of melody），后来据此写成《音乐的阐释》（1991）一书。如《东方学》一样，这本书让一些人读得甘之如饴，却让另一些人恼火，尤其是那些对本领域有卫护之心的音乐学者。[108]论证建立在音乐要求静默的基础上。音乐是"最为安静的艺术形式",他写道,"也是最需要专业知识、最难讨论的艺术形式。"[109] 十年后,他重返以巴赫、贝多芬为题写一部研究专著的计划,希望能借此对全球化做一个关键论述,与弗朗西斯·福山、保罗·肯尼迪、本杰明·巴伯的作品相匹敌。

正如一些东方学家称萨义德是觊觎者,此时也同样有音乐学者觉得他"外行"。[110] 显然,他像在走钢丝。《音乐的阐释》意在打破音乐的自律性,以及它与合理意义和社会经历神秘的脱节状态。不少音乐学者进行了反驳,他们有的是因为觉得受到冒犯,另一些则是因为本学科的分支,如新音乐学(the New Musicology),早就实践着萨义德的想法。[111] 其实,萨义德与新音乐学派一样堪称先锋。他分析音乐产生的社会条件的十八篇文章写于八十年代,与定义上述流派的相关著作几乎同时问世,而萨义德显然无意假装自己是唯一的开创者,在九十年代初的研讨班上向他的研究生介绍了新音乐学的著作。[112]

该流派的领军人物之一萝丝·苏博特尼克,至少可以毫无困难地接纳他是志同道合的一员,不光因为他们的通信往来热络:"我知道很少有学者如此专注地听我说话,或者在没有私交的情况下如此慷慨地交谈。"[113] 因此,他的阐释在非专业人士中间引起热切的共鸣,也赢得了专业人士的追随者,即使有些人对他的批评感到愤慨。与他学术生涯中的许多其他时候一样(比如斯威夫特研究和《东方学》研究),他们认为他在缺乏内里行家的专业知识时就应该避免发出抨击。最暴躁、不屑一顾的回应,也许来自学者科菲·阿加乌(Kofi Agawu)就《音乐的阐释》写的题为《错误的音符》的乐评。[114]

另一方面,又有音乐学者纷纷对他的洞见表示赞赏,恰恰是因为它们不拘泥于业内术语。比如 1993 年在哥大米勒剧院举行过那场钢琴演奏会后,同校音乐系主任沃尔特·弗里希(Walter Frisch)便恳请他来教授一门课程。萨义德质疑音乐的自律性的论述说服了弗里希:"我们正在努力成为一个更加综合的院系,以往分开教授的历史音乐学、音乐理论和民族音乐学已经有效地融合。"115 几年后,他受邀赴萨尔茨堡参加欧洲艺术论坛并做主旨发言,该论坛由欧盟和萨尔茨堡艺术节赞助。"我是第一个获邀的阿拉伯人。"他自豪地告诉一位朋友。116 显然,这是因为有音乐专家看重他的观点。

当受人尊敬的音乐学家拉尔夫·洛克(Ralph Locke)沿着《文化与帝国主义》的思路阐释威尔第的《阿依达》时,这该算是萨义德与音乐界最为充实的相遇——发生在他死后。除了表明他认为萨义德的观点值得讨论之外,他的反应也显示了萨义德的介入在官方音乐圈引发了复杂的情绪。洛克在他的著作《音乐异国情调》(2009)中精辟论理的一章,详实引述了威尔第的通信,加之对威尔第的乐谱和歌词的熟稔掌握,洛克首先赞扬萨义德开辟了对《阿依达》的一种新解读。他指出若干音乐学上的错误,但有趣的是,他最有力的指责是政治上的,而不是音乐上的。洛克认为萨义德忽略了威尔第本人的反帝国主义情绪,以及歌剧中的古埃及所代表的可能不是伊斯迈尔赫迪夫对本国辉煌的历史表现出的爱国姿态,而是英帝国的替身。洛克暗示,萨义德将威尔第描述成了东方主义者,而威尔第支持意大利统一运动的激进派,并且他的反殖民情绪显而易见。

洛克敏锐地注意到被许多读者忽视的地方:萨义德的论证建立在地理基础上。但是,在这里,他忽略了具体说明萨义德是如何论证的。萨义德所谈论的与其说是一位著名的意大利人对东方的幻想(正如大多数人所认为的那样)所营造的雍容的异国情调,不如说是在埃及土地上一座新建的歌剧院里举行的一场歌剧首演之夜强加于开罗市中心最繁忙的地区——这有效地划分了这座城市的东部和西部。正如萨义德所说,《阿依达》"与其说关于帝国,不如说是帝国本身"。一面是旅馆、火车、宽阔的林荫道、电气和现代生活,另一面是未铺砌过的土道和人力推车。

萨义德试图证明一个旨在具有一种国家意义的文化活动实际上具有另一种意义。赫迪夫希望,因为威尔第代表了西方的精华,借这次舞台首演实现的开罗现代化可视为反对奥斯曼帝国统治的论据。然而,这一事件最终标志着对一种艺术形式的服从,这种艺术形式只能被理解为象征着欧洲帝国及其对世界的雄心。大多数读者不会知道萨义德与《阿依达》有着个体经验的关联,他在开罗的成长时期也是积累音乐素养的时期,常去听音乐会,是热情的业余爱好者,1871年《阿依达》进行首演的那座赫迪夫歌剧院正是他经常去的地方。

在未完成的小说《挽歌》中,他仍在回忆这些经历,回味着开罗交响乐团的一场音乐会,其中的人物、声音和气味渐次浮现。那里有身着白衬衫的西方乐器演奏者,亚美尼亚主办人,"一个干瘪的苏丹门卫",一个"混血"姑娘(意大利、希腊、美国)与一个"巴勒斯坦小伙子,一个高雅的南斯拉夫指挥家"结婚,让场面顿时生动起来。《文化与帝国主义》论述《阿依达》的段落驳斥帝国地理的逻辑,不在于对"他者"的恶劣呈现,而是欧洲资产阶级最崇高的艺术形式在国际化大都会开罗市中心突然出现,以占据其重要中心。更糟糕的是,作为帝国的"我",具创造力的艺术家威尔第将歌剧商业化了,这种艺术形式本该更多地依赖合作。[117]

与洛克的争论揭示了萨义德在政治观点与音乐观点之间穿梭

过于自如所引发的危险。借助音乐评论,他无疑表达出在别处都不曾流露出的性格侧面。时间跨度超过三十年的评论集《音乐的极境》(2008)涵盖面如此广,彰显出纷杂的博学,以及不时做出令人起鸡皮疙瘩的评价。与写研究论文不同,他写乐评就是要表达最有感触的瞬间,毫无顾忌(罗森"伤感的喋喋不休",施特劳斯"夸夸其谈和新瓦格纳式的奢侈",波利尼"几乎令人恐惧的无聊"和"骇人听闻地表现出脾气暴躁的精湛技艺")。[118] 正因为不是专业乐评人,让他有了特权:可以自由地沉迷于与政治或学术专业没有直接关系的想法。在其情感影响的魔咒中,他有时将音乐说成一个几乎神秘的、前逻辑或非逻辑的领域,仿佛在享受他在分析文学现代主义时所排斥掉的空间。

丹尼尔·巴伦博伊姆是他那一代最受尊敬的指挥家和钢琴家之一,如果说萨义德留给他的印象总体上较复杂,他对于能结识这样的友人却欣喜若狂。他干脆地宣称谈到音乐时,"爱德华什么都知道",从基础的到晦涩的——演奏历史,主要音乐节的曲目(按年份),晦涩作品的节奏和调门,以及晦涩作曲家的伟大作品。二人对于西方古典乐的形成过程有着类似的观点。他回忆道:"爱德华的确相信音乐的发展是一个有机过程,历经格列高利圣咏、前巴罗克风格、巴罗克风格、古典和弦、浪漫主义运动、半音化,自然形成了无调性音乐,他理解这个过程,只有极少数人这样想。"[119]

这意味着在他们看来,阿诺德·勋伯格突破调性,创建十二音体系,并非革命性的一步,而是"和声世界必然的逻辑延伸,借半音化达到极限"。萨义德乐意展示自己熟谙细微之处的知识,尤其是和音乐学者辩论的时候,巴伦博伊姆甚至走得更远。[120] 他称萨义德"通晓作曲和配乐的义理",深厚的知识素养超越了大多数与他合作过的演奏者。[121]

　　1993年，二人在伦敦的一家酒店里偶遇（他们每天都会通电话，巴伦博伊姆坦言他"爱"萨义德），如果说这改变了萨义德的人生轨迹，作曲家倒并非对方人生轨道上唯一的音乐之星。萨义德在旁观察作曲家的一举一动，有时像面对热爱的明星，有时锋芒毕露。他与实验歌剧导演彼得·塞拉斯（Peter Sellars）的交流便是两种特征兼具。[122]他一面和他如同志般通信，邀请他来哥伦比亚大学主持研讨班，一面酙酌词句，认为塞拉斯制作的现代版莫扎特歌剧《唐璜》"建构巧妙"，《女人心》"手法新颖"——反对占主宰地位的社会规则，却摒弃了莫扎特原作体现的阶级冲突。[123]1991年7月，他与传奇小提琴家耶胡迪·梅纽因（Yehudi Menuhin）在伦敦当代艺术学院同台演出，从此二人通信往来达两年。梅纽因叹服其发表在《大街》杂志上评论《阿依达》的文章（《帝国视角》），而萨义德的回应是称赞对方在以色列议会的演讲"精彩"，"勇敢发声"，谴责以色列政府在西岸"施行恐怖统治"，"蔑视生命的基本尊严"。[124]

　　萨义德（像梅纽因一样）在音乐中找到了一种与那些说不同语言的人相处的方式。1987年，他去伦敦南部布里克斯顿的雷尔顿路看望受伤的C.L.R.詹姆斯，彼时布里克斯顿是一片破败建筑，警察焦头烂额，有点反面乌托邦的意味。詹姆斯生于特立尼达，著有《黑人雅各宾派》，是研究海地奴隶起义的开创之作，他还对作为工人艺术形式的板球进行了富有创见的思考，无疑与萨义德反帝国主义信念有着共鸣。萨义德前来拜访，就为表达对詹姆斯的敬意，因其对艺术和黑人解放事业贡献良多。尽管像萨义德一样，詹姆斯在美国生活了很长时间，并赞扬自学成才的人（他自己也是其中之一），他的政治经历却截然不同。

詹姆斯一生中大部分时间都效力于托洛茨基主义政党，组织劳工运动，与加勒比民族主义领导人并肩战斗，以期建立西印度联邦。作为评论者，他比萨义德更多地分析流行文化（尤其是好莱坞电影）。虽然在萨义德来访时，詹姆斯对萨义德的认知尚属有限。就在几星期前，民权活动家、前黑豹党成员斯托克利·卡迈克尔（Stokely Carmichael）来看望詹姆斯，不清楚詹姆斯是否知道他是谁（詹姆斯不是拘泥于礼节的人）。[125] 直到萨义德提起自己喜爱弹钢琴，二人的话才多起来。在接下来的一个半小时里，话题几乎完全围绕贝多芬的奏鸣曲、均不喜欢威尔第和普契尼展开。后来，萨义德给詹姆斯寄了一盒磁带，是古尔德弹奏的《哥德堡变奏曲》，詹姆斯手书短笺，感谢"一百万次"，希望寄更多类似的音乐过来，巴赫将人带回到"最看重节奏和音调的日子"。[126]

在这次见面时，两人倒是都认为萨义德的音乐喜好更有冒险意味。萨义德经常抱怨音乐会巡回演出那种繁琐的庄严——"音乐会本身是一种孤绝的社会仪式"，观众无比被动，这让在现场听音乐会几乎"像自虐"。[127] 奥利维耶·梅西安或迪米特里·肖斯塔科维奇更勇于创新的作品里揭露虚伪的片段无法冲淡意大利歌剧的甜腻气息，同样保守的德系交响曲每季都会在大都会歌剧院演奏。作为演奏者，他钟爱舒伯特、贝多芬和巴赫这样的经典，作为聆听者，则更倾向去听如布列兹、汉斯·维尔纳·恒泽、新维也纳乐派、莱奥什·雅那切克、捷尔吉·利盖蒂和凯奇等实验作曲家。

他在家里常听的专辑，即便不总是先锋派作品，也比常见的剧院演奏曲目更显创新：约翰·亚当斯《克利霍夫之死》、艾里希·沃尔夫冈·科恩戈尔德《死城》、哈里森·伯特威斯尔《时间的胜利》。在那 CD、黑胶唱片和磁带的海量收藏里，引人注意的是，他的古典乐趣味几乎完全是欧洲的。尽管收藏的专辑里固然不乏东欧作曲家，包括雅那切克和巴托克，可是除了柴可夫斯基、穆索尔斯基、必听的《春之祭》和区区一张肖斯塔科维奇的交响乐片段集锦，鲜见俄国作曲家。在流行音乐方面，阿拉伯歌曲专辑比他在文章里暗示的多得多，包括流行作曲家兼民歌手马塞尔·哈利法。

他陶醉于音乐家的生活，幻想着成为音乐家，那是早在读黑门山中学和普林斯顿大学时就酝酿的，从未真正泯灭。最终，他的批判力量是在语言和思想中找到了能量，而不是声音和沉默。每逢暑假，他去位于奥地利基茨比厄尔的农舍拜访蒂格曼时，会大谈种种先锋音乐理论，老钢琴家不以为意，他在乎的只是演奏。128 对音乐理论的热爱只能在巴伦博伊姆那里寻到共鸣，但即便如此，两人有时也会互换角色。

一方面，萨义德是巴伦博伊姆的好友，可以畅谈音乐，另一方面，他又像个乐迷，在音乐会开始前在后台催促巴伦博伊姆和自己演奏一曲四手联弹（舒伯特 F 调幻想曲），将对方的弹奏比作一支交响乐团，技艺精湛而又深具感染力。巴伦博伊姆同样钦佩萨义德将社会批评引入音乐领域的能力，由此引发出卓绝独到的思考。打破不同领域的界限意味着萨义德要将即兴创作的技艺发挥到极致，在未来的年月，政治上的隔离墙纷纷竖立，他将被迫放弃巴勒斯坦建国方案，转而支持巴勒斯坦理想。

317

第十一章

一片土地，两个民族

把战场从街头转换到人的头脑。[1]

1993年以后，萨义德的政治生活几乎完全围绕着以色列与巴勒斯坦建立一国的目标展开。他不得不认同乔姆斯基的观点，即在一人一票的基础上，直接要求建立巴勒斯坦国，等于"给以色列右翼创造天赐良机"。[2] 因此，两人急于区分行动实施的先后顺序。前者需要分阶段进行，首先是两国方案，然后是调解、边界的消融，最后类似联邦制安排，引向一个双民族政体。

在构想实施之前，萨义德再次受到来自巴勒斯坦和以色列两方面的攻击。他在1993年的《原则宣言》，即官方称为《奥斯陆协议》之后（1995年又签署了一个单独协议）所写的文章和接受的采访，最终可以汇成五卷。起初，协议得到的热烈反响，巴以两阵营的关键人物均对协议的签署表示欢迎，相当一部分公共舆论（犹太人和阿拉伯人）也表示支持，尤其是在美国。

在巴勒斯坦领导层看来，《奥斯陆协议》的主要成就是在西岸和加沙有了小部分自治，巴勒斯坦权力机构有了立足之地，而耶路撒冷的地位、非法定居、巴勒斯坦人重返家园的权利或承认巴勒斯坦是主权国家等内容都没有涉及。协议确立了以色列和巴勒斯坦之间的和平,受到世界各国媒体的称赞,萨义德却独自扛起重任,指出这是一种背叛——并非一次完全圆满的协议,如媒体描述的那样,而是"和平进程的终结"。据他儿子瓦迪说,他生命的最后十年始终没有走出愤懑的阴霾。[3]

盟友恳请他不要在沙上画这道线。无论协议尚且存在哪些缺陷,坚决表示反对会有使其孤立的风险。策略上说,更好的方法当然是等待时机。[4] 萨义德却仍然对协议进行了措辞激烈的抨击,而在那之前,他一直持和解立场,更显得后来的抨击之猛烈——正如奥戴德·巴拉班(Oded Balaban)在《另一个爱德华·萨义德》中所做的观察。此文最初是以希伯来文写就,发表于设于海法的刊物《眺望》上。[5] 巴拉班写道,尽管萨义德引来颇多非议,他在大部分时间里所持立场都是非正统的,他在本阵营的人之前率先承认以色列国,强调犹太人遭受的苦难,而不仅仅是巴勒斯坦人的,并且坚持双方应该互相承认。

如果有人格外留心就会注意到,他的合作者显然始终包括研究科学和人文学科的犹太裔人士,他也愿意与并不赞同或讨厌的发言人接触,如米歇尔·莱赫纳拉比,即使后者想划清界限,又如美国政治理论家迈克尔·沃尔泽,动用过《出埃及记》的神话,仿佛只有犹太人经历过流亡。他甚至持续接触持异见的以色列记者,以及新派或修正主义历史学者,如汤姆·塞格夫(Tom Segev)、阿米拉·哈斯(Amira Hass)和艾兰·佩普(Ilan Pappe),他们并不都反对犹太复国主义。萨拉·罗伊(Sara Roy)对加沙地区的研究,尤其令他觉得受益匪浅,罗伊来自(波兰)罗兹隔都,是大屠杀幸存者的后代,她选择住在文化多元的美国,而不是以色列,对蓄意令加沙地区经济"去发展化"的做法进行了抨击。相应地，这里提到的许多人也承认他们能够做的研究获益于萨义德的开创之举。

埃尔默·伯格拉比便是其中一位默默无闻的盟友，美国犹太人反复国主义联合会的创办人兼主席，主张"人文普世主义"，认为犹太教是宣扬人类普遍珍视的价值的宗教，而不是以色列国所代表的那种例外。[6] 矛盾的是，"拉宾－阿拉法特握手"后，以色列认可了以色列－巴勒斯坦对话，反而让上述交流少了禁忌。[7] 同时，《奥斯陆协议》签署后，以色列一方勉强有了微小让步，萨义德个人前往巴勒斯坦变得容易。"自从1947年底离开巴勒斯坦，"他思索道，"这是我第一次能正常访问西岸、加沙、以色列。"[8]

协议本身的签署过程如他们认可巴方政权的过程一样，没有遵守民主原则。哈楠·阿什拉维（Hanan Ashrawi），巴解组织一方的关键谈判人之一，在《此端之和平》（1995）中回忆，协议是在挪威奥斯陆完全保密的状态下达成的，没有经过任何公共讨论，甚至没有人告知巴解组织谈判代表团关于协议的细节。在她从突尼斯赶赴华盛顿参加第十一轮谈判时，协议便直接交到了她手上，并且告诉她内容已无法改变。她知道在1993年9月初发生了意想不到的事件，当时一位同事打电话给她，隐晦地表示"秘密渠道传递了信息"。阿布·阿拉（Abu Ala）和哈桑·阿斯弗尔（Hassan Asfour），两名学院中人，对巴勒斯坦现实全无了解，在阿拉法特的副指挥官阿布·马赞的指示下签署了和平协议，尽管有挪威外长的见证。这两位在谈判中本处于边缘位置，没有读过任何巴解组织方面的报告，如细致的事实研究或应急策略备要。[9]

阿什拉维对阿布·马赞直言："这会事与愿违。"的确，任何一个关键目标都没有达成。以色列承认的不是巴勒斯坦的自治权,不是承认巴勒斯坦可以建国,而是认可巴解组织有权代表巴勒斯坦人民,允许其返回加沙和西岸城镇杰里科。正是在这一旗帜下,阿拉法特称巴勒斯坦运动得以保全。正如阿什拉维的观察,灾难性后果接踵而至。既然巴解组织与以色列达成了和平,整个阿拉伯世界便会开始恢复与以色列的外交。

认为这一协议是一种投降,萨义德不是唯一一个。他却是唯一狠狠地讽刺它是故意断了退路的协议。他把阿拉法特比作以色列的布特莱齐,即南非班图斯坦的长官,并且把新组建的巴勒斯坦政权比作德占时期的法国维希政权。[10] 在接下来的十年里,萨义德汇编了三部文章结集,以似无穷尽的创造力讨论其他可能性,试图从自传、轶闻、抨击言论和哲学思考中提炼出新东西。从文学、艺术的角度看,远非简单的专栏文章或偶尔为阿拉伯语报刊撰写的文章汇编。这是他所思所写中最凝练、细致的一部分。而且,三部文集总共超过一千页,却仅仅是一小部分,其余的大多刊登在阿拉伯语小型刊物上。

在《和平与不平》(1993)中——"这是第一部我以阿拉伯读者为预想读者的书"——描述了白宫协议签署仪式之"粗鄙","羞辱人的场面"——亚西尔·阿拉法特等于是为了巴勒斯坦人民的权利被悬置而感谢每一个人,以及比尔·克林顿的表现,"愚蠢的庄严,如二十一世纪的罗马皇帝,引导两个臣属国王,走完恭敬的和解仪式"。[11] 面对萨义德的谴责,阿拉法特的回应是在西岸和加沙禁止贩售萨义德的著作。[12] 萨义德的宣言也令不少最亲密的盟友感到措手不及,比如萨米,他担心进行单枪匹马的谴责会让萨义德在政治上被边缘化。萨义德气愤地反驳,友人的立场与越战期间保持沉默的人类似,不算什么策略,仅仅是机会主义。[13]

《和平与不平》的核心口号——"一片土地，两个民族"，从这一刻起标志着战斗上的新方向。[14] 这背后有着多重结构上的关键变化。首先，一直以来，巴勒斯坦人和犹太人处于杂居状态。许多年轻一代的巴勒斯坦人是以色列公民，他们认同以色列，希望在以色列国内争取平等权利。讽刺的是，以色列用来修建、扩展非法定居点的劳动力大部分是巴勒斯坦人，这让他们在流离失所中还能有一份经济收入。巴勒斯坦年轻人可以看到阿拉伯语电视台和美国有线电视新闻网（CNN），会将自己的处境同外国的同龄人相比，渴望得到消费满足和一点点正常的生活，而不是永远处在围困中。在之前针锋相对的情况下，支持巴勒斯坦人的阿拉伯活动者拒绝访问以色列。他们鄙视以任何方式将以色列合法化的观念。但是这会引发不利后果，巴勒斯坦人无法获得物质援助，专家也无法靠近，一国方案试图纾解这一问题。[15] 历时五年的逐步完善，萨义德的后奥斯陆立场有了最清晰的公共表述，那便是刊登于1999年1月10日《纽约时报杂志》，题为《一国方案》的文章。

严酷的地理现实让人觉得别无出路。《奥斯陆协议》赐了"七处不相连的巴勒斯坦人居住地，约占土地的3%，周围皆是以色列控制的土地"。[16] 萨义德意识到，主张以色列人和巴勒斯坦人可以平等地生活在一个民主国家，这听起来似乎不切实际。另一方面，在领土已支离破碎、充斥军事恐吓和禁令的情况下，还有什么比巴勒斯坦人能够拥有自己的国家更前路惨淡的愿景。萨义德一直为之奋斗的两国方案已毫无实现的可能。如果说之前或可寄希望于美国始终出于自身利益考虑的、对未来领土权的承诺，巴勒斯坦的土地却已成为被犹太人定居点和持续的军队驻扎切割了的小块土地，实际上令两国方案愈发渺茫。萨义德推断，因为以色列策略的整体目的是让有朝一日建立巴勒斯坦国成为不可能，所以它在让人相信那些老骗局这一点上，是做得太成功了。他呼吁的并非建立一个国家，那已经存在，只是形式是执行隔离的国家，施行两套不同且不平等的法律、权利和特权。

在《奥斯陆协议》签署后的乐观氛围中，在巴勒斯坦建立一个民主、世俗国家的主张虽然鲜见支持者，却不算是新发明。最早可追溯到1948年，也有充分的历史因素提供支持。作为身处中东地区的基督徒，萨义德与其他人一样，必须参考殖民地历史，非常清楚基于身份分配权力的多种族政治安排所埋设的陷阱。在沙姆地区，法国人采取的制度是代表制与宗教身份绑定，将议会划分出相应的百分比。比如按照惯例，若非遵循宪法规定，黎巴嫩的总统要由马龙派担任，总理要由逊尼派担任，议会发言人由什叶派担任，外长留给东方正教会。为了驾驭各个教派，为每一支教派赋予各自的组织权力，这种安排等于是将身份差异固化成正式的政治结构。[17] 想要理解萨义德对一个犹太国家或穆斯林国家的憎恶，必须记得他对早前实施的失败制度十分了解。

萨义德是迄今为止最有国际声誉的巴勒斯坦发言人，但他同时是不受巴勒斯坦新政权欢迎的人，正如他不止一次向阿拉伯听众演讲时所指出的。从九十年代中期以后，萨义德说自己每年写出二十四篇供媒体发表的文章，相当于一个月写两篇。他坦言这是一种挑战，面对要么迅速遗忘、要么拒绝倾听的公众，反复条分缕析是容易让人灰心的任务。[18] 关键刊物是《生活》，一份泛阿拉伯立场的报纸，创立于黎巴嫩，编辑部设在伦敦，发行量有二十万份，编辑人员来自多个国家；《金字塔报》是报道阿拉伯世界新闻事件的英语报纸，总部设在开罗。起初，萨义德用阿拉伯语写文章，据他的助手说，行文清晰流畅，而编辑希望交过来的是英语稿件，这样就可以让他们的雇员翻译成阿拉伯语。可是那些译文往往辞不达意，需要由萨义德的伊拉克籍助手赞妮布·伊斯特拉巴迪或玛利安姆修订后才能刊登。[19]

定期为在阿拉伯世界发行的报刊写文章改变了他的文风。1990年，在致《杂志》编辑阿卜杜拉曼·拉希德（Abdulrahman Al-Rasid）的信里，他坦言："我之前从未有过阿拉伯读者，现在每个月都要为他们写文章，这对厘清思路和精炼表达是很好的练习。"消极一面是必须始终保持警惕："与阿拉伯刊物相比，我可以在英语、法语或美国刊物上更自由地表达。"[20]几个为巴解组织出谋划策的人逐渐理解了他抨击《奥斯陆协议》的立场，包括阿什拉维，勉强答应参加在白宫前草坪上举行的签署仪式，事后回想，不得不承认果断的决裂会是更好的选择。[21]

在这个过程中，萨义德发现了更贴近读者的讲述声音。多年来，他可谓始终批评着美国流行文化，明言那对他来说毫无意义（言过其实）。"娜吉"（他这样称呼女儿）进行了反驳，让他注意爱尔兰创作歌手西尼德·奥康纳，并且告诉他，奥康纳的音乐批评了主政英国的撒切尔，奥康纳支持爱尔兰共和军。娜杰拉执意要父亲听奥康纳的歌，最后他评价她的音乐令他觉得兴奋，她写的歌词让他想到叶芝。[22]娜杰拉进一步告诉他另类摇滚歌手阿妮·迪弗兰科为《国家》杂志撰文。而儿子瓦迪则厌恶古典音乐，责怪父亲的品位不够蓝领，并且力求阐明重金属摇滚体现的政治反叛。

读者可以在萨义德的文章中读到琼·科琳斯、玛丽·泰勒·摩尔、黛安·基顿和约翰·勒卡雷等人的名字，其实他初次涉足流行文化多与殖民地、阿拉伯世界有关。比如，他撰写了关于阿拉伯传统音乐最杰出的女歌手乌姆·库勒苏穆、关于阿拉伯电影、著名埃及肚皮舞者、电影演员塔西亚·卡里约卡，马耳他裔漫画家乔·萨科画出了在被军事占领的土地上的日常生活，以及他还是孩子时在埃及看过的《人猿泰山》系列电影。[23] 这些文章以及有关巴勒斯坦的政论文章，让身在美国的他有机会重温故土，它们捕捉到另一种心绪。心绪的改变与他于1992年6月前往以色列和被占领土地有关，就在确诊白血病后。四十五年来，这是他第一次与玛利安姆、瓦迪、娜杰拉一起返回故土，"带我的家人看看我出生的地方，我小时候住过的房子，我上过的学校"。[24] 身患白血病的消息，与日益加剧的政治隔离迫使他回到人生开始的地方。

1992年开始撰写回忆录《格格不入》时，萨义德尚未完全放弃已耕耘了五年的小说。来日无多之际，回顾教学生涯的萨义德有了戏剧性的转折——排斥小说这种文学形式，说它不再具有意义。真正开始动笔写回忆录已是九十年代初的事，回忆童年的文章则写得更早，比如1987年刊登于《居家与花园》杂志的《忆开罗》，1988年，又向《纽约时报杂志》的詹姆斯·阿特拉斯成功投稿了一个关于童年的故事。

"别自吹自擂"，在致阿特拉斯的信中写道，但是"没有与我背景类似的人——在巴勒斯坦长大，后来求学美国，做学术，等等——做过我打算做的事……讲述一系列的抗争……一段不乏焦虑甚至充满危险的经历"。[25] 彼时，除了穆罕默德·舒克里（Mohammed Shukri）的《只为糊口》（1972），一本抒写内心情感的自传，赶上饥荒，靠小偷小摸过活，一幕在四五十年代的摩洛哥发生的成年宣告礼，阿拉伯世界还没有其他人写过这样的自我剖白，讲述深层次的心理焦虑。[26]《格格不入》日后会成为在阿拉伯世界被阅读得最广泛的一本萨义德的作品。

在着手写回忆录不久，他便向友人坦言"核心问题是该揭露多少，该隐藏多少，两者之间又是如何相关联"。他更预见到身边人，如罗茜、琼、乔伊丝、格雷丝不会认可他讲述父母的方式，还很可能感到恼火——他决意将妹妹们排除在他"掩盖与揭露的游戏"之外。她们读了回忆录后，的确感到不快。用格雷丝的话说，便是"我们做妹妹的，都觉得他得到了最好的……他却显得好像自己受到了迫害，根本不是这样"。[27] 1994年，萨义德远赴开罗，待了三个星期，一心想避开让人分神的家庭事务，集中精神撰写回忆录；两年后，紧迫感愈发强烈。1994年至1995年的治疗效果不尽人意，尽管忍受了巨大的痛苦。1996年2月和8月，他两次患上肺炎，后一次几乎要了他的命。[28]

他一直把这部回忆录取名为《不太对劲》(*Not Quite Right*)，直到书付印前夕才做了修改。这可能是考虑到嵌在"place"一词里的流亡主题比先前的书名更明确、更少歧义，而回忆录的内在气质其实并非有关流亡，而是古怪、窘迫、无论在哪里都不觉得心安，这在第一个书名里体现得更好。关键在于如何揭示具有代表性的阿拉伯人的复杂心理活动——联想到他之前说阿拉伯文化缺乏"心理理论"——但在这样做的同时又不能暴露过多他自己的症状。"认识自己，"他在1977年一篇没有发表的文章里写道，"并不等于说要招惹病态的自我意识。"[29]

《格格不入》是关于一个非常擅于观察的男孩，他注意到周围的世界气势磅礴的美，这不禁令许多评论人联想到普鲁斯特。

萨义德自己也觉得它有"普鲁斯特式回忆"的特征。与普鲁斯特一样,他在回忆儿时的自己,仿佛那不是他本人,仅仅是排斥各种诠释的异乡人。[30] 七十年代,萨义德定期开设关于普鲁斯特的研讨班,颇受欢迎,他要求学生完整阅读法文原版各卷。萨义德如此熟悉《追忆似水年华》,很可能对写回忆录有潜移默化的影响——一味渴求母亲关爱的儿子,享有特权时体会到的孤独,心灵盼望历险却只能读别人的冒险经历感到的沮丧。尽管如此,《格格不入》对如何表现上层阶级光怪陆离的世界用了不同的方法。见不到普鲁斯特式长句,而是尖锐直率的旁白。描述隐居、富有的世界时用的典型句子里根本读不出普鲁斯特的慵懒:"来自美国东北部的中上层白人新教徒,彻头彻尾是全心支持那个世界的公民——严守戒律,自信,大多会做捐助。"[31]

它的出版意味着萨义德历时七年的写作终于结束,这七年里做不到每天都写,多利用天亮之前的空闲时间。没有明言书中有小说化的处理,也清楚地意识到这本书代替的是什么,他有心称《格格不入》是"纪实性小说"。[32] 无论该如何归类,它都是一座巅峰,将作者的写作技艺体现得淋漓尽致。萨义德称赞万神殿出版社的编辑雪莉·万格,引领他走出数百页"语调过于雕琢、毫无条理的段落",而后者说他交过来的书稿已无需修改:"他很清楚该怎么做。"[33] 经过多年的酝酿,全书结构已在他脑中完全成型,书稿最终是用笔写在蓝色、黄色和白色的纸上,内容连贯,几乎没有大段删改的痕迹。[34]

萨义德的每一部作品都掷地有声,至少其中三部的出版被视为重要事件,而公众对《格格不入》的反响最为热烈。《格格不入》出版后受到热情洋溢的评论,并获得《纽约客》非虚构奖。纳丁·戈迪默和大江健三郎这两位诺贝尔文学奖获得者写信表达

327

喜爱,甚至还有影视明星的来信,如艾玛·汤普森、朱迪·福斯特、瓦妮莎·雷德格雷夫。[35]他们对这本回忆录赞赏不已,失联多年的儿时伙伴和远亲也纷纷致信,感谢萨义德将那个已被人遗忘的世界描述得如此栩栩如生。少时着迷于好莱坞电影的心情是那样强烈,并没有被他今日的声名所削弱。《格格不入》出版当年,他在欧洲议会作证,去维也纳赫伯特·冯·卡拉扬研究中心开会,11月赴荷兰海牙新教堂被授予第一届斯宾诺莎奖。无论怎样,银幕偶像的来信让他想起少时着迷于好莱坞电影的日子,有次在聚会上他见到了丹尼·格洛弗、沃伦·比蒂和安妮特·贝宁,萨义德记得自己紧张得不知该说什么。[36]

"亲爱的爱德华,"2000年9月,戈迪默在信中写道,"你提过想写一部小说。我也觉得你应该写——这几个月里你也许已经动笔了。"[37]被小说家包围——萨义德与萨尔曼·鲁西迪关系很好,与菲利普·罗斯、保罗·索鲁也有往来——他一面受到写小说的念头的蛊惑,一面躲闪。[38]在开始动笔写回忆录时,萨义德接受了《时代》杂志的一次采访,他与访问者闲聊,说到打算撰写关于昨日世界的回忆录,那个世界已无踪迹可循,"我可以让记忆尽情施展它想施展的各种伎俩。我期望达到的就是那样的效果。然后我也许会写些小说"。[39]在当时,上述言辞像声东击西。儿时伙伴和妹妹们读了回忆录后,都觉得呈现出的是照相般准确的现实主义。他的记忆力准确得纤毫毕现,脸部最细微的神情和声音的语调都忠实地记录下来。

如果说他向友人吐露过尚未成型的打算,即以后会从关注世界转而写一部小说,他却不会对身边人假装自己已经在写。塔里克·阿里受萨义德鼓舞,完成了有关巴基斯坦的系列小说。他问道:"你想过写一部小说或戏剧脚本吗?"[40]"没有,"萨义德回答,"我不认为自己可以,我该写什么主题?"也许,这一回答是他向来就有的自我怀疑的一部分——奇怪的组合,巴伦博伊姆观察,"既十分自信又如履薄冰"。他说话时常常反问一句"你不这样想吗",不仅是在清喉咙,也是想对比一下别人的意见。撒些小谎也有乐趣。十一岁时,他接受了切除阑尾的手术,留下一道长疤。当娜杰拉问起时,他说是在西班牙练斗牛时被公牛顶的。如果真实既不在这里,也不在那里,他就乐意做虚构的游戏。和玛利安姆交往之初,他告诉她自己和坎迪斯·伯根约会过。几年后,与一对夫妇吃晚餐,闲聊间对方夸耀见到了一位著名的电影明星。"爱德华更厉害,"玛利安姆说,"他和坎迪斯·伯根约会过。"意识到接下来会有一连串问题朝自己砸来,萨义德镇定自若,笑着说:"你还真相信?我那是在开玩笑。"

萨义德如小说家般留心注意细节,准确记得一个人的穿着,歪着头的姿态,握手时他的手如何柔软无力。这构成了《格格不入》精彩绝伦的段落,如写到住在皇后区的表兄阿比的母亲"咯咯傻笑",又或如所著短篇小说《聆听者的方舟》里更冷酷的勾勒:[41]

玛格丽特似乎是经过数小时的整饬和不间断的推、揉、拉和拽塑造出的。她是一连串的角,时刻都有爆炸成一摊脂肪的危险,不是她姐姐奈梅那令人愉快的胖乎乎的脂肪,而是强壮、毛茸茸的,甚至男人气的脂肪,很可能会把你扫到一边,像在说:"那才是你该待的地方——待着别动!"[42]

不承认笔下或口中陈述的虚构成分,部分原因可能是他也擅长与虚构相抵牾的部分。帕特里夏·海史密斯是《火车怪客》

（1950）、《天才雷普利》（1955）等畅销书的作者，她被萨义德文章中洋溢的政治热情和摒弃陈词滥调的直言不讳所打动，不禁写信倾吐钦佩之情。[43] 大江健三郎也写过一封封袒露心声的长信，不止称赞萨义德"紧张、强有力、有感染力的风格"，更觉得萨义德的政治文论对自己的小说是一种"持续的"纠正：[44]

> 我没能及时告诉你，亲爱的萨义德，你的书激励着我，让作为小说家的我复苏……我创作小说时使用的素材一方面变得过于牵涉私人生活，另一方面，则愈发显得艰深的神秘主义。如果我继续这样写下去，我的小说会陷入反常的信仰告解。在这一精神状态下，我去斯德哥尔摩领了诺奖，如背负某种重担。[45]

在数封有一定长度、打字密集的传真里，戈迪默表达了类似的观点。"你是今日为我提供动力的渡鸦——虽然对你来说，渡鸦这种鸟爱伦·坡的气息过于浓厚，而鸽子又太温和、顺从，与你坚韧的精神不符。"[46] 这种交流"超越了平常意义上的尊敬，更像难以轻易描述的友情"，肿瘤治疗医生坎提·拉伊这样形容，他见证了他们之间的深厚情谊。[47] 她将诺奖演讲词寄给萨义德，并且说这篇演讲词的主题（作为见证者的作家）就是受萨义德的政论文章启发。戈迪默想寻求建议，以及安慰，她的来信中随处可见一个共谋者的大胆言辞。当 V.S. 奈保尔于 2001 年获得诺贝尔文学奖时，戈迪默立刻告诉萨义德在颁奖典礼发生了什么，称奈保尔是"诺奖得主里的葛丽泰·嘉宝"，他拒绝参加领奖仪式，与其他诺奖得主齐聚大饭店酒吧时对他们白眼相加。[48] 我们也如此回敬他，她补充道。

萨义德虽然没有写出小说，别人却不乏将他的生活进行虚构加工的念头。几位小说家均把他当作小说里的一个中心人物来构思。据真人真事创作的小说之一、艾赫达芙·苏维夫《爱的地图》中,奥马尔·加姆拉维这一角色便是以萨义德为原型,他是蜚声国际的埃及裔美国指挥家,同时写政论文章,黑发,身材高大,"太阳穴处的头发变得苍白……目光深邃"。又如多米尼克·艾戴的《风筝》,他化身从叙利亚移居亚历山大的法里德·马利克,是思维敏捷的社会活动者,希望能够改变世界。[49]这两位作家都集中描写了他的姿态和独有的特征:在苏维夫笔下,"他走进屋子的方式,周身散发着能量,引得众人瞩目……伊莎贝尔被迷住了……情不自禁。很多女人都会如此。据我看来,这丝毫不会伤害到她们。"[50] 在艾戴笔下,"他的双手修长,动作飞快。长长的手指不时挥舞,打着各种手势,哪怕是在休息……对万事万物都抱有好奇心,他尽全力敞开接受:历险与安逸,锚泊地与远海"。[51]

在R.F.乔治瑞(R.F.Georgy)的《绝对:一个巴勒斯坦-以色列爱情故事》中,写的活脱脱是他本人,阿维背后的道德罗盘,阿维后来任以色列总理,在哥伦比亚大学学习时,从老师那里认识到巴勒斯坦人承受的磨难。七十年代初教过的学生写过组诗《再见,命令》(1973)中,诗中人物戴维·拉赫曼,就是虚构的爱德华,身为老师,滔滔不绝:"显示你强大的/良好意图毫无必要/我从不曾许诺要回答/你最让人着迷的问题。"[52] 萨义德以化名或真名,出现在其他书、电影中,成为一个角色,包括《他者》(1999),一部法国、埃及合拍的电影,尤素福·沙欣(Youssef Chahine)导演,萨义德扮演的就是他自己。

尽管《格格不入》受到众多法国读者的欢迎,但这并没有改变法国学界对他的态度。他在法兰西公学院进行了系列演讲，1980年出版的《东方学》法文版也颇受好评，而且终其一生都在研究法国的一切，法国学界却始终有些畏惧他所达到的文学成就。电视台的主要文化节目、大出版社（如伽利玛）抵制他。巴黎知识圣殿中的知识分子，其中有许多人如今已叛变到右翼，视萨义德为敌人。他们可以看到，萨义德的公共影响力正如"新哲学"派代表人物伯纳德–亨利·利维（Bernard-Henri Lévy）、阿兰·芬基尔克劳（Alain Finkielkraut）、安德烈·格鲁克斯曼（André Glucksmann）那般，然而不同的是萨义德持左翼立场，还能讲他们的母语，会弹钢琴，以贝多芬和瓦格纳为题做讲座，在政治影响力的大桌前有一席之地。直到2003年，索邦大学才授予萨义德荣誉博士学位，在他去世不久，法国国家图书馆举办了一场纪念活动。

作为喜爱读小说的人，他理智地觉得自己写一部小说的举动既非必要，也不会特别吸引人。在生命的最后十年，他对是否写小说的看法与其友人伊斯雷尔·沙哈克很像。读了《最后的天空之后》，沙哈克写了一封妙语连珠的信，信中竟提出了质疑："我不会向你隐瞒这一事实：书中的部分阐述我无法认同。我不是指政治。我觉得在我读来，这本书过于诗意（和含混）；有太多被巴勒斯坦诗歌影响的痕迹，说实话，我非常不喜欢巴勒斯坦诗歌，而是喜欢巴勒斯坦散文。"[53]1948年，巴勒斯坦人为何如此容易地被驱赶？"原因之一或许就是诗意太多，尤其是那些缺乏自我批判意识的诗歌。"

在《艺术性想象的局限》中——1995年，萨义德在玛卡莱斯特学院做的讲座，鲜为人知却十分重要，并且呼应了沙哈克的观点。这篇演讲稿写于他彻底放弃创作那部关于背叛的小说不久、《格格不入》的写作顺利进行之际。[54]借讲座的机会，萨义德阐述了虚构所能达到和达不到的东西，带着敬意、谨慎地接受戈迪默《写作与存在》(1995)"这部佳作"——脱胎于她的诺奖获奖致辞。她认为小说比生命更持久，他认为这种观点过于浪漫。颁奖典礼往往流露出自负，对真实世界中文学市场的窘况却从来不提，这也令萨义德深为不满。

我们看到在第三世界，他继续说，出现了一种新美学，与前宗主国格格不入，而是奔放的、富有道德感、毫无顾忌的政治表达。其实，萨义德早前便表示支持哈楠·阿什拉维的学位论文（他做了指导），当其他指导老师反对她将第三世界文学（尤其是巴勒斯坦叙述）视作"变革的手段"，文学想象成了对抗现场，对历史事件做编年叙述的地方。[55] 他进一步论述道，纽约的新闻媒体喋喋不休地讨论全球化，第三世界作家的本地性却被忽视。而且，艺术本身，至少是可谓真诚的艺术，受到技术专家政治论的诅咒，作家无法将上述问题呈现出来，唤起我们的注意，遑论指出一条出路。那是作为症状诊断者、政治分析者、催化剂和阐释者的知识分子能够做的。彼时还是夫妇的科克伯恩和韦皮杰夫斯基有感于萨义德的这种天赋，可以将开放式阐释与突出重点相融合，把打字机字母式（衬衫袖口）链扣作为庆祝六十岁生日的礼物送给萨义德，一个是分号，另一个是感叹号。[56]

1999年5月10日，星期一，午夜，萨义德致信朋友，说自己的战友艾克巴尔·艾哈迈德几小时前在伊斯兰堡去世，因结肠癌手术后引起的并发症。听闻噩耗，他立刻去了艾哈迈德在纽约上西区的公寓，慰问其遗孀朱莉，返回家后匆匆写了这张便条。在那个熟悉的房间里，更容易回想起有多少次，好友赤足盘腿坐在地板上，手持一杯酒，估量一场政治危机或依次以四种语言背诵一首诗，不知不觉时至凌晨。萨义德深感悲伤，同时掺杂着懊悔。二人最近刚刚因为一个印度科学奖项起了争执，萨义德希望艾哈迈德能帮忙，确保坎提·拉伊获奖，这其实是异想天开，他却觉得好友可以发挥魔法般的作用，因此当艾哈迈德表示无能为力时，他很生气。在萨义德自己也如此虚弱之际，痛失好友更是致命一击。而且事后证实，艾哈迈德本不该死去。收治他的巴基斯坦医院缺乏必要设备，无法应对化疗引发的常见的不良反应，最终导致心脏病突发，夺去了他的生命。[57]

进入二十一世纪，萨义德便向自己的主治医生拉伊坦言，想写一本关于艾哈迈德的书，阐述他的行动主义。艾哈迈德本人谦逊，羞于书写自己。他没有留下重要的著作，只有零散发表的政论文章，后来以结集出版，乔姆斯基撰写了前言。[58]"另类广播"主持人、亚美尼亚裔美国人大卫·巴萨米安对其进行的一系列采访里，保留了一部分艾哈迈德富有同情心的抗争、敏锐的观察和极吸引人的、大多数靠口耳相传的经验之谈。[59]萨义德发现艾哈迈德没兴趣做笔记，对赞誉也表示漠视，这与二人共同履行的政治承诺一样吸引人，并希望捕捉他未能记录下的知性思考、精神的闪电。毕竟，正是艾哈迈德在萨义德学术生涯之初告诫他如果想达到目标，需将重点放在道德鼓动上，而非军事行动。早在1970年，艾哈迈德向阿拉伯学生组织（Organization of Arab Students）演讲时，就阐述过这一彼时尚不流行的观点，即构建公共联系比游击战更重要，这对萨义德的思考产生了深远的影响。[60]

到了2000年，第二次巴勒斯坦人起义时，上述观点显得更加宝贵。萨义德认为，当时媒体舆情左右着那场冲突的走向；他愈发相信那是"形象与观念之战",争夺焦点便是要让巴勒斯坦故事像以色列哈斯巴拉(字面意思是为外部世界准备的信息,而更口语的说法是"宣传")一样严丝合缝、有说服力。[61] 为争取自由而采取的斗争法仰赖"灵活、流动的政治力量,他们更依赖主动性、创造力和出奇制胜,而不是把持固定位置"。[62]

《和平进程的终结》收录写于1995年至1999年的文章,试图呈现如何将它实现。这本书代表着后奥斯陆时期萨义德最具创造力的政治思考。艾萨克·牛顿、西奥多·赫茨尔、纳尔逊·曼德拉和伊丽莎白·泰勒——均在书中进行讨论,对一国方案做了更强烈的召唤和更深的哲学思考。还讨论了不同的知识分子,有德国文化批评家瓦尔特·本雅明、法国历史学家儒勒·米什莱、马提尼克诗人兼议员埃梅·塞泽尔,同时尝试抛开国别政治的宏大叙述,像《最后的天空之后》,关注巴勒斯坦普通人的生活。这方面的成果,尤其体现在书中最打动人、实地走访后写成的文章《看望瓦迪》《巴勒斯坦见闻》和《西岸日记》中。[63]

献给儿子的那一篇尤其让人难忘。在并非来自父亲的压力下,求学纽约、非常美国化的瓦迪自学了阿拉伯语,1994年,大学毕业后,选择去开罗美国大学继续学习。之后,又立刻表示自己想在巴勒斯坦待一年。他的父亲起初不敢相信。意识到瓦迪是认真的,萨义德便想追问这一行为的潜在意义,因为他自己一直不愿意做同样的事,即便存在某种心照不宣的压力迫使其做出这样一个姿态。比如他的老友、同仁艾布-卢霍德辞去美国西北大学的教职,人生最后十年选择在拉马拉的比尔宰特教书。《奥斯陆协议》所意味的溃败,加上日益恶化的身体状况,均促使萨义德寻找与巴勒斯坦建立更私人的联系,而不仅仅是像以往那样前往中东的短期旅行,为了拍摄电影或做一次讲座,1997年2

月、3月，还去了一次西岸，为BBC拍摄电影《寻找巴勒斯坦》。

瓦迪的创举让萨义德思考再三。学生阿什拉维当时为在拉马拉的巴勒斯坦当局工作，深知萨义德渴望被生活在本地的巴勒斯坦人接纳。他依然被当成外人，这让他深受伤害。[64] 瓦迪不仅指出了路径，更打开了门，为父亲制定计划，开车载着父亲从一个城镇到另一个城镇，做好后勤，向他介绍这块土地的日常运作，最关键的一点，是让萨义德结识了巴勒斯坦的年轻人，没有瓦迪，这绝无可能。[65] 考虑到本地的父权文化，萨义德与儿子瓦迪一同出现就表明了巴勒斯坦在他们心中占据重要位置。

《奥斯陆协议》使巴勒斯坦人无法继续争取民族独立，或者可谓从反面实现了巴勒斯坦人的夙愿，这取决于从哪个视角观照。无论怎样，那已不再是萨义德追求的目标。他更无所顾忌，愈发尖锐地批评美国政府，更致力于完善其巴勒斯坦主义这一理念，彰显包含属性，其中包括跨越既定的或本地的归属性。然而此时他却无法像写作《东方学》时一样，有左翼倾向的社会共识可与之共鸣。

因此，秉持批判精神的最后一部作品收录1995年至2003年的政论文章、在他去世前不久汇编完成，《从奥斯陆到伊拉克及路线图》（2004），此书对"9·11"之后公民自由式微、美国在中东和北非发动长期战争、美国本土令人心惊的威权主义趋势进行了猛烈抨击。行文中，萨义德无法容忍"知识分子群体不假思索的声援"，觉得"'专家们'（最糟糕的当属猪猡［福阿德］阿贾米）"颜面尽失。[66] 他谴责2001年10月通过的"爱国者法案"，代表了他称之为"美国政策的以色列化"。[67] 美国似乎变得越来越像由基督教基要主义者主宰的国家，"在我看来，已成了世界的威胁"。[68]

这并不是说萨义德的焦点已完全转向国内议题。他的著作在世界各国都有拥护者，在中东地区却要面对一定程度的怀疑态度。在以色列和周边土地，他的影响力已十分深远。在以色列学术界，尤其是年轻一代，视《东方学》为必读书目。萨义德的著作也与以色列国内反对阿什肯纳兹犹太人的浪潮形成很好的呼应，以及针对以色列发布的各类白皮书的抗议，这些白皮书堂而皇之地宣称以色列是秉持包容原则的多元文化社会。

为了揭穿白皮书的谎言，米兹拉希犹太人发起了真正实现多元文化的运动，他们引用了萨义德的论述，反复书写阿拉伯人、巴勒斯坦人和东方犹太人有着相似的感知力和命运，始终乐于见到在中东地区多民族共存。种种障碍并未完全阻止他的著作在中东流通。《巴勒斯坦问题》的希伯来语版早在1981年就面世了。此前一年，友人沙哈克从以色列写信来，提到"你在这里已有了相当的知名度"。[69]《东方学》的阿拉伯语版比较拗口，《文化与帝国主义》篇幅较长，又旁征博引，这两本书在阿拉伯世界的影响不如其政论文章大，《流离失所的政治》中收录的文章影响尤其深远。尽管到了八十年代，萨义德在中东地区已有颇高的知名度，却并非以文化或文学批评者的身份著称——《世界，文本，批评家》由叙利亚文化部组织翻译成阿拉伯语，没有获得正式授权，只能在叙利亚国内流通。纳贾·阿塔尔是出任文化部长的第一位女性，四次邀请萨义德来叙利亚，而萨义德每次都断然拒绝，他无法忽视叙利亚本国的镇压，而且，在以色列入侵黎巴嫩期间，叙利亚出卖了巴勒斯坦人。[70]她无疑和其他人一样，意识到萨义德的伟大之处——或许这是他在阿拉伯世界的唯一成就——即让人领会到知识分子能够起关键作用，是社会良知、症状诊断者和议程制定者。

巴勒斯坦知识界对萨义德留心提及犹太人在大屠杀中遭受的苦难愤愤不平，萨义德提出"美国应当是我们竭力争取的关键"，即着重影响美国的公共舆论，那是以色列的政治生活所根本倚仗的，而此观点也引发过于狭隘的争论。[71] 萨义德反复呼吁，在深耕巴勒斯坦事业上需要更多"创造力"，也引用过塞泽尔的那句诗"在胜利的会合点有所有人的位置"，尽管颇具哲理，在许多人看来却离战场过于遥远，无法与眼前的暴行——如加沙危机，人们的房屋每隔一段时间就会被以色列的推土机铲成一地瓦砾——产生联系。即使是那些拥护《奥斯陆协议》的人，也并不认为那是迈向独立、具有主权的巴勒斯坦国的一步。所以有人不禁觉得当萨义德写出"流亡对我来说像更加自由的状态"，或得出巴勒斯坦"经历了沧海桑田……我们离它越来越远，这不是用果树营造一个美丽的地方，我不相信最后会有返家的一幕"这样的结论时，难道不该视为背叛？[72] 在许多活动家眼里，萨义德的言论不仅与现实脱节，更暴露了他的美国腔调。[73]

尽管受急于事功者的非议，萨义德却绝非在曼哈顿高层公寓里坐而论道。哪怕是在《奥斯陆协议》签署后，萨义德仍听从阿什拉维的建议，出任巴勒斯坦人权委员会理事，也为新政府架构下的其他组织工作。[74] 筹款、拍电影和抗议并未停息，力所能及地提供帮助，从下面这个事例可见一斑：一心向学的易卜拉欣·阿马尔到达伦敦时二十一岁，随身只带了一条牛仔裤和两件T恤，以及一只小手提箱。他听了萨义德在议会大厦的讲座，排队等待上前和他说几句话。他顺便提到如果能获得一些经济资助，他就可能继续学业。萨义德回答他会留意自己能做什么。阿马尔舒心地离开了，同时确信这位"巴勒斯坦人中间的传奇人物"（他这样形容）一走出演讲厅便会把承诺抛在身后。不出一个月，他收到了一封信，信里有一张一千五百英镑的支票。[75]

在写作和言说中显现的新趋势并非源于疲惫或挫败，而是因为种种困顿的现实。没有主权，迫使巴勒斯坦人把民族主义重又想象成宽泛意义上的苦难，而不再是基于血和土的归属形式。相反，以色列的民族理念则借鉴了十九世纪的欧洲，如先后在以色列和法国受训的学者尤利·埃森茨维格（Uri Eisenzweig），赞同萨义德就犹太复国主义领土提出的"想象的空间结构"。[76] 此种判定是"巴勒斯坦的风景：含糊的诗歌"的核心，他与艾布-卢霍德、哈立德·纳赛夫（Khaled Nashef）等人许久后在西岸的比尔才特大学举办的一次会议的主题，旨在揭示以色列考古学的种种虚构之处。[77] 在他看来，犹太复国主义，简言之，就是在巴勒斯坦创造了一片欧洲殖民地式的飞地，而巴勒斯坦人应格外注意不要重蹈覆辙。

2000年6月底、7月初，萨义德全家去黎巴嫩探亲，并做了两场公共演讲，返美后却遭遇媒体的声讨。一些官员和记者称他是恐怖分子。按计划好的日程，萨义德在演讲之余会前往黎巴嫩南部"安全区"，那里被以军占领了二十二年，终因黎巴嫩人的抵抗而撤出。

在参观过臭名昭著的基安监狱后，萨义德与几名记者交谈，身旁还有家人和这趟南部之旅的组织者、好友法瓦兹·特拉布勒西。他们往与以色列交界处的"法蒂玛之门"走去，在那里，在黎巴嫩这一边的栅栏前面有一堆石块，还站着三名真主党官员。按照惯例，官员邀请访客朝对面投掷有象征意味的石块，一段距离外就有一座哨塔，访客能看清那里未被占领。旁人用阿拉伯语鼓动萨义德扔石块，特拉布勒西也想扔。萨义德的石块没抛出多远就落到地上。[78] 一名来自《大使报》的摄影记者和来自灯塔电视台的工作人员也跟随他们来到法蒂玛之门处。当晚，摄影记者把照片拿到萨义德的旅馆住处，请他看一看。此时，好友——小说家埃利亚斯·扈利的妻妹看到了照片，问萨义德能否把这张照片传给法新社，那恰好是她工作的地方。萨义德不觉得为何要拒绝，便同意了。

黎巴嫩真主党也在本地电视台播放了一段相关影像。[79] 当时在场的每一个人都觉得扔石块不过是扔扔而已，由此引发的声讨令他们深感古怪。始终提倡巴勒斯坦人和犹太人实现和平的萨义德被塑造成只想动武的反犹狂人。纽约小报《每日新闻》在第二版刊登了萨义德投石块的照片，拟了具有挑衅意味的标题《哥大教授承认投石》。[80] 在激烈的媒体挞伐中，美国有线电视新闻网的帕弗拉·赞恩在采访萨义德时尤为无礼，以致萨义德决定从此不再和美国主流媒体浪费时间。一片哗然之际，亲以色列的教员、学生和捐款人一连数月策动哥大校方解雇萨义德，至少要迫使校方公开谴责萨义德。一些来自医学、商学、工程院系的教授尤其恼火，向教务长办公室轰炸了多达五十通电邮和电话，并说服了一位董事。[81]

数位同事一起声援萨义德，舆论主流也支持萨义德。风波中，哥大教务长乔纳森·科尔时隔两个月，才应学生团体领袖的要求发表了官方声明。这封长达五页的信援引了约翰·斯图尔特·密尔和《哥伦比亚大学院系手册》，指出萨义德没有违反任何法律，也不会遭到指控，仅仅是因为萨义德的政治观点，让这张照片引发争议。通过援引学术自由，科尔的声明有效地平息了风波，而余波又持续了数周，始终没有彻底结束。对萨义德的批评并非全部来自亲以阵营。有些盟友认为萨义德在采访中故意把投石行为往小里说，强调他扔的只是"鹅卵石"，没有瞄准任何人，仅仅是"象征性的开心手势"。[82] 面对诉诸武力的以色列，他们问道，何不大胆投石，扬眉吐气一次？[83] 投石举动本身是一件小事，却让一些人开始质疑萨义德一生的志业，由此引发的风波令萨义德陷入深深的抑郁。[84]

断绝了虚构的念头，至少是作为作者，这也反映了其他相冲突的地方。正如巴伦博伊姆的观察，萨义德是在西方公众开始对古典音乐失去兴趣时，将越来越多的时间投入其中。同时，他也没有放弃推动古典乐愈发普及的想法，而这种努力很快地与争取巴勒斯坦在古典乐世界有一席之地的计划相融合。1989年，他和玛利安姆偶然看到《CBS今日早晨》的节目片段，报道了十二岁的巴勒斯坦男孩萨利姆·阿卜杜·阿什卡与以色列交响乐团合奏的情景，萨义德立即意识到"这个男孩天赋超群，但是身处以色列，他就无法发挥自己的音乐才能"。[85] 他联系了乔治·阿贝德（George Abe），时任巴勒斯坦基金组织负责人，请他打听一下这个男孩。当年晚些时候，萨义德和阿什卡见面了，在巴黎停留的几日里，他们每天都会聚在一起。此番面试后（详细了解了男孩的生活），萨义德更加确信他的音乐才能，便去说服卡坦基金会能支持他继续深造。

几年后，1993年，巴勒斯坦古典音乐学院成立。萨义德不仅充当顾问，更推动其真正建立起来，将《格格不入》所获得的一万美元奖金（《纽约客》非虚构奖）悉数捐出。他推想，如果巴勒斯坦年轻人有机会潜心钻研音乐——因占领引发的各种焦虑不仅仅是让人心烦意乱——也就可能集中注意力钻研其他科目。这个古典音乐学院需要高水平的音乐指导老师，当时在巴勒斯坦尚且找不到，必须从欧洲聘请，这就要求获取以色列签证，这是实实在在的关卡。为此，萨义德请求巴伦博伊姆帮忙。指挥家立刻组织起一队德国音乐家，可以过来授课。巴伦博伊姆倾情投入，也是应音乐学院负责人苏哈伊尔·库里（Suhail Khoury）的要求，他答应组建巴勒斯坦交响乐团。他的努力涉及方方面面。1998年3月，巴伦博伊姆在巴勒斯坦举行音乐表演时，萨义德正好在西岸为BBC拍摄电影，到了收尾阶段。借此机会，他安排巴伦博伊姆在比尔宰特大学开演奏会，表演了舒伯特的一首钢琴曲，与阿卜杜·阿什卡进行了四手联弹。

也是在那一年，巴伦博伊姆受德国文化部长之邀，帮忙筹划即将在魏玛举行的庆祝活动，魏玛获1999年欧洲文化之都的称号。[86] 巴伦博伊姆想避开与魏玛这座城市相关的、人尽皆知的主题——歌德和席勒，而魏玛附近就是布痕瓦尔德集中营，联想到自己最近的经历，遂提出开设工作坊，让以色列和阿拉伯的年轻演奏者一起参加，设想人数最多是十五人。巴伦博伊姆将这一良机告诉了萨义德，表示"我们可以做些不仅仅是音乐的事情"。"没错。"萨义德回答。[87] 他们都没想到，有两百多名阿拉伯演奏者报名。8月，巴伦博伊姆、萨义德和大提琴演奏家马友友选出了七十八名"年龄在十八岁至二十五岁之间的阿拉伯和以色列乐手"，参加在魏玛的音乐工作坊。[88] 西-东合集交响乐团从此诞生。从那以后，音乐工作坊每年都在西班牙进行，一直持续到2005年，乐团在拉马拉举行了纪念萨义德的音乐会，声援巴勒斯坦。

没有人以为这种象征性的阿以合作会直接带来和平。萨义德在以色列/巴勒斯坦倡导一国方案之时，乐团的创建体现了一种相互的理解，此外，他们觉得乐团能够达成的实效，是通过音乐这种"思维训练"进行教育。萨义德和巴伦博伊姆一直反对音乐科学（Musikwissenschaft），涉及听觉、指法练习、读谱法的反复操练，意在产生技艺精湛的演奏者——除了技巧别无所知。[89] 巴伦博伊姆早就看出萨义德更注重感性的交流，而非纯粹的技艺训练，能与这些个性鲜明的年轻乐手交流才是关键所在。后来，他们秉持同样的教学原则，在柏林建立了巴伦博伊姆-萨义德音乐学院，直到今天还在办学：将演奏训练和对历史、政治和美学的研习相结合的全方位教育。借音乐进行教育，而不是进行音乐教育，这便是他们的理论。

乐团在世界范围内收获了掌声，却也在萨义德家族内部引起摩擦。尽管西-东合集交响乐团成立的初衷是在超越巴以冲突的层面上运作，由奥马尔·巴尔古提（Omar Barghouti）主导的"抵制、撤资、制裁"（BDS）运动开始抵制该乐团，认为这种合作伤害了巴勒斯坦人的感情，等于是与一个实施受国际法谴责的暴行、受蔑视的国家的关系正常化。为底层民众利益奔走的格雷丝反对态度尤为激烈。与萨义德一样，她的观点深受她在美国长居的影响。她毕业于师范学院——位于哥大正北面，1983年，为了避开贝鲁特的内战硝烟，远走美国，起初和哥嫂一起住在纽约，她觉得纽约让她喘不过气，后来迁居华盛顿。[90] 在九十年代的大部分时间和在萨义德去世后，她继续开展从以色列撤资的运动。"我们巴勒斯坦人"，她对此打趣道，决意"把一只脚踏进教堂大门，发扬我们基督教品性，同时不会排斥我们的穆斯林朋友"。后来，她成为"抵制、撤资、制裁"的坚定支持者，仍然认为尽管萨义德不时表示觉得它"刻板僵化"，但是在立场上，他会支持。在人生的最后几年，他已公开支持针对具体目标的撤资，抵制建立定居点，看到哥大同事、立场进步的历史学者埃里克·方纳（Eric Foner）拒绝支持抵制向建立定居点捐资的运动，更是气愤不已。

而对家族内的大多数成员来说，管弦乐团是恼人的存在，尤其是在二十一世纪的第一个十年里，巴勒斯坦的局势愈发恶化的情况下。显然，声势浩大的"抵制、撤资、制裁"运动左右了他们的判断，玛利安姆觉得这十分不公。在萨义德去世后，玛利安姆和巴伦博伊姆一道努力维护这个乐团。能够建立这个乐团，萨义德颇引以为豪，玛利安姆觉得丈夫留下的这份遗产应该予以保护，2005年，巴勒斯坦音乐学院宣布与巴伦博伊姆断绝关系，玛利安姆觉得这一做法也很不妥当。至少，音乐学院催生了一个新组织，即在拉马拉设立巴伦博伊姆-萨义德音乐中心，从建成之初便不止是一所学校或年轻人的管弦乐队，对来自西岸的巴勒斯坦人、生活在以色列领土上、流亡国外的巴勒斯坦人来说，更是一种包容广泛的文化经历。由巴伦博伊姆和巴勒斯坦音乐学院发起的先锋项目持续进行到九十年代中期，收到了西班牙安达卢西亚地区政府的资助，以及德国外交部的资助，还有个人捐款。

与巴伦博伊姆的友谊增强了萨义德的音乐评论的可信度，丰富了他的个人生活与艺术生活，他们的思考构成了互补。他们将在纽约面对现场观众的对谈结集出版时，起了这样的书名《平行与悖论：在音乐与社会中探寻》(2002)，暗示出二人的思维方式其实迥异。一次，谈到音乐和文学是否具有共同的特征，萨义德认为音乐符号也是一种"文本"，可以与小说文本相类比，因为两者均需要进行阐释。巴伦博伊姆不这样看，认为但凡是文字可以描述，也就没有音乐创生的必要。[91] 诚然，演员可以用一千种方法表演简简单单的"不"，富于同情地、具有侵略意味地、能够理解地。但是作为一个词，"不"具有的意义是音乐文本——就是"白纸上的黑点"所不具有的。"你如何能够阅读黑点？"[92]

在"静默"上，二人观点也不一样。萨义德认为静默将音乐掺杂得是一种挥霍、一种损失，而文学（如不曾言说般静默）被保存在词语及其一部分意义里。[93] 作者可以不时地把写出的文字大声读出来，但是从本质上说，他们是在无声中创作，他们的读者也是在无声中阅读。作为指挥家，巴伦博伊姆并不认为静默是缺席的。"静默在前，声音在后……身为听众的你紧紧追随第一个音符，可是每一个乐句里都有静默，为了呼吸，为了获得更高的强度……音乐能够表达，端赖有可以打断它的静默的存在……而且后面的静默比原初的和弦更响亮。"[94]

在宏大议题上，他们也影响着对方如何思考。巴伦博伊姆赞赏萨义德从政治世界提炼音乐模式的能力，并且不时效仿。去世不久前，在伦敦的一次晚间聚餐时，在座各位——塔里克·阿里、杰奎琳·罗斯、斯图尔特和凯瑟琳·霍尔、玛利安姆和萨义德（他选择沉默，把发言机会留给友人）——专注地听巴伦博伊姆讲话，他讲了约十分钟，缓缓阐述着如下观点：《奥斯陆协议》犹如演奏会弹错的节拍，节拍跟不上乐谱，直至坠入深渊。[95]

第十二章

与时间赛跑

不作恶,则不能安详过活。
——西奥多·阿多诺[1]

"我的手表,"萨义德曾这样描述自己的童年,"像哨兵一样护卫着我的生活。"成年以后不得不承受这样的后果:"九点就代表'夜深了'。"此时,他会和玛利安姆饮啤酒,吃花生,看电视新闻让位于苏格兰威士忌,再给别人打电话已算打扰,工作时间结束了。他需要休憩一会儿,才能应对艰苦的明天。[2]虽然领悟得迟,但是他终于意识到"浪费时间也是度过时间的一种方法,各种消遣试图冲破他自觉履行的戒律"。[3]玛利安姆说"他挥霍了很多时间",克里斯托弗·希钦斯笑他念叨了太多还没看过的电视剧的名字,周围人听都没听说过。[4]不管怎样,比起持续的活动,已完成的任务不那么重要。

他去世不久前完成的纪录片《最后的访谈》(2004)里,友人、记者查尔斯·格拉斯(Charles Glass)倾听萨义德讲述近几年他的生活发生的点滴变化。集中精神阅读变得困难。受化疗的影响,甚至听音乐也成了奢求。瓦迪惊讶地发现,晚上七点,父亲坐在起居室的椅子上睡着了,手里的书掉在地上,而娜杰拉必须提醒他家里最简单物件的名称。[5]格拉斯听得悲从中来,只能希望萨义德回想他所达到的成就应该感到慰藉。他坚持讲述着他的故事,每当有人劝他多休息,萨义德都会以同样的话回应,让他们不要小题大做——他厌恶休息的念头,而睡觉本就已是一种死亡。他在计划撰写《格格不入》第二卷或下卷,将故事的讲述延伸到今天,此外还酝酿着其他写作计划。[6]

处理危机时,他并非总能如此理智。多年前,1983年,萨义德和玛利安姆守在儿子床边,瓦迪因骨髓炎情况危急。这样守了数小时后,他突然从椅子上跳起来,提醒玛利安姆他们买了音乐会的票,该出发了。玛利安姆惊讶地抬头,心想:"你竟然还有心情去听音乐会?""我不去了。"她平静地说。他并不气馁,继续劝道:"听听音乐有好处。"玛利安姆坚持拒绝。他独自去听音乐会,而且回来得很迟,音乐会早已结束,一进门,他就问"你怎么还没睡",显得愈发冒犯。她突然意识到这是他无法应付的表现。当局势超出他的掌控,如何避免崩溃,他能做的是向日常习惯寻求帮助。[7]面对自己的病情,他也是这样做的。

生命的最后四年,萨义德集中精力编辑三本篇幅不长的书,只有一本在他去世前出版,即《弗洛伊德与非欧洲人》。书名出现了弗洛伊德,其实几乎与潜意识之谜无关,通篇讨论的是他度过童年的地方——埃及,那也是弗洛伊德大半生都着迷的地方。这本书的内容基于在伦敦弗洛伊德博物馆做的演讲,如对维也纳弗洛伊德博物馆的一种报复,那是原本计划的演讲场地,而投石事件让维也纳方面撤回了演讲邀请。

与在去世后出版的《人文主义与民主批评》(2004)和《论晚期风格》(2006)一样,《弗洛伊德与非欧洲人》内涵丰富,论述上却只着眼一个方面。时间有限,他决定写成介绍性书籍,不必过于注重文体风格,集中阐述他能够阐明的、最关键的东西。为了弥补较为平白的表述,他挑衅般明言回归论述道德基础。颇能体现其晚年持坚定立场的一幕,发生在2001年纽约,一方是克里斯托弗·希钦斯等人,另一方有埃及小说家艾赫达芙·苏维夫,就美国在世界事务上所处的角色进行公开辩论。台上经历了多轮恶意攻击,到了提问环节,萨义德从观众席上迅速起身问道:"为什么没有人再讨论真相和公正?"[8]

容易疲劳的身体延缓了三本书的撰写进程,他不得不相应推迟其他写作计划(关于艾克巴尔·艾哈迈德,关于贝多芬和巴赫),期待以后能够开始。在针对白血病的治疗药物里,最折磨人的是阿仑单抗,副作用包括瘙痒、间歇性头痛和呼吸困难。一只装有讨论人文主义草稿的马尼拉文件夹封口内侧,写有粗笔画的黑色钢笔字迹,是草草记下的一则日记,2000年时写的:"这次演讲……连续三晚进行,赶上化疗。不知道是怎么扛下来的……头发掉得厉害。"[9]在生命的这个阶段,他对小说丧失了兴趣,更倾向从新的角度做强有力的重申。他对从前的文章所持信念(人文主义急需彰显政治力量,不加批判的科学主义对思考构成威胁)的重申有了不同的回响,仿佛文章的氛围是二十一世纪初"反恐战争"那些年,尽管依然无畏,却也流露出一些悲观。

萨义德预感到自己去世后,对他的批评会激增,既然他本人已不在场,无法用愤怒的回击制伏他们。在身体状况步步恶化的同时,他还得忍受肆意的蔑视。2003年8月,萨义德和玛利安姆以及琼·斯坦因从葡萄牙南部度假结束,准备回到美国。在葡萄牙停留的最后一晚,天空美得惊人,从海洋吹来的微风抚慰人心,他正读着塔拉尔·阿萨德(Talal Asad)写的书,为两年后在苏格兰的关于宗教的讲座做准备。这是一次重要讲座,亨利·詹姆斯是该系列讲座的第一个演讲人,萨义德决定尽早准备。然而,此时的他已深感疲惫,发着热。"9·11"后,他们出国多次,这一次航空公司却提前打电话来确认行程,并要求提供护照号码。"我不喜欢这些提问。"他对玛利安姆说,觉察麻烦来了。当晚,萨义德高烧到陷入谵妄;次日,去法罗机场的一路上,他不得不坐着轮椅。

萨义德只身坐在候机楼里,膝盖上放着用军用款背包装的一包书(以及药品),看着其他人顺利登机。葡萄牙航空公司拒绝他登机。他的名字引起了警觉,要求先请美国驻葡萄牙大使馆确认他的身份清白,那又要向华盛顿申请许可,而华盛顿时值午夜。机场的安检人员打开包,把药品和书籍都翻了出来。这样对待坐在轮椅上的病人,萨义德感觉受到了羞辱,虚弱而气愤地说:"我自出生就是美国公民。我在美国住了四十五年,快五十年"。最后,机场人员发了善心,然而已伤到了他。科克伯恩曾温和地嘲笑他的夸张法,当他抱怨《新共和》最近刊出的针对他的"无耻的抨击",补充道:"我知道你不在乎像我这样的区区黑人作何感想。"[10] 机场被扣一事竟然对得上这句批评。扣留他无论是出于常见的民族偏见,还是因为收到美国移民当局的政令,因其政治活动盯上了他,结果都一样。儿时在开罗,就因为美国公民身份受到小伙伴的排挤;如今,本国官员也并不把他当成美国人。

此前一年的情形就完全不同。2002年10月,萨义德乘飞机去了西班牙,因创立西-东合集交响乐团,与巴伦博伊姆一道领取了阿斯图里亚斯亲王奖。这相当于西语世界的诺贝尔和平奖，每人得到两万欧元的丰厚奖金，还有一座米罗的雕像。但这种认可甚至带来一丝尴尬。在最后几年，白血病常会引起的脖颈淋巴结节肿块没有在萨义德身上体现，这可算作一桩冰冷的安慰，尽管从1995年以后，下颌、口腔生出隆起物，需要医疗手段干预。[11] 总体上看，肿块攻向腹部，位置凶险，在心脏、脊柱腔和肝之间，无法动手术。这意味着他依然可以进行公共演讲，不会因为过于变形的外表而让听众分神。人们能注意到他隆起的腹部，穿上剪裁宽松的西装有遮掩的效果。

他不想别人因为看到他饱经病患的身体而心生怜悯（"我不会充当受害者。"《格格不入》出版不久，回答《纽约》杂志采访时，他坚持道），主治医生拉伊从不曾嘱咐他缩减工作计划或约束日常生活，这也让他觉得宽慰。[12] 医生在控制白血病恶化方面颇有心得，到后期治疗时才启用化疗手段，利妥昔单抗这种更具侵入性的试验性药物亦能推迟数年后使用。他充分利用了频繁跑医院的机会，把自己的著述介绍给认识的医生。2000年，在哥大内外科医学院，他做了题为《适时和晚期：健康与风格》的演讲，拉伊也到场了。[13] 在一次次去医院做化疗的过程中，他与医护人员结下了友谊，会真挚地和他们聊天，不仅记得对方的名字或关系重要的人，更记得工作的细节，几年都不会忘记。[14]

有些羞辱则避之不及。2003年4月，索邦大学授予萨义德荣誉博士学位后，白血病引起的淋巴瘤使他的腹部肿块愈发突出，绶带不再合适。他只能坐着，让服务人员试着把两条绶带接在一起，帮他系好。此前投石事件引发争议时，一名学生写了一封粗鲁无礼的信投给《哥大每日观察》，嘲笑他变得臃肿，没有想到上腹部的突起是肿瘤。[15]《华盛顿邮报》刊出恶意的人身攻击:"身穿罩衣,头戴帽子,还戴着时髦的太阳镜,白发苍苍的男人似乎有点太老,有点太肥……还朝以色列士兵方向扔石头。"[16]

与萨义德政治立场相左的敌人不会放过每个向他投白眼的机会。老盟友托尼·坦纳生前是剑桥大学国王学院的院士,剑桥大学拒绝授予萨义德荣誉博士学位,论地位只及他一半的学者却顺利地获得类似殊荣。2002年10月至11月,萨义德在剑桥做了四次关键讲座,地点在可容纳七百人的剧院,还有很多没能进场的听众。老对手厄内斯特·盖尔纳(Ernest Gellner)1993年在《泰晤士报文学增刊》上抨击《文化与帝国主义》,称文化无关宏旨,西方诸帝国可谓福泽落后地区,此言论的影响力跟着萨义德来到剑桥。那次国王学院院士委员会会议开得充满敌意,亲以色列的一干学者竭力反对授予萨义德荣誉博士学位,为了避免争吵,其他大多数学者也勉强表示同意。[17]伊恩·唐纳森(Ian Donaldson)和几名学者心有不甘,提请委员会重新考虑,最终决定却来得太迟。恰在唐纳森来告知其获得荣誉学位的当日,萨义德陷入最后的昏迷。[18]

饱受攻讦的起点,至少可以追溯到二十年前《巴勒斯坦问题》出版时,而在他快去世前以及去世后,政治敌人的反扑之心格外强烈。像《评论》杂志那样出钱买文,污损其名誉的事例属于极端(1989年爱德华·亚历山大发表的《恐怖教授》或许是最恶劣的一篇),从前的学生也纷纷现身,宣告与其断绝关系,或撰写书籍,警告人们提防他可疑的超凡魅力隐含的危险。[19]考虑到萨义德本人十分看重忠诚,最令他灰心的背叛当属来自从前的盟友、协作者克里斯托弗·希钦斯。在对克林顿的弹劾调查中,希钦斯将信息泄露给肯·斯塔尔(Ken Starr)的副手,此举暴露，后来，他的政治立场右转。谴责堕胎，抨击"伊斯兰-法西斯主义"，希钦斯经常受邀录制电视评论节目，为美国的外交政策背书，也是华盛顿某秘密幕僚团体的一员。

与萨义德及"帮派"在纽约闲荡的日子一去不返（事实上，本·索恩伯格不再编辑《大街》后，希钦斯的态度马上冷淡下来，对他不再有用）。希钦斯知道萨义德的身体状况不容乐观，仍执意为《大西洋月刊》写了《东西方本该相遇之地》，就在萨义德去世几周前刊登。表面上是纪念《东方学》出版二十五周年，却借机显示优越感，声称要纠正《东方学》中的"谬误"，不过是把之前针对该书的种种无稽之谈重复一遍，行文间显得自己精通德语，熟读歌德，其实子虚乌有。故意忽视《东方学》的核心就在于反对相邻文化做出的人为割裂，反而指责萨义德本该在东西方文化间架桥，却造成了更多敌对。

即便是称赞他的人，比如常驻伦敦的澳大利亚记者、回忆录撰写者克里夫·詹姆斯（Clive James），说出的称赞之言也态度暧昧，沿路埋下若干言语地雷，意在削弱萨义德的地位。詹姆斯不承认萨义德在剑拔弩张的文明之间灵活敏捷，来往自如，却对其易引人妒忌的广泛人脉发出质疑。"在东方，有些聪明人，"他写道，"认为萨义德不过是又一个国际操纵者，得益于以恩人自居的姿态，而且无需更多借口。"仿佛萨义德并非来自"东方"，也不是阿拉伯人，只是一个美国知识分子。与别人类似，詹姆斯看到移民经历的双重性，却只注重自相矛盾的一面。

尽管本义并非如此，"lateness"（延迟）一词却可以用来形容许多学术反攻。此类强硬抵制出现的时间（比如罗伯特·欧文《认识的诱惑》）体现着怯懦，欧文一直等到萨义德去世，等对方无法做回应的时候才发表攻讦言论，为此等了三十年。萨义德的辩驳在伯纳德·刘易斯、罗伯特·格里芬和迈克尔·沃尔泽等人精神上留下的挫伤恐怕会让他开口前斟酌再三，至少那些让人没法轻易忘掉。萨义德痛斥这一招数，1981年刊在《新政治家》上的一篇关于V.S.奈保尔的评论中，暗示奈保尔习惯于诽谤第三世界人民，比如刊在《大西洋月刊》上的言词："他……是冒着会经受真实报复的风险吗？像苏格拉底那样承受直言不讳的后果？完全不是。"[20] 一个相关的策略是干脆抹掉他的名字。《纽约时报》在纪念索恩伯格时，列出所有曾为《大街》撰文的知名人士，却将萨义德排除在外，他可是刊文频率很高的撰稿人之一。[21] 哈佛大学鲍登奖的网页上列出了著名获奖者名单，有意删去了萨义德的名字。

另一种伤害来自从前关系亲密的人，对方竭力希望得到解脱。在萨义德去世十五年后，多米尼克·艾戴出版了《爱德华·萨义德：作为小说的思想》(2017)。这是一部自传体剖白小说，作者将自己描述成遭到忽视的缪斯。[22] 萨义德的几位朋友无法接受这部作品的夸张做作——比如，她将萨义德中间名缩写字母W看作其身份的"分身"，又或将其不同的自我分别比作一架钢琴左右两侧的琴键。[23] 精心组织进书中的轻视显得萨义德道德感浅薄，就在他人被他的魅力折服之际，她的意图似是伤害这个她声称感到钦佩的男人。

对此书的宣传是既是小说，又不乏对萨义德的洞见，事实上前者多于后者，整本书围绕萨义德对康拉德的喜爱展开（好像这是新闻一般），并且提出加缪和乔治·奥威尔是关键的检验标准，其实萨义德厌恶这两位。[24] 因为艾戴误把《开端》当作他出版的第一本专著，并且觉得他的回忆录"冷漠"，便转而得出他的人生是一场虚构的结论。她甚至走得更远。在不知道他写过小说和诗歌的情况下，艾戴称他从未像小说家和诗人一样，勇敢地接受想象力的主宰。因为这样的话，意味着进入情感危险四伏的疆域，抗拒批评家对应该做什么的强烈的控制欲。上述指责暴露了她对萨义德可谓一无所知。无视他终其一生对批评家遭忽视的权利进行坚定捍卫，反对普通教育对艺术家通常持有的虔敬态度。

在生命的最后几年，萨义德抛开顾虑，不再担心会得罪同行或自己显得逾越规矩。已没有什么可以失去，时间也所剩无几，他觉得是时候把自己的立场用最简明的语言表达出来。在治疗药物的作用下，他变得更加善感，比如在和儿时伙伴查理·布莱斯（Charlie Blythe）通电话时，他受不了自己如此在乎地位与应得的荣誉，激动得快落泪。[25] 另一次，他双手绞在一起，告诉朋友，想到自己购买昂贵的衣物就愤懑不已，这世上有多少人在为饱腹奔波。[26]

两次主要的演讲，一系列文章和一本小书（《人文主义与民主批评》），萨义德在二十一世纪初就人文主义的重要性所做的论述，与八十年初的相关文章类似，档案里保存着没有署具体日期的手稿，如果只看文章本身，两个时期的文章很容易混淆。年龄的积累反而令他愈发咄咄逼人，尽管在化疗的影响下，其文章的锋芒有所收敛，却也令之前就论述过的主旨更清晰、有力。无论如何，《文化与帝国主义》的调停立场已时过境迁，如今他探究的是与主流思潮论辩的课题。对他的许多同事而言，人文主义已只能让人想起以启发理性之名向有色民族训话的奴隶主形象。如果说在他学术生涯起步时，这个词已不受欢迎，到了二十一世纪初，他周围每个人几乎都觉得那是唤起西方文明实施的诸种罪行的口号。高校领导倒是仍然态度严正地引用这个词,那只会让它愈发受到质疑。

萨义德承认,人文主义不时地被用作"将正在进行的实践披上正派的外衣","抒发人性",前美国教育部部长威廉·本奈特伪善的《美德之书》(1993)就是一例,为暴行罩上道德(指对柬埔寨进行的地毯式轰炸)。我们都深知其中包含的反讽,他补充道,1982年,贝鲁特郊外的以色列士兵一边播放保罗·西蒙和亚特·加丰克尔的歌,一边站着目睹对萨布拉和夏蒂拉难民营的屠杀。而这样的事实,他辩驳,只讲述了故事的一半。不仅在欧洲,而且在中国和阿拉伯世界,人文主义往往与文史的研习相关。其代表意义不亚于一次以研读书籍为基础的学习革命,尤其是研读过去遭埋没的智慧,以及如何让知识更普及的热情。比如,在中国的道家思想、儒家思想、伊斯兰苏菲派、印度的梵社之间可以发现相似的不可知论的痕迹,对超自然存在持怀疑态度,强调人的选择,这在最值得钦佩的西方人文主义流派中也有类似表述。

完全有理由否认它在任何基本意义上是代表如大卫·休谟和塞西尔·罗德斯的欧洲种族主义者的精神。摒弃人文主义,也就是摒弃泰勒斯和阿那克萨戈拉非正统的世俗性、瓦罗对罗马法做的语文学研究、伊斯兰黄金时代(阿威罗伊、阿维森纳)对东方智慧的保存、新柏拉图主义对古埃及意义深远的重新发现、欧洲最初的大学开讲经院哲学、马格里布和黎凡特的伊斯兰学院,以及意大利文艺复兴时期波吉奥·布拉乔利尼和伊拉斯谟的杰出阐释。

面对二十一世纪之初利基市场、灭绝式战争、不受限制的生物技术,萨义德认为唯有坚持留存过去的人文主义能对其构成障碍。知识分子的社会角色只有通过人文主义历史性地进入政治领域的方式才能得到彰显。在评价一本以沃尔特·李普曼这个有影响力的记者兼总统顾问为题的专著时,他列举了一个知识分子该绝弃的种种特征:迎合、怯懦、轻视无权无势者、挑衅式的中产。[27] 在知识分子中间,他觉得李普曼的"他我"(alter ego)是乔姆斯基。在哥大一次演讲前,萨义德向他的朋友描述了反复在自己脑中浮现的一幕。他想象乔姆斯基坐在会议室桌子的一边,对面是兹比格纽·布热津斯基、罗伯特·麦克纳马拉、亚历山大·黑格和汤姆·布罗考。虽然孤军作战,乔姆斯基却"让人人感到困窘",将这些辩护人和战争贩子反驳得体无完肤,直到"他们……都被送到海牙接受审判"。[28] 乔姆斯基将"自由的美国人在上面扑腾了三十年的地毯掀起一角",借此表现了人文主义的思想斗争应该如何进行。[29] 而李普曼正相反,绝不会冒任何风险。

在认可知识分子应担当社会角色的同时,萨义德又如往常那样出其不意地选中朱利安·班达《知识分子的背叛》(1928)来进行研讨。此举令人费解,因为班达笔下的"背叛"指涉足政治是对知识分子志业的玷污。[30] 班达认为民主很糟糕,知识分子应该构成一种神圣秩序,身处其中的成员应该过遁世甚至苦修式生活(他的理想是苏格拉底和耶稣)。另一方面,萨义德赞扬班达的世俗基督教理念。其实,人文学科的确有精神面向的维度,如果"精神"一词指思维的力量和道德决心。在2001年9月11日之后,这种模式变得尤其具有吸引力,许多意见制造者似乎不仅仅想甩开这种或那种不同的观点,更想(如萨义德所言)甩开"思想本身"。[31]

随着死亡临近,萨义德发现不去回顾自己做过的研究是不可能的,看看那究竟在知识分子志业中扮演什么角色。因此,他回到七十年代、八十年代初就比较文学和翻译写的论文。[32]比较文学的确晦涩难懂、不紧跟潮流,萨义德观察,却无法掩盖它为战争、人权和外交政策诸问题贡献良多的事实。[33]具体来说,在六十年代青年反叛浪潮高涨时,萨义德发现了让"传统之间交流活力"成为可能的条件——1963年至1972年,承载前卫思想的鼎革之作(法农、葛兰西、卡布拉尔等等)首次被译成英文出版。[34]萨义德觉察到比较文学具有与主流抗衡的意愿,即抗拒技术-科学所标榜的精准性。涉猎多层面的比较让专业化变得不那么科学。与自然科学的诸学科不同,他秉持的原则持续进行着自我生发,对亲西方的预设进行质疑,(与此同样重要的是)将研究对象从文学扩展开去,进入哲学、音乐、历史、政治学和社会学领域。[35]

无论他们从手里的数据逐渐获得了何种力量,社会科学家相对而言缺乏思想准备——可将社会理解为由物质商品、文化历程和想象性投射等相互关联的部分构成的一个整体。在为讲授法兰克福学派做的备课笔记中,他总结出自己理解的阿多诺思考的主题。其中之一,是"科学、事实:对各路哲学构成清算的威胁",尤其醒目。因为它暗示着人文学者比自然学科更懂得"事实"本身是由语言、价值和观念都在其中发挥作用的综合性社会理论所框定,并且由其赋予意义。

二十一世纪影响最深远的社会变化之一——书写媒介从纸和笔变成了电子设备——对此,人文学者、比较文学学者也有很多思考。[36]纸张和墨水到背光屏幕的转变意味着抛弃了文本的实体,以及繁琐而严格的制作过程和在没有超文本的辅助下手持书本阅读时所需要的想象力。坚持纸墨留存的思想世界不仅仅是一种怀旧，如果不这样做，会对批判能力造成灾难性后果。萨义德用一篇又一篇文章反复阐明：进步思想意味着保存传统，而不是摧毁它们。

《论晚期风格》在萨义德去世后才出版，没有时间做进一步修订润色，却也十分坦诚，甚至可以说，在揭露晚期思想方面比作者本人试图表达的更多。而且，与其他著作相比，本书代表着在音乐鉴赏与文学评论之间做到了几乎同等的呈现。起初是受阿多诺论贝多芬晚期音乐（包括庄严弥撒、歌剧《菲岱里奥》和晚期奏鸣曲）那篇著名论文的启发，《论晚期风格》却直截了当，旨在颠覆阿多诺的论述，但这不妨碍他对阿多诺的钦佩。阿多诺认为，处于晚期阶段的作曲家会自如地使用范式，而非继续像之前那样一心追求创新。萨义德则是思考某些杰出的小说家和作曲家力克困苦的英雄之举，陶醉于他们打破常规的普罗米修斯般的渴望。

尽管如此，阅读《论晚期风格》时每每能读出暗示肉体死亡如何使伟大的头脑沦为被动的见证者。并不是在暗示在死亡门前，他的反叛精神濒临瓦解，他仍然被迫思索可然之事与必然之事交汇的深渊："我已无法忍受政治。"[37] 某种不确定感在他心中萦绕，他是不是已经丧失改变世界的动力，还是依然足够勇敢无畏，如他评价热内时所说，反抗自身（contre-moi-même）。就像《论晚期风格》中分析的艺术家，萨义德不愿在体弱多病之时变得和蔼可亲、讨好官方。另一方面，他坚持的传统无关保守的平静，犹如音乐中，而是不拘一格进行创造的素材。他乐意指出"创意曲"（inventio）这一术语不是惯常理解的"创新"之意——

从"无"中创造"有",而是对既有主题源源不断的生发。

最先提出思考晚期风格可以追溯到确诊白血病时(在九十年代初的研讨班上提出,经1993年做的三次演讲表述成型),似乎印证了这种思考回应的是他本人的患病经历。[38] 这不禁让人猜想,将一个已经颇具戏剧感的姿态继续抬高,萨义德是把自己看作科罗诺斯的俄狄浦斯,在村民眼里是不祥之人(弑父娶母),走进科罗诺斯时刺瞎了双眼,因做了错事而对自己实施严酷的惩罚。

事实上,对晚期的思考与萨义德每况愈下的身体状况并非对应关系。毋宁说是在每个人生阶段,萨义德思考开端、经过和结束的哲学问题过程中必然会遇到的。在学术生涯之初,他认同显然具有保守色彩、关于延续的观点(维柯认为过去可以以一种富有创造性的方式重现),从中发现了另一种激进路径,与现代主义假定与过往的一切决裂相对。类似地,萨义德想把自满从晚期上剥离,但不局限于生命的晚期。在《开端》中,便已思考了晚期的问题,关注"开始视自己接近创作生涯的终点,却依然想继续"的作家,甚至是在其写作"已抵达结论"以后。[39]

在撰写最后的书籍和讲座时,萨义德六十七岁,并不是十分衰老。在他的想象里,《论晚期风格》中分析的俄狄浦斯形象,或理查德·施特劳斯(八十五岁去世),与他的亲身经历并没有构成密切的参照。如果说此时的思考不像早期论文那般优雅、简练,却在卸下对方心理防备的同时更懂得如何唤起读者的共鸣。正如他为《金字塔报》撰写的一篇文章所言,"天才之所以是天才,根本在于他们隐藏或抹除了一切刻苦努力的痕迹"。[40] 具有欺骗效果的简洁一直都是一种关键的修辞工具。可是光具备风格就足够了吗?他担心仍然有要说的,赞同叶芝欢迎老年的到来,当回望一生,为之奋斗过的"只剩下一间破烂的杂货铺"。[41] 他不曾忘记1979年见到萨特时的情景,萨特已是不起眼的虚弱老人,被门生牵着鼻子走。他感到悲伤:"这位思想巨人到了晚年,要么屈服于年轻人的诡计,要么屈服于不可更改的信念。"[42] 如果说萨义德禁不起奉承,此类反应并不鲜见,他至少不会变得只认教条。

"晚期风格"一词来自阿多诺的短文《贝多芬的晚期风格》(1937),由此阐发的观点则见不到太多传承感。其实萨义德急于阐明他与阿多诺的观点背道而驰。书最终以《论晚期风格》为题出版,迈克尔·伍德编辑能力高超,他阅读了与本书有关的部分文稿,和其他从未打算编入本书的演讲稿和文章,理应看成这二十年来对阿多诺思考的总结,而不仅仅是对论贝多芬一篇文章的述评。七十年代末,萨义德才开始正式研读阿多诺的作品;1984年以前,也几乎没有在写作或演讲时多提及阿多诺。[43] 1983年秋,萨义德开设了讨论阿多诺为主的研讨班,以及瓦尔特·本雅明、赫伯特·马尔库塞和卢卡奇的作品,他称他们是"先驱、赋能者"。[44]

作为二十世纪最有影响力的哲学家之一,阿多诺的思想灵活地融合了美学、精神分析、认识论和经验心理学。二十四岁时,他成为法兰克福学派一员,与其他马克思主义学者一起,发展出一种独特的混合方法论。1932年,纳粹夺取政权,该研究所迁至哥伦比亚大学,后来又在加利福尼亚大学落脚继续它的研究,二战结束后才返回德国。他们进行了一系列开创性的研究,写出哲学根基深厚而又文风明晰、愤怒、不时流露绝望的文章,揭露资本主义对自由、兴趣、道德和思想构成威胁。法兰克福学派认为,美国的政策制定者不假思索地服膺一种狭隘的科学主义,由此引发灾难性后果,与此同时,美国的商业流行文化持续进行娱乐民众，到了不惜使其丧失思考能力和感知力的程度，简直是在完善纳粹在二战期间施行的精神控制。

在美学家和音乐学家主宰话语权的领域，阿多诺却有了不寻常的洞见，将巴赫精准的作曲与资产阶级理性的机械化特征对照观察。[45] 萨义德曾评价纽约大都会歌剧院是"不曾相协调的商业趣味和美学趣味的堡垒"，[46] 这借鉴了阿多诺的观点。《论晚期风格》中，对施特劳斯进行了严酷的抨击，而阿多诺的措辞更厉害，谴责施特劳斯的晚期作品犹如"世界集市"，酷似大饭店："提供的一切都是为了展示和出售，应有尽有"。[47] 萨义德却认为阿多诺对施特劳斯和阿尔图罗·托斯卡尼尼的批判过于笼统，阿多诺认为后者象征"晚期资本主义的混乱无序，他的掌控力"是对工厂流水线的专制戏仿。萨义德则赞扬托斯卡尼尼让演奏会表演卸下了传统主义和伤感癖。[48] 二人均谴责知名钢琴家表现的恶劣的一面（萨义德常常批评纽约钢琴演奏家形成的秘密社团，其中包括弗拉基米尔·阿什肯纳齐），以及古典音乐市场偏袒性明显。阿多诺第一次将对音乐作曲、生产、复制和消费的研究放在严肃的基础上进行，这一点是萨义德最为赞同并仔细钻研的。

但是萨义德对阿多诺的钦佩并不比其他思想英雄多。他无法对阿多诺的悲观主义视而不见：他"给马克思主义注射了一针疫苗，让它动弹不得"。[49] 在探究一个社会的噩梦——每一种人与人的关系都变成了经济交易时，阿多诺的分析极具说服力，可是在描述市场施加的恶劣影响时，没有考虑普通人的抗争或希望的存在。对一切说不，萨义德补充，会让晚期（lateness）变得无趣；必须有积极的、建设性的一面。出于这种考虑，萨义德将阿多诺大部分代表性著作置于一边，吸引他的主要是作为音乐理论学者和战后写了那本自传片段的文集《最低限度的道德》

（1951）。

这就会让人联想到，他早期对阿多诺的称赞（比如在《音乐的阐释》中）有勉强的意味。只有在二战快要爆发之前和二战结束后撰写的著作，可以百读不厌，萨义德声称，即指他与法兰克福学派同事马克斯·霍克海默一起围绕"文化工业"展开的著名分析做的，以及《新音乐哲学》和《最低限度的道德》。萨义德很可能没读过或者没细读过被普遍视为阿多诺思想的巅峰之作：《美学理论》（1970）和《否定的辩证法》（1966）。事实上，他将阿多诺的学术兴趣范围大大窄化，称他是"主要探讨音乐"的哲学家，忽略他就克尔凯郭尔、电视、海德格尔、德国文学等主题的思考。[50] 阿多诺严厉地批评爵士乐和锡盘巷，批评乐于从民间音乐汲取灵感的斯特拉文斯基、巴尔托克和斯美塔那等作曲家带来的弊端，阿多诺自己也作曲，属于由阿诺德·勋伯格的十二音法所发扬光大的新维也纳风格。根据自己的理解，萨义德将阿多诺的音乐理论传达的要旨内在化："商品形式主宰了音乐生活的方方面面"，也就是说，资本主义将万事万物转变成愿意掏钱去买的功用，音乐也没能幸免，既摧毁了它的自主性，更摧毁了它的超验性。[51] 同时，阿多诺的论述中带有黑格尔哲学传统的地方，萨义德均选择回避，对他大部分读者来说，他分析的完全就是阿多诺，即使是批判性的。

萨义德的确在修正甚至辩驳的是阿多诺关于晚期风格的观点。如何解释伟大艺术家在创作生涯晚期经历的明显的风格变化？阿多诺认为不能简单地归结为心理，将音乐作品简化成作曲家本人，尽管这种处理吸引人，也情有可原。贝多芬最后创作的那些钢琴奏鸣曲体现出闲散的、"几乎田园诗般的"特征——与像《英雄》这样激情喷涌的作品相比，容易被视为老年平和、顺从的表现。[52]但是这种理解剥夺了艺术的独立性,仿佛艺术只是传记的附属物。

从心理学角度看,一个成熟的作曲家,假如他还是天才,显然会加倍坚持早期的叛逆,舍弃一切常规,全心追求一种新语言。但贝多芬的做法正相反,晚期作品随处可见非必要的"程式化表达",目的不明的颤音和倚音。[53]这位一生都勇于创新的作曲家,最终顺从了形式的法则。作品因此被重新赋予了反抗现实的地位,而非现实的仆人。阿多诺眼中的晚期风格与年龄的积累毫无关系,当然,艺术家要经历漫长的岁月才能领悟美学形式与现实两不相干。

在这里,萨义德对尘世和世俗的强调与阿多诺的观点格格不入,就像他对晚期风格的思考恰恰是从心理角度出发。在评论梅纳德·所罗门(Maynard Solomon)《晚期贝多芬》(2003)一书时,他赞扬了阿多诺所摒弃的传记作者的书写习惯。一切都是为了探索晚期作品的"私人的挣扎与不稳定",以及勾勒贝多芬从外向到内向那令人不安的转变。大师的晚期作品并不像我们所期望的那样(正如阿多诺所坚持的),是最终吸取的教训,而是年龄沉重的力量阻碍他接受必要的任务,是一种退缩和逃避。贝多芬的晚期作品扭曲、打结、古怪,这源于深切的失望和拒绝,萨义德引述希腊诗人康斯坦丁·卡瓦菲斯的诗,认为贝多芬拒绝"直接介入[他]自己的时代"。[54]

此时,卡瓦菲斯渐渐取代了霍普金斯,成为最能表达萨义德内心情感的诗人。晚饭后,他会向玛利安姆大声朗读卡瓦菲斯的诗,可以读到深夜,也可能读华兹华斯的诗。希腊诗人那"非象征性的、几近散文的无韵诗"(萨义德语)令他折服,将更广大的、城市特征明显的希腊世界(即亚历山大城)描摹得如此生动，常常以古典时代为背景，忽视它周围的现代阿拉伯世界。萨义德称之为"非生产性的美学原则"——反感官愉悦，抵抗挽歌的诱惑，为了直面现实——这意味深长。显然，在卡瓦菲斯的诗里，萨义德才体会到在真实生活里往往忽略掉的情绪——面对崩坏的世界，持"优雅的冷静"，没有和解或补救的忧郁幻灭，生存本身即可谓唯一的胜利。在为萨义德举行追悼仪式时，他的妹妹琼认为应该读一首霍普金斯的诗。只有玛利安姆了解他后来多么喜爱那位亚历山大诗人，她坚持该读卡瓦菲斯。最后，娜杰拉读了《等待野蛮人》，一幅公民逃离公共广场的尖刻画像，"厌倦了修辞术和公共演说"，放弃对抗统治者的权力，因为有外来敌人的威胁，而这外来敌人永远不会到来。

放弃最终解答，这种感觉支配了他对阿多诺的看法。在这一点上，两人有共识。但是一次又一次，萨义德阐释着阿多诺所无的看法，即晚期作品不仅仅是坚硬的，不加糖分，或有意显得惹人讨厌（阿多诺暗示上述特征像作曲家咄咄逼人的进攻，让听众保持紧张状态），更是"断断续续，碎片式的，未完成的"，充斥"晦涩、常常是神秘得让人无法满意的结论"——这恰恰是萨义德在论弗洛伊德一书里为晚期风格下的定义。[55] 简言之，作家的焦点从有意的令人失望之举转向那些无解的谜团。

显然，萨义德在与自己的过往经历（以及起伏的心理）搏斗，尽管不是以我们能想见的方式。比如，2003年关于"与康拉德一起旅行"的采访里，他对这位小说家就做了相当尖锐的描述。他理解康拉德的自我怀疑，却仍认为其晚期风格"充满回忆……自我引述"，让人伤感。尽管晚年赢得了名望，康拉德担心他的小说已变得平常，担心自己沦为自我风格的模仿。[56] 萨义德将此视为一种警告，早前在一篇不起眼的文章《过多的工作》

（1999）里就讨论过，文章名是双关，暗指在已显得膨胀的全集上再加入太多作品的危险。伟大的天才打动人的瞬间，在于"难以想象的创造力"，以及神性特征。如果以日常细节来审视他们的生命——"婚姻问题、糟糕的牙齿和无赖牙医、手头拮据等等"——那么"一幅单调得让人失望的肖像就会浮现"。比如莫扎特是需要讨好国王的侍臣，爱因斯坦演奏小提琴水平一般、教书只为完成任务，歌德在魏玛小公国里担任平庸的官僚。天才的创造力固然"无穷尽"，而平庸在每一个转折点都为创造力蒙上阴影。

整本书旨在仔细审视绝望、疲乏和厌恶人类等心绪。他关注的思想巨人，在晚年向那些诱惑屈服，萨义德对此感同身受，决心加以克服。[57]这种沉郁的决心，再加上阿多诺是本书的研究核心，在2000年接受《国土报》的以色列记者阿瑞·沙维特（Ari Shavit）采访时，表述得很清楚："我是最后一个犹太知识分子。你不认识其他的人。其他的犹太知识分子如今都是乏味的老爷……我是最后一个。阿多诺唯一的货真价实的追随者。"[58]这不是他第一次运用这个形象。1988年12月，刊物《修复》（Tikkun）组织了一次犹太进步人士参加的会议，在小组讨论上，同组成员迈克尔·沃尔泽诡称要保持和平，敦促众人忘记过去往前看。一位名叫希尔妲·西尔威曼的女士接着发言，表示她感到困惑："身为犹太人，我们存在的理由就是历史。'永不再来'是我们的格言，现在你告诉我们巴勒斯坦人应该忘记过去？！"萨义德凑近话筒，回应道："请允许我做最后一个犹太知识分子。"[59]

1978年，在致萨义德的一封信里，立场激进的记者I.F.史东至少指出萨义德挑衅的动机之一。他分析了已为萨义德所了解的变化，即在现代西方社会，反犹主义从犹太人转向阿拉伯人所引发的恶果。史东称赞萨义德最近在《新政治家》上发表的一篇文章，佩服其有能力"让受到压迫和排斥的同胞的杰出天赋和价值得到肯定"，接着总结道："你们已然成为了感知力敏锐的'犹太人'，而我们成了'非犹太人'。"[60]

瓦迪对父亲的这一姿态有稍微不同的诠释。必须注意到沙维特的采访就发生在第二次巴勒斯坦起义之前，以及"9·11"后"对恐怖主义的战争"，局势动荡难料，以色列无惧报复肆意扩大占领土地的时期。沙维特在采访中采取防御态度，却仍感到节节败退，不得不使出含沙射影的手法。萨义德被激怒了，他审视对话者，心想："看看你。你自诩代表着一个民族和一种文明，你根本不配。你不理解做一个犹太知识分子意味着什么，那意味着投身这个世界，追求公正。也许你拥有武器和资源，但是在思想上，在道德上，你已经一败涂地，余下的只是别人何时会发觉这一点。"[61]

《论晚期风格》可谓以论让·热内那一章为榜样，形容热内表现出非凡的爱、激情和革命，面对绝望毫不妥协。又如论莫扎特一章，这位作曲家对人性表示失望，从其创作的一部歌剧的名字就能看出来，"女人皆如此"——欺骗恋人，背叛朋友，这让萨义德为之唏嘘。[62] 莫扎特的嬉笑耍戏下隐藏着经久的黑暗，旋律和戏仿构成的"封闭体系"烘托出主线情节，揭示了剧中角色的空虚和无法满足的渴望。莫扎特的作品代表了愤世嫉俗的、一成不变的秩序，萨义德间接地批评这在道德和政治上是不可接受的，如同理查德·施特劳斯的晚年创作（《论晚期风格》中有专门一章），在二十世纪中期，施特劳斯积极寻求重返十八世纪，展示声色和谐、炫耀自己杰出的技巧，以此回避纷繁动荡的现实世界。

写《论晚期风格》所秉持的信心或许在《萦绕不散的旧秩序》一章体现得最鲜明,分析卢奇诺·维斯康蒂1963年的电影《豹》,改编自朱塞佩·托马西·德·兰佩杜萨的同名小说。和小说的主人公一样,兰佩杜萨是一名西西里贵族,恰恰属于萨义德在葛兰西、维柯和戈贝蒂中读出的意大利唯物论传统。他更以优美的笔触,捕捉到旧世界的倾颓、经受殖民的民族固执的傲慢以及做一个不合时宜的人的悲剧(让人想起在二十一世纪美国的阿拉伯人忍受的痛苦)。西西里人以为古老就是伟大:"二十五个世纪以来,我们一直承受着一种辉煌、混杂的文明的重压,一切都来自外部,我们无所创造,没有什么能称为属于我们……两千五百年来,我们一直是殖民地……我们精疲力竭。"[63]

其中有一幕,唐·法布里契奥——骄傲而古板的土地领主,难以挽回庄园的颓势,接待了来自都灵政府的特使。特使前来寻找大家族的首领,欲说服其进入议会,以便让新政权取得合法地位。亲王拒绝了在参议院有一席位的邀请,他的理由想必让萨义德想起在巴勒斯坦国民议会时的经历:"我这一代人是不幸的,在两个世界里逡巡,却怎样都不自在……一个毫无相关经验的立法者,缺乏自欺的能力,而那是有意指引他人者必备的特质——政府要这样的人干吗?不,我不会动一点儿政治的念头。它会反咬我一口……西西里人脑子里没有改进这个词。他们觉得自己是完美的。他们的虚荣心胜过他们经受的磨难。"[64] 这种倾吐恰是他真切体会到的,《奥斯陆协议》让他认清肮脏的政治最好还是留给心胸狭隘的人,可堪聊慰。他无法真的否认,尽管他十分想,唐·法布里契奥对无用无能的描摹的准确性,他对还没读过《豹》的朋友坦言:"非常特别,读了就知道了。"[65] 但是和卡瓦菲斯一样,兰佩杜萨持一种悲观主义,是萨义德无法认同的,那是一种在脆弱时尤其显得吸引人的情感,也因此更加危险。

在去世前一年,萨义德给大江健三郎写过一封情深意切的信,流露了之前他从未表达过的质疑。"维柯的大部分读者,"他写道,"都忽视了维柯的悲观主义……无论我们多么努力,我们都受到如何思考的限制,更受到各自的立场、时代的限制……我喜爱的作家约瑟夫·康拉德一针见血:我们孤独地生活,正如我们孤独地做梦。"[66]大江健三郎拒绝向伤感投降,像他之前的戈迪默,提醒萨义德他们期望他振奋起来,又想起自己曾把萨义德比作西蒙娜·薇依(她在1943年的伦敦反思死亡,正像薇依一样,他没有屈从死亡阴郁的前景)。[67]适逢萨义德的政论文章结集在日本出版,书名是《宣传与战争》,与美国版相比,显得朴实,也可从中看出一部分国外读者是如何看待他的。两人的书信激烈地讨论起如何抵抗被大江健三郎称为"美日联合文化帝国主义"的计划。他们从对方的信中寻找慰藉,萨义德向大江描述自己的观察:面对军事侵略,无论文学语言和想象的武器看起来有多微弱,它们至少"处于民主-公民事业的核心位置"。[68]

这种声援的口气听起来像责备阿多诺,萨义德开始将其看成十九世纪晚期的思想者,意外被放逐到二十世纪。虽然他相当认同阿多诺分析的幻灭的浪漫主义,也是时候重新审视他对这样一位思想家的认同——阿多诺对时代精神所做的唯一真实的报复是羞辱它。他明白自己胜算不大,不仅因为地理政治势力联合起来对抗他,更因为在观众眼里,证据绝不充足。他推测,他会被不断重复的谎言所积累的强大力量打败。但他还被现代主义的诸多真相所困扰,萦绕在他的意识、不育和破灭的梦想之上。剧本已经写好,故事很可能是糟糕的结局。

萨义德无法认同那些完全信服哈代《无名的裘德》或康拉

德《诺斯托罗莫》所呈现的悲凉前景的人。在给一个表示良好祝愿的人写回信时,他拒绝含糊其词:"恐怕我无法认同说当今形势是'无望的'。在暴行和不公肆虐的地方,'无望'就是屈服,我相信那是不道德的。"[69] 就在他去世前,约翰·伯格哀叹这个"具有颠覆力的世界主义者"为巴勒斯坦建国倾尽全力,却没能撼动现实分毫。[70] 那样有性格魅力的人,又将高超的思辨力和道德武器配合运用,火力十足,他一生最看重的政治目标却似乎依然遥不可及。

老友安德烈·沙隆并不这么看,他认为萨义德撼动了这个世界——没有顺从美国,而是促使美国注意到他,或至少是相当一部分知识分子,在他们中间催生了一种道德良知,反帝国主义成为新共识,多元文化权威不再那么罕见,以及在政治斗争中,文化的力量得到承认。一个朋友和萨义德开玩笑:"我不知道你在跟什么做斗争……但我知道你已经赢了。"[71] 如果遇上特朗普执政的时代,他很可能又找到突围的办法。他当然会预见到特朗普听任以色列吞并所有巴勒斯坦人的土地,尽管在希望给饱经磨难的巴勒斯坦人寻求公正解决的人们中间,萨义德提出的一国方案最近被认为是一种可行的选择。但是不管怎样,萨义德无疑会想起布莱克穆尔令人忧虑的话语:"下一个时代恐怕在任何意义上都会超出我们的理解。"[72]

回头再看 2003 年 8 月在法罗机场,因旅行证件引起的争执如不祥之兆。9 月底,萨义德去世。这不禁引起朋友诸多猜测。有一种说法流传甚广——索恩伯格就是信众之一——萨义德不顾糟糕的免疫系统,冒险在大西洋夜泳。[73] 倘若不是如此莽撞,这些朋友相信，他本可以活着。事实并非如此。尽管通常情况下，慢性淋巴细胞白血病是可治疗的疾病，萨义德却不幸出现被称为"利希特症状"的并发症，B细胞淋巴瘤迅速增殖、扩散。从葡萄牙返回后，为其治疗的医生怀疑萨义德就是这种情况。最终，尸检证实了这种诊断。

在最后那几周里，萨义德联系朋友和之前的学生，催促他们撰文反驳希钦斯发表在《大西洋月刊》上的那篇诽谤《东方学》的文章。新学期刚刚开始，还要准备国外的一场重要讲座，萨义德要忙的事情很多。9月21日，星期日，高烧减退，他告诉玛利安姆感觉好些了，打算花一天时间为《从奥斯陆到伊拉克及路线图》写导言。到了星期一，娜杰拉却觉察父亲的情况急转直下。她眼看他无法正常地讲话。瓦迪和妻子詹妮弗当时就住在仅一个街区远的地方，他们也有同感，于是立刻联系了正在工作的母亲，还给坎提·拉伊打了电话。医生提醒他们莫慌，做好该做的，已赶到家的玛利安姆便和瓦迪慢慢地给萨义德穿衣——他已无法站立或走动，扶着他坐在沙发上，等出租车来。当晚7点30分，他们到达长岛犹太医学中心。一路上，玛利安姆不安地摩挲他的手，而萨义德仍然可以感知周围，轻轻地握住她的手，想让她放松下来。

在急诊室，他们立刻感觉到萨义德的情况危急。拉伊神色凝重。他立刻接受了重症监护，家人可以在晚上去看望，可是星期二和星期三，萨义德都是昏迷状态。到了星期三下午，医生向家属坦言希望渺茫。他的肺出现严重的病毒及细菌感染，恐怕撑不到明天早上。别让病人太痛苦，拉伊建议。当病人的心脏停止跳动，重症监护室的机器会发出一声尖锐的警报，考虑到可能留下情感创伤，甚至不允许病人家属进去探望。妹妹格雷丝从华盛顿赶来，与其他人一起围在床边，和萨义德道别。到晚上 7 点，娜杰拉悲痛至极——她一直盯着他困难地喘气，还盯着监视器，看父亲的心跳是否有加强的可能。她和母亲吻了他，离开了监护室。格雷丝、瓦迪和詹妮弗又待了一个小时，直到坎提来劝他们离开。星期四早上，即 9 月 25 日，6 点 40 分，玛利安姆接到电话，获悉萨义德在十五分钟前去世。

他选择不葬在巴勒斯坦。萨义德已经具有政治象征意义，如果葬在巴勒斯坦，他的坟墓很有可能不幸遭到亵渎。遵照玛利安姆家族传统，选择黎巴嫩布鲁姆马纳一座高山上的小型贵格教徒墓地，那里覆满青草，树木成行。朴素的黑色大理石石板，上方刻着他的英文名字，下方是阿拉伯文名字。这个埋葬地同公墓本身一样不起眼，就像藏匿，让人难以相信这就是萨义德的长眠之处。只是咄咄逼人的现代迹象破坏了山谷壮丽的景色。墓园呈三角形，三面被翠柏围绕，与高层建筑毗邻，虽然面积有限，对埋葬在此的贵格教徒人数而言可谓宽敞。尽管面南，朝着巴勒斯坦，俯瞰对面耸立于贝鲁特上方的山脉，即便这最后的安息之地，也显得不太对劲。

注 释

注释中用到的缩略语

经常引用到的萨义德作品
ALS: After the Last Sky《最后的天空之后》
B: Beginnings《开端》
C&I: Culture and Imperialism《文化与帝国主义》
EPP: The End of the Peace Process《和平进程的终结》
ESR: The Edward Said Reader《爱德华·萨义德读本》
FNE: Freud and the Non-European《弗洛伊德与非欧洲人》
HDC: Humanism and Democratic Criticism《人文主义与民主批评》
IES: Interviews with Edward Said《爱德华·萨义德访谈录》
JC: Joseph Conrad and the Fiction of Autobiography《康拉德与自传的虚构》
LS: On Late Style《论晚期风格》
ME: Musical Elaborations《音乐的阐释》
ML: Music at the Limits《音乐的极境》
O: Orientalism《东方学》
OI: From Oslo to Iraq and the Road Map《从奥斯陆到伊拉克及路线图》
OP: Out of Place《格格不入》
PD: The Politics of Dispossession《流离失所的政治》
PeD: Peace and Its Discontents《和平与不平》

PP: *Paralles and Paradoxes*《平行与悖论》
PPC: *Power, Politics, and Culture*《权力，政治与文化》
PS: *The Pen and the Sword*《笔与剑》
QP: *The Question of Palestine*《巴勒斯坦问题》
RE: *Reflections on Exile*《关于流亡的思考》
WTC: *The World, the Text and the Critic*《世界，文本，批评家》

档案

CZ: Constantine Zurayk Papers, American University of Beirut.

EWSP: Edward W. Said Papers (1940s–2006), MS 1524, Rare Book and Manuscript Library, Columbia University Library. All references to this archive in the notes will follow the format box: folder: series.subseries. For example, 48:1:II.1 refers to box 48, folder 1, series II, subseries 1.

FBI: Edward William Said, FBI Vault.

HL: Harry Levin Papers, Levin-Said Correspondence, MS Am 2461 (859), Houghton Library, Harvard University.

HT: Edward W. Said, Harvard University Graduate Student Transcripts.

IW: Ian P. Watt Papers (SC0401). Department of Special Collections and University Archives, Stanford University Libraries, Stanford, California.

MH: Northfield Mount Hermon School Transcripts; Said 18790 MH.01, 02, 03.

PT: Undergraduate Academic Files, box 169, Said, Edward (1957), AC198, Princeton University Library.

ST: Edward Said Papers of the Center for Advanced Study in the Behavioral Sciences Records (SC1055), Department of Special Collections and University Archives, Stanford University Libraries, Stanford, Calif.

访谈

Abu-Deep: Kamal Abu-Deep, 1/18/16, Oxford, U.K.

Abu-Lughod: Lila Abu-Lughod, 4/15/18, New York

Al-Azm: Sadik Al-Azm, 12/19/15, Berlin

Al-Banna: Sami Al-Banna, 3/30/16, 4/6/16, 4/8/16, Bethesda, Md.

Al-Hout: Bayan Hout, 2/26/17, Beirut

Ali: Tariq Ali, 6/2/16, London

Alpers: Svetlana Alpers, 12/5/17, New York (correspondence).

Ammar: Ibrahim Ammar, 5/5/17, Woodbury, N.J.

Ashrawi: Hanan Ashrawi, 6/7/18, Ramallah

Atassi: Mohammad Ali Atassi, 11/28/16, Beirut

Barenboim: Daniel Barenboim, 1/22/17, New York

Barsamian: David Barsamian, 5/7/18, Boulder, Colo.

Bender: John Bender, 4/1/17, Minneapolis

Berger: John Berger, 12/2/15, Antony, France

Bergson, A.: Allen Bergson, 9/23/15, New York

Bergson, D.: Deirdre Bergson, 9/23/15, New York

Bilgrami: Akeel Bilgrami, 3/25/17, New York

Blythe: Charles Blythe, 11/30/15, Cambridge, Mass.

Brieger: Gottfried Brieger, 12/1/15, Detroit

Burns: Ric Burns, 6/6/16, New York

Carnicelli: Tom Carnicelli, 8/3/16, Maine

Carroll: Clare Carroll, 12/4/15, New York

Chomsky: Noam Chomsky, 2/12/16, Cambridge, Mass.

Cole: Jonathan Cole, 1/11/16, New York

Cortas: Nadim Cortas, 11/26/16, Beirut

David: Deirdre David, 12/11/15, New York

Davis: Lennard Davis, 11/16/18, New York

Delaney: Sheila Delaney, 6/23/17, Vancouver

Dickstein: Morris Dickstein, 4/9/18, New York

Eddé: Dominique Eddé, 7/8/16, Beirut

Fahy: Sandra Fahy, 4/1/16, New York

Farer: Tom Farer, 7/15/17, Denver

Fried: Michael Fried, 12/2/15, Baltimore

Friedman: Robert Friedman, 12/18/15, New York

Gallagher: Dorothy Gallagher, 7/19/16, New York

Ghazoul: Ferial Ghazoul, 4/6/16, Cairo

Gindy: Nadia Gindy, 5/4/17, Cairo

Glass: Charles Glass, 2/24/16, New York

Greene: Gayle Green, 8/8/17, Berkeley, Calif.

Grimshaw: Anna Grimshaw, 2/7/18, Atlanta

Guttenplan: Don Guttenplan, 1/5/16, 1/6/16, London

Habachy: Nazeeh Habachy, 1/23/16, New York

Hadidi: Subhi Hadidi, 12/9/15, Paris

Hakim: Carol Hakim, 4/10/17, Minneapolis

Hovsepian: Nubar Hovsepian, 2/10/16, California

Idriss: Samah Idriss, 4/28/17, Beirut
Istrabadi: Zaineb Istrabadi, 1/6/16, Bloomington, Ind.
Kardouche: George Kardouche, 5/10/16, Egypt (Red Sea)
Khairallah: Assaad Khairallah, 11/25/16, Beirut
Khalidi, M.: Muhammad Ali Khalidi, 4/11/18, Toronto
Khalidi, R.: Rashid Khalidi, 4/13/18, New York
Khalidi, T.: Tarif Khalidi, 12/15/15, Beirut
Lehman: David Lehman (correspondence)
Lentin: Ronit Lentin, 1/18/16, Dublin
Locke: Ralph Locke (correspondence)
Malik: Nabil "Bill" Malik, 8/17/18, Portsmouth, R.I.
Margaronis: Maria Margaronis, 3/12/16, London
McLeod: Alexander McLeod, 12/3/15, Nashville
Miller, J.: Hillis Miller, 1/7/16, Connecticut
Mintz: Alan Mintz, 1/5/16, New York
Mitchell: W. J. T. Mitchell, 12/14/15, Chicago
Mohr: Jean Mohr, 4/28/17, 5/5/17, Geneva
Musallam: Basim Musallam, 12/17/15, Cambridge, U.K.
O'Connell: Dan O'Connell, 8/13/18, New York
Painter: Karen Painter, 12/16/15, Minneapolis
Parry: Benita Parry, 11/23/18, Mynydd Llandegai, Wales
Piterberg: Gabriel Piterberg, 12/3/15, Los Angeles
Poole: Deborah Poole, 4/4/16, Baltimore
Rai: Kanti Rai, 12/21/15, Great Neck, N.Y.
Richetti: John Richetti, 4/1/17, Minneapolis
Rose: Jacqueline Rose, 2/10/16, London
Rosenthal: Michael Rosenthal, 12/22/15, New York
Sabbagh: Karl Sabbagh, 2/23/16, London
Said, G.: Grace Said, 11/25/16, Beirut
Said, M.: Mariam Said, 9/29/15, 8/14/16, 7/11/17, New York
Said, N.: Najla Said, 5/30/16, 8/16/16, New York
Said, W.: Wadie Said, 2/16/16, 3/10/19, Columbia, S.C.
Said Makdisi: Jean Said Makdisi, 11/25/16, Beirut
Seidel: Frederick Seidel, 8/15/16, New York
Shaheen: Mohammad Shaheen, 2/15/16, 11/25/16, Beirut and Amman
Sharon: Andre Sharon, 2/19/16, New York

Sifton: Elisabeth Sifton, 1/20/17, New York
Solum: John Solum, 12/11/15, Westport, Conn.
Soueif: Ahdaf Soueif, 4/2/17, London
Stein: Jean Stein, 3/24/17, New York
Stern, D.: David Stern, 4/14/16, Cambridge, Mass.
Stern, M.: Michael Stern, 12/22/15, San Francisco
Traboulsi: Fawwaz Traboulsi, 1/24/16, Beirut
Wanger: Shelley Wanger, 4/27/16, New York
Warner: Marina Warner, 12/16/15, London
Wieseltier: Leon Wieseltier, 12/9/15, Washington, D.C.
Wilmers: Mary Kay Wilmers, 2/22/16, London
Wood: Michael Wood, 5/27/16, Princeton, N.J.
Wypijewski: Jo Ann Wypijewski, 2/26/16, New York
Yelin: Louise Yelin, 12/7/15, New York
Yerushalmi: David Yerushalmi, 7/26/16, Jerusalem

序言

1. Soueif.

2. Hamid Dabashi, "The Moment of Myth," Counter Punch, Oct. 2, 2003.

3. RE, xi.

4. Blythe.

5. Conversation with EWS and Elias Khoury, New York, ca. May 2001; Sontag to EWS, May 5, 2001, and Gordimer to Sontag, April 9, 2001, EWSP, 28:15:I.1.

6. Khalidi, T.

7. FBI, 54, Aug. 20, 1979.

8. FBI, 11, July 12, 1982; FBI, 4, Aug. 28, 1991.

9. 1999年9月18日，在汉普夏学院举行的艾哈迈德追思会上，萨义德读了这段话；还可参见 Stuart Schaar, *Eqbal Ahmad: Critical Outsider in a Turbulent Age* (New York: Columbia UP, 2015), 72。

10. Alexander Cockburn, "Edward Said: A Mighty and Passionate Heart," *Counter Punch*, Sept. 25, 2003.

11. Mohammad Shaheen, ed., *Edward Said: Riwayah lilajyal* [Edward Said: A story for the future] (Beirut: Arab Institute for Research and Publication, 2004).

12. 同上。

13. Rosenthal; Mitchell.

第一章 茧

1. Jean Said Makdisi, *Teta, Mother, and Me: An Arab Woman's Memoir* (London: Saqi, 2005), 329. 以下简称《泰塔》。

2. Emanuel Hamon, dir., *Selves and Others: A Portrait of Edward Said* (2004).

3. Nadia Gindy, "On the Margins of a Memoir: A Personal Reading of Said's Out of Place," *Alif: A Journal of Comparative Poetics* 20 (2000):285.

4. Said, G.

5. Gindy, "On the Margins of a Memoir," 286.

6. Annalise Devries, "Utopia in the Suburbs: Cosmopolitan Society, Class Privilege, and the Making of Ma'adi Garden City in Twentieth-Century Cairo," *Journal of Social History* 49, no.2 (2015):351–373.

7. Hoda Guindi, "Of the Place," *Alif: A Journal of Comparative Poetics* 25 (2005):10.

8. Said, G.; *Teta*, 49.

9. Said, G.

10. Said Makdisi.

11. *Selves and Others*.

12. Gindy, "On the Margins of a Memoir," 287.

13. *Teta*, 37–38.

14. *OP*, 93.

15. Said, G.

16. Gindy, "On the Margins of a Memoir," 290.

17. *OP*, 135.

18. Sharon.

19. Kardouche.

20. Laura Robson, *Colonialism and Christianity in Mandate Palestine* (Austin: University of Texas Press, 2011), 127.

21. *RE*, 270.

22. Sharon.

23. Habachy.

24. Guindi, "Of the Place," 10.

25. *Teta*, 318.

26. *RE*, 273.

27. Aida Fahoum to EWS, 1999, EWSP, 48:16:II.1.

28. EWS, "Palestine, Then and Now: An Exile's Journey Through Israel and the Occupied Territories," *Harper's Magazine*, Dec. 1992, 48.

29. Charles Malik, "The Near East: The Search for Truth," *Foreign Affairs* 30

(1952):233.

30. Max Rodenbeck, *Cairo: The City Victorious* (New York: Alfred A. Knopf, 1999).

31. Nabil Matar, *The United States Through Arab Eyes* (Edinburgh: Edinburgh University Press, 2018).

32. EWS, "Leaving Palestine," *New York Review of Books*, Sept. 23, 1999.

33. *OP*, 205.

34. 同上, 165–167 页。

35. Guindi, "Of the Place," 10.

36. *OP*, 96–97.

37. *Teta*, 77.

38. 同上, 295 页。

39. 同上。

40. Allan Evans in *Ignace Tiegerman: The Lost Legend of Cairo*, arbiterrecords.org/catalog/ignace-tiegerman-the-lost-legend-of-cairo/.

41. Henri Barda in Allen Evans, *Ignaz Friedman: Romantic Master Pianist* (Bloomington: Indiana University Press, 2009), 221.

42. 同上, 229 页。

43. Samir Raafat, "Ignace Tiegerman: Could He Have Dethroned Horowitz?," *Egyptian Mail*, Sept. 20, 1997, www.egy.com/judaica/97-09-20.php.

44. *Ignace Tiegerman: The Lost Legend of Cairo*.

45. *RE*, 274.

46. EWS, "Cairo Recalled: Growing Up in the Cultural Cross Currents of 1940s Egypt," *House & Garden*, April 1987, 32.

47. Allan Evans to EWS, Oct. 22, 1987: "像蒂格曼那样观察, 体会他的美学观, 是颇具启发的。"

48. Barda, in Evans, *Ignaz Friedman*, 223.

49. *OP*, 198.

50. Said, G.

51. Hilda Said to EWS, Nov. 21, 1966, EWSP, 28:16:II.2.

52. Said Makdisi.

53. Justus Reid Weiner, " 'My Beautiful Old House' and Other Fabrications by Edward Said," *Commentary*, Sept. 1, 1999. 萨义德的回应可见 "Defamation, Zionist Style," *Al-Ahram*, Aug. 26–Sept. 1, 1999; and in Munir K. Nasser, "They Attack Me to Discredit Palestinians' Right of Return," *Bir Zeit Newsletter* (Fall 1999):14。

54. Keith Schilling to EWS, Jan. 18, 2000, EWSP, 30:18:I.1.

55. EWS, "Palestine, Then and Now," 51.

56. 2016年2月20日寄给本书作者。

57. Said Makdisi.

58. *OP*, 144.

59. The Right Reverend Sir Paul Reeves to EWS, May 29, 1991, EWSP, 15:12:I.1.

60. Malik, "The Near East: The Search for Truth," 231.

61. EWS, "A Palestinian Voice," *Columbia Forum* 12, no.4 (Winter 1969):29.

62. Habachy.

63. 没有标记日期的手写笔记，EWSP, 77:32:II.4。

64. Mohammad Shaheen, "Remembering Edward Said: A Glimpse of His Life and Thought," 2016年1月4日寄给本书作者。

65. Shaheen.

66. O'Connell.

67. EWS to Jacoby, Feb. 21, 1984, EWSP, 7:8:I.1.

68. Shaheen.

69. Said, M.

70. *Teta*, 19, 42.

71. *OP*, 230.

72. Said Makdisi.

73. *OP*, 12.

74. EWS to Wadie Said, 1967, EWSP, 28:16:II.2.

75. *OP*, 54, 57.

76. Gindy, "On the Margins of a Memoir," 288.

77. Said, G.

78. Said Makdisi.

79. *Teta*, 14.

80. 同上，16页、18页。

81. EWS, "My Guru," *London Review of Books*, Dec. 13, 2001, 19.

82. Cortas; Said, G.

83. Wadad Makdisi Cortas, *A World I Loved: The Story of an Arab Woman* (New York: Nation Books, 2009).

84. 同上。

85. Habachy.

86. Gindy, "On the Margins of a Memoir," 285.

87. Jean Said Makdisi to the author, Sept. 12, 2017.

88. EWSP, 77:32:II.4.

89. *OP*, 114.

90. 同上，124 页。

91. 同上，123 页。

92. Éric Rouleau, "Cairo: A Memoir," *Cairo Review of Global Affairs* (Fall 2010).

93. *QP*, xiv.

94. *OP*, 122.

95. "Orientalism and After: An Interview with Edward Said," *Radical Philosophy* 63 (Spring 1993), EWSP, 80:31:II.5.

96. 类似言论很多，仅举一例：M. Cherif Bassiouni, "The AAUG: Reflections on a Lost Opportunity," *Arab Studies Quarterly* 29, no.3–4 (Summer/Fall 2007):29: "在 1967 年之前，爱德华·萨义德都是一个教比较文学的亲英派教授……不曾涉及阿拉伯民族主义。"

97. EWSP, 77:32:II.4.

98. EWS, "Leaving Palestine."

99. Gindy, "On the Margins of a Memoir," 286.

100. *RE*, 274.

101. Ahdaf Soueif, *Mezzaterra: Fragments from the Common Ground* (New York: Anchor, 2010), 253.

第二章　动荡

1. FNE, 54.

2. CV for Harvard Application, 1957, HT.

3. *PPC*, 412.

4. 同上，47 页。

5. 同上，69 页。

6. Harry Levin, *The Power of Blackness: Hawthorne, Poe, Melville* (1958; New York: Alfred A. Knopf, 1970), 4.

7. EWS, "Commencement Speech," Northfield Mount Hermon School, June 2002; 2015 年 12 月 11 日寄给本书作者。

8. *OP*, 84.

9. *PP*, 4; *RE*, xii.

10. *OP*, 233.

11. 同上，134、141 页。

12. 同上，263–264 页。

13. EWS, interview by Jean Stein, Aug. 19, 1993; 2017 年 2 月 23 日寄给本书作者。

14. Howell-Griffith to Gordon F. Pyper, Feb. 17, 1951, MH.01, 20.

15. Price to Director of Admissions, Jan. 8, 1951, MH.01, 22.

16. Badeau to Dr. Howard Rubendall, Nov. 8, 1950, MH.01, 26.

17. EWS to Director of Admissions, Mount Hermon School, Feb. 4, 1951, MH.01, 2.

18. 同上，3 页。

19. Brieger.

20. Davis.

21. 黑门山中学的档案馆员彼得·韦斯于 2015 年 12 月 12 日将该诗寄给本书作者。

22. *OP*, 43–44.

23. 同上，248 页。

24. Brieger.

25. 韦斯致本书作者，2015 年 12 月 11 日。

26. *OP*, 17.

27. 同上，19 页。

28. Hilda Said to Rubendall, Sept. 21, 1951, MH.02, 20.

29. Hilda Said to Rubendall, Feb. 18, 1952, MH.02, 26–29.

30. Jean Said Makdisi, *Teta, Mother, and Me: An Arab Woman's Memoir* (London: Saqi, 2005), 84. 以下简称《泰塔》。

31. 参见玛丽娜·沃纳于 2015 年 1 月 16 日寄给本书作者的数封信件。

32. EWS, "Defamation, Zionist Style," *Al-Ahram*, Aug. 26–Sept. 1, 1999.

33. Hilda Said to Rubendall, Oct. 13, 1952, MH.02, 36–38.

34. Hilda to Rubendall, Jan. 9, 1953, MH.02, 43.

35. Ethel R. Maddern to Princeton, June 22, 1953, PT, 21.

36. Fischer to EWS, June 22, 2000, EWSP, 48:20:II.1.

37. *OP*, 278.

38. *Teta*, 85.

39. Hilda to Rubendall, Jan. 9, 1953, 43.

40. *Exiles: Edward Said*, directed by Christopher Sykes (BBC2, 1986).

41. *OP*, 330.

42. 同上，279 页。

43. HT, 64.

44. EWS to Rubendall, March 13, 1958, MH.03, 26.

45. Yerushalmi.

46. *OP*, 233.

47. Said, N.

48. Said Makdisi.

49. *OP*, 222.

50. 由于身体状况不佳，演讲由儿子瓦迪代劳。

51. *OP*, 145.

52. *PPC*, 206; *OP*, 205–206.

53. EWS, interview by Stein.

54. 同上。

55. 同上。

56. 同上。

57. Bergson, A.

58. Said, N.

59. EWS to Michael Rosenthal, March 10, 1973, EWSP, 5:5:I.1.

60. Rubendall to Professor Ludwig, Nov. 26, 1957, MH.03, 14.

第三章　求学常青藤

1. Hopkins to Robert Bridges, May 21, 1878, quoted in WTC, 41.

2. EWS, "Commencement Speech," Northfield Mount Hermon School, June 2002.

3. Elaine Hagopian, "Ibrahim and Said," *Arab Studies Quarterly* 26, no.4 (Fall 2004): 6; Habachy. 1976 年 10 月，埃里奇·西格尔写信给萨义德，附上他的文章《滑向美利坚》(刊于《新共和》)，文中论及列文，称赞列文破解了有关美国黄金时代的迷思。(EWSP, 29:27:I.1)。

4. J. Merrill Knapp, Rhodes Scholarship Recommendation, Nov. 19, 1956, PT, 29. 类似评价也出现在 G.E.Bentley 于 1957 年 2 月 24 日为萨义德申请去哈佛所写的推荐信中，并补充说他思维敏捷，才华横溢，"尽管出身背景显得陌生"。(HT, 34)

5. Abigail Klionsky Oral History Project—Dr.Gerald Sandler ('57), Seeley G.Mudd Manuscript Library, Princeton.

6. McLeod.

7. PT, 13.

8. HT, 36.

9. Carnicelli.

10. Bergson, A.; Bergson, D.

11. PT, 25; Carnicelli; Solum.

12. Fried.

13. Farer.

14. Solum.

15. Said, G.

16. Solum.

17. Habachy.
18. McLeod.
19. Solum.
20. *OP*, 291.
21. Habachy; McLeod.
22. Solum.
23. EWS, Statement of Purpose, HT.
24. Warner.
25. Marie-Hélène Gold to EWS, Jan. 18, 1989, EWSP, 78:5:II.4.
26. Marie-Hélène Gold to EWS, Sept. 19, 1999, EWSP, 48:11:II.1.
27. 同上。
28. ESR, 421.
29. *WTC*, v; *OP*, 285, 277.
30. Carnicelli; Fried; EWS Memorial Tribute to Arthur Gold, Feb. 26, 1989, EWSP, 78:5:II.4.
31. Fried.
32. Edward W. Said ('57), "Nasser and His Canal," *Daily Princetonian*, Oct.11, 1956, 2.
33. Wadad Makdisi Cortas, *A World I Loved: The Story of an Arab Woman* (New York: Nation Books, 2009), 136–137.
34. 有趣的是，他的儿子瓦迪日后在普林斯顿大学撰写荣誉毕业论文时，就是关于纳赛尔参与万隆会议以及埃及在促进亚非团结中起的作用。
35. Farer.
36. *OP*, 250, 274.
37. EWS to Dire, May 1, 1959, EWSP, 30:3:I.1.
38. EWS, "My Guru," *London Review of Books*, Dec. 13, 2001, 19–20."是易卜拉欣向在美国的阿拉伯人介绍民族解放斗争和后殖民政治的世界。"（同上，20 页）
39. PT, 13.
40. EWS to Rubendall, Oct. 29, 1957, MH.03, 9.
41. "Orientalism and After: An Interview with Edward Said," *Radical Philosophy* 63 (Spring 1993): 1, EWSP, 80:31:II.5.
42. EWS to Princeton University, Oct. 14, 1957, PT, 3.
43. HT, 32 (Jan. 2, 1958).
44. *OP*, 287.
45. EWS to Harvard, 1957, HT.
46. *OP*, 264.

47. EWS to Albert Sonnenfeld, Oct. 27, 1978, EWSP, 5:9:I.1.

48. HT, 59.

49. 同上，53 页。

50. *WTC*, v.

51. R. P. Blackmur, *A Primer of Ignorance*, ed. Joseph Frank (1940; New York: Harcourt, Brace & World, 1967), 71.

52. EWSP, 77:32:II.4; he uses the phrase in "Sense and Sensibility," *Partisan Review* 34, no.4 (Fall 1967):632.

53. *RE*, 247.

54. 同上，253 页；Fried. 参见 Said, "Sense and Sensibility"："布莱克穆尔独特的授课风格，如亚瑟·戈尔德描述的……旨在分析一个人如何变得亲近文学。"(629)

55. *RE*, 249.

56. R. P. Blackmur, *Language as Gesture: Essays in Poetry* (New York: Harcourt, Brace, 1952), 403.

57. *ESR*, 424; *B*, 256–257.

58. Blackmur, *Language as Gesture*, 3, 12.

59. EWSP, 97:20:III.1.

60. Blackmur, *Primer of Ignorance*, 100.

61. 同上，13–14 页。

62. R. P. Blackmur, *The Lion and the Honeycomb: Essays in Solicitude and Critique* (1935; New York: Harcourt, Brace, 1955), 293.

63. *ALS*, 173–174.

64. *OP*, 265.

65. 然而是哪一个海德格尔？马利克为 O. Frederick Nolde 所著 *Free and Equal: Human Rights in Ecumenical Perspective* (Geneva: World Council of Churches, 1968) 写了一篇不同寻常的序，他的主张是人文主义，采用的表述却是海德格尔引发争议的排斥人文主义的语言。

66. Said, M.

67. 同上。

68. Charles Malik, "The Near East: The Search for Truth," *Foreign Affairs* 30 (1952):236.

69. 同上，238 页。

70. 同上，243 页。

71. 同上，256–260 页。

72. Charles Habib Malik, *The Problem of Coexistence* (Evanston, Ill.: Northwestern University Press, 1955), 8.

73. Charles Habib Malik, *A Christian Critique of the University* (Downers Grove, Ill.: Intervarsity Press, 1982), 23.

74. See Said's respectful but testy correspondence with William Spanos in which he reviles Heidegger as a reactionary and a mystic (Aug. 4, 1972), EWSP, 5:2:I.1; (Jan. 5, 1979), EWSP, 5:10:I.2; (May 22, 1980), EWSP, 5:19:I.1, and his early critical review of Ihab Hassan's Dismemberment of Orpheus, "Eclecticism and Orthodoxy in Criticism," Diacritics 2, no.1 (Spring 1972):2–8. He does, however, cite Heidegger more forgivingly in the unpublished "The Second and a Half World," EWSP, 77:32:II.4.

75. *PPC*, 158; EWS to Richard Kuhns, Jan. 25, 1973, EWSP, 5:4:I.1.

76. *OP*, 292.

77. "Orientalism and After: An Interview with Edward Said."

78. Rosenthal.

79. EWS to Alfred Dunhill Limited, Nov. 26, 1991, EWSP, 16:2:I.1.

80. Blackmur, "In the Country of the Blue," in *Primer of Ignorance*, 180. See also EWS note on Blackmur, EWSP, 97:14.III.

81. EWSP, 97:2:III.1.

82. EWSP, 81:1:III.1.

83. 同上。

84. 同上。

85. 同上。

86. 萨义德在哥大的学生戴维·斯特恩后来去哈佛深造，回忆列文时觉得他"哈佛气质浓厚得可怕、枯燥，是很较真的学究"。(Stern, D.)

87. *OP*, 289.

88. Harry Levin, *Refractions: Essays in Comparative Literature* (Oxford, U.K.: Oxford University Press, 1966), 323, 339.

89. *OP*, 288.

90. Fried.

91. EWS to "Dash," Nov. 29, 1972, EWSP, 5:3:I.1: "我变得如此善感……我回想他写的书、他如何影响学生、他对我的言传身教，我觉得作为老师，许多人低估了他。"

92. Harry Levin, *The Gates of Horn: A Study of Five French Realists* (Oxford, U.K.: Oxford University Press, 1963), 4.

93. EWS to Levin, June 12, 1965, HL.

94. Harry Levin, *Grounds for Comparison* (Cambridge, Mass.: Harvard University Press, 1972), 19.

95. 同上，6 页; and Levin, *Gates of Horn*, ix.

96. EWS, "Phenomenology, Structural Thought, and Literature," American Council of

Learned Societies application, Oct. 14, 1965, ST, 17–19.

97. Levin, *Refractions*, 65.

98. Levin, *Gates of Horn*, 16.

99. Levin, *Refractions*, 240–241.

100. Levin, "Two Romanisten in America: Spitzer and Auerbach," in *Grounds for Comparison*, 111.

101. EWS to Harry Levin, Oct. 9, 1972, HL. 到了 1970 年，萨义德已是颇有声誉的教授，致信列文时仍会以"崇敬您的学生，爱德华·萨义德"落款。

102. Levin, *Grounds for Comparison*, 41, 46, 123.

103. 同上，127 页。

第四章 密探

1. 日期不明，约在 1957 年至 1962 年之间，EWSP, 77:32:II.4。

2. EWSP, 77:32:II.4.

3. A colleague from Harvard［signature unclear］to EWS, Dec. 16, 1967, EWSP, 28:22:I.1.

4. Delaney; Said Makdisi.

5. Bergson, A.

6. EWSP, 81:1:III.1 and 77:32:II.4.

7. Said Makdisi.

8. 同上。

9. EWS to Wadie Said, June 2, 1965, EWSP, 28:16:II.2.

10. Hilda Said to EWS, Nov. 21, 1965, EWSP, 28:16:II.2.

11. 1968 年 3 月 18 日，博士论文评审委员会成员 Henry Caraway Hatfield 从柏林致信梅尔，提到列文评价她的博士论文"时有精辟的分析"，但同时批评"使用'chthonic'或'appolonisch'这样的词必须注意准确，否则会让读者陷入怀疑……有些分析读起来就像《魔山》是一位存在主义人士与苏珊·桑塔格合作写出的产物"。（HL）

12. Farer; also Said, G.; Bergson, A.; Blythe.

13. EWSP, 97:3:III.1.

14. *EPP*, 69.

15. EWSP, 77:32:II.4, 21.

16. Christopher Hitchens, *Hitch-22: A Memoir* (New York: Twelve, 2010), 385.

17. EWS, "An Ark for the Listener," EWSP, 77:2:II.3.

18. Mariam Said to author, Sept. 25, 2018.

19. Mary McCarthy, "On F. W. Dupee (1904–1979)," *New York Review of Books*, Oct. 27, 1983.

20. Leon Trotsky, *The Russian Revolution*, ed. F. W. Dupee, trans. Max Eastman (New York: Anchor, 1959), vii–viii.

21. James Wolcott, "Enemies for Ever," *London Review of Books*, May 18, 2017, 14.

22. 同上，16 页；McCarthy, "On F. W. Dupee (1904–1979)"。

23. Rosenthal.

24. EWSP, 110:11:III.3. 但是，读到阿尔弗雷德·卡津发表在《纽约书评》上的文章，将特里林描述成一个势利眼，一个自我提升之人，萨义德则公开进行反驳。他写了一封抗议信，征集了十八人的联名，这封信刊登在 1978 年 6 月 25 日《泰晤士报》上。

25. EWS to Engel, Nov. 29, 1972, EWSP, 5:3:I.1.

26. Bergson, A.

27. Rosenthal; Wood.

28. Davis.

29. Rosenthal.

30. EWSP, 110:11:III.3.

31. EWS to Engel, Nov. 29, 1972.

32. Guttenplan.

33. *RE*, xxii. In "Sense and Sensibility," *Partisan Review* 34, no.4 (Fall 1967)，他从新批评手册上取了一页，钦佩乔治·普莱和布莱克穆尔躲开"研究这场游戏"，转而发现"事物千变万化的丰富属性"。

34. EWS, "At Miss Whitehead's," review of *The Sixties: The Last Journal, 1960–1972*, by Edmund Wilson, *London Review of Books*, July 7, 1994, 2.

35. Seidel.

36. EWS to Starobinski, Nov. 22, 1967, EWSP, 30:3:I.1.

37. Barthes to EWS, Aug. 25, 1972［误为 1975 年］, EWSP, 5:1:I.1.（由本书作者和埃米丽·庞斯翻译）

38. 2015 年 9 月 24 日艾伦·柏格森致信作者。

39. Said, M.

40. *RE*, 235.

41. Khalidi, T.

42. EWS, "A Configuration of Themes," *Nation*, May 30, 1966, 659–660.

43. Levin to EWS, May 31, 1966, HL.

44. HL.

45. *RE*, 555.

46. EWS, "Conrad and Nietzsche," in *Joseph Conrad: A Commemoration*, ed. Norman Sherry (London: Macmillan, 1976), 65.

47. Said, N.

48. Conor Cruise O'Brien, Edward Said, and John Lukacs, "The Intellectual in the Post-colonial World: Response and Discussion," *Salmagundi*, no.70/71 (Spring–Summer 1986):70–71. 刊登于1984年10月12日《泰晤士文学副刊》上的评论文章里，萨义德称赞贝妮塔·帕里是第一位讨论"康拉德写作最为关键的一面"的批评家，即潜在的帝国主义特征。

49. "Traveling with Conrad," interview with EWS and Peter Mallios, Feb. 28, 2003, EWSP, 80:41:II.5.

50. O'Brien, Said, and Lukacs, "Intellectual in the Post-colonial World," 74, 72, 73. See EWS to Robert Boyers of *Salmagundi*, Oct. 29, 1985 (EWSP, 8:17:I.1), where he describes this testy exchange.

51. Mitchell.

52. "I am the Cunninghame Graham figure in the duo with Conrad—the opposite" ("Traveling with Conrad").

53. *JC*, 80–81.

54. *RE*, xxii; EWS, "Conrad and Nietzsche," 72.

55. EWSP, 97:3:III.1.

56. EWS, "Conrad and Nietzsche," 71.

57. *RE*, 267; EWS, "Sense and Sensibility," 629.

58. EWSP, 97:31:III.1.

59. Bergson, A.

60. *JC*, 57.

61. Raymond Williams and Edward W. Said, "Media, Margins, and Modernity," in Raymond Williams, *The Politics of Modernism: Against the New Conformists* (London: Verso, 1989), 187.

62. *ESR*, 423.

63. 同上，39页。

64. *JC*, vii; cf. *RE*, 563.

65. *JC*, 60, 58, 38, 17.

66. EWS to Geoffrey Hartman, Dec. 4, 1967, EWSP, 30:3:I.1.

67. Quoted in Richard Macksey and Eugenio Donato, "The Space Between—1971," in *The Structuralist Controversy: The Languages of Criticism and the Sciences of Man* (Baltimore: Johns Hopkins University Press, 1972), x.

68. EWS to Richard Kuhns, Jan. 25, 1973, EWSP, 5:4:I.1. "读了很多德勒兹，他有着卓绝的思考，可是他需要一个好编辑。"(EWS to Richard Macksey, Feb. 7, 1973, EWSP, 5:5:I.1) 萨义德认为德勒兹政治上持保守立场，其关于知识的理论却是"革命性"的。

(EWSP, 97:1:III.1; B, 377)

69. An idea found also in "An Unpublished Text," quoted in Claude Lefort's editor's preface to Maurice Merleau-Ponty, *The Prose of the World*, trans. John O'Neill (1969; Evanston, Ill.: Northwestern University Press, 1973), xiii.

70. *JC*, 38, 119.

71. 同上，49 页。

72. EWS, "Labyrinth of Incarnations," *RE*, 11; EWSP, 97:27:III.1.

73. EWS to Chomsky, March 13, 1972, EWSP, 28:12:I.1.

74. Lucien Goldmann, *The Hidden God: A Study of Tragic Vision in the "Pensées"of Pascal and the Tragedies of Racine*, trans. Philip Tody (1955; London: Verso, 2016), 235.

75. *OP*, 256.

76. See, for example, *PPC*, 6; *RE*, 16.

77. EWS, "Sense and Sensibility," 628, 提到 E.D. 赫施的观点：理解实质上是对必然性的理解，这实际是源自"海德格尔对荷尔德林的论述"，赫施却没有明言其间的关联。Gerald Graff et al. to EWS, Feb. 20, 1969, EWSP, 5:1:I, 1.

78. *JC*, 195–96.

79. *B*, 323.

80. *LS*, 78.

81. EWS, review of *Joseph Conrad: A Psychoanalytic Biography*, by Bernard C. Meyer, *Journal of English and Germanic Philology 67*, no.1 (Jan. 1968):176–78; *JC*, 102.

82. EWS, "Phenomenology, Structural Thought, and Literature," American Council of Learned Societies application, Nov. 15, 1965, ST, 17–19.

83. EWSP, 97:1:III.1.

84. *PPC*, 225.

85. Joseph Farag, *Palestinian Literature in Exile: Gender, Aesthetics, and Resistance in the Short Story* (London: I. B. Tauris, 2016), 118 (of his typescript).

86. EWS, "Diary: My Encounter with Sartre," *London Review of Books*, June 1, 2000, 42–43.

87. Ali.

88. EWS, "The Arab Portrayed," in *The Arab-Israeli Confrontation of June 1967: An Arab Perspective*, ed. Ibrahim Abu-Lughod (Evanston, Ill.: Northwestern University Press, 1970), 6.

89. EWS, "Diary."

90. Maurice Merleau-Ponty, *The Phenomenology of Perception*, trans. Donald Landes (1945; London: Routledge, 2012), 466.

91. EWS, "The Totalitarianism of Mind," review of *The Savage Mind*, by Claude Lévi-

Strauss, *Kenyon Review* 29, no.2 (March 1967):256.

92. 同上，258 页。

93. 同上，249 页。

94. Ashrawi; Bergson, A.; Khalidi, T. See, for example, his miscellaneous notes on structuralism, as well as his forty-nine-Page general account of the movement in EWSP, 97:27:III.1.

95. Chomsky.

96. EWS to de Man, Jan. 7, 1968, EWSP, 30:3:I.1.

97. *PD*, xv.

98. 同上，xvi.

99. EWS, "A Palestinian Voice," *Columbia Forum* 12, no.4 (Winter 1969):27.

100. Lehman to EWS, Feb. 28, 1973, EWSP, 5:6:I.1.

101. Stern, D.

102. EWSP, 76:18:II.3.

103. EWS to Robert Alter, Nov. 2, 1967, EWSP, 28:9:I.1.

104. EWSP, 76:18:II.3.

105. Ibid.; EWS to Quentin Anderson, Nov. 28, 1967, EWSP, 28:9:I.1.

106. EWS to Ronit and Jerome Lowenthal, Dec. 15, 1967, EWSP, 28:22:I.1.

107. 包含许多为撰写《开端》做的笔记。See EWSP, 97:2:III.1.

108. EWS to Ronit and Jerome Lowenthal, Dec. 15, 1967.

109. Chomsky.

110. EWS, "Himself Observed," review of *George Steiner: A Reader*, *Nation*, March 2, 1985.

111. Jerome Lowenthal to EWS, Jan. 7, 1968, EWSP, 28:22:I.1.

112. EWS to Levin, June 28, 1965, HL.

113. EWS to Robert Alter, April 2, 1968, EWSP, 28:22:I.1.

114. See Barbara Epstein, "The Rise, Decline, and Possible Revival of Socialist Humanism," in *For Humanism*, ed. David Alderson and Robert Spencer (London: Pluto, 2017). 她观察到戈德曼"也积极参与'Hashomer Hatzair'，这是个社会主义-犹太复国主义组织，批判资本主义，因其总是倾向将人与人隔绝开"。

115. Harry Levin, *Grounds for Comparison* (Cambridge, Mass.: Harvard University Press, 1972), 37.

116. EWS to Robert Alter, Nov. 2, 1967, EWSP, 28:9:I.1.

117. Bell to EWS, Nov. 1, 1966, EWSP, 110:18:III.3.

118. EWS, "Swift as Intellectual," in WTC, 72. "That realm has come to resemble the ambiance of a club" (73).

119. EWS to Trilling, Jan. 1973, EWSP, 5:4:I.1.
120. EWS to Maud Wilcox, Dec. 11, 1980, EWSP, 5:22:I.1.
121. EWS, "Swift's Tory Anarchy," *Eighteenth Century Studies 3*, no.1 (Fall 1969):48.
122. R. P. Blackmur, *A Primer of Ignorance*, ed. Joseph Frank (1940; New York: Harcourt, Brace & World, 1967), 13.
123. EWS, "Notes on the Characterization of a Literary Text," *MLN* 85, no.6 (Dec. 1970):768.
124. EWS, "Swift as Intellectual," 74.
125. 同上，54 页。
126. EWS to George Mayhew, Feb. 3, 1968, EWSP, 30:3:I.1.
127. EWS, "Swift's Tory Anarchy," in *WTC*, 57.
128. EWS, "Swift in History," EWSP, 110:16:III.3.
129. EWS to Angus Fletcher, Nov. 28, 1968, EWSP, 28:9:I.1.
130. EWSP, 76:18:II.3.
131. EWS to Israel Shahak, Dec. 14, 1977, EWSP, 30:13:I.1.
132. EWS to "Robert," April 2, 1968, EWSP, 28:22:I.1.
133. Blythe.

第五章　奥斯陆之前

1. EWSP, 77:32:II.4. Undated, but ca. 1957–62. In the early 1960s, he submitted this and other poems to The Sewanee Review, Evergreen Review, and other literary magazines.
2. Lorette to EWS, Oct. 20, 1972, EWSP, 5:2:I.1.
3. Guttenplan.
4. Rosenthal.
5. Mintz.
6. Levin to Hatfield, April 30, 1968; HL.
7. Leibowitz to EWS, May 5, 1968, EWSP, 28:22:I.1.
8. Stern, M.
9. *PPC*, 209.
10. Michael Stern, "Professors Show Little Enthusiasm for Election Strike," *Columbia Daily Spectator*, Nov. 4, 1968.
11. Friedman.
12. Eqbal Ahmad to BBC Television, Dec. 7, 1992, EWSP, 29:14:I.1.
13. Yelin.
14. Michael Stern, "Radicals Interrupt Nearly 40 Classes in NROTC Drive," *Columbia Daily Spectator*, Feb. 27, 1969.

15. Friedman.

16. Stern, M.

17. Trilling to EWS, March 3, 1973, EWSP, 5:4:I.1.

18. EWS to Trilling, Jan. 25, 1973, EWSP, 5:4:I.1.

19. Michael Widlanski, "350 Hear Debate on Mideast War at Campus Forum," *Columbia Daily Spectator*, Oct. 25, 1973.

20. Ahmad Besharah, "Re-focusing on the Middle East," *Columbia Daily Spectator*, April 16, 1970.

21. Mintz.

22. Delaney. A clarification of his stand on violence can be found in "Chomsky and the Question of Palestine" (1975), in *PD*, 333, and "Identity, Negation, and Violence" (1988), in *PD*, 346, written during the first intifada.

23. EWS, "Traveling with Conrad," interview with Peter Mallios, Feb. 28, 2003, EWSP, 80:41:II.5.

24. Bergson, A.; Farer; Delaney.

25. Najla Said, *Looking for Palestine* (New York: Riverhead Books, 2013), 10.

26. EWS, "Palestine, Then and Now: An Exile's Journey Through Israel and the Occupied Territories," *Harper's Magazine*, Dec. 1992, 47.

27. EWS to "Dash," Nov. 29, 1972, EWSP, 5:3:I.1; EWS to Tom Farer, April 6, 1973, EWSP, 5:6:I.1.

28. EWS to Farer, April 6, 1973.

29. EWS to Dickstein, Jan. 27, 1973, EWSP, 5:4:I.1.

30. EWS to Monroe Engel, Nov. 29, 1972, EWSP, 5:3:I.1.

31. *PD*, 5.

32. Mariam Said, introduction to *A World I Loved: The Story of an Arab Woman*, by Wadad Makdisi Cortas (New York: Nation Books, 2009), xxx.

33. *PD*, 271.

34. Said Makdisi.

35. 贝鲁特是"阿拉伯世界流亡者的首都",1982 年,以色列对黎巴嫩的入侵令这一角色成为历史。*Exiles: Edward Said*, directed by Christopher Sykes (BBC2, 1986).

36. EWS to Chomsky, Nov. 7, 1973, EWSP, 5:3:I.1.

37. EWS to Sami Al-Banna, Feb. 7, 1973; EWSP, 5:5:I.1.

38. EWS, "Michel Foucault as an Intellectual Imagination," *boundary 2* 1, no.1 (Fall 1972):1–36.

39. EWS, "My Guru," *London Review of Books*, Dec. 13, 2001, 20.

40. *PPC*, 208; EWS, "Palestine, Then and Now," 54.

41. Shafiq Al-Hout, *My Life in the PLO* (London: Pluto Press, 2011), 107.

42. EWS to Sami Al-Banna, Feb. 7, 1973.

43. *B*, 34.

44. EWS, "Molestation and Authority in Narrative Fiction," in *Aspects of Narrative: Selected Papers from the English Institute*, ed. J. Hillis Miller (New York: Columbia University Press, 1971), 47–68.

45. Miller; see also the correspondence between Said and Ian Watt for evidence of his rise to prominence in Conrad circles (IW).

46. EWS to Carol Malmi, March 6, 1978, EWSP, 30:6:I.i.

47. EWS to Michael Rosenthal, March 10, 1973, EWSP, 5:5:I.1.

48. EWS to "Erwin," March 20, 1973, EWSP, 5:5:I.1.

49. EWS to Engel, Nov. 29, 1972, EWSP, 5:3:I.1.

50. EWS to "Dash," Nov. 29, 1972, EWSP, 5:3:I.1.

51. Said, N.

52. EWS to Monroe Engel, June 28, 1973, EWSP, 5:6:I.1.

53. Davis.

54. EWS to Ferial Ghazoul, Jan. 6, 1973, EWSP, 5:4:I.1.

55. Said, M.

56. Abdallah Laroui, *The Crisis of the Arab Intellectual* (1974; Berkeley: University of California Press, 1976), 3.

57. 同上，5 页。

58. 同上，6 页。

59. EWS to Farer, April 6, 1973.

60. EWS, "Living in Arabic," Al-Ahram, Feb. 12–18, 2004.

61. EWS to Richard Macksey, Jan. 2, 1973, EWSP, 5:5:I.1.

62. 同上。

63. EWS, "Living in Arabic."

64. EWS to Rosenthal, March 10, 1973.

65. EWS to Richard Macksey, Feb. 7, 1973, EWSP, 5:5:I.1.

66. EWS to Farer, April 6, 1973.

67. Jean Bodin (1576) and Jean-Baptiste Chardin (1680) made use of Khaldun's historio-graphy and popularized him in France. Vico addresses the work of Bodin in The New Science.

68. *RE*, 564; *EPP*, 244; EWSP, 71:8:II.2.

69. *WTC*, 36.

70. Ibn Khaldun, *Muqaddimah: An Introduction to History*, trans. Franz Rosenthal

(1377; Princeton, N.J.: Princeton University Press, 1967), 756.

71. *The Qur'an*, trans.Tarif Khalidi (New York: Penguin Classics, 2009), sura 55: "The All Merciful ... He created Man / He taught him eloquence."

72. EWSP, 77:19:II.4.

73. Al-Hout.

74. EWS, "Speaking and Language," *New York Times Book Review*, Feb. 20, 1972, 21.

75. EWSP, 97:23:III.1 and 104:8:III.

76. EWS, "Linguistics and the Archeology of Mind," *International Philosophical Quarterly* 11, no.1 (March 1971):104–34. 至少从1968年起就在构思这篇文章，并且为此致信相关出版社，求购乔姆斯基《句法理论的若干问题》和拉康《罗马演讲：对干预的回应》(1953)。

77. 2016年2月13日乔姆斯基致本书作者的信。

78. For a sense of the care with which Said studied technical aspects of Chomsky's linguistics, see his notes on Cartesian Linguistics, EWSP, 97:3:III.1.

79. EWS to Chomsky, March 13 and April 15, 1972, EWSP, 28:12:I.1.

80. EWS to Chomsky, April 15, 1972.

81. EWS to Chomsky, March 13, 1972.

82. EWS to Chomsky, March 4, 1972, EWSP, 28:12:I.1.

83. 同上。萨义德批评乔姆斯基选取的例子大部分是以色列的，而非阿拉伯的。

84. EWS, *"Al-tamanu' wa al-tajanub wa al-ta'aruf,"* *Mawaqif* (March 1972). Said wrote the piece originally in English under the title "Witholding, Avoidance, and Recognition," EWSP, 72:14:II.2.

85. EWS to Sami Al-Banna, July 31, 1972, EWSP, 30:4:I.1.

86. Najm to EWS, Dec. 13, 1971, EWSP, 72:14:II.2.

87. EWS, "Notes on the Arab Intellectuals at Home and Abroad," undated lecture to the Association of Arab-American University Graduates (AAUG), ca. 1977, EWSP, 77:2:II.3.

88. Adonis to EWS, Oct. 25, 1971, EWSP, 72:14:II.2.

89. Sadik Al-Azm, *Self-Criticism After the Defeat*, trans. George Stergios (1968; Beirut: Saqi, 2011), 165.

90. EWS, "Witholding, Avoidance, and Recognition," 2.

91. EWS to Sami Al-Banna, July 31, 1972.

92. EWS, "Witholding, Avoidance, and Recognition," 23–24.

93. 同上，2页。

94. 同上，7–9页。

95. EWS, "Arabs and Jews," *Journal of Palestine Studies 3*, no.2 (Winter 1974).

96. EWS to Amr Armenazi, May 30, 1973, EWSP, 5:6:I.1.

97. EWS to George Kardouche, July 5, 1973, EWSP, 5:6:I.1.

98. EWS to Armenazi, May 30, 1973.

99. Ibrahim Abu-Lughod, *Resistance, Exile, and Return: Conversations with Hisham Ahmed-Fararjeh* (Birzeit: Ibrahim Abu-Lughod Institute of International Studies at Birzeit University, 2003), 72. Bayan Nuwayhed Al-Hout 本人便是一位卓越的活动家，她以"The Palestinian Leaderships and Institutions (1917–1948)"为题讲述巴解组织的前史，该文由阿拉伯语写就，发表于 1981 年。

100. Al-Hout, *My Life in the PLO*, 121.

101. 2017 年 10 月 31 日玛利安姆·萨义德致信本书作者。

102. Chomsky.

103. Hovsepian.

104. Al-Hout, *My Life in the PLO*, 58.

105. Al-Hout.

106. Said, G.

107. Alexander Cockburn, "The Failure of the P.L.O. Leadership," *Nation*, March 12, 1988, 330.

108. *PD*, 101.

109. EWS, "Solidly Behind Arafat," *New York Times*, Nov. 15, 1983.

110. EWS, "Meeting with the Old Man," *Interview*, Dec. 12, 1988, 112–15, 194.

111. *IES*, 42.

112. EWS, "Rhetorical Questions," *New Statesman*, May 8, 1978.

113. *RE*, 231.

114. EWSP 111:32:II.2; cf. *WTC*, 40.

115. *ESR*, 423. For a case in point, see "Interpreting the Algiers PNC" (EWSP, 70:2:II.2), published as "Palestine Agenda," *Nation*, Dec. 12, 1988.

116. EWS to Middle East, April 22, 1979, EWSP, 30:4:I.1.

117. EWS to Halliday, June 8, 1979, EWSP, 5:11:I.1.

118. *PD*, 226.

119. Najla Said, *Looking for Palestine*, 32.

120. Al-Azm.

121. EWS to Robert Alter, Aug. 13, 1979, EWSP, 30:4:I.1.

第六章 外邦人知识分子

1. Keats to Benjamin Robert Haydon, May 10–11, 1817, in *Letters of John Keats to His Family and Friends*, ed. Sidney Colvin (London: Macmillan, 1925), 14–17.

2. FBI, Feb. 28, 1983.

3. For example, EWS, "Intellectuals and the Crisis," in *EPP*, 119.

4. EWS, "Identity, Negation, and Violence," in *PD*, 341–359.

5. Wypijewski.

6. 比如参见 EWS to "Emile," Feb. 7, 1975 (EWSP 30:8:I.1), 关于与 Suliman S. Olayan 一起设立一个阿拉伯基金和阿拉伯研究机构。又如 his letter to the Honorable James Carter, Sept. 16, 1992, 为巴勒斯坦争取人权上的承认。(EWSP, 17:6:I.1).

7. Christopher Hitchens, *Hitch-22:A Memoir* (New York: Twelve, 2010), 386.

8. EWS to Salim Tamari, Feb. 21, 1972, EWSP, 5:1:I.1. 比尔宰特位于拉马拉的郊区，1975 年建成一所大学。

9. Foxworthy to EWS, March 18, 1976, EWSP, 29:24:I.1.

10. Elaine Hagopian, "Ibrahim and Edward," *Arab Studies Quarterly* 26, no.4 (Fall 2004):3–22; EWS to Kuwaiti ambassador, Nov. 19, 1973 (EWSP, 30:10:I.1), for the purpose of establishing a chair of Arabic at Columbia.

11. Fouad Moughrabi, "Remembering the AAUG," *Arab Studies Quarterly* 29, no.3–4 (Summer/Fall 2007):97–103.

12. EWS to Abourezk, Feb. 12, 1980, EWSP, 5:16:I.1.

13. EWS, interview by W. J. T. Mitchell, in *Edward Said and the Work of the Critic: Speaking Truth to Power*, ed. Paul A. Bové (Durham, N.C.: Duke University Press, 2000), 43.

14. "Prepared Statement of Edward W. Said," with Abu-Lughod, "Questions and Discussion," U.S. Congress, House, Special Subcommittee on Investigations of the Committee on International Relations, The Palestinian Issue in Middle East Peace Efforts, Hearings, 94th Cong., 1st sess., Sept. 30, 1975 (Washington, D.C.: U.S. Government Printing Office, 1976), 28–31, 31–36, 36–62.

15. EWS, "Contemporary American Society and the Palestine Question," July 19, 1979, EWSP, 83:III.1.

16. EWS to Patricia M. Derian (assistant secretary for human rights and humanitarian affairs at the U.S. State Department), Sept. 12, 1980, EWSP, 5:20:I.1.

17. Elaine Hagopian, "Reversing Injustice: On Utopian Activism," *Arab Studies Quarterly* 29, no.3–4 (Summer/Fall 2007):57–73.

18. Al-Banna.

19. Hagopian, "Ibrahim and Edward."

20. Hovsepian.

21. Farer.

22. FBI; David Price, "How the FBI Spied on Edward Said," *Counter Punch*, Jan. 13,

2006.

23. FBI.

24. Price, "How the FBI Spied on Edward Said."

25. *PPC*, 171; *PD*, 30.

26. Shafiq Al-Hout, *My Life in the PLO* (London: Pluto Press, 2011), 9, 78.

27. Al-Banna.

28. Jim Schachter, "Said Says He Would Not Take Offer to Be Palestinian Rep," *Columbia Daily Spectator*, Nov. 15, 1977.

29. David Margules and Megan Gallagher, "Press Service Calls Said Sadat's Pick," *Columbia Daily Spectator*, Nov. 16, 1977.

30. *PD*, xxii.

31. EWS to "Erwin," March 20, 1973, EWSP, 5:5:I.1; *PPC*, 271.

32. *B*, 373.

33. EWS to Monroe Engel, Nov. 29, 1972, EWSP, 5:3:I.1.

34. EWS, "Between Worlds," in *RE*, 563.

35. *RE*, 319.

36. Barbara Harlow, conversation with author, ca. 1998.

37. *RE*, 322.

38. 同上，48–49 页。

39. 同上，56–57 页。

40. EWS to David Grossvogel (《变音符》的编辑), July 10, 1973, EWSP, 5:6:I.1.

41. Klein to EWS, March 11, 1977, EWSP, 109:1:II.1.

42. Engel to EWS, n.d., EWSP, 28:22:I.1.

43. Wieseltier.

44. Tanner to EWS, July 7, 1976, EWSP, 29:25:I.1.

45. EWS, "Interview," *Diacritics* 6, no.3 (Fall 1976):30–47.

46. EWSP, 40:23:II.1.

47. See Mohammad Shaheen, ed., *Edward Said: Riwayah lilajyal*〔*Edward Said: A story for the future*〕(Beirut: Arab Institute for Research and Publication, 2004).

48. See EWS to Ellen Graham, June 2, 1976, EWSP, 29:25:I.1. 他对后结构主义持不断演变的态度，在就杰弗里·哈特曼的《荒野中的批评》做的阅读报告中有所揭示，这篇报告总体上给出积极评价，同时认为哈特曼有时表现出"德里达最没有说服力的一面，残留着胡塞尔式的倾向性和浮夸"。

49. *HDC*, 11–12, 51.

50. EWSP, 97:1:III.1.

51. EWS, "The Return to Philology" (1994 年 12 月在开罗美国大学的演讲), EWSP,

75:1:II.3.

52. *ESR*, 436.

53. *B*, 378.

54. 同上，316 页。

55. EWS, "Witholding, Avoidance, and Recognition," 22, EWSP, 72:14:II.2.

56. EWSP, 77:32:II.4. This observation, a fragment, is buried among drafts of his fiction and poetry and undated (ca. early 1960s).

57. EWS, "Witholding, Avoidance, and Recognition," 23.

58. Max Harold Fisch, introduction to *The Autobiography of Giambattista Vico*, trans. Max Harold Fisch and Thomas Goddard Bergin (Ithaca, N.Y.:Cornell University Press, 1944), xxi.

59. 其组织者之一吉奥尔吉·塔戈利亚科佐在 1946 年至 1961 年在哥伦比亚大学新学院担任思想史讲师，与萨义德相识。1974 年，他和唐纳德·菲利普·维勒内创立了维柯研究所。两人都定期与萨义德通信 (EWSP, 29:21:I.1, 29:22:I.1, 29:24:I.1)。

60. John Simon to EWS, July 30, 1980, EWSP, 5:16:I.1.

61. EWS, "Michel Foucault (1927–1984)," *Raritan* 4, no.2 (1984):188.

62. EWS, "An Ethics of Language: The Archaeology of Knowledge and the Discourse of Language by Michel Foucault," *Diacritics* 4, no.2 (Summer 1974):31.

63. 同上，28 页。

64. Yelin.

65. EWS, "Ethics of Language," 28.

66. EWS, "Michel Foucault as an Intellectual Imagination," *boundary 2* 1, no.1 (Fall 1972):2.

67. EWS to Cixous, Jan. 15, 1973, EWSP, 5:4:I.1.

68. Foucault to EWS, n.d. (ca. Dec. 1972), EWSP, 5:3:I.1（由埃米丽·庞斯和本书作者翻译）

69. EWS to Foucault (in French), Jan. 15, 1973, EWSP, 5:4:I.1（本书作者翻译）

70. 到 1979 年，萨义德视福柯是以色列的支持者。EWS, "Diary: My Encounter with Sartre," *London Review of Books*, June 1, 2000.

71. EWS, "Foucault as an Intellectual Imagination," 5.

72. 同上，25 页。

73. 同上，2 页。

74. EWS, "Michel Foucault (1927–1984)," 192.

75. 同上，194 页。在"An Ethics of Language"一文中，萨义德辨析出福柯不曾明言的思想来源：迈克尔·波兰尼、托马斯·库恩和乔治·康吉连。

76. *B*, 334, 337.

77. EWS to Louise Adler, Sept. 16, 1981, EWSP, 5:5:I.1.

78. EWS, recommendation for James Merod, Oct. 23, 1981, EWSP, 5:6:I.1.

79. Gabriel Kolko, *Main Currents in Modern American History* (New York: Harper & Row, 1976), vii–viii.

80. EWSP, 31:3:I.2; EWS to Raskin, March 25, 1983, EWSP, 6:21:I.1.

81. Jonah Raskin, *The Mythology of Imperialism: A Revolutionary Critique of British Literature and Society in the Modern Age* (New York: Monthly Review Press, 1972), 3–4, 11–12.

82. *Columbia Daily Spectator*, Nov. 22, 1977.

83. Levin to EWS, July 29〔incorrectly marked June 29〕, 1976, HL.

84. EWS to Levin, Aug. 2, 1976, HL.

第七章　从西贡到巴勒斯坦

1. From a U.S. Air Force songbook, sent by Keith and Anne Buchanan to EWS on Sept. 12, 1987, EWSP, 10:9:I.1.

2. Khalidi, T.

3. *O*, 5.

4. *WTC*, 282, 250.

5. *O*, 22.

6. 同上，20 页。

7. Daniel Martin Varisco, *Reading Orientalism: Said and the Unsaid* (Seattle: University of Washington Press, 2007); Ibn Warraq, *Defending the West: A Critique of Edward Said's "Orientalism"* (Amherst, N.Y.: Prometheus Books, 2007); Robert Irwin, *For Lust of Knowing: The Orientalists and Their Enemies* (London: Penguin, 2006).

8. EWS to Ms. Toby Gordan, March 22, 1978, EWSP, 111:2:II.1.

9. EWS to Levin, Jan. 26 and Feb. 7, 1978, HL.

10. Said, M. Chomsky thought the arrangement plausible: "We talked about all of these things."

11. Chomsky to EWS, Aug. 7, 1976, EWSP, 29:25:I.1.

12. For drafts of *Orientalism*, see EWSP, 47:19:II.1 and 47:20:II.1.

13. 不仅是越南，该书出版一年后，就迎来尼加拉瓜、萨尔瓦多、格林纳达和菲律宾的社会主义革命。

14. EWS to Shahak, Jan. 7, 1978, EWSP, 116:33:II.4.

15. EWS to Ferial Hopkins, April 19, 1976, EWSP, 29:24:I.1; Research Statementto the Center for Advanced Study in the Behavioral Sciences (1975–76); *PPC*, 168.

16. EWS to Ferial Hopkins, April 19, 1976, EWSP, 29:24:I.1.

17. EWS to Roger Owen, July 19, 1976, EWSP, 29:25:I.1.

18. EWS to Roger Owen, July 19, 1976.

19. Al-Banna.

20. 同上。

21. Tom Farer to EWS, June 14, 1976, EWSP, 29:25:I.1.

22. Cole.

23. Alpers.

24. Cole.

25. Alpers.

26. Chomsky to EWS, July 28, 1976, EWSP, 29:25:I.1.

27. *O*, 307.

28. Seymour M. Hersh, "The Gray Zone: How a Secret Pentagon Program Came to Abu Ghraib," *New Yorker*, May 24, 2004.

29. M. Cherif Bassiouni, "The AAUG: Reflections on a Lost Opportunity," *Arab Studies Quarterly* 29, no.3–4 (Summer/Fall 2007):29–30.

30. EWS, "Diary: My Encounter with Sartre," *London Review of Books*, June 1, 2000, 42.

31. Naseer Aruri, ed., *Middle East Crucible: Studies on the Arab-Israeli War of October 1973* (AAUG Monograph Series, 1975); Abdel-Malekto EWS, June 14, 1976, EWSP, 29:25:I.1.

32. Abdel-Malekreplied, reasonably, that Said's relevant work barely existed until after 1970–71. Abdel-Malekto EWS, July 9, 1976, EWSP, 29:25:I.1.

33. EWS to Abdel-Malek, July 14, 1976, EWSP, 29:25:I.1.

34. A charge made, among others, by James Clifford, "On Orientalism," in *The Predicament of Culture: Twentieth-Century Ethnography, Literature, and Art* (Cambridge, Mass.: Harvard University Press, 1988); see EWS, "A Palestinian Voice," *Columbia Forum* 12, no.4 (Winter 1969):24–31.

35. *PD*, 15; EWS to Mr. Locke of *The New York Times Book Review*, Nov. 22, 1972, EWSP, 5:4:I.1.

36. Burns.

37. EWSP, 71:8:II.2; EWS, foreword to *Jewish History, Jewish Religion: The Weight of Three Thousand Years*, by Israel Shahak (1994; London: Pluto Press, 1997); EWSP, 70:16:II.2.

38. *PD*, 391.

39. Nancy Elizabeth Gallagher, "Interview with Albert Hourani," in *Approaches to the*

History of the Middle East: Interviews with Leading Middle East Historians (Berkshire, U.K.: Ithaca Press, 1996); *PD*, 391. Heikal was the editor in chief of the Cairo daily newspaper Al-Ahram (1957–74).Abdullah Laroui, *La crise des intellectuels arabes: Traditionalisme ou historicisme?* (Paris: Maspero, 1974), 2, 5.

40. Basim Musallam, "Power and Knowledge," *MERIP Reports* 79 (June 1979):20.

41. Jessup, interestingly, was E. P. Thompson's grandfather.

42. Gallagher, "Interview with Albert Hourani," 39.

43. EWS, "Unfinished Intellectual Work," EWSP, 71:1:II.2.

44. EWS to Zurayk, Feb. 18, 1974, EWSP 30:5:I.1.

45. EWS, "The Special Relationship Between Thoughts and the Intellectual," trans. from the Arabic by Joseph Farag, *Al-Majallah*, Jan. 30, 1990, 24–25.

46. Hani A. Faris, "Constantine K. Zurayk: Advocate of Rationalism in Modern Arab Thought," in *Arab Civilization: Challenges and Responses*, ed.George N. Atiyeh and Ibrahim M. Oweiss (Albany: State University of New York Press, 1988), 4.

47. "Unfinished Intellectual Work," EWSP, 71:1:II.2.

48. 同上。

49. 同上。

50. EWS to Tom Farer, Feb. 13, 1976, EWSP, 30:23:I.1.

51. Emanuel Hamon, dir., *Selves and Others: A Portrait of Edward Said* (2004).

52. *O*, 6.

53. *ESR*, 436; *O*, 14.

54. Roger Scruton, *Thinkers of the New Left* (London: Longman, 1985). 萨义德的照片同拉康、萨特、福柯等学者一起出现在该书美国版封面上。

55. EWS, 为雷蒙·威廉斯写的悼文（草稿），EWSP, 67:1:II.2.

56. Yelin.

57. 1982 年秋，纽约，与本书作者的谈话。

58. EWS, "Raymond Williams," *Nation*, March 5, 1988; *PD*, 93; Raymond Williams and Edward W. Said, "Media, Margins, and Modernity," in Raymond Williams, *The Politics of Modernism: Against the New Conformists* (London: Verso, 1989), 178.

59. EWS, "Raymond Williams."

60. *PD*, 93.

61. Raymond Williams, "Media, Margins, and Modernity, 178.

62. Raymond Williams, *The Country and the City* (Oxford, U.K.: Oxford University Press, 1973), 289.

63. 同上，302 页。

64. 同上，279 页。

65. 同上，285–286 页。

66. B, 353–354.

67. In his Gauss lectures, Said assigned Foucault's "Questions on Geography," which appeared in *Herodote* (1976); *WTC*, 220.

68. EWS to Ferial Ghazoul, Feb. 28, 1978, EWSP, 30:7:I.1. 这份长达 30 页的法语演讲稿没有名称：EWSP, 116:33:II.4.

69. EWS, "Arabs, Islam, and the Dogmas of the West," *New York Times Book Review*, Oct. 31, 1976; see EWSP, 90:8:II.2.

70. EWS to Dr. Mary Ellen Lundstein, Nov. 21, 1978, EWSP, 5:9:I.1; West to EWS, n.d. (约 1978 年), EWSP, 5:9:I.1.

71. Said, G.

72. Said Makdisi.

73. Kairallah.

74. Al-Azm.

75. EWS to Al-Azm, Nov. 10, 1980, EWSP 30:15:I.1.

76. 日后会有另外两个阿拉伯语译本的《东方学》出版。翻译萨义德的其他著作和文章的阿拉伯语译者里，广受好评的有法瓦兹·特拉布勒西、马哈茂德·沙欣和苏卜希·哈迪迪。特拉布勒西翻译的《格格不入》是阿拉伯世界被阅读最广泛的一本萨义德作品。

77. Al-Azm.

78. Abu-Deeb.

79. Varisco, *Reading Orientalism*, 23.

80. 同上；Warraq, Defending the West, 19; Irwin, *For Lust of Knowing*, 283.

81. Irwin, *For Lust of Knowing*, 197.

82. 同上，296 页。

83. Mahdi Amel, *Hal al-Qalb li ash-Sharq wa al-ʿAql li al-Gharb?* [Intelligence for the West and passion for the East?] (Beirut: Dar al-Farabi, 1985).

84. Mintz.

85. Jacques Berque, "Au dela de 'l'orientalisme,'" *Qantara: Le Magazine de l'Institut du Monde Arabe* 13 (Oct./Dec. 1994).

86. Warner.

87. EWS to Westminster College, May 24, 1982, EWSP, 6:11:II.1.

88. Shahak to EWS, Sept. 5, 1993, EWSP, 29:11:I.1.

89. *PD*, 307.

90. The proceedings were published in Journal of *Palestine Studies* 16, no.2 (Winter 1987):85–104.

91. Kairallah.

92. Wieseltier.

93. 1982年2月4日，萨义德致信莱顿大学P. S. van Koningsveld博士，很高兴看到他关于施努克·霍尔格荣耶从事间谍活动的论文得到验证。

94. *O*, 93.

95. EWS, "Interview," Diacritics 6, no.3 (Autumn 1976):45.

96. EWS, "The Problem of Textuality: Two Exemplary Positions." *Critical Inquiry* 4, no.4 (Summer 1978):673–714.

97. *WTC*, 183.

98. Quoted by Wood; Mitchell.

99. EWS, "An Exchange on Deconstruction," *boundary 2* 8, no.1 (Fall 1979):71.

100. Burns.

101. *O*, 52.

102. 同上，11页。

103. 同上，204页。

104. Wood.

105. *O*, 8.

106. Martin Kramer, "Said's Splash," in *Ivory Towers on Sand: The Failure of Middle Eastern Studies in America* (Washington, D.C.: Washington Institute for Near East Policy, 2001), 27–28.

107. Aijaz Ahmad, *In Theory: Classes, Nations, Literatures* (London: Verso, 1992), 197.

108. David Riesman to EWS, March 19, 1975, EWSP, 29:21:I.1.

109. "Edward Said: Bright Star of English Lit and P.L.O.," *New York Times*, Feb. 22, 1980, A2.

110. *QP*, 56–57.

111. EWS, "Projecting Jerusalem," *Journal of Palestine Studies* (Autumn 1995):5–14.

112. "Alice" to EWS, Jan. 4, 1974, EWSP, 30:5:I.1.

113. Mary Ann Lash to EWS, March 15, 1978, EWSP, 54:6:II.1.

114. EWS to William Warner, Sept. 27, 1978, EWSP, 5:9:I.1.

115. *QP*, 218.

116. Zurayk to EWS, Feb. 20, 1980, EWSP, 53:7:II.1; EWS to Ronit Lentin, March 17, 1981, EWSP, 5:25:I.1.

117. According to Clare Carroll, these included Diana Trilling, John Romano, and Quentin Anderson.

118. EWSP, 48:16:II.1.

119. See, however, Clovis Maksoud, *The Arab Image* (Delhi: Ramlochan, 1963), 12.

120. 萨义德还推动了《许多声音，同一个世界》(联合国教科文组织，1981) 的发布，这是由诺贝尔和平奖获得者肖恩·麦克布赖德主持的官方报告，呼吁建立"新的世界信息秩序"。麦克布赖德还有意监督了另一份联合国教科文组织报告《以色列在黎巴嫩》(1983)，该报告一致认为以色列在黎巴嫩犯有战争罪。该委员会将以色列的行为称为"种族灭绝"。*(PD*, 247–250).

121. EWS to Shahak, Jan. 7, 1978. Chomsky called Said's media criticism "close to my own"; Chomsky.

122. EWS to Alan G. Thomas, Nov. 4, 1992, EWSP, 17:2:I.1. He was particularly fond of Debray's *Teachers, Writers, and Celebrities: The Intellectuals of Modern France* (1981).

123. EWSP, 75:21:II.3.

124. *PD*, 65.

125. EWS, "Palestinian Voice," 24.

126. EWS, "Notes on the Arab Intellectuals at Home and Abroad" (undated speech to the AAUG), EWSP, 77:2:II.3.

第八章　拆解伪神

1. *JC*, 28.
2. EWS to "Mr. Mann," July 15, 1978, EWSP, 5:9:I.1.
3. Abdel-Malek to EWS, June 11, 1978, EWSP, 30:6:I.1.
4. EWS to Al-Banna, July 31, 1972, EWSP, 30:6:I.1.
5. Salman Rushdie, *Joseph Anton* (New York: Random House, 2012), 233–234.
6. Najla Said, *Looking for Palestine* (New York: Riverhead Books, 2013), 36; EWS, "The Acre and the Goat," *New Statesman*, May 11, 1979, 685–88.
7. Said, *Looking for Palestine*, 85.
8. EWS to Tony Tanner, Aug. 4, 1979, EWSP, 30:5:I.1.
9. EWS to Ellison Findly, Oct. 1, 1982, EWSP, 6:16:I.1.
10. Unsigned letter to EWS, June 27, 1982, EWSP, 6:13:I.1.
11. Anonymous to EWS, March 19, 1990, EWSP, 13:18:I.1.
12. Deborah Poole to Joy Hayton, Sept. 23, 1985, EWSP, 8:14:I.1.
13. Jim Naughton, "The Emerging Voices of the Palestinians," *Washington Post*, June 7, 1988.
14. Poole.
15. Cole.
16. EWS, "Leaving Palestine," *New York Review of Books*, Sept. 23, 1999.

17. Said Makdisi.
18. *IES*, 19–35; EWS to *Middle East*, April 2, 1979.
19. EWS to To Whom It May Concern, Nov. 20, 1989, EWSP, 13:6:I.1.
20. EWS to Musa Mazzawi, Aug. 9, 1983, EWSP, 7:2:I.1.
21. 同上。
22. EWS to Kalid el Fahoum and Yasir Arafat, Feb. 16, 1983, EWSP, 75:25:II.3.
23. *RE*, 118; *WTC*, 4, 25; Fred Halliday, *The Making of the Second Cold War* (London: Verso, 1983), a book that Said promoted. See also *WTC*, 25; *C&I*, 27, 284; *PD*, 54.
24. Miller.
25. *C&I*, 37.
26. Conor Cruise O'Brien, Edward Said, and John Lukacs, "The Intellectual in the Post-colonial World: Response and Discussion," *Salmagundi*, no.70/71 (Spring–Summer 1986):69; Wood.
27. President and Mrs. Reagan to EWS, Dec. 1987, EWSP, 10:15:I.1.
28. EWS to Gary F. Waller, Dec. 17, 1981, EWSP, 6:7:I.1. *The Shadow of the West*, written and narrated by EWS, directed by Geoff Dunlop (VATV in association with Kufic Films, 1982).
29. Burns.
30. EWS, Commencement Lecture, AUC, June 17, 1999, EWSP, 31:10:I.2.
31. *PS*, 41; David Gerrard, "Said Leads Undergrad Seminar," *Columbia Daily Spectator*, Jan. 21, 2000.
32. Taken from his quotation of Morris Lazerowitz's *Studies in Metaphilosophy* (1964), EWSP, 97:1:III.
33. In Michael Waldman's "Question of Edward Said," *Columbia Daily Spectator*, March 4, 1982, 萨义德回答里提到他"正在对20世纪知识分子的角色做深入的研究"。
34. EWS to Massimo Bacigalupo, Oct. 5, 1979, EWSP, 5:12:I.1: "two books of criticism coming out next year"—*The World, the Text, and the Critic* and the book on Gramsci and Lukács; EWS to Wilcox, Nov. 19, 1979, EWSP, 5:14:I.1.
35. Said knew Bernal's story from Gary Werskey's *Visible College: Scientists and Socialists in the 1930s* (New York: Viking, 1978), a book he assigned in his seminars in the early 1980s.
36. EWS to Wilcox, Nov. 19, 1979.
37. EWS to National Endowment for the Humanities, Oct. 12, 1979, EWSP, 5:13:I.1.
38. Anderson to EWS, April 24, 1978, EWSP, 30:6:I.1.1977年，萨义德读了两次世界大战之间在《美学与政治》上进行的马克思主义者的文化辩论，以及保罗·费耶阿本德《反对方法》(费耶阿本德以前科学家的身份批判科学)、阿多诺《最低限度的道德》、卢西奥·克莱蒂《马克思主义与黑格尔》。EWS to New Left Books, Sept. 27, 1977, EWSP, 30:13:I.1.

39. EWS to Wilcox, Nov. 4, 1980, EWSP, 5:21:I.1.

40. EWS to Bacigalupo, Oct. 5, 1979.

41. EWS to Wilcox, Dec. 11, 1980, EWSP, 5:22:I.1.

42. EWS to Albert Sonnenfeld, Aug. 23, 1978, EWSP, 5:9:I.1.

43. Dan O'Hara to EWS, April 12, 1983, EWSP, 83:11:III.1.

44. Michel Chodkiewicz to EWS, Feb. 3, 1983, EWSP, 6:21:I.1.

45. EWS to Wilcox, Dec. 11, 1980.

46. EWS, "The Problem of Textuality: Two Exemplary Positions," *Critical Inquiry* 4, no.4 (Summer 1978):673.

47. EWS to Kamal Abu-Deeb, Dec. 8, 1977, EWSP, 29:27:I.1.

48. EWS to Monroe Engel, Nov. 29, 1972, EWSP, 5:3:I.1.

49. Jacqueline Onassis to EWS, Oct. 16, 1989, EWSP, 13:3:I.1.

50. EWS to Jonathan Arac, April 19, 1976, EWSP, 29:24:I.1.

51. *WTC*, 191.

52. Yelin; Dickstein; Ghazoul.

53. Gold to EWS, Aug. 26, 1978, EWSP, 5:7:I.1.

54. *PPC*, 198.

55. EWS to Herb Leibowitz, Dec. 4, 1967, EWSP, 28:22:I.1.

56. *PPC*, 198; *HDC*, 12, 32, 39, 136.

57. *RE*, 144.

58. *HDC*, 39.

59. EWS, "Comparative Literature as Critical Investigation," 14, EWSP, 70:16:II.2.

60. 同上。

61. *RE*, 125–126.

62. *O*, 141. See also "Renan's Philological Laboratory," in *Art, Politics, and Will: Essays in Honor of Lionel Trilling*, ed. Quentin Anderson, Stephen Donadio, and Steven Marcus (New York: Basic Books, 1977), 59–98.

63. *O*, 140.

64. *HDC*, 71.

65. Noam Chomsky, *Language and Responsibility* (New York: Pantheon, 1979), 175.

66. *WTC*, 249–251; EWS, "An Ethics of Language," *Diacritics* 4, no.2 (Summer 1974):32; Donald Phillip Verene, preface to *On the Study Methods of Our Time*, by Giambattista Vico (Ithaca, N.Y.: Cornell University Press, 1990), 7.

67. Rosenthal.

68. EWS, Seminar Notes for "History of Critical Theories" (1971), EWSP, 83:1:III.1.

69. 同上。

70. EWS, "Beginnings," *Salmagundi* 2, no.4 (Fall 1968):45. Here his approach to Hegel was more affirmative: "Paraphrasing Hegel, we can say that formally the problem of beginnings is the beginning of the problem" (41).

71. Ali.

72. EWS to Albert Sonnenfeld, Oct. 27, 1978, EWSP, 5:9:I.1.

73. EWS to Anders Stephanson, Feb. 23, 1976, EWSP, 29:23:I.1.

74. EWSP, 66:6:II.2.

75. EWS, "On Critical Consciousness: Gramsci and Lukács," EWSP, 78:10:II.4; *RE*, 565.

76. *WTC*, 290.

77. 同上，291 页。

78. EWS, "Beginnings," 45. 另参见他与编辑们的通信 (EWSP, 40:23:II.1) 以及对《开端》下的一系列注释 (EWSP, 65:2:II.1) 均表明这本书是对克默德的直接回应。

79. EWS, "On Critical Consciousness, 4.

80. 同上，11 页。

81. Massimo Bacigalupo to EWS, Sept. 21, 1979, EWSP, 5:12:I.1.

82. Marginal note to Jean Stein interview of EWS, Aug. 23, 1993, New York.

83. EWS, Obituary for Raymond Williams (draft), EWSP, 67:1:II.2. The obituary appeared in *The Nation* on March 5, 1988.

84. See also his ambivalence about whether Gilles Deleuze was conservative (EWSP, 97:1:III.1).

85. Raymond Williams and Edward W. Said, "Media, Margins, and Modernity," in Raymond Williams, *The Politics of Modernism: Against the New Conformists* (London: Verso, 1989), 182; *WTC*, 5; *PD*, 316; *WTC*, 267.

86. EWS, "Conspiracy of Praise," *MERIP Reports* 15 (Nov.–Dec.1985).

87. His position on facts is clearest in a letter to the UN Development Programme on March 7, 2003; what matters is how they are related to a hypothesis and how truth is related to interest (EWSP, 28:6:I.1).

88. EWS to "Doris," June 8, 1978, EWSP, 30:6:I.

89. EWS to Jameson, Nov. 9, 1977, EWSP, 30:7:I.1.

90. *PPC*, 56–57.

91. Miller.

92. EWS to Lawrence Lipking, Feb. 5, 1981, EWSP, 5:2:I.1.

93. *PPC*, 192："1988 年前后，涌现出许多……重读法农同时又抨击他的东西。我觉得这真的是对法农的误读或背叛。"Bhabha 发表在 *New Formations* (Spring 1987) 的文章将法农描述为心理矛盾而非革命性变革的人物。

94. EWS to William Bernhardt, Oct. 14, 1972, EWSP, 5:2:I.1.

95. Lindsay Waters to EWS, April 2, 1981, EWSP, 5:26:I.1.

96. 不包括他与别人合著的书和宣传册 *Yeats and Decolonization* (Cork: Cork University Press and Field Day Pamphlets, 1988).

97. *RE*, 152.

98. 但是还有其他范式：Sarah Graham-Brown's photo essay *The Palestinians and Their Society* (1980), Susan Meiselas's *Nicaragua* (1981), and Malek Alloula's *Le harem colonial* (1986).

99. Mohr.

100. 同上。

101. *ALS*, 6.

102. Derrida to EWS, Jan. 10, 1987, EWSP, 8:17:I.1 (my translation).

103. Carol Coulter to EWS, June 24, 1988, EWSP, 11:12:I.1.

104. Monroe Engel to EWS, Jan. 5, 1989, EWSP, 13:14:I.1.

105. EWS, Obituary for Arthur Gold, Feb. 26, 1989, EWSP, 78:5:II.4.

106. Monroe Engel to EWS, Jan. 5, 1990, EWSP, 13:14:I.1; William E. Cain, "Studying America's Aristocrats: An Interview with Arthur R. Gold," *ALH* 2, no.2 (Summer 1990):358–373.

107. "The Shultz Meeting with Edward Said and Ibrahim Abu-Lughod," *Journal of Palestine Studies* 17, no.4 (Summer 1988):160.

108. George Shultz, *Turmoil and Triumph: My Years as Secretary of State* (New York: Scribner's, 1993), 1029.

109. *PD*, xxviii; Susan Schendel（舒尔茨的助理）2015 年 12 月 12 日致信本书作者。

110. EWS, "Palestine Agenda," *Nation*, Dec. 12, 1988, 637; *PD*, 147.

111. EWS to Karl Kroeber, March 5, 1974, EWSP, 30:11:I.1; EWS to Jonathan Cole, May 7, 1990, EWSP, 13:24:I.1.

112. Ben Letzler, "Sometimes Wrong, Never in Doubt," *Columbia Daily Spectator*, Jan. 28, 2000.

113. Stern, D.

114. David.

115. Stern, D.

116. Yelin.

117. Wieseltier.

118. Burns.

119. EWS, "An Unresolved Paradox," *MLA Newsletter* (Summer 1999):3.

120. Said, N.

121. Yerushalmi.

122. Poole.

123. Said, N.

124. EWS to Engel, Nov. 22, 1972, EWSP, 5:3:I.1.

125. Ruth Halikman, "West Advocates," *Columbia Daily Spectator*, Oct. 18, 1993.

126. EWS to "Jimmy," Dec. 16, 1972, EWSP, 5:4:I.1.

127. Miller.

128. Burns.

129. Davis.

第九章 几个朴素的观念

1. 阿兰是 Emile Auguste Chartier 的笔名,《宗教散论》(1924)。在《格格不入》中,萨义德描述了 1957 年居住开罗的一年里阅读阿兰著作的情形。(285)。

2. *PPC*, 205.

3. 同上, 139 页。

4. Poole; Said, N.

5. Said, W.

6. Harry Levin, *Grounds for Comparison* (Cambridge, Mass.: Harvard University Press, 1972), 129.

7. Guttenplan.

8. Wypijewski.

9. Carroll; Said, W.

10. Said, W.

11. EWS, Mount Hermon Commencement Speech, June 2002.

12. Said, N.

13. Greene.

14. Said, N.

15. Said Makdisi.

16. 这是 1994 年 11 月 19 日的一通电话留言。2017 年 2 月 24 日斯坦因寄给本书作者。

17. Ben Sonnenberg, "My Montparnasse," *Raritan* 10, no.4 (Spring 1991).

409

18. His media access was not entirely cut off. James L. Greenfeld invited him to attend a *New York Times Magazine* editorial luncheon on March 14, 1989, with the hope that their exchange would generate an article (EWSP, 12:6:I.1).

19. Except for letters to the editor. See, however, Barbara Epstein to EWS in March 1989 asking him to write on the Albanian novelist Ismail Kadare (EWSP, 12:8:I.1).

20. EWS to Silvers, Jan. 9, 1983, EWSP, 7:21:I.1.

21. Wanger.

22. 同上。

23. Salman Rushdie, *Joseph Anton* (New York: Random House, 2012), 232–33.

24. Warner.

25. 同上。

26. 同上。

27. Wilmers.

28. 同上。

29. Rosenthal.

30. Wilmers.

31. Hovsepian.

32. EWS, "Who's in Charge?," *Arena Magazine*, April 4, 2003, 40; Glass.

33. Wypijewski.

34. 同上。

35. Said, M.

36. Jo Ann Wypijewski, "Mementos," 2016年2月19日寄给本书作者。

37. Said, N.

38. Sifton.

39. Margaronis.

40. *PPC*, 76.

41. Michael Riffaterre, "A Stylistic Approach to Literary Theory," *New Literary History 2*, no.1 (Autumn 1970):39, 46.

42. *WTC*, 19–20.

43. EWSP, 70:16:II.2.

44. *WTC*, 118.

45. EWS to *Independent*, Aug. 29, 1990, EWSP, 71:6:II.2.

46. Notes sent to EWS by Chomsky, July 20, 1985, EWSP, 8:17:I.1.

47. Whitman to MLA, Sept. 11, 1998, EWSP, 70:8:II.2.

48. EWS to MLA, Oct. 8, 1998, EWSP, 70:8:II.2.

49. EWS to *Ha'aretz*, Aug. 28, 2000, EWSP, 71:1:II.2.

50. *WTC*, 28.

51. 例如 Mahdi Amel、Aijaz Ahmad、Manfred Sing 和 Miriam Younes、Gilbert Achcar 等。其中最好的是艾哈迈德，充分领会了萨义德的文学出发点。

52. Seamus Deane, "A Late Style of Humanism," *Field Day Review* 1 (2005):198.

53. In, for example, *The New Republic*; *RE*, 141. 萨义德从前的学生莱昂·维瑟提耶发表了对《东方学》的书评，面对此番污言毁谤，萨义德在同一杂志 1979 年 4 月 10 日号上做了回应，文中有言："这是麦卡锡和科恩式的红色迫害，仅此而已。"(EWSP, 5:15:I.1).

54. EWS to Redgrave, Oct. 9, 1992, EWSP, 17:5:I.1.

55. EWS, "A Palestinian Voice," *Columbia Forum* 12, no.4 (Winter 1969):31, 认为苏联的支持虽然重要，却姗姗来迟，数量有限。

56. EWS, "Palestinian Prospects Now: Edward W. Said Speaks with Mark Bruzonsky," *Worldview* 22, no.5 (May 1979):8.

57. EWS, "Palestinian Voice," 27.

58. 例如，2000 年，古巴为他安排了一次巡回演讲，由于日程安排冲突而放弃：Cuban Book Institute to EWS, March 23, 2000, EWSP, 31:2:II.2; EWSP, 32:49:II.2; EWS to Alexander G.Bearn, Feb. 8, 2001, EWSP, 31:2:II.2.

59. Christopher Hitchens, *Hitch-22* (New York: Twelve, 2010), 386.

60. Yelin; Rosenthal; Al-Banna.

61. *HDC*, 21.

62. 同上。

63. 在给美国社会主义经济学家兼《每月评论》联合编辑哈里·马格多夫的推荐信中，热情地将对方比作苏格拉底 (EWSP, 8:2:I.1).

64. *ESR*, 435.

65. *WTC*, 238–241.

66. 同上，19–20 页。

67. *CI*, 50.

68. *CI*, 49; *PPC*, 335.

69. EWS, "The Limits of the Artistic Imagination," EWSP, 75:21:II.3.

70. Mitchell.

71. Traboulsi; Wood.

72. Al-Azm.

73. Chomsky.

74. 在哈弗福德学院毕业典礼演讲后的问答环节，有人问道："你认为应该解决什么问题？"萨义德回答说："经济，是经济。"Bergson, D.

75. Aijaz Ahmad, *In Theory: Classes, Nations, Literatures* (London: Verso, 1992);

Mahdi Amel, *Hal al-Qalb li ash-Sharq wa al-'Aql li al-Gharb?* [Intelligence for the West and passion for the East?](Beirut: Dar al-Farabi, 1985).

76. EWS, "Interview," *Diacritics* 6, no.3 (Fall 1976):36.
77. *QP*, 56.
78. *RE*, 143; EWS, "Interview," *Diacritics*, 39.
79. EWSP, 29:25:I.1.
80. *WTC*, 78.
81. EWSP, 77:24:II.4.
82. EWS, "Notes on the Arab Intellectuals at Home and Abroad" (undated speech to the AAUG), EWSP, 77:2:II.3.
83. *EPP*, 30.
84. EWS to Sami Al-Banna, Feb. 7, 1973, EWSP, 5:5:I.1.
85. Sharon.
86. *B*, 158.
87. Macleod.
88. Said, M.; Said, W.
89. EWSP, 112:25:III.2.
90. EWS, "Swift's Tory Anarchy," *Eighteenth-Century Studies* (Fall 1969):60.
91. EWS to Jack Goellner, Johns Hopkins University Press, Oct. 28, 1968, EWSP, 97:23:III.1.
92. EWS to al-Banna, July 31, 1972, EWSP, 30:6:I.1.
93. EWS, "Witholding, Avoidance, and Recognition," EWSP, 72:14:II.2.
94. EWS to Al-Banna, July 31, 1972.
95. Hannah Arendt, *The Portable Hannah Arendt*, ed. Peter Baehr (New York: Penguin, 2000), 169.
96. 一份申请研究基金的提纲交给萨义德，征求意见；see EWS to Nadim Rouhana, Aug. 9, 1983, and the proposal itself (EWSP, 7:3:I.1).
97. Said quoting Josef Yarushalmi, in *FNE*, 31.
98. *FNE*, 41; *EPP*, xiv; *PD*, 119.
99. EWS to Brown, Dec. 6, 1972, EWSP, 5:4:I.1.
100. Rose.
101. EWS, "Joseph Conrad and the Fiction of Autobiography," undated draft, EWSP, 46:1:II.1.
102. EWS, "Linguistics and the Archaeology of Mind," *International Philosophical Quarterly* 11, no.1 (March 1971).
103. EWSP, 110:11:III.3.

104. *FNE*, 53.

105. *FNE*, 52. See in this respect, EWS, "A Jew Without Jewishness," review of *The Counterlife*, by Philip Roth, *Guardian*, March 13, 1987.

106. David.

107. *PPC*, 61.

108. 同上，217 页。

109. EWS to unstated addressee, Oct. 31, 1989, EWSP, 13:3:I.1.

110. *RE*, xx.

111. *PPC*, 147.

112. *ME*, xv.

113. 同上，43 页。

114. 同上，44 页。

115. EWS, "Music," *Nation*, Feb. 7, 1987, 160.

116. Rose; *FNE*, 72–75.

117. Said, M.

118. *OP*, 11; Said, G.

119. Ali; Wypijewski.

120. Bilgrami.

第十章　第三世界发声

1. EWS, "The Castle," written in 1952, MH.

2. Interview with EWS in *Al-Qabas*, Oct. 7–8, 1989, reprinted in *Israel &Palestine Political Report* 153 (Oct. 1989):4.

3. EWS to Shahid, March 28, 1991, EWSP, 15:3:I.1.

4. Jerome M. Segal to EWS, May 16, 1988, EWSP, 11:5:I.1; EWS to *Nation*, July 2, 1990, EWSP, 71:8:II.2.

5. Jerome M. Segal, "Why Israel Needs Arafat," *New York Times*, Feb. 7, 1988.

6. EWS, "Response," *Critical Inquiry* 15, no.3 (Spring 1989):634–646.

7. EWS, "Freedom and Resistance," EWSP, 78:5:II.4.

8. Jean-François Lyotard, "The Wall, the Gulf, the System," in *Postmodern Fables*, trans. Georges Van Den Abbeele (Minneapolis: University of Minnesota Press, 1997), 67–82.

9. Said, G.

10. Tariq Ali, *Conversations with Edward Said* (Oxford, U.K.: Seagull Books, 2006), 125, 123.

11. Draft and notes of the novel sent to the author by Michael Wood, Aug. 8, 2016.

12. "Emily" was the name of Farid Haddad's mother and, interestingly, also his Queens cousin Abie's mother, whom he treats so roughly in *OP*.

13. Hanan Ashrawi to EWS, March 3, 1980, EWSP, 5:19:I.1.

14. EWS, "The Limits of the Artistic Imagination," EWSP, 75:21:II.3.

15. EWS et al., July 2, 1991, EWSP, 30:3:I.2.

16. *OP*, 215.

17. *ESR*, xi.

18. Said, M.

19. Rai.

20. *OP*, 216.

21. EWS, "Said's Lost Essay on Jerusalem: 'The Current Status of Jerusalem,'" *Jerusalem Quarterly* 45 (2011):57–72.

22. Bergson, D.; Parry.

23. *RE*, 291.

24. EWS to Carter, Sept. 16, 1992, EWSP, 17:6:I.1.

25. On March 31, 1998, he presented "A Conversation with Edward Said on the Middle East," *Council on Foreign Relations Annual Report*, July 1, 1997–June 30, 1998, 6, 61. In Sept. 1989, with Cyrus Vance and Richard W. Murphy presiding, he was asked formally to respond to a CIA reporton Syria.

26. Rockefeller to EWS, April 31, 1984, EWSP, 7:18:I.1.

27. Interview with EWS in *Al-Qabas International*, 4.

28. Chomsky to EWS, April 6, 1982, Chomsky Papers, MIT.

29. Elena Cabral, "CU Professors Awarded Fellowships at Academy," *Columbia Daily Spectator*, June 12, 1991.

30. Becky Geller, "Ceremony Honors Professors," *Columbia Daily Spectator*, April 12, 1994.

31. EWS to George Rupp, June 10, 1993, EWSP, 29:7:I.1.

32. 2003年8月与本书作者电话上交谈提到。

33. Said, N.

34. *OP*, 215.

35. Said, W.

36. EWS to George Rupp, June 10, 1993.

37. Bergson, A.

38. For the inside story on his recruitment to Harvard, see the correspondence in IW.

39. Wood.

40. Habachy.

41. EWS to Levin, Dec. 26, 1985, HL.

42. Nathaniel Daw and Saara Bickley, "Said Rejects Offer to Teach at Harvard," *Columbia Daily Spectator*, April 22, 1993.

43. EWSP, 29:12:I.1.

44. 在法兰西学院做的系列讲座大题目是《文化形式的再阐释》，与成书《论晚期风格》有若干方面的差异。

45. EWS to Bourdieu, Aug. 1, 1996, EWSP, 31:3:I.2.（本书作者翻译）

46. Rose.

47. 1967 年 11 月 22 日，在致让·斯塔罗宾斯基的信里，萨义德提到自己尤其钦佩卢卡奇在《历史与阶级意识》(1923) 中对异化概念做的阐述。(EWSP, 30:3:I.1)

48. EWS to Starobinski, Nov. 22, 1967.

49. EWS to Engel, Feb. 7, 1989, EWSP, 12:2:I.1.

50. EWSP, 71:12:II.2.

51. *C&I*, 13.

52. Harry Levin, *The Gates of Horn: A Study of Five French Realists* (New York: Oxford University Press, 1963), viii.

53. *C&I*, 5.

54. EWS to Monroe Engel, Feb. 7, 1989.

55. Susan Fraiman, "Jane Austen and Edward Said: Gender, Culture, and Imperialism," *Critical Inquiry* 21, no.4 (Summer 1995); Ralph Locke, "*Aida* and Nine Readings of Empire," *Nineteenth-Century Music Review* 3 (2006).

56. Al-Azm.

57. Chomsky.

58. Robert Hughes, "Envoy to Two Cultures," *Time*, June 21, 1993, 60.

59. *C&I*, 8.

60. 同上，292 页。

61. Cole.

62. *C&I*, xii–xiii.

63. 同上，9 页；可参见 Conor Cruise O'Brien, Edward Said, and John Lukacs, "The Intellectual in the Post-colonial World: Response and Discussion," *Salmagundi*, no.70/71 (Spring–Summer 1986):69。

64. EWS to Harvard University Press, Jan. 11, 1996, EWSP, 29:6:I.1.

65. *C&I*, 28, 30.

66. Ibid., 332.

67. 同上，24、65 页。

68. 同上，53、278 页。

415

69. 同上，41页。

70. 同上，194页。

71. 同上。

72. Locke, "*Aida* and Nine Readings of Empire," 59.

73. 这位提问的历史学者是 Nell Painter。参见 H. L. Gates to EWS, Jan.3, 1992, EWSP, 16:7:I.1。

74. EWS, "The Politics of Knowledge," in *RE*, 372–74.

75. EWS, "Identity, Authority, and Freedom: The Potentate and the Traveler," in *RE*, 387.

76. Camille Paglia, "Junk Bonds and Corporate Raiders: Academe in the Hour of the Wolf," *Arion: A Journal of Humanities and the Classics* 1, no.2 (Spring 1991):176–77.

77. EWS to Paglia, Aug. 15, 1991, EWSP, 15:21:I.1.

78. 1997年10月，纽约，与本传记作者的谈话。

79. Bilgrami.

80. EWS to Lionel Trilling, Jan. 25, 1973, EWSP, 5:5:I.1.

81. 同上；*B*, 376.

82. *RE*, 63.

83. For example, *Deutsche Literatur im Zeitalter des Imperialismus* [1947; German literature of the imperialist period] , *The Young Hegel* (1938), and *The Destruction of Reason* (1933, 1942, 1954).

84. EWS, "Opponents, Audiences, Constituencies, and Community" in *The Antiaesthetic: Essays on Postmodern Culture*, ed. Hal Foster (Port Townsend, Wash.: Bay Press, 1982), 141.

85. *C&I*, 186.

86. Georg Lukács, "The Ideology of Modernism," in *The Lukács Reader*, ed.Arpad Kadarkay (Oxford, U.K.: Blackwell, 1995), 187–88; *C&I*, 188.

87. *C&I*, 189.

88. EWS to Highsmith, June 17, 1988, EWSP, 11:6:I.1.

89. *PPC*, 77.

90. "Reflections on Twenty Years of Palestinian History," EWSP, 70:16:II.2.

91. *WTC*, 114.

92. EWS, "The Totalitarianism of Mind," review of *The Savage Mind*, by Claude Lévi-Strauss, *Kenyon Review* 29, no.2 (March 1967):262.

93. Stern, M.

94. EWS, from the poem "Retrospect," EWSP, 77:32:II.4.

95. EWS, "Hans von Bülow in Cairo," EWSP, 77:32:II.4.

96. *RE*, 562.

97. EWS, "The Music Itself: Glenn Gould's Contrapuntal Vision," in *Glenn Gould: By Himself and His Friends*, ed. John McGreevy (Toronto: Doubleday, 1983), 54.

98. *ML*, 5.

99. 同上，253 页。

100. Nicholas Cook, review of *ME, Music and Letters* 73, no.4 (Nov. 1992):617–19.

101. *ME*, xix: "Classical music participates in the differentiation of socialspace, its elaboration if you will."

102. 同上，84 页。

103. 同上，119 页。

104. Ferruccio Busoni, *Sketch of a New Esthetic of Music* (New York: G. Schirmer, 1911), 2.

105. EWS, graduate student notes, EWSP, 77:32:II.4.

106. Seminar notes, "Music, Cultural Analysis, and Critical Theory," 1987, EWSP, 77:32:II.4.

107. EWS, "The Future of Criticism" (1984), in *RE*, 165–172. 本书作者参加了这些研讨课。

108. Cook, review of *ME*.

109. EWSP, 77:18:II.4.

110. Painter.

111. *ME*, xvii.

112. See *ML*, 3–95, especially "Music and Feminism." He assigned, for example, Alan Durant's *Condition of Music* (1984) and Richard Leppert and Susan McClary's *Music and Society* (1987) in a seminar in 1991.

113. Subotnik to EWS, June 1, 1987, EWSP, 10:4:I.1.

114. Kofi Agawu, "Wrong Notes," *Transition* 55 (1992):162–166.

115. Frisch to EWS, April 30, 1993, EWSP, 29:7:I.1.

116. Abu-Deeb; Archive of the Salzburger Festspiele.

117. *C&I*, 116–117.

118. *ML*, 200, 161, 152.

119. Barenboim.

120. For example, EWS to *London Review of Books*, Sept. 9, 1997, EWSP, 29:8:I.1.

121. *ML*, ix.

122. *ME*, 66, 122, 137.

123. *ML*, 89.

124. Menuhin to EWS, July 25, 1990, EWSP, 13:29:I.1; EWS to Menuhin, June 17,

1991, EWSP, 15:15:I.1.

125. Grimshaw.

126. James to EWS, Aug. 13, 1987, EWSP, 10:8:I.1.

127. *ML*, 206.

128. Allen Evans, *Ignaz Friedman: Romantic Master Pianist* (Bloomington: Indiana University Press, 2009), 242.

第十一章　一片土地，两个民族

1. *EPP*, 56.

2. Eli Sanders, "Chomsky, Said Criticize 'So-Called Peace Process,'" *Columbia Daily Spectator*, April 12, 1999.

3. Said, W.

4. Al-Banna.

5. Oded Balaban, "The Other Edward Said," *Masharef* 23 (Winter 2003).

6. EWS to Roselle Tekiner, March 8, 1989, EWSP, 12:7:I.1; Dr. Naseer Aruri, "A Jewish Thinker in the Tradition of Humanistic Universalism," *Washington Report on Middle East Affairs* (Jan./Feb. 1997):24, 84.

7. Ella Shohat, "The 'Postcolonial' in Translation: Reading Said in Hebrew," in *Edward Said: A Legacy of Emancipation and Representation*, ed. Adel Iskandar and Hakem Rustom (Berkeley: University of California Press, 2010), 343.

8. *CR*, 5.

9. Ashrawi.

10. *PeD*, 121.

11. 同上，7页。

12. Alexander Cockburn, "Said's Legacy," *Mother Jones*, Sept. 30, 2003.

13. Ashrawi.

14. *PeD*, 119–125.

15. *CR*, 5, 13, 17.

16. *EPP*, xvi.

17. Musallam.

18. EWSP, 31:1:I.2.

19. Istrabadi.

20. EWS to Al-Rashid, Sept. 25, 1990, EWSP, 14:1:I.1.

21. Ashrawi.

22. Said, N.

23. "My interest now in popular culture, so far as I'm interested in it, [is] in the Arab world" (*PPC*, 156).

24. EWS,《最后的天空之后》序言 (New York: Columbia University Press, 1999), vi。

25. EWS to Atlas, Feb. 1, 1988. 阿特拉斯同意刊发，只要这是一篇自传回忆，而非关涉政治：Atlas to EWS, Feb. 24, 1988, EWSP, 10:23:I.1, also 30:23:I.1。

26. Mitchell.

27. Said, G.

28. Said, M.

29. EWS, "On Critical Consciousness: Gramsci and Lukács," EWSP, 78:10:II.4.

30. *ESR*, 420.

31. *OP*, 83.

32. Don Guttenplan to EWS, Dec. 16, 1994, EWSP, 29:10:I.1; *Exiles: Edward Said*, directed by Christopher Sykes (BBC2, 1986).

33. *OP*, viii; Wanger.

34. Said Makdisi. 他明言拥有照相般的记忆，并对妹妹们说"你们没有"。

35. *New York Times*, May 5, 2000, EWSP, 31:3:II.2.

36. Said, N.

37. Gordimer to EWS, Sept. 13, 2000, EWSP, 28:13:I.1.

38. Roth to EWS, Feb. 4, 1985, EWSP, 8:2:I.1; EWS to Theroux, Sept. 12, 1990, EWSP, 14:4:I.1.

39. Robert Hughes, "Envoy to Two Cultures," *Time*, June 21, 1993, 60.

40. Ali.

41. *OP*, 239.

42. EWS, "An Ark for the Listener," EWSP, 77:2:II.3.

43. Highsmith to EWS, May 27, 1988, EWSP, 11:6:I.1.

44. Oe to *Grand Street* about EWS, Sept. 9, 2003, EWSP, 28:13:I.1.

45. Oe to EWS, Jan. 28, 2002, EWSP, 28:13:I.1.

46. Gordimer to EWS, Oct. 7, 2001, EWSP, 28:13:I.1.

47. Rai.

48. Gordimer to EWS, Jan. 8, 2002, EWSP, 28:13:I.1.

49. Ahdaf Soueif, *The Map of Love* (London: Bloomsbury, 1999), 51; Dominique Eddé, *Kite*, trans. Ros Schwartz (London: Seagull, 2012), publishedoriginally as *Cerf-volant* (Paris: L'Arpenteur, 2003).

50. Soueif, *Map of Love*, 49.

51. Eddé, *Kite*, 114–115.

52. David Lehman, "Goodbye Instructions," in *Some Nerve* (New York: Columbia

Review Press, 1973).

53. Shahak to EWS, Oct. 6, 1986, EWSP, 28:15:I.1.

54. EWS, "The Limits of the Artistic Imagination," EWSP, 75:21:II.3.

55. Ashrawi to EWS, March 3, 1980, EWSP, 5:19:I.1.

56. Jo Ann Wypijewski, "Mementos," 2016年2月19日寄给本书作者。

57. Said, M.

58. Eqbal Ahmad, *The Selected Writings of Eqbal Ahmad*, ed. Carollee Bengelsdor fet al. (New York: Columbia University Press, 2006).

59. Eqbal Ahmad, *Confronting Empire*, forewords by Edward W. Said and Pervez Hoodbhoy (Cambridge, Mass.: South End Press, 2000).

60. Ahmad to Tim May and Frank Hanly, BBC Television, Dec. 7, 1992, EWSP, 29:14:I.1.

61. *OI*, 98, 102.

62. *EPP*, 278.

63. 同上，11页，74–107页，249–255页，303–311页。

64. Ashrawi.

65. Said, W.

66. Tom Farer to EWS, March 12, 1991, EWSP, 15:3:I.1.

67. *OI*, 155.

68. 同上，228、229页。

69. Shahak to EWS, June 25, 1980, EWSP, 5:16:I.1.

70. Hadidi.

71. EWS to Zahi Khoury, July 20, 1989, EWSP, 12:14:I.1.

72. 同上；EWS, "Palestine, Then and Now: An Exile's Journey Through Israel and the Occupied Territories," *Harper's Magazine*, Dec. 1992, 51.

73. Discussion with Carol Hakim, Jens Hanssen, and Joe Farag, April 10, 2017, Minneapolis.

74. Ashrawi.

75. Ammar.

76. Eisenzweig to EWS, Nov. 10, 1979, EWSP, 5:14:I.1.

77. EWS, "Palestine: Memory, Invention, and Place," quoted in Elaine Hagopian, "Palestinian Landscape," a review of *The Landscape of Palestine: Equivocal Poetry*, ed. Ibrahim Abu-Lughod, Roger Heacock, and Khaled Nashef, Trans Arab Research Institute.

78. Said, M.; Said, W.; Traboulsi.

79. 2018年3月31日 Traboulsi致信本书作者。

80. "Columbia Prof Admits to Stoning," *New York Daily News*, July 8, 2000, 2.

81. Cole.

82. Karen W. Arenson, "Columbia Debates a Professor's 'Gesture,' " *New York Times*, Oct. 19, 2000, B3.

83. Hovsepian.

84. Said, M.

85. 同上。

86. Barenboim.

87. 同上。

88. *ML*, 261.

89. Barenboim.

90. Said, G.

91. *PP*, x.

92. Barenboim.

93. *PP*, 29.

94. Barenboim.

95. Rose.

第十二章　与时间赛跑

1. Theodor Adorno, *Minima Moralia: Reflections from Damaged Life* (1951; London: Verso, 1999), 25.

2. *OP*, 105.

3. Wood.

4. Said, M.

5. Said, W.; Said, N.

6. Rai.

7. Said, M.

8. Soueif.

9. EWSP, 78:13:II.4.

10. Alexander Cockburn, "Edward Said: A Mighty and Passionate Heart," *Counter Punch*, Sept. 25, 2003.

11. Rai.

12. Emily Eakin, "Look Homeward, Edward," *New York*, Sept. 27, 1999.

13. EWS, "Timeliness and Lateness: Health and Style," talk delivered at the Faculty of Medicine, College of Physicians and Surgeons of Columbia University, Dec. 12, 2000), EWSP, 75:12:II.3.

14. Rai.

15. Ben Letzler, "Edward Said: Fat," *Columbia Daily Spectator*, Sept. 25, 2000.

16. Quoted in Awi Federgruen and Robert Pollack, "Rock-Throwing by Said Should Not Be Excused," *Columbia Daily Spectator*, Sept. 5, 2000.

17. Shaheen.

18. Mariam Said to author, Feb. 24, 2019.

19. H. Aram Veeser, *Edward Said: The Charisma of Criticism* (New York: Routledge, 2010).

20. *RE*, 116.

21. Alexander Cockburn, "Remembering Ben Sonnenberg," *Counter Punch*, Sept. 16, 2010.

22. Dominique Eddé, *Edward Said: Le roman de sa pensée* (Paris: La Fabrique, 2017).

23. Khalidi, R.

24. Camus's "jejune formulae" and so on (C&I, 176, 179); Orwell's "Cold War polemic ... comfortably protected from history's 'unquiet fuss' " and so on (ibid., 21, 27).

25. Blythe.

26. Abu-Deeb.

27. EWS, review of *Walter Lippmann and the American Century*, by Ronald Steel, *London Review of Books*, March 5–18, 1981, 7.

28. EWS, "Introduction to Noam Chomsky," EWSP, 75:11:II.3.

29. EWS, "Chomsky and the Question of Palestine," in *PD*.

30. Aijaz Ahmad, In *Theory: Classes, Nations, Literatures* (London: Verso, 1992).

31. *HDC*, 71.

32. These included "Intellectuals and Comparative Literature," EWSP, 111:20:II.3; and "Comparative Literature as Critical Investigation" and "Translation and the New Humanism," EWSP, 70:16:II.2.

33. Especially in essays for the Arab press: "Millennial Reflections: Heroism and Humanism," *Al-Hayat*, Jan. 12, 2000; and "Humanism: Backlashand Backtrack," *Al-Ahram Weekly*, Sept. 27–Oct.3, 2001.

34. Dan Laidman, "Prof. Said Speaks on Humanism," *Columbia Daily Spectator*, Feb. 17, 2000.

35. *PPC*, 70; Harry Levin, *Grounds for Comparison* (Cambridge, Mass.: Harvard University Press, 1972), 92.

36. EWS, "Humanism and Heroism," Al-Ahram, Jan. 6–12, 2000.

37. *PPC*, 191.

38. At the Italian Academy for Advanced Studies (Columbia University), at the

University of London, and at Wolfson College, Oxford.

39. *B*, 260.

40. "Too Much Work" (1999), EWSP, 71:12:II.2, published in *Al-Ahram*, Feb.7, 2001.

41. *B*, 261.

42. EWS, "Diary: My Encounter with Sartre," *London Review of Books*, June 1, 2000.

43. David Shapiro to EWS, April 5, 1984, EWSP, 7:11:I.1; Andreas Huyssento EWS, Jan. 9, 1984, EWSP, 7:7:I.1; the essay in question was "Remembrances of Things Played" (1985). See *ML*, 17–19.

44. EWSP, 97:9:III.1.

45. *ML*, 272–273.

46. 同上，153 页。

47. 同上，33 页。

48. 同上，51 页。

49. *LS*, 14.

50. 同上，21 页。

51. Class notes for the seminar "Culture and Criticism," EWSP, 97:4:III.1.

52. Theodor W. Adorno, "Late Style in Beethoven," trans. Susan H. Gillespie, *Raritan* 13, no.1 (Summer 1993):102–107.

53. 同上。

54. *ML*, 300–301.

55. *FNE*, 28–29.

56. EWSP, 80:41:II.5.

57. EWS, "Adorno as Lateness Itself," in *Apocalypse Theory and the Ends of the World*, ed. Malcolm Bull (Oxford, U.K.: Blackwell, 1995), 264–281.

58. *PPC*, 458.

59. Hovsepian.

60. Stone to EWS, 1978, EWSP, 28:15:I.1.

61. Said, W.

62. EWS, "Così fan tutte at the Limits," *Grand Street* 16, no.2 (Fall 1997):93–106.

63. Giuseppe di Lampedusa, *The Leopard*, trans. Archibald Colquhoun (1958; New York: Pantheon, 1960), 205.

64. Luchino Visconti, *The Leopard* (film), 1963; cf. the novel, 209.

65. Phone conversation with the author, June 2003.

66. EWS to Oe, March 6, 2002, EWSP, 28:13:I.1.

67. EWS interview with Oe, *Grand Street*, 1995, EWSP, 80:19:II.5.

68. EWS to Oe, n.d. (ca. Jan. 2002), EWSP, 28:13:I.1.

69. EWS to Rachel Feldhay Brenner, Dec. 11, 1991, EWSP, 15:28:I.1.

70. Berger.

71. Sharon.

72. R. P. Blackmur, *A Primer of Ignorance*, ed. Joseph Frank (1940; New York: Harcourt, Brace & World, 1967), 7.

73. Wypijewski, "Mementos," 2016 年 2 月 19 日寄给本书作者。

参考文献精选

萨义德专著

After the Last Sky: Palestinian Lives. Photographs by Jean Mohr. New York: Columbia University Press, 1986.

The Arabs Today: Alternatives for Tomorrow. Cleveland: Follet, 1972.

Beginnings: Intention and Method. Baltimore: Johns Hopkins University Press, 1975.

Conversations with Edward Said (interview with Tariq Ali). Oxford, U.K.: Seagull Books, 2006.

Covering Islam: How the Media and the Experts Determine How We See the Rest of the World. New York: Pantheon, 1981.

Culture and Imperialism. New York: Alfred A. Knopf, 1993.

Culture and Resistance: Interviews by David Barsamian. Cambridge, Mass.: South End Press, 2003.

The Edward Said Reader. Edited by Moustafa Bayoumi and Andrew Rubin. New York: Vintage, 2000.

The End of the Peace Process: Oslo and After. New York: Pantheon, 2000.

Entre guerre et paix. Translated by Béatrice Vierne. Preface by Tzvetan Todorov. Paris: Arléa, 1997.

Freud and the Non-European. New York: Verso, 2003.

From Oslo to Iraq and the Road Map. New York: Pantheon Books, 2004.

Humanism and Democratic Criticism. New York: Columbia University Press, 2004.

Interviews with Edward Said. Edited by Amritjit Singh and Bruce G. Johnson. Jackson: University Press of Mississippi, 2004.

Israël, Palestine: L'égalité ou rien. Translated by Dominique Eddé and Eric Hazan. Paris: La Fabrique, 1999.

Joseph Conrad and the Fiction of Autobiography. Cambridge, Mass.: Harvard University Press, 1966.

Musical Elaborations. New York: Columbia University Press, 1991.

Music at the Limits. New York: Columbia University Press, 2008.

On Late Style: Music and Literature Against the Grain. New York: Pantheon, 2006.

Orientalism. New York: Vintage, 1978.

Out of Place: A Memoir. New York: Vintage, 1999.

Peace and Its Discontents: Essays on Palestine in the Middle East Peace Process. New York: Vintage, 1993.

The Pen and the Sword: Conversations with David Barsamian. Chicago: Haymarket Books, 1994.

The Politics of Dispossession: The Struggle for Palestinian Self-Determination, 1969–1994. New York: Pantheon, 1994.

Power, Politics, and Culture: Interviews with Edward Said. Edited by Gauri Viswanathan. New York: Vintage, 2001.

The Question of Palestine. New York: Times Books, 1979.

Reflections on Exile and Other Essays. Cambridge, Mass.: Harvard University Press, 2000.

Representations of the Intellectual. New York: Pantheon, 1994.

The World, the Text, and the Critic. Cambridge, Mass.: Harvard University Press, 1983.

Yeats and Decolonization. Cork: Cork University Press and Field Day Pamphlets, 1988.

与他人合著

Acts of Aggression: Policing Rogue States. With Noam Chomsky and Ramsey Clark. New York: Seven Stories, 1999.

Blaming the Victims: Spurious Scholarship and the Palestinian Question. With Christopher Hitchens. New York: Verso, 1988.

The Entire World as a Foreign Land. With Mona Hatoum and Sheena Wagstaff. London: Tate Gallery, 2000.

Intellectuals. With George Steiner, William Pfaff, and John Lukacs. Edited by Robert

Boyer. Saratoga Springs, N.Y.: Skidmore College, 1986.

Nationalism, Colonialism, and Literature. With Terry Eagleton and Fredric Jameson. Minneapolis: University of Minnesota Press, 1990.

Parallels and Paradoxes: Explorations in Music and Society. With Daniel Barenboim. Edited by Ara Guzelimian. New York: Vintage, 2002.

A Profile of the Palestinian People. With Ibrahim Abu-Lughod, Janet L. Abu-Lughod, Muhammed Hallaj, and Elia Zureik. Chicago: Palestine Human Rights Campaign, 1983.

Reaction and Counterrevolution in the Contemporary Arab World. With Walter Carrolland Samih Farsoun. N.p.: AAUG, 1978.

编辑的书

The Arabs Today: Alternatives for Tomorrow. With Fuad Suleiman. Columbus, Ohio: Forum Associates, 1973.

Henry James: Complete Stories, 1884–1891. New York: Library of America, 1999.

Kim. By Rudyard Kipling. London: Penguin, 1987.

Literature and Society: Selected Papers from the English Institute, 1978. Baltimore: Johns Hopkins University Press, 1980.

导读、前言、序跋

"Afterword: The Consequences of 1948." In *The War for Palestine: Rewriting the History of 1948*. Edited by Eugene Rogan and Avi Shlaim. London: Cambridge University Press, 2001.

Foreword to *Beyond the Storm: A Gulf Crisis Reader*. Edited by Phyllis Bennis and Michel Moushabeck. Brooklyn: Olive Branch Press, 1991.

Foreword to *The Fateful Triangle: The United States, Israel, and the Palestinians*, by Noam Chomsky. Chicago: Haymarket, 1983.

Foreword to *I Saw Ramallah*, by Mourid Barghouti. Cairo: American University of Cairo Press, 2000.

Foreword to *Jewish History, Jewish Religion: The Weight of Three Thousand Years*, by Israel Shahak. London: Pluto Press, 1997.

Foreword to *Language and Colonial Power: The Appropriation of Swahili in the Former Belgian Congo, 1880–1938*, by Johannes Fabian. Berkeley: University of California Press,

1986.

Foreword to *The Oriental Renaissance: Europe's Rediscovery of India and the East, 1680-1880*, by Raymond Schwab. Translated by Gene Patterson-Black and Victor Reinking. New York: Columbia University Press, 1984.

Foreword to *Peace Under Fire: Israel, Palestine, and the International Solidarity Movement*. Edited by Ghassan Andoni, Huwaida Arraf, Nicholas Blincoe, Hussein Khalili, Marissa McLaughlin, Radhika Sainath, and Josie Sandercock. New York: Verso, 2004.

Foreword to *The Performing Self: Compositions and Decompositions in the Languages of Contemporary Life*, by Richard Poirier. New Brunswick, N.J.: Rutgers University Press, 1992.

Foreword to *Selected Subaltern Studies*. Edited by Ranajit Guha and Gayatri Chakravorty Spivak. Oxford: Oxford University Press, 1988.

Foreword to *Thoughts on a War*. Edited by Phyllis Bennis et al. Edinburgh: Canongate, 1992.

Foreword to *Unholy Wars: Afghanistan, America, and International Terrorism*, by John Cooley. London: Pluto Press, 1999.

Introduction to *The Cairo Trilogy: Palace Walk, Palace of Desire, Sugar Street*, by Naguib Mahfouz. London: Everyman's Library, 2001.

Introduction to *The Language of Modern Music*, by Donald Mitchell. London: Faber & Faber, 1993.

Introduction to *Mimesis: Representations of Reality in Western Literature*, by Erich Auerbach. Princeton, N.J.: Princeton University Press, 2003.

Introduction to *Moby-Dick*, by Herman Melville. New York: Vintage, 1991.

Introduction to *"Saint Françoiss d'Assise*: An Excerpt from an Opera in 3 Acts and 8 Tableaux," by Olivier Messiaen. *Grand Street* 36 (1990).

Introduction to *Three Novels*, by Joseph Conrad. New York: Washington Square Press, 1970.

"Introduction: Homage to Joe Sacco." In *Palestine*, by Joe Sacco, Seattle: Fantagraphics Books, 1997.

"Introduction: The Right of Return at Last." In *Palestinian Refugees: The Right of Return*. Edited by Naseer Aruri. London: Pluto Press, 2001.

Preface to *Beirut Reclaimed*, by Samir Khalaf. Beirut: Al-Nahar Press, 1993.

Preface to *CIA et Jihad, 1950-2001:Contre l'URSS une désastreuse alliance*, by John K. Cooley. Paris: Autrement, 2002.

未出版的著作

虚构

"An Ark for the Listener"（短篇小说，1957–1965)

"Betrayal"（长篇小说草稿，1987–1992)

Elegy（长篇小说草稿，1957–1962)

诗　歌："The Castle," "A Celebration in Three Movements," "Desert Flowers," "The early morning gently forges ...," "Hans von Bülow in Cairo," "Little Transformation," "Old People of the Village," "Requiem," "Retrospect," "Song of an Eastern Humanist," "Vision's Haze," "Windy corners of empty corridors ...," "Wistful Music"

散文和讲座

"Adonis and Arab Culture" (address to the UN, October 3, 1980)

"The Arab Nation: What Future?"

"The Arabs and the West and the Legacies of the Past"

"Comparative Literature as Critical Investigation"

"Freedom and Resistance"

"Great Issues of Our Time: India and Palestine"

"History, Literature, and Geography" (1994)

"Intellectuals and Comparative Literature"

"Introduction" to B. Rajan (on Milton and the East India Company)

"Jonathan Swift" (Columbia lecture, May 4, 1967)

"Language as Method and Imagination"

"Lecture on Critical Theory"

"Literary Criticism and Politics?"

"Literary Criticism and the Problematic of Language"

"Living with Conrad"

"The Media and Cultural Identity: National Authority or Exilic Wandering?"

"Modernity and Critical Consciousness"

"Note on the Arab Intellectuals at Home and Abroad"

"On Critical Consciousness: Gramsci and Lukacs"

"Response to Richard Kuhns's 'Affect and Reality in Philosophy and Literature' "

"The Second and a Half World"

"T. E. Lawrence Lecture"

"Translation and the New Humanism"

"Translation and the New Humanism"

"Unresolved Geographies, Embattled Landscapes"

"Witholding, Avoidance, and Recognition" (published only in Arabic)

参与制作的电影

In Search of Palestine, a segment of "Films for the Humanities and Sciences." Directed by Charles Bruce. BBC, 1998.

In the Shadow of the West, a segment of *The Arabs: A Living History*, a ten-part series. Directed by Geoff Dunlop. Landmark Films, 1986.

The Palestinians. With Ibrahim Abu-Lughod. Two-part documentary. Directed by David Edgar. BBC Channel 4, 1988.

Pontecorvo: The Dictatorship of Truth. BBC TV, 1992.

有关萨义德的电影

Exiles: Edward Said. Directed by Christopher Sykes. BBC2, 1986.

The Other (El Akhar, L'autre). French/Egyptian feature film. Directed by Youssef Chahine. 1999.

Out of Place: Memories of Edward Said. Directed by Makoto Sato. 2006.

Selves and Others: A Portrait of Edward Said. Directed by Emmanuel Hamon. Wamip Films, 2004.

萨义德演讲和访谈视频（仅列具代表性的一部分）

"Altered States," *Relative Values*. Directed by Jake Auerbach. BBC, 1991.

"The Arab World: Who They Are, Who They Are Not." With Bill Moyers. April 1, 1991.

"Edward Said: The Last Interview." Directed by Michael Dibb. Icarus Films, 2004.

"Edward Said on Orientalism." Directed by Sut Jhally. Media Education Foundation, 1998.

"End of Millennium Conversation: Sebastiao Salgado, Eduardo Galeano, Edward

Said, South African National Assembly Speaker Frene Ginwala, Noam Chomsky, Manning Marable, Film Maker John Pilger." *Democracy Now!*, Dec. 29, 2000.

"Global Empire: A Conversation with Edward Said." Tariq Ali, 1994.

"In Conversation—Daniel Barenboim and Edward Said." BBC, 2005.

"The MESA Debate: The Scholars, the Media, and the Middle East." With Christopher Hitchens, Bernard Lewis, and Leon Wieseltier. Nov. 22, 1986.

"Professionals and Amateurs." Edward Said: Representations of the Intellectual, *The Reith Lectures* 4. BBC Radio 4, July 14, 1993.

Raymond Williams and the Legacy of His Work. British Film Institute, 1989.

"The Reith Lecturer Interview: Edward Said." BBC Radio 4, 1993.

《东方学》入门视频

Clip from Aladdin

"Edward Said: An Introduction to Orientalism." MACAT: Macat Analysis.

"Orientalism" (Eilwen Jones).

"Orientalism Explained" with clips from Disney's *Aladdin*, *Indiana Jones*, *Pirates of the Caribbean*, and so on (Dania Khan and Sarah Kaddour).

部分传记

Yasmine Ramadan, "A Bibliographical Guide to Edward Said," *Alif: Journal of Comparative Poetics*, no.25 (2005), 270–287.

Eddie Yeghiayan, "A Bibliography" (prepared for the Wellek Lectures of 1989), https://www.lib.uci.edu/about/publications/wellek/said/index.html.

档　案

EA: The Eqbal Ahmad Papers, 1956–1999. Archives, Hampshire College, Amherst, MA 01002.

NC: Noam Chomsky Papers, Chomsky-Said Correspondence, MC 600, Box 85, MIT Library.

致　谢

首先，我必须感谢以下人士，他们撰写的关于萨义德的文章极富洞察力：艾克巴尔·艾哈迈德（Eqbal Ahmad）、萨迪克·阿齐姆（Sadik Al-Azm）、保罗·A.博韦（Paul A. Bové）、亚历山大·科克伯恩（Alexander Cockburn）、费里亚尔·加祖勒（Ferial Ghazoul）、纳迪娅·金迪（Nadia Gindy）、胡妲·金迪（Hoda Gindy）、努巴·霍夫斯皮安（Nubar Hovsepian）、康诺尔·麦卡锡（Conor McCarthy）、W.J.T.米切尔（W.J.T. Mitchell）、巴西姆·穆萨拉姆（Basim Musallam）、琼·萨义德·马克迪西（Jean Said Makdisi）、玛利安姆·萨义德（Mariam Said）以及迈克尔·伍德（Michael Wood）。在萨义德生前就对他进行研究的学者里，我尤其感谢已故的迈克尔·斯普林克（Michael Sprinker），他编选了《爱德华·萨义德：批评式阅读》（1992），编选思路极有创新性。说到萨义德与音乐的关系，特别感谢琼·萨义德·马克迪西和丹尼尔·巴伦博伊姆（Daniel Barenboim），他们的评论令我深受启发。马哈茂德·沙欣（Mohammad Shaheen）诗一般凝练地概括了萨义德的精神遗产，是研究萨义德的一位最重要的阿拉伯语学者。我们经常通信，进行热烈的讨论，我不胜感激。

我十分倚重读过部分或全部书稿的诸位。感谢他们提出宝贵的建议，做起删改毫不留情，擅于发现宏观上的关联，也懂得解读字里行间的深意，尤其是肯雅·甘谷里（Keya Ganguly）、已故的贝妮塔·帕里（Benita Parry）、玛利安姆·萨义德，以及本书编辑、FSG出版社的伊莱亚娜·史密斯（Ileene Smith），对你们四人的感激我无以言表。也要感谢读过一部分初稿的洛娜·伯恩斯（Lorna Burns）、凯蒂·R.穆斯（Katie R.Muth）、马可·加托（Marco Gato）、《Kitap Zamani》的编辑们、巴莎科·埃尔图（Başak Ertür）和拉沙·萨尔提（Rasha Salti）、阿德勒·伊斯坎达（Adel Iskandar）和哈卡姆·鲁斯托姆（Hakem Rustom）、盖齐–瓦利德·法拉赫（Ghazi-Walid Falah）和科林·弗林特（Colin Flint）、拉希德·哈立迪（Rashid Khalidi）、杰·威廉斯（Jay Williams）。以及米哈乌·科比拉考（Michal Kobialka）、蒂姆·海特曼（Tim Heitman）、艾丽莎·林内翰（Elise Linehan）、丹·萨斯（Dan Sass）、西尔维娅·洛佩兹（Silvia López）、克里斯·恰帕里（Chris Chiappari）和里耶·贝纳尔班（Lyes Benarbane），感谢你们友谊的支持和敏锐的细读。已故的A.西瓦南德（A. Sivanandan），为我提供一个早期平台，可以讨论萨义德的著作，并提出争辩洞见，我深表感激。也要感谢安德鲁·怀利（Andrew Wylie），是他建议我写这本传记，以及杰奎琳·寇（Jacqueline Ko）、崔西·博翰（Tracy Bohan）和艾玛·赫尔曼（Emma Herman），指引我穿越版权商务复杂的细节。

在知悉生平细节、破除常见的误解方面，我感谢萨义德的妹妹琼和格雷丝，以及他的女儿娜杰拉和儿子瓦迪，尤其是他的妻子玛利安姆。接受我采访的，有萨义德的挚友、评论家、同学，其中有些更和我分享了私人照片、通信和从未发表过的文章；我要向莱拉·艾布-卢霍德（Lila Abu-Lughod）、已故的萨迪克·阿齐姆、阿基尔·比尔格拉米（Akeel Bilgrami）、诺姆·乔姆斯基（Noam Chomsky）、多米尼克·艾戴（Dominique Eddé）、桑德拉·法伊（Sandra Fahy）、安娜·格林姆肖（Anna Grimshaw）、埃莱娜·哈格皮恩（Elaine Hagopian）、巴彦·胡特（Bayan Al-Hout）、乔治·卡多切（George Kardouche）、大卫·黎曼（David Lehman）、亚力克斯·麦克罗伊德（Alex McLeod）、阿兰·闵茨（Alan Mintz）、让·摩尔（Jean Mohr）、加布里埃尔·彼得伯格（Gabriel Piterberg）、杰奎琳·罗斯（Jacqueline Rose）、卡尔·萨巴格（Karl Sabbagh）、安德烈·沙隆（André Sharon）、艾赫达芙·苏维夫（Ahdaf Soueif）、已故的琼·斯坦因（Jean Stein）、玛丽娜·沃纳（Marina Warner）以及迈克尔·伍德表示感谢。还有戴尔德丽（Deirdre）、已故的艾伦·伯格森（Allen Bergson）和我分享了一张珍贵的照片，并且生动地讲述了求学时期的萨义德。

我查阅了数种专门档案，尤其感谢北原黑门山中学的彼得·韦斯（Peter Weis）的大力协助和富有启发的见解。为了阐明贝鲁特美国大学所藏康斯坦丁·祖莱克档案的重要性，以及1948年以前就在遭围困的巴勒斯坦设立的阿拉伯政治组织，我要感谢考乌卡布·切巴鲁（Kaoukab Chebaro），时任贝鲁特美国大学图书馆的馆长。明尼苏达大学的两位同事约瑟夫·法拉格（Josep Farag）和纳比勒·玛塔尔（Nabil Matar）为我翻译了仅以阿拉伯语书写的信件、散文和关键研究著作的若干段落，尤其是玛塔尔，我不仅要参考他的译文，更感激他对我的鼓励。谢谢巴西尔·艾布-曼纳赫（Bashir Abu-Manneh），在我为撰写传记的研究工作早期，向我引荐了与萨义德相交甚深的朋友。

在贝鲁特停留的时间虽然不长,却影响深远。这是除纽约外,萨义德往来最频繁的城市,感谢热情好客的纳迪姆和阿斯迪克·科尔塔斯(Nadim and Asdghik Cortas),让我有机会了解贝鲁特(以及翠薇小镇和布鲁姆马纳),度过愉快的时光且颇受教诲。也要感谢宋雅·梅耶谢赫-阿塔西(Sonja Mejcher-Atassi)和马哈茂德·阿里·阿塔西(Mohammad Ali Atassi)邀请我到他们家里做客,向我阐述萨义德去世后中东地区的新政治图景,正是我迫切需要的。卡罗尔·哈齐姆(Carol Hakim)和延斯·汉森(Jens Hanssen)就地区复杂态势分享了种种非正统的观点,并从正反两面分析萨义德的历史地位,我深表感谢。也必须感谢热情的希莱娜·C. 胡特(Syrine C. Hout),帮我联系要见面的人,以及阿萨德·哈伊拉兰(Assaad Khairallah),讲述了阿拉伯世界流传的有关萨义德的大不敬的逸闻。

本书的完成也有赖于研究助手,首先感谢阿卜亥·多什(Abhay Doshi),精力过人,观点鲜明,给我启发,他离开后,一样专业的杰奎琳·帕茨(Jacqueline Patz)接替了他的工作;感谢杰思敏·吴(Jasmine Wu),在处理照片方面提供了宝贵的帮助,以及埃米丽·庞斯(Emilie Pons),不仅搜寻其母语法语的相关档案中的关键资料,更核校(不时编辑)我的译文。也请允许我向托马斯·约翰逊(Thomas Johnson)提供的专业法律建议表示感谢,虽然无以为报。

最后,我要感谢明尼苏达大学人文学院给予我的帮助,也感谢副校长。2017年秋,受卡马尔格基金会邀请,我前往法国卡西斯,完成了较为难写的两章。萨义德谙熟法国文化,尤其钟爱(东部)地中海,在卡西斯写他的传记似再合适不过,从很多方面看,这都是一次回归之旅。欣赏卡纳伊角的美景之余,我结识了不少艺术家、学者，都给予我极大帮助，在这里一并感谢，尤其感谢帕特里夏·汉普勒（Patricia Hampl），她默默地安排好一切。以他们对法国文化和我们共同故事的热爱的名义，我想提到泰迪（Teddy）和已故的吉姆·格塞尔（Jim Gesell），在科技时代，如果没有他们支持人文学科，对我和许多其他人来说，就只能继续沉默，而不是出版。